Financial Law Forum

金融法苑

2019 总第九十九辑 北京大学金融法研究中心 ◎ 主办

▶ 主编：彭 冰　▶ 本辑执行主编：李 敏

中国金融出版社

责任编辑：黄海清
责任校对：李俊英
责任印制：丁淮宾

图书在版编目（CIP）数据

金融法苑. 2019：总第九十九辑/北京大学金融法研究中心编 . —北京：中国金融出版社，2019.6
ISBN 978 – 7 – 5220 – 0167 – 8

Ⅰ. ①金… Ⅱ. ①北… Ⅲ. ①金融法—研究—丛刊 Ⅳ. ①D912. 280. 4 – 55

中国版本图书馆 CIP 数据核字（2019）第 137862 号

金融法苑. 2019：总第九十九辑
Jinrong Fayuan. 2019：Zong Di Jiushijiu Ji

出版
发行　　中国金融出版社

社址　北京市丰台区益泽路 2 号
市场开发部　（010）63266347，63805472，63439533（传真）
网 上 书 店　http://www.chinafph.com
　　　　　　　（010）63286832，63365686（传真）
读者服务部　（010）66070833，62568380
邮编　100071
经销　新华书店
印刷　北京市松源印刷有限公司
尺寸　185 毫米×260 毫米
印张　17.5
字数　380 千
版次　2019 年 6 月第 1 版
印次　2019 年 6 月第 1 次印刷
定价　30.00 元
ISBN 978 – 7 – 5220 – 0167 – 8
如出现印装错误本社负责调换　联系电话（010）63263947

致　谢

本辑出版得到深圳物明投资管理有限公司捐赠的
"《金融法苑》发展基金"的大力支持，特此致谢！

《金融法苑》

主　　　办： 北京大学金融法研究中心

专家委员会： 吴志攀　白建军　刘　燕　彭　冰

　　　　　　　 郭　雳　唐应茂　洪艳蓉

主　　　编： 彭　冰

本辑执行主编： 李　敏

责 任 编 辑（按姓氏音序排列）：

　　　　　　　 蒋瀚云　乔同超　王　松　张　翕

　　　　　　　 朱子琳

声　　明

　　向《金融法苑》投稿即视为授权本刊将稿件纳入北京大学期刊网（www. oaj. pku. edu. cn）数据库、《中国学术期刊网络出版总库》及 CNKI 系列数据库、"北大法宝"（北大法律信息网）期刊数据库、台湾元照出版公司月旦法学知识库、本刊确定的其他学术资源数据库、学术性微信公众号，包括但不限于通过北京大学金融法研究中心网站（www. finlaw. pku. edu. cn）和微信公众号（"Pkufinlaw"和"北京大学金融法研究中心"）对外传播。本刊支付给作者的稿酬已包含上述数据库和微信公众号著作权使用费。如有异议，请在来稿时注明，本刊将作适当处理。

　　刊稿仅反映作者个人的观点，并不必然代表编辑部或者主办单位的立场。

Financial Law Forum
金融法苑
2019　总第九十九辑

目　录

Contents

金融监管与金融法制

他山之石

Financial Law Forum

金融法苑

2019　总第九十九辑

聚焦：从相互保到相互宝

"相互保"：保险新衣下的网络互助

■ 程海宁*

摘要： 2018 年 10 月，支付宝推出"相互保"重疾保险产品，一时风靡各大社交网络平台。作为一款创新型重疾险产品，除了让人眼睛一亮的保费缴纳机制，"相互保"为了实现预期的商业效果还融入了"相互保险"和"团体保险"等复杂保险架构，让人难以洞察其本质。但仔细分析之后可以发现，"相互保"虽名为保险但实为披着保险外衣的网络互助，在产品架构、监管合规、偿付能力等保险产品核心问题上存在诸多硬伤，隐含着较大的风险和不确定性，参保者的利益难以得到有效保障。"相互保"潜在的参保者应投入更多的理性和谨慎，保险监管机构也应给予足够的重视。

关键词： "相互保" 网络互助 相互保险 团体保险 合规监管

一、 保险新衣下的 "相互保"

2018 年 10 月，支付宝隆重推出了一款名为"相互保大病互助计划"（以下简称"相互保"）的团体健康保险，其"0 元加入"的吸睛噱头和全渠道的大力推广，使得这款保险产品很快刷爆微博和微信朋友圈。截至 2018 年 11 月 12 日，上线不到一个月的支付宝"相互保"已经有 1797 万人"加入"。[①]"相互保"之所以形成如此铺天盖地之势，离不开其宣传中给大众描绘的"超良心"产品形象：0 元加入、众人互助、每人分摊小于一角钱就能获得 10 万元到 30 万元的保险保障……然而，被热捧的"相互保"是否真的是一款老少皆宜的大众保险产品？其简单的参保方式是否意味着它是一款人们可以闭眼买的"傻瓜"保险？

"相互保"的官方全称为"信美人寿相互保险社相互保团体重症疾病保险"，从名称来看比较复杂拗口，涉及相互保险、团体保险和重疾险等众多专业的保险术语。若暂且不去剖析这些专

---

* 北京大学法学院 2017 级金融法方向法律硕士（非法学）。

① 数据来源于支付宝客户端。这里所使用描述语为"加入"而非"投保"，不仅是因为支付宝客户端使用的词语为"加入"，更是因为这款保险产品设计架构的特殊性，后文中对此有更为详细的论述。

业术语，仅观察购买"相互保"时的用户体验，似乎有说不尽的优点。只要是芝麻信用650分以上的支付宝用户，在支付宝移动端动动手指，依次点击"立即加入"—"符合条件"（健康告知书）—"同意协议并加入"三个按钮，不到10秒钟即可以花费0元加入"相互保"，畅享30万元（40岁以上为10万元）的重疾保险保障，甚至可以带上自己的家人一起加入。整个流程看起来非常简洁方便，没有扰人的代理人推介，无须缴纳任何前期费用，也无任何实质性核保体检，更没有人打着录音电话强制你听"无聊"的免责条款等。

下面具体阐述"相互保"的完整运行流程。参保人加入保险计划后首先有90天的等待期，在此期间参保人需照常分摊保费和管理费，只有因意外导致罹患承保范围内的重疾才可以得到赔付；度过90天等待期后，参保人可以享受保险保障。每个月7日和21日为公示日，14日和28日为保费分摊日。如果参保人罹患可保的重疾，经过公示无异议就可以得到相应的保险金；而如果参保人健康无异常，则有义务分摊保费，分摊数额计算方式为：（当期理赔保障金总额＋10%管理费）/当期参保人数。支付宝会在分摊日0点直接从参保人的账户扣款；如果账户余款不足，将在之后的5个工作日（所谓宽限期）里连续尝试从该参保人的账户中划扣；如果5日内划扣无果，该参保人将被踢出保险池，其芝麻信用分也将受到影响。

乍看起来，"相互保"给人的第一印象是既温暖又亲切，还提供保险的安全感，实在是一款颠覆性的"良心保险产品"。首先，"相互保"保费事后均摊的做法似乎是量出为入，除了写明的10%管理费再没有中间商赚差价；其次，互帮互助的概念让参保人觉得自己似乎不是在交保费，而是在做慈善、帮助有需要的人；最后，无论是保险金申请，还是分摊保障金的划扣都极为便利，绝不劳心伤神。

"相互保"的保险产品外衣看上去足够新颖、体面，但若理性剖析支付宝的这款产品，它是否能够经得起推敲，契合产品宣传中所描述的完美形象？本文将以"相互保"产品模式涉及的法律问题为主线，分析监管规则背后的保险实质问题，同时结合保险学基础知识对"相互保"产品架构等问题予以讨论。力图使不具有专业背景的读者了解如何分析、鉴别一款保险产品，进而洞察"相互保"的本质及其问题。

二、"相互保"的商业模式和产品本质

前文的介绍聚焦于"相互保"的运作模式，但"相互保"产品定位的明晰是对其深入分析的基础，这需要透过晦涩的保险概念和复杂的架构外观分析"相互保"的本质。根据《蚂蚁相互保成员规则》的介绍：相互保由蚂蚁会员（北京）网络技术服务有限公司（以下简称蚂蚁网服）作为投保人发起，信美人寿相互保险社（以下简称信美人寿）作为保险人，共同运营和管理。蚂蚁会员可以在蚂蚁保险平台为本人及其他人申请加入"相互保"，成为"信美人寿相互保险社相互保团体重症疾病保险"的被保险人，获得健康保障、履行分摊义务。从以上描述可以

概括出以下信息："相互保"是互助保险；"相互保"是团体保险；蚂蚁网服是投保人，蚂蚁会员加入"相互保"只是作为被保险人和费用分摊人。

"相互保"前述复杂的产品构架似乎与其力图呈献给消费者的简洁形象并不契合，至少是将相互保险和团体保险这两种原本已经非常特殊的保险架构糅合在了一起。"相互保"设置如此复杂的结构目的何在？透过繁杂的保险产品外观分析其商业模式实质，可以发现"相互保"运营模式和现有的网络互助并无本质差别；笔者认为其复杂设计结构背后的目的，就是尽力在不改变实质逻辑的前提下，为目前经受合法性拷问的网络互助穿上看似合法持牌经营的"新衣"。①

网络互助近几年在我国迅猛发展，并取得了相当可观的市场份额（如图1所示），但部分网络互助平台开展类保险业务，游走于法律和监管边缘的灰色地带。这引起了保险监管部门的警惕，通过各种方式和渠道加强监管，同时向消费者提示风险。在新闻发布会、答记者问等场合，银保监会相关负责人多次强调违规网络互助的特点和性质："网络互助不是保险产品，相关公司也不具备保险经营资质，相关互助计划没有基于保险精算进行风险定价和费率厘定，没有科学提取责任准备金，财务稳定性和赔偿给付能力没有充分保证等"。但相关行为却屡禁不止，这侧面反映出了网络互助这种简单粗暴、缺乏保障却又略显温情的商业模式在某种程度上契合消费者的胃口。

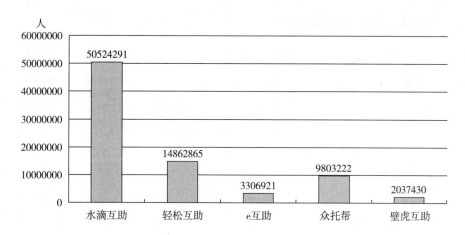

资料来源：笔者自制②。

图1 目前几个网络互助平台会员人数

---

① 网络互助：这里指近几年在网络上兴起的一种民间互助共济活动，意在救助社会困难群体，发挥公益慈善的作用。目前影响力靠前的网络互助平台有水滴互助、轻松互助等。但部分网络互助平台以"互助共济"名义开展类保险业务，公开承诺责任保障、足额赔付和提取保证金，实则缺乏风控措施，积聚巨大风险，不具备合法地位，不受法律保护。

② 会员人数统计数据来源：各网络互助平台官方公布数据，截至 2018 年 11 月 14 日 12 时。

网络互助（含违规网络互助），与保险最本质的区别在于能否保证刚性给付。保险为实现刚性给付、保障投保人的保险利益，严格遵守展业、精算、资金运用、核保等监管规则。虽然网络互助项目实际上经营类保险业务，但往往在名义上否认自己开展保险业务，进而规避监管法律法规的约束。少了监管规则的条框限制，网络互助的经营成本自然显著下降，但也存在其承诺的保障最终沦为"空中楼阁"的可能。这也是称其为"类保险"而非保险的重要原因。违规网络互助的经营模式蕴含诸多严重问题，其很多所谓的"优势"也只在不受保险监管规则的约束的情况下方能实现；但监管规则并非凭空制定，无视这些风险管控措施对于经营者和参与者来讲都有一定风险。

"相互保"除了依附具有保险经营资质的信美人寿外，其他方面与违规网络互助并无二致，甚至存在更加严重的风险。虽然监管部门明令禁止互联网企业未取得业务资质依托互联网以互助等名义变相开展保险业务，① 但"相互保"另辟蹊径，借助持牌保险公司以保险之名经营网络互助，令人大跌眼镜。"相互保"既想在网络互助市场分一杯羹，又追求持牌保险经营之名，其中涉及众多法律问题。为真正理解"相互保"，需要从其试图借以实现持牌经营网络互助的几个特殊保险架构入手，对涉及的法律监管问题进行深入分析。

三、"相互保"的法律监管问题分析

"相互保"虽然在外观上是持牌经营的保险产品，但本质上还是套用网络互助的常见模式，对网络互助不规范运行等问题并无太大改善。肉铺既然挂上了羊头，对其监管就要按照羊肉的标准进行，再卖"类羊肉"就相当于挑战监管底线。本节分析所坚持的原则：应该鼓励保险创新，但创新不应背离初心，不能弃基本的保险学原理和风险管理要求于不顾，以创新之名提供不合格保险产品是不应被容忍的。

（一）保险的特征和法律监管问题

1. 保险的定义及特征。在经济学层面，保险是一种以经济保障为基础的金融制度安排，它是通过对不确定事件发生的数理预测和收取保险费的方法，建立保险基金，并以合同的形式约定由大多数人来分担少数人的损失，帮助保险购买者实现风险转移和理财计划的目标。② 从功能

---

① 中国银行保险监督管理委员会（原中国保险监督管理委员会）：《互联网保险风险专项整治工作实施方案》答记者问，资料来源：http://bxjg.circ.gov.cn//web/site0/tab5207/info4046039.htm，最后访问日期：2018 年 11 月 21 日。

② 此处对保险的定义引自北京大学风险管理与保险学郑伟老师在本科生课程"保险学原理"上对保险所作的定义。

上来说，购买保险是风险管理中一种常用的风险转移手段。① 政府为了鼓励民众购买保险产品以提高风险应对能力，往往还会针对各种保险产品出台税收优惠政策。

在法律层面，保险是一种法律行为，是因契约而产生的权利义务关系，具体指投保人根据合同约定，向保险人支付保险费，保险人对于合同约定的可能发生的事故因其发生所造成的财产损失承担赔偿保险金责任，或者当被保险人死亡、伤残、疾病或者达到合同约定的年龄、期限等条件时承担给付保险金责任的商业保险行为。②

因为保险业务涉及社会风险管理、金融资本稳定和广泛的公共利益，其经营处于政府的强监管之下。比如，监管者对于保险公司的展业行为、保险合同、保险合同纠纷中费用承担和举证责任等问题都有专门且详细的规范。对于保险企业也由银保监会进行专门的市场监管和指导，其往往秉持十分谨慎的监管理念对保险公司业务行为、偿付能力充足率等市场行为和风险因素进行管控。因此，购买保险产品、签订保险合同，并不像普通市场交易那样交由双方意思自治，而是需要严格遵守相应的监管规范（尤其是保险人）。

2. "相互保"涉及的法律监管问题分析。保险监管规则的设置往往以保险学原理和历史经验为基础和依据，并非凭空臆想出来的具文。梳理"相互保"涉及的法律问题，对于理清"相互保"的产品本质、明晰"相互保"的结构漏洞、揭示"相互保"的潜在风险具有重要意义。当然，法律法规的稳定性也使其具有滞后性的特点，过于教条地依据现有的法律法规去评价创新型保险产品，可能会扼杀创新发展的空间。

（1）责任准备金。保险责任准备金是指保险公司为了承担未到期责任和处理未决赔款而从保险费收入中提存的一种资金准备，其本质上是保险公司用来备付未来保险金的一种负债。保险产品不同于网络互助，保险公司对于承保风险具有刚性给付的义务；为了保证其给付能力，保险公司应根据承保风险，计提各项责任准备金。我国对保险公司准备金的计提有明确的监管规定，依据《保险法》第九十八条："保险公司应当根据保障被保险人利益、保证偿付能力的原

---

① 风险管理的方式有很多，大体上可以分为风险规避、损失控制和损失融资三类。简单来说，其中风险规避就是通过避免参加某项活动使某种事故发生的可能性降低到零，例如为了防止遭遇空难而拒绝乘坐飞机。而损失控制是指通过防损、减损等措施降低损失频率或损失幅度来降低损失期望成本的行为，例如为飞机做定期检修来降低空难发生频率，或是通过配备有效的救生装置来降低损失幅度。损失融资，是指为了偿付或冲抵损失而采取的资金融通措施，通常包括风险自留和风险转移。其中风险自留是指由个人或组织自有的资金来承担风险损失，选择风险自留的原因有很多，可能是因为风险本身微乎其微、无足轻重，例如在淘宝购物时认为10元的退货运费无足轻重，决定不购买运费险；可能对风险损失估计不足，例如某人误认为自己身体强健，无须购买健康保险，难料不久病发无钱医治；也可能是因为掌握较强的风险管理方法和能力，决定全部或部分承担某些风险，例如中石油成立专属财产保险股份有限公司，为自己企业的财产安全提供保险保障。风险转移指通过一定方式，将风险从一个主体转移到另一个主体，例如保险、对冲等合同安排。

② 该定义为《保险法》第二条中对保险的定义。

则，提取各项责任准备金。保险公司提取和结转责任准备金的具体办法，由国务院保险监督管理机构制定。"关于重疾险的责任准备金提取规则，银保监会还以通知的形式予以明确和细化，具体规则标准十分详尽。①

然而，"相互保"采用实报实销的事后保费分摊机制，保险公司根本没有积累资金池，谈何提取风险准备金？缺乏风险准备金作为保障，保险公司如何能做到及时刚性给付？投保人的保险利益又从何保障？或许有读者认为：资金池的积累确实是传统保险的特征，但"相互保"作为创新型保险，保费先产生、后分摊的机制本来就是一种创新，此时还坚持用"旧标准"评判是否恰当？对此，笔者回应如下：

传统保险中保费预先缴纳，保险资金池掌握在保险人手中；保险公司经营是需要特别许可的，甚至还要求其主要股东有持续盈利能力、良好信誉和不低于人民币二亿元的净资产水平。②因此，无论从哪个角度看，持牌经营的保险公司信用水平和资金实力都远超普通个体。即便如此，也存在保险公司将保险资金挪作他用，从而使被保险人出险时无法获得及时有效赔付的风险，这也是监管强制要求提取责任准备金的深层原因。反观"相互保"，其实行先出险后分摊的保费缴纳机制，即费用确定后再由支付宝向参保用户收取；但"相互保"何以保证届时所需分摊的保费总是能够从每个参保人处及时足额收取，仅仅依靠650分的芝麻信用门槛作为保证吗？笔者对此并不乐观。无论是主观原因还是客观原因，都有可能导致参保人不愿或无力履行保费分摊义务，而芝麻信用降级惩罚并不能作为"相互保"偿付能力稳固、实现刚性兑付的保障。因此，即便是对创新型保险，只要未能有效保障及时刚性兑付保险金及被保险人权益，也不能豁免责任准备金的提取义务。

（2）偿付能力充足率。偿付能力是指保险公司偿还债务的能力，偿付能力充足率是偿付能力的一种衡量标准。与责任准备金一样，偿付能力充足率本质上是为了保证保险公司可以及时、有效地履行刚性兑付义务，但其着眼点更加深入本质。从性质上看，投保人只要购买了保险，那么保险公司预期需要支付的保险金或需要赔偿的保险损失，属于保险公司的债务；偿付能力充足率要求是为了保证之后被保险人向保险公司请求保险给付时，保险人有足够的资产来保证债务的履行。

银保监会对保险公司这一财务安全标准有明确详细的规定。为了保证保险公司在偿付能力充足的前提下进一步提高保险资金运用自由度，2016年1月1日，原保监会决定实施新的偿付

---

① 中国银行保险监督管理委员会（原中国保险监督管理委员会）：《中国保监会关于〈中国人身保险业重大疾病经验发生率表（2006—2010）〉用于法定责任准备金评估有关事项的通知》，资料来源：http://bxjg. circ. gov. cn//web/site0/tab5225/info3891920. htm，最后访问日期：2018年11月21日。

② 《保险法》第六十八条：设立保险公司应当具备下列条件：（一）主要股东具有持续盈利能力，信誉良好，最近三年内无重大违法违规记录，净资产不低于人民币二亿元。

能力监管规则，我国保险监管正式进入了风险导向的偿付能力监管体系（后称"偿二代"）。《相互保险组织监管试行办法》（以下简称《试行办法》）第三十七条第五款规定："保险监督管理机构对相互保险组织的监管包括但不限于下列事项：（五）偿付能力是否充足。"根据"相互保"投保阶段显示的《参保须知及声明授权》所披露的信息，信美人寿 2018 年第二季度综合偿付能力充足率为 946.51%，核心偿付能力充足率为 946.51%，2018 年第一季度的风险综合评级（分类监管）评价结果为 A 类，偿付能力充足率达到监管要求。因此，信美人寿的偿付能力十分充足。但自诩为相互保险的"相互保"，并非相互保险会员组成"相互保险组织"；[①] 而且，信美人寿仅仅是其授权管理人，赚取固定比例服务费，也根本不是"相互保"偿付能力充足率的监管对象，再华丽的数据和"相互保"又有何关系？

与此同时，作为"相互保险组织"的蚂蚁保险服务平台，似乎并没有披露其偿付能力充足率。但考虑到"相互保"的费用分摊模式，似乎也无法让蚂蚁保险服务平台保障其偿付能力充足率。此外，根据《中国保监会关于正式实施中国风险导向的偿付能力体系有关事项的通知》[②]中对"偿二代"监管体系的规定，银保监会对保险公司预收保费的保险准备金计提，规定了计量利率风险（市场风险）、非寿险业务的巨灾风险（保险风险）、再保险分入人交易对手违约风险（信用风险）等的定量资本监管要求；那么，采取事后分摊保费形式的"相互保"，如何使其核心偿付能力充足率、综合偿付能力充足率全面满足监管要求？若"相互保"不能满足监管要求，则如何保证产品的运营持续、稳定、安全，被保险人的权利又从何得到保障？

（3）格式条款提示、释明义务和误导性宣传。保险合同极具复杂性和专业性，保险人提供的格式化保险合同通常极为烦琐和细致，对保险关系中方方面面的问题予以规定，并列明保险人的诸多免责条款。为保护欠缺专业知识技能、相对弱势的投保人和被保险人，相关法律法规要求保险人展业过程中，对保险合同中的格式条款有提示释明义务，防止保险公司依照格式条款中的一些"隐藏"条款进行抗辩，拒绝在参保人出险时承担保险责任。[③] 除了我国《保险法》外，监管者对提供格式条款的保险人的提示释明义务规定了详细的具体行为标准。比如，《关于推进投保提示工作的通知》[④] 规定，如果投保人购买了健康保险产品，销售人员应就条款是否有医疗费用补偿原则的约定、是否有免赔额或赔付比例的约定、是否有疾病观察期约定、是否有保

---

① 对此本文在对"相互保险"讨论部分有更详细论述。

② 中国银行保险监督管理委员会：《关于正式实施中国风险导向的偿付能力体系有关事项的通知》，资料来源：http://bxjg.circ.gov.cn//web/site0/tab5225/info4014885.htm，最后访问日期：2018 年 11 月 2 日。

③ 《保险法》第十七条，订立保险合同，采用保险人提供的格式条款的，保险人向投保人提供的投保单应当附格式条款，保险人应当向投保人说明合同的内容。对保险合同中免除保险人责任的条款，保险人在订立合同时应当在投保单、保险单或者其他保险凭证上作出足以引起投保人注意的提示，并对该条款的内容以书面或者口头形式向投保人作出明确说明；未作提示或者明确说明的，该条款不产生效力。

④ 中国保险监督管理委员会：《关于推进投保提示工作的通知》（保监发〔2009〕68 号）。

证续保的约定等内容主动告知投保人，并将有关约定逐一进行详细解释。

在司法层面，在发生保险合同格式条款相关的纠纷时，保险公司需对其已有效履行提示说明义务承担举证责任，否则将承担败诉风险。因此，在保险展业过程中，销售人员往往会在提示投保人之后进行对话录音/录像，然后逐条向投保人宣读解释重要条款，并询问投保人是否清楚理解。但如前所述，名为保险的"相互保"，参保人动动手指十秒钟即可参保，整个投保过程甚至都不需要查看具体的保险合同。不难预见，这种不规范的展业行为将引发未来纠纷解决的麻烦，而出险的参保人要求理赔时也可能会被保险人以其从未留意过的保险合同条款而拒绝偿付。

此外，也是因为保险产品的专业性和复杂性，保险代理人在展业过程中常常出于营销目的而对保险产品夸大、虚假宣传，给投保人造成误导，最终使其遭受财产损失。为防范此类市场乱象，保险监管机构也出台了相关的严格规定。比如，《人身保险销售误导行为认定指引》[1] 第七条第四款："人身保险公司、保险代理机构以及办理保险销售业务的人员，在人身保险业务活动中，不得隐瞒下列与保险合同有关的重要情况：（四）人身保险新型产品保单利益的不确定性。""相互保"保费的事后分摊机制使得保费在出险定损前都无法确定，但其在宣传过程中存在让参保人低估保费、混淆预期分摊保费计算方法等问题，使消费者对投保"相互保"这种新型产品所获保单利益不确定性等，难以有客观、清晰的认识。

（4）保险事故定损费用。《保险法》第六十四条[2]明文规定保险事故发生后的评估损失等定损费用应由保险公司负担，这不能通过约定改变。其本质上在于保护投保人和被保险人的权益：既然投保人为了转移风险向保险人投保，那么就不应使投保人、被保险人在风险事故真正发生后仍需为保险事故的定性定损承担费用。另外，这一规则也是为了明确保险合同中的风险责任分担，防止保险公司以此设置理赔门槛来阻止被保险人请求保险赔偿。试想如果每个被保险人出险后向保险公司请求赔偿时，保险公司都要求其先垫付用于勘查保险事故和定损等的费用，否则不予理赔；这对于本就遭遇不测而陷入困境的被保险人而言，岂不是雪上加霜？

有观点认为："羊毛出在羊身上，定损费用虽然名义上是由保险公司负担，本质上还是来自保费收入，强令一方负担没有意义。"对此，笔者并不认同。事实上，任何保险公司为持续经营所支出费用本质上都来源于投保人缴纳的保费，但并不能据此否认在投保人和保险人之间划定费用承担义务的意义。当投保人和保险人签订的保险合同成立并生效，原本属于投保人的相关风险就转移给了保险人；在风险事故发生后保险人有承担赔偿或给付保险金的义务，此时将核

---

① 中国银行保险监督管理委员会（原中国保险监督管理委员会）：《中国保监会关于印发〈人身保险销售误导行为认定指引〉的通知》，资料来源：http://bxjg.circ.gov.cn//web/site0/tab5245/info2350896.htm，最后访问日期：2018 年 11 月 2 日。

② 《保险法》第六十四条规定：保险人、被保险人为查明和确定保险事故的性质、原因和保险标的的损失程度所支付的必要的、合理的费用，由保险人承担。

保定损费用划归保险人承担，不仅是对保险关系中风险承担义务的进一步明晰，更是为保险赔付及时有效执行提供保障。《保险法》将定损核保相关风险、费用都明确划归保险人承担，那么保险公司就无法依据相关事由进行抗辩，因此必须事先谨慎考虑应对措施，比如预提定损鉴定备付金，制定严谨但又经济合理的核保与定损标准等，从而保障风险事故发生后保险赔付的顺利进行。

"相互保"采取保险损失确定后分摊并收取保费和服务费的形式，这使其定损费用并非由保险人承担，而是由参保人分担，这与《保险法》的强制规定明显冲突。尽管针对先出险后计算保费的创新模式，定损费用分摊方式等问题仍然存在讨论空间，但像"相互保"这样，为套用网络互助简便的费用产生机制实现营销效果，而枉顾现行监管法律要求的做法是不应被允许的。其实，对于先出险后确定保费的机制，可以尝试在投保人参保时先行收取少许费用作为此后的定损基金，从而满足划清风险责任的合规性要求。但这种方式下，即便是多出一点点加入的费用门槛，也可能会大大约束"相互保"此前势如破竹的推广效果。

（二）相互保险的特征和法律问题

1. 相互保险的定义和特征。《试行办法》第二条对相互保险予以界定。相互保险是指具有同质风险保障需求的单位或个人，通过订立合同成为会员，并缴纳保费形成互助基金，由该基金对合同约定的事故发生所造成的损失承担赔偿责任，或者当被保险人死亡、伤残、疾病或者达到合同约定的年龄、期限等条件时承担给付保险金责任的保险活动。

相互保险是一种较为特殊的保险形式，也是保险起源之初的通常模式。早在公元前4500年，古埃及石匠中盛行一种互助基金组织，通过收缴会费来支付会员死亡后的丧葬费用，这可能是有记载的人类文明中保险最早出现的形式。相较于普通的商业保险，相互保险存在一定的优势。比如，保单持有人同时为相互保险组织的所有权人，这使得保险人和投保人利益一致，避免了委托代理成本；相互保险往往基于具有同质风险的会员组织群体而设，成员之间信息不对称的程度大大降低，这更利于进行风险识别和风险评估，同时会员间较紧密的身份关系也使得保险销售和运营成本更低。

当然，相互保险作为保险的早期模式也存在一些不足。具言之，相互保险组织往往受到区域、规模和专业性等因素的限制，难以在商业运营效率、资本运用能力和团体内部控制等方面与现代公司运营模式抗衡；另外，相互保险的性质决定其更适合于风险同质化、道德风险管控难度较低的特定人群，这使其风险分散程度十分有限，往往在出现巨灾时难以有效发挥作用。因此，随着相互保险组织的演进，监管机构对其设置了较为严格和特殊的监管要求。比如，以设定门槛条件等方式使相互保险中的道德风险、风险同质化等问题不致过于暴露，制定更为严格的运行规则来保护相互保险组织参与者的权利等。

2. "相互保"作为相互保险的法律问题。理论上讲，"相互保"套用相互保险的模式使其具有了互帮互助的色彩，为参保人带来了一定的归属感和"救危扶难"心理的满足感。同时，以支付宝为基础的互联网平台、蚂蚁信用等大数据技术在一定程度上可以解决传统相互保险在参保沟通、信用识别、费用收缴等技术层面的难题，缓解相互保险普遍存在的参保群体有限和人群地区化劣势；将"相互保"变成全民参与、全国覆盖的"新型相互保险"，实现跨区域的风险分散和互助，降低区域巨灾风险。然而，"相互保"为实现上述有限优势而采用的相互保险架构蕴含诸多法律问题。

（1）"相互保"是否构成相互保险？读者可能要问，"相互保"的名称中都含有"相互"两个字眼，竟然还能不是相互保险？如同老婆饼里并没有老婆一样，"相互保"仍然只是网络互助而不是相互保险，至少不是合法合规的相互保险，也不具有相互保险最根本的优势和特征。

首先，根据"相互保"的产品设计，广大保险参与人其实并不具有投保人身份，只是"受益人"和"费用分摊义务人"；因为《蚂蚁相互保成员规则》中明确规定"蚂蚁网服"是投保人。

其次，"相互保"成员不仅没有投保人名分，也没有相互保险组织会员应有的实质性权利。《试行办法》第十五条规定了相互保险组织会员所享有的权利，包括：参加会员（代表）大会，并享有表决权、选举权、被选举权和参与该组织民主管理的权利；按照章程规定和会员（代表）大会决议分享盈余的权利；按照合同约定享受该组织提供的保险及相关服务的权利；对该组织工作的批评建议权及监督权；查阅组织章程、会员（代表）大会记录、董（理）事会决议、监事会决议、财务会计报告和会计账簿的权利；章程规定的其他权利。前述内容是相互保险组织会员的法定权利，不能通过章程删减改变；对于普通的会员权利，章程可以另行增加但不能减少。

退一步讲，即便"没有说明并不代表没有权利"，姑且认为"相互保"没有规定会员权利条款可能就是默认执行银保监会的前述相关规定；但"相互保"竟然也没有设置《试行办法》所规定的最高权力机构——会员大会。《试行办法》的第十九条①和第二十条②，分别规定了相互保险组织会员大会的权力及决议规则，这在"相互保"的运作中并非体现。但着实令人"欣慰"的是，尽管没有设置会员大会这一相互保险组织的最高权力机构，但"相互保"却有可以行使其权力的机构。疏于列明会员权利的《蚂蚁相互成员规则》，在最高权力的把持上丝毫不含糊。其中规定："发生以下任一情形时，我们有权终止相互保：相互保运行3个月以后成员数少于

---

① 相互保险组织应当设立会员（代表）大会，决定该组织重大事项。会员（代表）大会由全体会员（代表）组成，是相互保险组织的最高权力机构，原则上采取一人一票的表决方式。除章程另有规定外，会员（代表）大会的权力和组织程序参照《中华人民共和国公司法》有关股东大会的规定。

② 会员（代表）大会选举或者作出决议，应当由出席会议的会员或会员代表表决权总数过半数通过；作出修改章程或者合并、分立、解散的决议以及制订支付初始运营资金本息、分配盈余、保额调整等方案应当由出席会议的会员或会员代表表决权总数的四分之三以上通过。

330 万；出现不可抗力及政策因素导致相互保无法存续。"此外，其在"规则修订"部分规定："我们保留修改或增补本规则内容的权利。本规则的修改文本将通过蚂蚁保险平台予以公告或采用其他方式通知您。规则修改文本生效日期以公告载明日期为准"。可以看出，对于修改章程、解散相互保险组织等关键性决策事项，"蚂蚁保险平台"都试图牢牢握在手中；即使与银保监会的规定相抵触，也要出于"谨慎"目的而在成员规则中明确。

综上所述，"相互保"作为一款所谓的相互保险产品，除了符合《试行办法》第六条所规定的"相互保险组织名称中必须有'相互'或'互助'字样"外，几乎不符合该办法对相互保险组织所有核心要素的规定。由于参保人都不是投保人，更不是相互保险组织所有人，所以"相互保"不具备相互保险减轻委托代理成本的优势。在此情形下，参保人既要和"承保"保险公司信美人寿周旋，还要与代为投保的蚂蚁保险平台斗智斗勇，事实上承担了双重委托代理成本。"相互保"这种模式与普通的网络互助并无二致，无论是组织架构、权利分配，还是实质激励都难以称其为合格的"保险"。

（2）信美人寿是否为保险人？看到这里想必读者又要大吃一惊："相互保"条款里表明其保险人是信美人寿，难道它不是广大保险参与人的保险人？如前所述，保险的本质是一种风险转移工具，实践中往往通过缴纳一定保费的方式，将风险从被保险人转移到保险人。在保险关系中，被保险人通过放弃确定且有限的财产利益，将自己不愿承受的风险转移给愿意管理风险的保险人，以换得对未来情况的安定预期；而保险人通过承接并妥善地管理风险、分散风险，赚取保险费（也称风险管理费用）。

但反观"相互保"，其实行保障金分摊制度，先出险后缴费；所谓的"保险人"信美人寿在收取保费的同时按照保费数额加收 10% 的管理费。这意味着，信美人寿在这个保险关系中既不用费心统计、实施精算、改良风险模型，也不用担心保险资金的投资、利率风险，更不用担心展业费用入不敷出……在此商业模式下，何须保险人事前审慎核保、事后严格审核，以及风险评估和风险管控？只要出险越多、分摊保费越高，保险人的管理费就越多；保险人唯一需要担心的恐怕只有过高的保费分摊导致大家纷纷退保。在"相互保"这款产品中，保险人实质上并不承接、管理投保人转移的风险，在死差、利差、费差方面也没有损失风险，而仅仅是在参保人自我分担风险的同时提供一定的管理服务，并赚取无风险回报，这恐怕很难将信美人寿置于"保险人"的地位。

事实上，"相互保"中的保险人是参保人自己组成的保险池（即"相互保"中尚不正规的相互保险组织），信美人寿最多是受托管理具体事务的职业经理人。"相互保"按保险赔付金额，以固定比例（10%）向管理人计提管理费的费用计算模式，不仅会将相互保险组织理论上的优势消耗殆尽，还进一步为委托代理风险埋下隐患。此外，实质上是受托管理人的信美人寿若以保险人自居，恐怕也是如鲠在喉。

（三）团体保险的特征和法律问题

1. 团体保险的定义与特征。根据《关于促进团体保险健康发展有关问题的通知》（保监发〔2015〕14号）①中的定义，团体保险是指投保人为特定团体成员投保，由保险公司以一份保险合同提供保险保障的人身保险；其中，特定团体是指法人、非法人组织以及其他不以购买保险为目的而组成的团体。

团体保险具有很多实务层面的优势，例如：定价标准简洁，往往只设置团体风险费率；一般不拒绝承保团体中特定成员，即使其风险状况较差。因此，团体保险在商业领域中的应用相对广泛；许多眼光长远的大型企业都乐于选择投保团体健康保险作为员工的福利计划。这既能很好地帮助员工管控个人风险，又能作为企业对员工的关怀提振士气，更为企业持续正常运营提供保障。另外，保险的税收优惠特性，还使得以团体保险形式的员工福利计划成本更为低廉。

团体保险商业模式的优势特征并非臆断，其背后有科学严密的保险学理论为支撑。团体保险中的"团体"要求，是不以购买保险为目的组成的团体，那么以团体为单位进行投保，其成员间的风险特征（例如身体健康情况）实则已经在一定程度上满足随机分布，接近大数定律的条件。②因此，在团体保险中，保险公司往往仅根据往期经验和精算结果设置整体费率水平，并且不要求团体中的成员在参保时提供个人可保证明，只是按照约定无差别承保。但为了使承保的风险状况更加接近大数定律的要求，根据概率论的相关原理和计算，保险学上对团体保险中的团体最低规模和应参保比例有所限制（如团体内投保成员应占团体成员总数的75%以上）。

2. "相互保"作为团体保险的法律问题。

（1）定价方式不合规。"相互保"在采用了本已相对复杂的相互保险框架基础上，又糅进了团体保险的架构，其目的在于将网络互助的特点复制到保险产品中，并以团体保险的名义作掩护。只有打着团体保险的名号，"相互保"才有借口不顾风险情况，堂而皇之地向不同风险状况、不同保障水平的参保人按统一标准平均分摊保障金。正是这种简便的程序使"相互保"看起来非常"接地气"，并获得民众一致好感。"相互保"得以在短时间内风靡微博、微信朋友圈等网络社交平台，其简便且看似"平等"的亲民费率规则发挥了关键作用；这种形式在慈善色彩更重的网络互助里或许行得通，但对于强监管约束的保险业而言蕴藏着高风险，这种看似聪明的做法可能彻底摧毁"相互保"的合法性。

---

① 中国银行保险监督管理委员会（原中国保险监督管理委员会）：《中国保监会关于促进团体保险健康发展有关问题的通知》，资料来源：http://bxjg.circ.gov.cn//web/site0/tab5225/info3949626.htm，最后访问日期：2018年10月28日。
② 大数定律，又称大数法则，是保险学中常用的定律，指当风险单位数量越多时，实际损失的结果会越接近从无限单位数量得出的预期损失可能的结果。因此当风险数量足够多时，实际损失就会无限趋近于预期损失，从而达到预估风险、管理风险、风险定价等目的。

根据保监会 2015 年修订的《人身保险公司保险条款和保险费率管理办法》，监管机构对人身保险保险公司保险条款和保险费率的产生原则、上报审批和备案程序有详细且严格的规定；其中，保险产品费率定价的原则是"公平、合理"，保险公司总精算师应保证报备的"保险费率厘定合理，满足充足性、适当性和公平性原则"。"相互保"简单粗暴的定价机制显然并不满足这些要求。此外，虽然保监会允许存在费率浮动的产品，但当保险公司变更保险费率时，需要在发生变更 10 日内向保监会提交一系列材料并备案。[①] 即便抛开"相互保"费率定价的合规性问题，其每半月一次的保险费率重新确定必然会带来费率水平变动，而每次都需要履行前述复杂备案程序，"相互保"是否能做到合规备案，笔者拭目以待。

（2）投保主体不合法。根据团体保险的监管要求，"团体"必须是不以购买保险为目的而组成的团体；而相互保险是具有同质风险保障需求的单位或个人，通过订立合同成为会员，并缴纳保费形成互助基金为大家的风险承保。这就意味着相互保险和团体保险具有内在的互斥性：一个是专门为了分散风险成立的会员组织，另一个则要求投保的团体不能为了购买保险而组建。"相互保"诡诞不经地把二者糅在一起，着实令人瞠目。

如果认为"相互保"成立相互保险，即便只是网络互助，那么其投保主体蚂蚁保险服务平台或者实质上的"相互保"会员组织也必然不能成为团体保险的适格主体。若允许其投保，那么团体保险的逻辑基础将遭到破坏，风险管控作用将沦为空中楼阁，势必引发严重的逆向选择等问题。如果认为"相互保"不成立相互保险，压根没有相互保险组织，那么支付宝芝麻信用 650 分以上的会员团体也仍不符合团体保险的投保主体要求。首先，支付宝会员并非一个严格意义上的"团体"，其只是广大社会公众多重身份标签中重合的一个，会员之间或许除了相互扫码转账和交换敬业福之外，几乎没有任何实质性的联系；其次，即使认为支付宝会员可以成为团体保险的投保主体，根据保险学和概率论的原理要求，团体中投保成员数也应占成员总数相当比例，但目前为止参保"相互保"的支付宝会员还远不足 10%。因此，"相互保"的产品结构中并不存在团体保险的适格投保人。

四、小结

"相互保"虽然在外观上是持牌经营的保险产品，但其本质为套用网络互助常见模式下的不合格保险产品，对网络互助所蕴含的不规范问题并无太多改进。其为了在保险的新衣下复制网

---

① 《人身保险公司保险条款和保险费率管理办法》第三十六条：保险公司变更已经审批或者备案的保险条款和保险费率，且不改变保险责任、险种类别和定价方法的，应当在发生变更之日起 10 日内向中国保监会备案，并提交下列材料：（一）《变更备案报送材料清单表》；（二）变更原因、主要变更内容的对比说明；（三）已经审批或者备案的保险条款；（四）变更后的相关材料；（五）总精算师声明书；（六）法律责任人声明书；（七）中国保监会规定的其他材料。

络互助的商业模式，实现并迅速扩张的效果，执意将相互保险和团体保险两种内在互斥的保险形式强行糅合在一起，游走于法律法规和监管规则之外；这种放纵风险的行为必将给日后产品风险积聚、问题爆发埋下伏笔。

保险业需要创新、需要新鲜血液，社会民众也需要更加丰富的保险市场，但无论如何，保险本质上还是专业、严谨的风险管理工具。即便是锐意创新、追求产品的轰动式商业效果，也不应弃保险的本质与基础不顾。"相互保"这种不负责任的行为对于其自身来说，是对风险的积聚和对商誉的消耗；对于保险市场来说，这是对原本就不够成熟的保险市场和保险意识的污染；对于保险监管机构来说，无疑是一次赤裸裸的挑衅。

"相互保" 商业模式问题分析

■ 程海宁*

摘要： 支付宝的创新型重疾保险产品 "相互保"，一经退出便迅速引爆各大社交网络平台，短短一个月便有数千万用户加入。"相互保" 虽名为保险但实为披着保险外衣的网络互助，其产品设计粗糙，保费机制不公平、不合理。为片面追求商业效果，"相互保" 在定价问题上涉嫌误导性宣传，其野蛮的商业模式和粗糙的、违背风险管理本质要求的保险定价模式，导致产品整体隐含较大的风险和不确定性，在监管合规、保险实质、商业模式等方面存在诸多硬伤。因此，"相互保" 参保者的利益实际难以得到有效保障，潜在的参保者应保持理性和谨慎，保险监管机构也应给予充分重视。

关键词： "相互保"　商业模式　费率定价　误导宣传　逆向选择

一、引言

2018 年 10 月，支付宝隆重推出了一款名为 "相互保大病互助计划" 的保险产品，其 "0 元加入" 的吸睛噱头和全渠道大力推广，使得这款产品很快刷爆微博和微信朋友圈。在《"相互保"：保险新衣下的网络互助》一文中，笔者指出了 "相互保" 名为保险、实为违规网络互助的本质；分析了 "相互保" 产品中存在的一系列违法违规问题，并结合保险学原理简要阐释了违反相关规则的风险和危害，从而使读者了解 "相互保" 在法律合规方面的问题和风险。即使法律法规严格的监管对于帮助保险产品发挥其应有的作用来说至关重要，但保险业和法律界之外的人士恐怕并不关注过于 "教条" 的法律分析，而是更关心 "相互保" 的商业模式到底存在什么问题；若购买 "相互保"，则会给自己带来何种利弊影响。

网络互助在功能和基本逻辑上与保险并无太大差异，但二者最本质的区别在于：能否保证刚性给付。由于网络互助并不需要（也没能力）刚性给付，其在经营过程中就有很大的随意性和模糊性。例如，无须考虑具体个体的风险水平，在费用分摊时简单地一刀切；给付标准可以自

---

*　北京大学法学院 2017 级金融法方向法律硕士（非法学）。

行调整，根据实际情况灵活变动;① 给付没有保证，即使平台拒绝给付，相关个体也申诉无门。相反，保险因为存在刚性给付的要求，保险公司的经营就须谨慎规范。比如，承保前需要规范展业、谨慎精算、尽职核保、留存证据等；承保后需要管理资金、接受监管、披露信息等；出险后需要勘查定损、刚性给付、承担较重的举证责任等。

总之，网络互助和保险似乎有很大的相似性，但深究起来却有天壤之别。本文将从"相互保"的费率机制等商业模式角度进行分析，为读者揭示"相互保"将网络互助的粗糙模式装入保险的口袋，在商业层面可能引发的巨大风险和问题，防止鱼目混珠，帮助读者作出更加科学、理性的保险投资决策。

二、"相互保"预期费率水平估算

虽然"相互保"借助简便的投保流程、零保费加入、费用事后分摊、互帮互助概念等优势，在短时间内吸收了上千万投保人，但似乎很少有投保人清楚自己需要为参加"相互保"缴纳多少费用。不同于带有更多捐赠、捐助色彩的网络互助，"相互保"一旦借用了保险的名义，其性质则发生了根本性变化。保险人需要承担刚性给付保险金的义务，相应地，参保人对于是否参与分摊保费也失去了选择权。

既然分摊保费是参保人的义务，那么就不得不关心费率水平的问题。与通常的保险产品不同，"相互保"采用保费事后分摊的形式，这种形式给人一种量出为入、费用透明的感觉。但公众对于费率水平非常敏感，"相互保"自然也明白这一点，于是在宣传过程中通过各种明示和暗示，试图塑造一种费率极其低廉的产品形象，甚至置客观事实于不顾，进行误导性宣传。那么，依据"相互保"承诺的保障水平，参保人需要交纳的公平保费水平大概是多少呢？笔者将通过有依据的简单估算，帮助读者对参保"相互保"建立一个较为科学、具体的费用预期。

（一）精算概念的简介

保险产品本质是风险转移，而作为风险承接者的保险公司之所以敢于承接投保人不愿自己保留的风险并承诺刚性给付，是因为保险公司相信自己作为专业的风险管理人，有更强、更专业的风险评估和风险管理能力；这份自信很大程度上来自对保险精算技术的掌握。精算在保险公

---

① 根据和网络互助关系密切的一线保险从业人员介绍，疾病保险为出险即赔，例如被保险人只要罹患恶性肿瘤，保险人即应赔付约定金额保险金，但实际情况是，恶性肿瘤中淋巴瘤等发病率显著高于其他恶性肿瘤，拉高了恶性肿瘤整体发病率，但淋巴瘤的治愈可能性大、愈后生存状况良好，且预期费用较低。因此在面对类似重疾时，网络互助可以根据患者花费数额灵活调整筹款金额，而保险产品必须依据监管机构要求的合同条款统一赔付，因此成本较高，这就使保险在费率水平上不占优势。

司中的地位虽然不能被过度神话，但这门高深的数学技术堪称现代保险业的基石。[1]

现实的统计数据对于保险精算而言至关重要。以重疾健康险为例，原中国保监会于 2013 年 11 月 14 日面向各人身保险公司发布了《中国人身保险业重大疾病经验发生率表（2006—2010）》，[2] 其中区分性别因素，包括 6 病种经验发生率表两张和 25 病种经验发生率表两张。[3] 这是中国第一张人身保险业重大疾病经验发生率表，也是目前我国人身保险公司承保重疾险最权威可靠的精算数据来源之一。[4]

保险精算是一门专业性极强、细分领域壁垒较高的科学，健康保险由于保险期内保险事故可能多次发生等，所需要的精算技术更为复杂。因此，笔者并没有能力向大家展示专业的健康险精算过程，但对照"相互保"的相关资料和原保监会发布的重疾经验发生率表，还是能够帮助读者对健康险费率水平有一个更加直观、准确的认识的。

（二）"相互保"预期费率水平估算展示

根据"相互保"的保险条款，其仅承保 0～59 周岁的人群，且承保 100 种大病，因此下文截取《中国人身保险业重大疾病经验发生率表（2006—2010）》中 25 病种经验发生率男表（CI3）、25 病种经验发生率女表（CI4）中年龄 0～59 周岁的部分（见表 1）。

表 1　25 病种经验发生率[5]

年龄	男		女	
	ix	kx	ix	kx
0	0.000595	2.60%	0.000815	2.60%
1	0.00053	11.01%	0.000651	19.70%

---

[1] 保险精算：保险精算是在概率统计学基础上展开的，保险精算本质上就是试图根据保险相关事项的历史发生数据，运用概率统计学等相关数学技术，实现对风险较为准确的预估，从而帮助保险公司制订保险资金调配等相应的应对方案。

[2] 中国保险监督管理委员会：《中国保监会关于发布〈中国人身保险业重大疾病经验发生率表（2006—2010）〉的通知》，资料来源：http://bxjg.circ.gov.cn//web/site0/tab5225/info3891919.htm，最后访问日期：2018 年 10 月 30 日。

[3] 6 病种是指根据中国保险行业协会颁布的重大疾病有关定义所规定的第 1～6 种重大疾病，即恶性肿瘤、急性心肌梗死、脑中风后遗症、重大器官移植术或造血干细胞移植术、冠状动脉搭桥术（或称冠状动脉旁路移植术）和终末期肾病（或称慢性肾功能衰竭尿毒症期）；25 病种是指根据中国保险行业协会颁布的重大疾病有关定义所规定的全部 25 种重大疾病。

[4] 有观点认为该经验发生率表并不像笔者所言那样权威、准确，其理由主要是网络互助平台历史分摊额数据所反映的重疾发生率往往低于表中情况，笔者并不赞成以此为依据的推断，如果清楚理解网络互助和保险的区别，便不会产生此种缺乏专业基础的片面观点。

[5] ix 是指重大疾病的经验发生率；kx 是指在包含重大疾病保险责任的人身保险产品中，因患重大疾病死亡的人数占全部死亡人数的比率。

续表

年龄	男		女	
	ix	kx	ix	kx
2	0.000469	14.18%	0.000533	21.07%
3	0.00042	15.63%	0.000448	22.53%
4	0.000393	16.42%	0.000377	24.10%
5	0.000378	17.03%	0.000332	25.77%
6	0.000359	17.87%	0.000304	27.20%
7	0.000344	18.98%	0.000286	28.80%
8	0.000331	19.76%	0.000289	30.02%
9	0.000319	20.64%	0.000301	31.32%
10	0.00031	21.48%	0.000322	32.32%
11	0.000303	22.21%	0.000346	32.97%
12	0.000301	22.82%	0.000369	33.22%
13	0.000302	23.30%	0.00039	33.07%
14	0.000307	23.62%	0.000408	32.57%
15	0.000318	23.72%	0.000424	31.80%
16	0.000334	23.54%	0.000438	30.85%
17	0.000354	23.02%	0.000451	29.78%
18	0.000379	22.18%	0.000465	28.67%
19	0.000408	21.16%	0.00048	27.62%
20	0.000441	20.18%	0.000496	26.77%
21	0.000478	19.50%	0.000515	26.24%
22	0.000519	19.33%	0.000538	26.20%
23	0.000565	19.80%	0.000568	26.69%
24	0.000616	20.84%	0.000605	27.69%
25	0.00067	22.26%	0.000651	29.05%
26	0.000726	23.83%	0.000704	30.61%
27	0.000782	25.33%	0.000764	32.19%
28	0.000838	26.65%	0.000831	33.70%
29	0.000893	27.78%	0.000905	35.10%
30	0.000949	28.80%	0.000987	36.44%
31	0.001009	29.86%	0.001078	37.77%

年龄	男		女	
	ix	kx	ix	kx
32	0.001078	31.05%	0.001182	39.12%
33	0.001162	32.43%	0.001302	40.53%
34	0.001267	34.01%	0.001439	42.01%
35	0.001396	35.78%	0.001596	43.58%
36	0.00155	37.71%	0.00177	45.24%
37	0.001732	39.80%	0.001962	47.04%
38	0.001945	42.03%	0.002171	48.95%
39	0.00219	44.34%	0.002398	50.94%
40	0.002474	46.67%	0.002643	52.92%
41	0.0028	48.95%	0.002909	54.81%
42	0.003172	51.11%	0.003195	56.54%
43	0.003595	53.10%	0.003503	58.06%
44	0.00407	54.91%	0.003834	59.36%
45	0.0046	56.54%	0.004188	60.48%
46	0.005183	58.01%	0.004564	61.47%
47	0.005817	59.34%	0.004933	62.40%
48	0.006502	60.57%	0.005288	63.28%
49	0.007235	61.69%	0.005636	64.13%
50	0.008018	62.70%	0.005986	64.92%
51	0.008854	63.64%	0.006348	65.63%
52	0.009753	64.54%	0.006731	66.28%
53	0.010719	65.42%	0.007143	66.84%
54	0.011752	66.25%	0.007592	67.31%
55	0.012842	66.98%	0.008081	67.64%
56	0.013971	67.55%	0.008616	67.84%
57	0.01512	67.95%	0.009197	67.90%
58	0.016274	68.16%	0.00983	67.83%
59	0.01743	68.22%	0.01052	67.61%

资料来源：《中国人身保险业重大疾病经验发生率表（2006—2010）》。

对于分析"相互保"产品，ix 即重大疾病经验发生率数据作用较大。在估算之前需要作一些简单说明：首先，"相互保"承保的范围包括中国保险行业协会颁布的重大疾病有关定义所规定的全部 25 种重大疾病在内的 100 种重疾，其承保病种范围大于表 1 所列病种范围。因此，其出险概率应一一对应地大于表中的经验发生概率。其次，为了便于运算和理解，之后的讨论均以一年为一个单位的保险期间。另外，根据"相互保"相关条款的规定，保险金额根据参保人员重疾初次确诊的年龄而定，不满 40 岁保障金额为 30 万元，超过 40 岁保障金额为 10 万元。[①]

为使读者有较为直观的理解，笔者选择了几个年龄有代表性人群的重疾发生率数据（读者可根据生活经验，结合自己对社会中相应人群健康状况的判断，体会保费计算分摊金额），从而计算这些人群重疾发生概率对应的公平保费数额（见表 2）。[②]

表 2　不同发生概率对应预期损失金额计算演示

不同年龄人群的重疾发生概率	预期每年每人平均损失金额（不含 10% 管理费）
0.00067（25 周岁男性）	201 元
0.001396（35 周岁男性）	418.8 元
0.00219（39 周岁男性）	657 元
0.0046（45 周岁男性）	460 元
0.000651（25 周岁女性）	195.3 元
0.001596（35 周岁女性）	478.8 元
0.002398（39 周岁女性）	719.4 元
0.004188（45 周岁女性）	418.8 元

资料来源：作者计算。

依据特定年龄对应的概率数据所计算出来的预期公平保费，仅有助于读者对可能发生的分摊费用产生直观感受。更进一步地，假设参保该重疾险的人群性别和年龄都均匀分布（0～59周岁每个年龄的人数均相等，且每个年龄中男女比例为 1∶1）；参保人数足够大且来源随机。按照不满 40 岁保障金额为 30 万元，超过 40 岁保障金额为 10 万元的标准，经过简单计算，预期每年每人的保费分摊金额约为 390.31 元（不含 10% 管理费），如图 1 所示。如果把假设的参保人群年龄范围缩减到 20～55 周岁，其他条件不变，经计算，预期每年每人的保费分摊金额约为

---

① "相互保"的赔付规则属于出险即付，即投保人出险后若满足约定条件，保险人便给付全额保险金，并不再考虑出险人实际花费情况和康复情况。

② 这里所称的"公平保费"是指仅考虑该年龄人群重疾发生概率，对应"相互保"的赔付规则计算出的该年龄人群每年因罹患重疾而遭受的预期损失的平均值，该数值往往是保险公司确定保费总水平的基准值，未考虑其他费用因素。计算方式：某年龄个体预期损失金额 = 对应年龄重疾发生概率 × 对应年龄享受的保额水平。

444.12 元（不含 10% 管理费），如图 2 所示。①

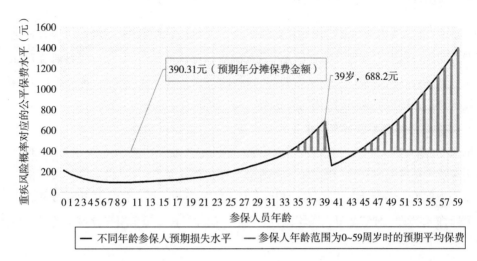

资料来源：作者计算。

图 1　参保人年龄范围为 0～59 周岁时的预期年分摊保费

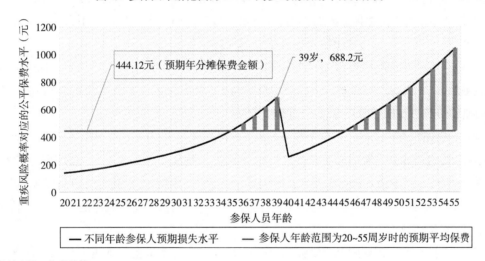

资料来源：作者计算。

图 2　参保人年龄范围为 20～55 周岁时的预期年分摊保费

---

①　需要说明，以上计算均不是严肃的保险精算，一方面投保人群不会集中在某一年龄上，社会上不同年龄人群的数量分布也并非均匀；另一方面上述计算还未考虑重复出现、逆向选择、退保等复杂因素。因此，上述所有计算演示仅为大家提供一个较为直观的预期分摊保费数额，更加精确的分摊数额计算需要更多数据以及更加精确的运算技术。要提醒大家注意的是，我们计算演示所依据的统计数据仅为 25 病种的发生概率，"相互保"所包含的 100 种重疾的发生概率客观上必然高于上述统计数据，尚且不考虑"相互保"产品构架可能引起的严重逆向选择、道德风险等对整体风险水平的影响，也未计算 10% 的服务费加成。

三、"相互保" 费率相关问题分析

"相互保"虽名为保险但实为网络互助的变种，其为了使销售流程最简化，存在产品设计粗糙，保费机制不公平、不合理等问题；为了片面追求商业效果，"相互保"还涉嫌在产品定价问题上有误导性宣传。这些与保险费率相关的问题可能在之后引发严重的逆向选择[1]和道德风险，进而破坏保险产品赖以稳定运行的根基。

（一）"相互保"费率宣传中的误导行为

"相互保"推出后，相关广告宣传铺天盖地。其中，反复强调"承诺单一出险案件，每个用户分摊不超过1角钱"，堪为"相互保"吸睛造势的主要法宝之一。"相互保"为了使网络互助在外观上变为保险，强行套用相互保险和团体保险两种架构。如果说这是其煞费苦心搭建复杂产品框架掩饰风险的一种"创新"，那么"承诺单一出险案件，每个用户分摊不超过1角钱"简直就是挑战大众的智商。

"相互保"的保费分摊机制：每人分摊金额＝（出现案例累计保障金额＋10%管理费）/公示时成员人数；其中，保障金等于每期经公示无异议的患病成员的保障金之和；管理费等于每期保障金的10%，无保障金不收取管理费；分摊成员数为每期公示日0点（不含0点）的成员人数。此外，"相互保"为每位出险参保人提供的保障金数额规则：初次确诊时，成员年龄为30天至39周岁，保障金额为30万元；初次确诊时，成员年龄为40周岁至59周岁，保障金额为10万元。最后，"相互保"在出现以下任一情形时终止：相互保运行3个月以后成员数少于330万人；出现不可抗力及政策因素导致相互保无法存续。

读者可能已经看出了问题，单个参保人最高保障金额为30万元，部分个体仅为10万元，而"相互保"为自己成立设置的必要条件之一为"成员人数高于330万人"。为什么是330万人，而不是300万人、350万人或333万人？因为单个参保人出险后可以获得的最高保障金额30万元，加上10%的管理费就是33万元，要想只向每位参保人筹集1角钱就凑足33万元，恰好需要330万人，真是巧妙![2]

因此，"相互保"在宣传中反复强调的"我们承诺"到底是在"承诺"什么？这到底是在

---

[1] 逆向选择：保险中的逆向选择问题是指保险购买者运用其优势信息以获取更低价格上的保险产品的倾向，例如知道自己可能生病的个人更愿意投保健康保险。

[2] 其实仅从分摊金额计算公式就能看出问题："每人分摊金额＝（出险案例累计保障金额＋10%管理费）/公示时成员人数"，而每人分摊金额＝每人每案分摊金额×出险案件数，出险案件累计保障金额＝每案保障金额×出险案件数。因此，上述分摊金额计算公式的两边可以等价变换为：每案分摊金额×出险案件数＝（每案分摊金额×出险案件数＋10%管理费）/公示时成员人数，也即：每人每案分摊金额＝（每案分摊金额×出险案件数＋10%管理费）/公示时成员人数。而等式右边：分子为"每案分摊金额＋10%管理费"，根据赔偿限额条款必然小于等于33万元，分母"公示时成员人数"根据合同成立条件规定必然大于等于330万人，二者相除自然小于等于0.1元每人。

自欺欺人还是口蜜腹剑误导消费者？既然要树立负责任、有担当的产品形象，为什么不光明正大地承诺每个参与者每期分摊上限，而是"承诺"毫无意义的单个案件中每人分摊额，笔者无从得知。之后"相互保"还就这一问题有过自问自答（见图3）。

> 1. 问："单一分摊案例被分摊不超过1角钱。万一
> 一个月里一万个人，那不是要扣我1000块？"
> 答：放心，不会出现这种情况。人类整体的大病发
> 生率有一个大致可循的范围，根据精算师估算，每
> 期大家被分摊到的钱最多也就十多块钱。加入的人
> 越多，也可能只分摊到1角钱、5分钱、2分钱。

图3　"相互保"相关宣传推送中关于保费分摊问题的问答示例

虽然不知道所谓的"精算师"是以什么数据为依据进行的"估算"，但前文对"相互保"预期分摊费用已经予以介绍，即使按照上述宣传中所言：每半月为一期，每期十多元，也有理由认为其声称的每年二百多元的预期保费分摊水平是低估的。另外，该回答的最后一句"加入的人越多，也可能只分摊到1角钱、5分钱、2分钱"，令人啼笑皆非。且不说具备精算常识，但凡知晓简单概率知识的人也明白：只要发生概率不变，加入的人越多，预期出险的人也会随之变多，何谈加入的人越多原本十多元的分摊保费就会只需要1角钱、5分钱、2分钱？究竟是所谓的精算师哗众取宠，还是"相互保"压根就没有雇佣一位精算师？

（二）"相互保"定价方式有违公平

正如上文中重疾经验发生概率表和预期分摊保费的估算演示，不同年龄的人群对应不同重疾发生风险概率，不同的重疾发生概率又对应不同的精算公平保费。那么对于承保人而言，不同年龄不同健康状况的人进行投保，其会给出与之风险状况相称的风险费率。对于投保人来说这也是易于接受的，健康状况更佳的个体自然应缴纳更少的保费，而身体状况更差的个体也愿意为自己可能遭受的损失多付一些保费。这也是从保险学和精算学原理出发推导的必然结果。

然而，"相互保"虽自称保险，却毫无保留地继承了网络互助简单粗暴的基因，为所有参保人设定完全相同的费率水平，即出险后的总费用由所有参保人平均分摊。这就使得投保人承担的保费实际上很难与自己的风险情况相匹配，年轻的健康状况更佳的投保人，以及40岁出头享受极低保障水平的个体实际上分摊了过多并不公平的费用。为了便于读者理解，作者选取了所有男性的风险数据制作了估算保费示意图（见图4）。

其中，水平线代表上文中计算出的当参保人年龄为0~59周岁且均匀分布时的预期平均保费水平（390.31元），折线代表所有0~59周岁男性参保人风险状况对应的公平保费水平。折线上凡是低于水平线的点，其对应年龄的男性参保"相互保"则支付了过多的不公平保费，相当于

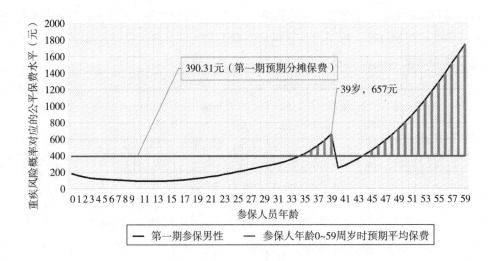

图 4　第一期参保人群及预期保费情况

为健康状况更差的个体支付了风险费用，这对于参保人而言无疑是不公平的。①

（三）偏离公平的定价机制可能引发严重的逆向选择

这种一刀切的保费制度不仅不公平，而且不科学，必将引发严重的逆向选择。仍以图 4 中的估算为例，当参保人年龄为 0～59 周岁均匀分布时，第一个单位保险期间（一年），预期分摊保费数额应为 390.31 元（不含 10% 管理费）。以其中男性参保人员为例，在第一个保险期间过后，凡是预期风险费率水平低于 390.31 元的男性投保人，只要还是理性人就会选择退保，转而选择其他风险管理产品（如购买同等保障水平但保费更低的普通保险），而剩余的投保者将选择继续留在保险池中（女性同理）。那么在接下来的一期中，该保险池中剩余个体的平均风险水平自然会上升，因此每人预期需要分摊的保费也随之上升，第二期预期分摊保费的具体计算结果为760.8 元（见图 5），②之后类似的逆向选择将持续上演。

当然，逆向选择发生的前提是保险购买者掌握充分信息，并且是理性的。现实中，一方面，"相互保"参保人可能并非假设中的理性人，而"相互保"极力宣传渲染其互帮互助等色彩，可能降低参保人对于价格的敏感性；另一方面，先出险后分摊保费的模式使得参保人的信息优势

---

① 有观点认为没有绝对公平的保险，因此主张可以给类似的保险创新留下一定空间，包容其粗犷的定价模式，笔者对此持谨慎态度。笔者认为发展和创新要有底层土壤支持，我国目前的保险业发展水平似乎还并不适合做此类创新，保险创新可以从险种丰富、展业技术、承保技术、风险管理技术、监管技术等广阔领域入手，而不宜仅仅为了商业模式创新放弃基本的风险管控，这似乎对我国保险市场的健康发展并无裨益。

② 估算方法为去除所有预期风险保费低于 390.31 元的参保人（男女均包含）后，以剩余不选择退保的参保人（仍假设每个年龄个体均匀分布，且男女性别比例相等）为第二个单位保险期间新的风险池，计算出的预期分摊保费数额，计算中不考虑个体死亡、新加入投保人、投保人年龄变化等更复杂的精算影响因素。

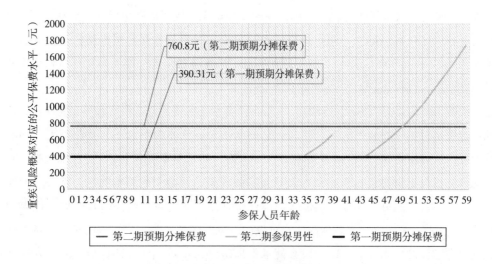

图5　第二期参保人群及预期保费情况

具有滞后性和不确定性，恐怕需要尝过几次苦果之后才能回归理性，彼时逆向选择才真正发生。

（四）保险人的道德风险

保险中的道德风险通常指投保人在得到保险保障后改变日常行为的一种倾向，但笔者这里所言道德风险并非投保人的道德风险，而是作为合同相对方的保险公司之道德风险。在更广的层面上，合同中的道德风险是指在信息不对称条件下，由于合同不确定或不完整，使得负有责任的经济行为主体不用承担其行动的全部后果，其在最大化自身效用时可能作出不利于他人的行为。

具体到"相互保"的保险合同中，所谓的"保险人"信美人寿相互保险社（以下简称信美人寿）就是极可能出现道德风险的合同方。信美人寿虽然名为"保险人"，但实际并不承保任何风险；因此，在承保前的核保阶段，信美人寿并没有激励去精算保费、谨慎核保、管理风险，在出险后的理赔阶段，信美人寿也没有激励去尽职调查，因为其不尽职管理风险、放纵风险的后果并不需要自己承担，而是由所有参保者共同分担。此外，信美人寿不仅无须为自己不负责的行为担责，甚至可能从中获益，因为信美人寿按照待分摊赔付总金额的10%收取管理费。若撇开信美人寿和支付宝受制于自身商誉、监管压力等外部因素的约束，从短期来看，信美人寿的管理越不尽职，出险数额、待分摊赔付金额越高，则信美人寿所获管理费收入就越高。这种扭曲的激励机制势必为道德风险的爆发埋下隐患。

（五）费率机制问题将损害谁的利益？

"相互保"不顾风险水平、保障金额等差异，对所有参保人实施"一刀切"的粗糙定价模式可能引发一系列问题；"相互保"或许会用团体保险的特质来为自己一刀切的费率机制辩解，但这种辩解很难成立。首先，"相互保"根本不构成团体保险，笔者上一篇文章对此已有详细论述；其次，即便可能成立团体保险，团体保险中要划定无差别团体费率标准也是有一系列制度进行支撑的，其中之一就是雇主（即作为投保人的团体）参与分摊保险费机制，其分担的额度通常为保险费的50%~100%，以作为员工福利项目，而参与者个人往往无须自己缴纳保险费或是象征性地缴纳个人负担部分。

这种缴费方式安排是有深刻道理的。一方面，雇主既然要为企业中所有员工缴纳保费，也无所谓该风险费率对具体的某个员工是偏高还是偏低，只要整体费率水平与企业员工平均风险水平相称即可，这就使得保费规则大大简化；另一方面，如果不要求雇主参与分担保险费，将会出现年轻者自行投保更为便宜的普通个人人身保险的现象，这会引起严重的逆向选择，即风险状况优于企业平均水平的员工都选择不加入团体保险计划，而是自行购买对自己更加优惠的普通商业保险。① 如此一来，就会导致保险公司承保的对象大多是风险水平更差的员工，从而使风险水平偏离原本预计的平均水平；这无疑会使承保风险陷入不可预测，使保险产品陷入逆向选择的恶性循环，进而给承保人带来极大的承保风险。因此，对于传统的团体保险产品而言，保险公司绝无激励放宽自己对"团体"的要求标准。

但这种保费一刀切、逆向选择防范机制缺失的模式套用在"相互保"中，将不再是保险人，而是由广大的投保人承担其可能引发的巨大风险。具言之，"相互保"事后计算保费，根据风险的实际发生状况分摊到所有参保人头上；"相互保"中所谓的保险人（信美人寿）自身并不承保任何风险，而是收取占保险金固定比例的管理费。因此，所有风险包括委托代理风险均在参保人之间被分摊，不会给保险人的经营带来任何不确定性。这恐怕也是"相互保"的保险人为了推广的便利而放宽"团体"标准，毫无顾忌地利用团体保险核保极为方便、保费水平一刀切等展业优势而放任"相互保"野蛮生长的根源所在，因为前述行为产生的苦果，将由各位参保人分摊。

总之，传统团体保险中的各项制度安排都是有充分依据的，并非为了营销便利而异想天开；但成员间毫无联系的"相互保"也东施效颦采用平均费率，其唯一目的就是简化产品定价机制，为其在互联网平台迅速扩散提供方便，这无疑是为了商业运营而无视风险的不负责行为。风险管理本应基于谨慎、专业和严谨的科学，即使投入商业运作也不能忘记初心和底线。

四、"相互保"商业模式其他问题分析

除了上述与费率机制相关的特殊"硬伤"外，"相互保"的商业模式还存在诸多其他问题，

---

① 对于团体保险的保费，企业无论是按比例分担还是全部承担，都相当于为年长的员工支付了更多的保费，这在现实中也是符合企业管理规律的，企业中年轻的员工往往是新加入的成员，而年长的员工往往是已经为企业工作了更久，因此企业也理应为年长的员工负担更多保费。

其中有些为"相互保"所特有，有些则为市场上保险产品的通病。笔者挑选其中对投保人利益影响较大的几个问题进行讨论，以期帮助读者深入理解保险产品应有之功能。

（一）阶梯化保额标准的风险和问题

"相互保"在保额设置模式上存在的问题，主要在于参保人40岁前后保额标准的断崖式下降。在所有个体等额分摊保费的情况下，如果遵循保险精算原理，投保个体可享受的保险金额应与自己的风险状况成反比。[①] 根据统计数据来看，自然人个体在40岁之后重疾发生风险迅速增加；这对整体风险水平造成的影响足够大，以至于连无视风险、一味追求商业效果的"相互保"都不得不设计专门制度来降低其影响，以免这部分客户给年轻客户带来太强的逆向选择激励。然而，"相互保"的运营方显然不愿意让产品结构太过复杂，因此依然坚持一刀切的方式：首次确诊时，年龄为40岁以下的参保人保障金额为30万元，40岁以上的参保人保障金额为10万元。这种保障金额断崖式下降显然不符合重疾发生率的客观规律，也不符合精算学的要求。

一方面，这种设计会给投保人带来不好的产品体验，从而提升逆向选择程度和整体风险水平。同一参保人在39岁和40岁两年间重疾发生概率并没有显著变化，且仍与以前一样分摊同样多的保费，但保障水平却断崖式下跌70%。即使之前参保人再不理智，无法分辨"相互保"存在的问题，在这一时点上，参保人所获得的极差产品体验会促使其退保。而且依照前面的图表，预计因该心理落差退保的参保人，在40~50岁都不太会选择重返"相互保"，因此留在风险池中的整体风险并不可能因该设计而显著降低，那么"相互保"试图通过阶梯保费来降低整体风险水平的目的很可能落空。

另一方面，这种狂砍大龄参保人保障水平的设计会使"相互保"失去保险保障作用。重疾发生概率在40岁后显著上升，这意味着40岁以上的参保人更需要保险产品来转移自己可能遭受的无法承受之风险损失。这部分参保人每年同样分摊数百元保费（预计），"相互保"却一刀切也只为他们提供10万元保障金额，对于重疾风险防范来说可谓杯水车薪。如果无法有效实现风险管理的目的，那么投保人为何还要花费时间、精力、金钱购买保险服务呢？这部分参保人如果选择市场上其他替代产品，根据自己的风险状况按照公平保费缴纳稍高的费用，就能获得真正让自己经济无忧的足额保障，何乐而不为？

（二）保费事后分摊机制的风险

"相互保"无视保险费率确定中的公平、合理原则，套用网络互助费用分摊模式，其可能带来的严重逆向选择等问题前文已详尽论述，本部分主要分析保费事后确定、事后收取可能带来的风险。

首先，保费事后确定、事后收取必然导致保险公司无法提取充足、有效的责任准备金，没有

---

① 成反比的说法在精算层面并不严谨，忽略了过于复杂的精算规则。

责任准备金作保障，仅寄希望于其他参保人按时如约分摊费用，参保人的保险利益实则会失去安全保障。

其次，发生保险事故与保险理赔存在时间差，对于疾病保险，从发病、确诊到核保、理赔可能会有半年之久。如果采用保费分摊事后分摊机制，就可能导致保险事故发生时的参保人群（数）和保费确定、分摊时的参保人群（数）不一致。这就意味着当期参保人所分摊的保费并不是由当期风险状况决定的。这个问题在参保人数不断上升的时期可能并不会暴露，因为参保人数不断上升意味着每期参与分摊保费的参保人基数实际上大于这些保费所对应风险发生时的参保人基数，即更多的人分摊了更少人的保费，那么给人的感觉可能是"相互保"的费率水平甚至低于普通的商业保险。但当人们认识到"相互保"存在的问题，大量退保而导致参保人数逐渐减少时，这一问题将会暴露无遗即每期分摊保费的参保人基数都将小于风险实际发生时的参保人基数，那么留在风险池里的少数参保人实际上需要负担此前一段时间内更多人本应负担的保费。彼时，沉重的负担必将会使这部分参保人不堪重负，引起塌方式退保。

更进一步，如果退保人数足够多，触发"相互保"规则中的成员数低于330万人的保险终止条件，那么"相互保"将终止；但保险产品终止并不意味着保险责任一笔勾销，在保险终止前已经确诊的参保人仍可向保险人主张赔付。彼时既没有责任准备金，也没有帮"相互保"背锅的千万保费分摊人，被保险人将向谁维权？大面积保险利益无法给付是否会引发难以预料的社会问题？笔者无从猜测，但监管机构须保持足够警惕。

（三）保费先、后缴纳的利弊分析

虽然笔者将"相互保"定性为试图披上保险外衣的网络互助，但如果对于一款合格的保险产品，保费事后缴纳也不失为创新亮点，那就存在讨论的必要。保费何时缴纳很难说有优劣之分，只要适合投保人需求，那就是更好的。

保费事后缴纳最明显的好处在于，钱更多的时候握在投保人自己手中，更放心也更自由。但保费事先缴纳有什么好处呢？通常，保险公司的利润来源于死差益、费差益和利差益三部分，[1]这三种利润来源又可以简单分为承保利润和保险资金投资收益两种。随着保险市场竞争日益激烈，各保险公司纷纷压缩死差益和费差益可能的利润空间，保险企业越来越难以依靠承保利润获取收益，而更多地依靠保险资金运用。参考世界发达国家保险业的经验，保险资金的投资收益不仅是保险公司的主要利润来源，很多时候甚至用于弥补承保业务的亏损（见图6）。

---

[1] 死差益：实际死亡率低于预定死亡率；利差益：实际投资回报率高于预定回报率；费差益：实际费用率低于预定费用率。

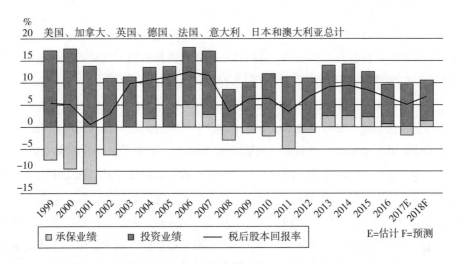

资料来源：瑞士再保险公司权威刊物 Sigma 的世界保险业数据统计。

图6　8个主要非寿险市场的盈利水平（1999—2018）①

由图6可以清晰地看到，世界主要非寿险市场的承保收益在很多年份都为负数，但保险公司依靠投资业绩依然实现了盈利。换言之，保险公司非但没有通过承保获得死差益和费差益，而是承担了死差损和费差损。这意味着投保人缴纳的保费某种程度上低于自身风险水平，但保险公司通过较强的保险资金运用能力获得了投资收益；这部分收益不但弥补了保险公司的死差损和费差损，还为其最终带来了利润。②

从本质上看，作为风险融资中介的保险业，利用保险资金投资收益反哺净保费收入不足的差额，也是保险公司真正发挥社会风险管理功能的体现。在这种情况下，保险公司不仅仅是将个体原本难以承受的风险损失分散到承受能力更强的保险池中，更是通过资金运用减轻了风险给社会整体及每个个体带来的预期经济损失，从而使保险业务不再是零和游戏，实现了双方共赢，增加了社会整体效用。

当然，不同的人有不同的偏好，没有绝对好的保险，保险产品多样化（包括保费缴纳方式多样化）都是值得肯定的。对于个人来说，理清不同产品形式可能存在的利弊，并根据自身情况选择最适合自己的产品就是最好的。

---

① 瑞士再保险网站：《2017年世界保险：稳健但成熟的生活市场对经济增长造成压力》，资料来源：https：//www. swissre. com/institute/research/sigma – research/sigma – 2018 – 03. html，最后访问日期：2018年12月10日。

② 在实际经营中，寿险公司的利润来源相较于非寿险公司更加依赖利差益，但因为瑞士再保险公司近年来对于寿险业资金运用的研究主要集中于世界低利率环境对寿险公司盈利能力的影响等问题上，并未重点公布最新的寿险业利润来源数据，因此本文取非寿险市场数据作为论据，但已足够说明利差益在保险公司中的重要性。

（四）线上报案模式的利弊分析

根据"相互保"的规则，成员患病后，可通过拨打 400－139－9990 报案或在线报案，审核、调查、公示不出意外的话都是在线进行。在线操作模式确实是不错的设计，让人足不出户就能享受理赔服务，不失为值得称赞的大胆创新。但这种模式也存在一些不足：

首先，在线审核模式确实大大降低了展业费用，不需要密集的网点，也不需要均匀分布的诸多审核专员，但与此同时，也难以做到线下人工审核那样贴近真实与控制风险，给原本就广泛存在的骗保、诈保提供了生长空间（信美人寿或许也不在乎，毕竟死差损并不需要由自己承担）。其次，在保险服务日益成熟的今天，保险并不仅仅发挥提供风险发生时的融资作用，很多保险公司，特别是承保重疾险、健康险的保险公司，已经配套了极为完善的医、保联动服务网络，包括为投保自己保险的客户提供团购的预约、挂号、高端专家会诊、费用直接划拨等保险配套增值服务。这不仅让客户获得更好的投保体验，接受更好更有效的治疗，也为保险公司降低审核及理赔成本，甚至有效预防了骗保诈保现象。当然，笔者还是秉承客观开放的态度，认为更加丰富的保险市场对民众更为有利，适合个体需求的产品才是最好的，但前提是产品设计要科学、合理、公平。

五、 小结

"相互保"虽然在外观上是持牌经营的正规保险产品，但其产品设计粗糙，保费机制不公平、不合理，为片面追求商业效果，在定价问题上涉嫌误导性宣传，并在监管合规、保险实质、商业模式等方面存在诸多硬伤，产品整体隐含较大的风险和不确定性，参保者的利益难以得到有效保障，其本质为套用网络互助常见模式下的不合格保险产品。网络互助本身的商业逻辑是善良美好、充满正能量的，但网络互助绝不能和保险产品相混淆，更不应允许一些保险公司以保险之名经营网络互助，这不仅是对保险市场的污染，也是给网络互助市场搅浑水。

此外，保险是一类有特殊功能的"人生理财"产品，在形式外观上并没有优劣之分，适合消费者自己的就是最好的，但前提必须是这款保险产品本身应符合保险学原理、市场基本状况等。消费者即便想根据自己的偏好选择个性化产品，也一定要头脑清醒、擦亮眼睛、提高鉴别能力，识别出华丽包装下的产品本质，切不可被天花乱坠的宣传催眠。保费损失事小，保障缺位事大。

李鬼变李逵？ 相互保 "升级" 为哪般

■ 程海宁[*]

摘要： 2019 年年初，支付宝宣布"相互保"产品升级为相互宝，再次引发市场热议。不合格保险产品"相互保"纵然"疾病缠身"，但也是持牌经营的保险产品；将其被迫无奈所进行的转化描述成"升级"，就好似说李鬼升级为李逵一般荒诞，更何况这李逵也是外强中干、疾病缠身。相互宝的背后虽然有互联网巨头支付宝背书支持，相比于普通的网络互助似乎更加可靠；但相互宝的行为已经超越了网络互助的界限，触及保险监管的红线，构成违规网络互助。保险涉及广泛且巨大的社会公众利益，保险业向来是需要严格准入、高度监管的行业，仅靠商誉约束是无法支撑起一个健康、可靠的保险业的。无论是支付宝、监管机构还是消费者个人，面对类似相互宝这样的越界产品，都应保持足够的清醒，作出正确的选择。

关键词： 相互宝　保险违规　网络互助　商业风险

一、 "相互保" 变身相互宝

2018 年 10 月，支付宝客户端轰轰烈烈地推出了团体互助保险产品"相互保"（"相互保"和"相互宝"的发起主体均为蚂蚁会员（北京）网络技术服务有限公司，其为浙江蚂蚁小微金融服务集团股份有限公司（蚂蚁金服）的全资子公司），上线不足两个月便有超过 2000 万人投保。然而，"相互保"很快便遭到监管部门质询，随后支付宝宣布停止"相互保"销售，不再与信美人寿合作。信美人寿公布的"相互保"违规原因包括：未按照规定使用经报备的保险条款和费率、销售过程中的误导行为以及信息披露不充分等。"相互保"本质上就是挂羊头卖狗肉，以持牌保险产品之名行网络互助之实，是对保险监管机构一次赤裸裸的挑战（相关观点笔者已经在系列文章《"相互保"：保险新衣下的网络互助》和《"相互保"商业模式问题分析》中进行详细论证）。但被监管部门质询后，"相互保"并没有像同时被质询的"京东互保"一样直接下架，而是选择顽强挣扎——"升级"为相互宝，并随即展开多轮大力度营销战，包括免除

---

* 北京大学法学院 2017 级金融法方向法律硕士（非法学）。

"升级"用户多期分摊费用、承诺年分摊金额上限、大额宣传红包奖励等。

根据支付宝客户端对相互宝的介绍，相互宝不是保险，而是由蚂蚁会员网络技术服务有限公司发起和组织的一款大病互助计划。网络互助是一种初衷美好的民间慈善互助，在一定程度上填补了社会救助和保险未能涵盖的空白领域，但同时网络互助一般具有粗糙、轻率、不规范等本质问题，绝不能同保障刚性兑付的保险混为一谈。既然"相互保"宣布转化为网络互助，那么就有必要继续对其刨根问底、一探究竟。

观察"相互保"向相互宝的转化，支付宝为了吸引原有的"相互保"用户变更为相互宝用户，以及相互宝新用户的加入，在原有保障不变的基础上给出了包括免除部分费用分摊（2018 年 12 月 31 日前加入相互宝的用户无须分摊 2019 年 1 月 31 日前所有分摊费用，见图 1）、2019 年度分摊费用封顶 188 元承诺、管理费降至 8% 等福利。表面上看，相互宝相较于相互保，在费率方面更加优惠、预期费用更加确定，对客户来说似乎更"划算"。但即便如此，"相互保"作为一款名义上的保险产品，称其转变为网络互助是"升级"，还是让人心存疑虑。那么，支付宝在将"相互保"用户转化为相互宝的过程中是否存在问题，转化"升级"后的相互宝又存在哪些优势和问题？笔者将以前述问题为主线，对支付宝的新产品——相互宝进行分析。

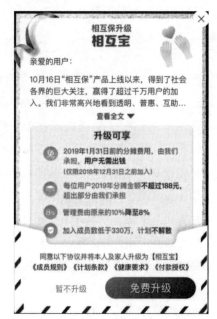

图 1 "相互保"转化为相互宝界面截图

二、 相互宝的产品本质

（一） 网络互助的性质和监管红线

想要分析相互宝的产品本质，就需要先对网络互助有所了解。网络互助作为民间互助共济行为的一种创新形式，对于救助社会困难群体、发挥公益慈善作用具有积极意义。但若网络互助平台以"互助共济"的名义，公开承诺责任保障，将互助计划与保险产品进行挂钩和比较，可能会涉嫌构成向社会公众"承诺赔偿给付责任"，构成非法地实际或变相从事保险业务。网络互助项目不是保险，与保险相比其缺乏基于保险精算的科学风险定价和费率厘定，没有科学地提取准备金，更没有政府严格监管的制约，资金风险、道德风险和经营风险等难以得到有效控制。因此，网络互助无法保证兑现所承诺的赔付金额，原保监会也明确要求：网络互助在宣传过程中应主动明确告知捐助者"捐助是单向的赠与行为，不能预期获得确定的风险保障回报"。①

原保监会相关部门的负责人在就互助计划有关情况答记者问时，也为我国正处风口浪尖的网络互助划定了四道监管"红线"：② 任何主体未经批准不得以任何形式经营或变相经营保险业务；在开展相关业务活动和宣传的过程中，不得使用保险术语，承诺责任保障，或与保险产品进行对比挂钩；不得宣称互助计划及资金管理受到政府监管、具备保险经营资质；不得非法建立资金池。这四点要求更多是为了监管便利而给出的较为明确、可供参考的监控指标，其本质上都是要求网络互助不得试图像保险一样承诺刚性给付和提供保险保障，因为网络互助的性质和特点决定其根本没有能力提供上述承诺和服务，如此承诺就是对消费者构成误导性宣传甚至欺诈。

（二）相互宝是违规的网络互助

暂且不谈相互宝在转化、销售的过程中可能存在问题，首先观察相互宝产品本身。相互宝在其新的产品宣传中承诺，2019 年全年参与者需要分摊的费用不超过 188 元，超出部分由支付宝承担（见图 2）。一方面，支付宝形式上对外宣称相互宝参与者分摊的费用是"慈善捐赠"和"互帮互助"，并非保费；另一方面，支付宝"为了打消大家对分摊费用不确定的顾虑"，对消费者承诺全年费用分摊的上限。这种行为本身就前后矛盾。相互宝如果真如其所言，意在打造一个互帮互助的温馨平台，那么其给参与者的预期应为：加入相互宝完全是慈善互助，大家自愿捐赠款项给有需要的人。

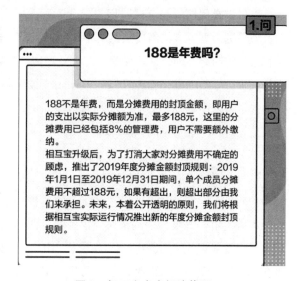

图 2　相互宝官方解读截图

而支付宝的做法似乎是在告诉大家，它并不相信广大参与者是抱着慈善捐赠的目的参与相互宝网络互助计划，因此急于向参与者承诺全年分摊费用的上限，并承诺为剩余风险兜底，难道以慈善互助为目的的相互宝参与者们每年只有 188 元的爱心额度？显然不是，支付宝的目的就是营造一种以较为确定的费用换取高额风险保障的产品效果，即变相承诺责任保障，而这正是网络互助计划不可触碰的监管红线。

此外，由于相互宝继承了"相互保"保费后缴机制，故支付宝全年 188 元费用分摊上限并为剩余风险兜底的承诺，就可以理解为是每年向参与者收取 188 元保费，并承诺"多退少不

① http：//bxjg. circ. gov. cn//web/site0/tab5207/info4048925. htm，2019 年 1 月 23 日最后访问。
② http：//bxjg. circ. gov. cn//web/site0/tab5207/info4028103. htm，2019 年 1 月 23 日最后访问。

补",只不过这笔保费是分期事后缴纳产生。这种换汤不换药的变脸技术,并不能掩盖相互宝试图蹭上"保险"概念的不法意图。其承诺在超出费用分摊额度的部分由自己承担,本质上就是承诺"保险金"的刚性兑付——对于超出预期的风险,即便亏损也保证给付,并且不再向"投保人"追加收取保费。

因此,在相互宝中,支付宝本质上扮演了风险承接人——即保险人的角色,以不高于 188 元每年的对价承接了参与人一年内的重疾风险。这显然超出了网络互助计划组织者合法的经营范围,已经触及非法经营保险业务的红线。从这一角度看,相互宝显然是一个违规的网络互助。

三、 相互宝转化和销售过程中存在的程序性问题

(一)产品转化过程中存在问题

支付宝在促使"相互保"用户转化为相互宝用户时,给出了许多优惠条件,从消费者角度而言似乎更为划算。但需要注意的是,"相互保"本身是一款保险产品,而相互宝则只是游离于监管之外的网络互助,并非保险,二者并不能随意转化、对接。"相互保"用户转化为相互宝用户的过程,本质上是让已经投保的投保人或被保险人先行退保"相互保"团体重疾保险,进而又参加了一款由蚂蚁会员平台发起的网络互助,即投保人或被保险人是放弃了一款受政府部门严格监管、有刚性给付的保险保障,转而参加了一个不受监管保护、无刚性给付保证的网络互助产品。

这一过程理应有充分的风险提示,支付宝应向客户进行充分的信息披露,保证其知晓自己行为的后果。但支付宝在进行这一转换的过程中很难说尽到了这一义务,甚至千方百计地掩盖行为本质,用"升级"一词来误导消费者,使其误认为放弃"相互保"加入相互宝对自己来说单纯是用更划算的费用获得同样的保障。用户在实际操作时的转化流程极为草率:"相互保"客户在打开相互保相关页面时,会自动弹出图 1 所示界面;用户一旦触碰界面中极其醒目的"免费升级"按钮,其本人及一起投保的家人便同时完成产品转换,成为相互宝用户,再无"多余"的操作和风险提示。互联网产品的极简风格再次体现得淋漓尽致。

然而,在这一过程中支付宝存在不规范行为。蚂蚁保险作为互联网保险服务机构,劝导投保人退保保险产品,并购买非保险金融产品,无论在职业道德还是合规方面都存在争议。当 P2P 产品风靡之时,就出现过许多保险从业人员诱导投保人退保或进行保单质押,从而将资金用于购买理财等非保险金融产品。为此,原保监会于 2015 年 8 月专门发布《关于防范保险销售(经纪)从业人员非法销售非保险金融产品的风险提示》,[①] 其中指明:"不法分子通常采用于下三种方式误导保险消费者:一是保险销售(经纪)从业人员同时推介保险产品与非保险金融产品,

---

① http://bxjg. circ. gov. cn//web/site0/tab5247/info3971675. htm,2019 年 1 月 23 日最后访问。

混淆两种产品性质……三是诱导保险消费者退保或进行保单质押，获取现金购买非保险金融产品。"虽然投保人在退保"相互保"时并未获得现金，但支付宝促使其退保保险产品的目的在于让其参加平台的替代性非保险金融产品，本质上也是误导消费者的行为。在商业模式飞速创新的今天，对上述风险提示进行类推解读并无不当。

（二）相互宝的销售涉嫌违规

保险销售同保险产品本身一样，具有极强的专业性，民众往往无法清晰分辨其中的深层含义和潜在陷阱，因此相关法律法规和监管部门对保险经营问题都有严格的规定，包括资格许可、展业行为规范、条款释明义务、误导宣传禁止等。[①] 下文主要针对相互宝的销售行为，对蚂蚁保险平台可能涉及的互联网保险销售规范问题展开讨论。

首先，如果认为蚂蚁保险平台是合格的保险专业代理机构，那么根据 2015 年修订的《保险专业代理机构监管规定》[②] 第四十一条的规定："保险专业代理机构的经营范围不得超出本规定第二十六条规定的范围。"该规定第二十六条规定的保险专业代理机构可以经营的保险代理业务包括：代理销售保险产品；代理收取保险费；代理相关保险业务的损失勘查和理赔；中国保监会批准的其他业务。

作为专业的保险代理机构，蚂蚁保险平台在专门的互联网保险产品销售页面，将并非保险产品的相互宝同其他保险产品一起销售（见图 3）。这超出了保险专业代理机构被授权经营的范围，代理了非保险金融产品，并在专门用作销售互联网保险产品的网页对其进行销售，超出了经营许可范围。[③] 根据《中国保监会关于严格规范非保险金融产品销售的通知》[④] 的相关规定，已经构成保险中介机构销售非保险金融产品的违法行为。此外，蚂蚁保险在其互联网保险专门平台上销售正规保险产品的同时，又大肆兜售"类保险"

图 3　蚂蚁保险平台网页截图

---

① 保险相关基础知识在系列文章前两篇中已经有较为系统的介绍，此处不再赘述。

② http：//bxjg.circ.gov.cn/web/site0/tab5224/info3981592.htm，2019 年 1 月 22 日最后访问.

③ 《保险专业代理机构监管规定》第七十三条：保险专业代理机构有下列情形之一的，由中国保监会责令改正，给予警告，没有违法所得的，处 1 万元以下罚款，有违法所得的，处违法所得三倍以下的罚款，但最高不得超过 3 万元：（一）超出核准的业务范围、经营区域从事业务活动；（二）超出被代理保险公司的业务范围、经营区域从事业务活动；（三）与非法从事保险业务或者保险中介业务的单位或者个人发生保险代理业务；（四）未按规定管理、使用保险公司交付的各种单证、材料。

④ http：//bxjg.circ.gov.cn//web/site0/tab5225/info3978054.htm，2019 年 3 月 11 日最后访问。

的相互宝产品，故意混淆两种产品性质，使消费者难以判断自己所购买产品的性质。其行为本质就是保险销售机构同时推介保险产品与非保险金融产品，可能构成《保险专业代理机构监管规定》中第四十三条所禁止的"误导性销售"行为。①

其次，支付宝用于销售互联网保险产品的蚂蚁保险平台本身可能就存在合规性问题。保险产品具有高度专业性和社会资金聚集等特点，因此对保险产品的销售有资格许可限制；对于影响范围更广的互联网保险产品销售，自然有更多的规范和限制。根据原保监会 2016 年 4 月联合十四个部门印发的《互联网保险风险专项整治工作实施方案》②的规定，与保险公司合作开展互联网保险业务的机构和网站必须具备相应的资质，所开展的业务不得越界、违法违规。例如，蚂蚁保险平台的"车险"栏目（见图 4），就有清楚的信息披露栏，明确本保险平台由蚂蚁保保险代理有限公司（后称"蚂蚁保保险"）管理并运营。经查证蚂蚁保保险具备代理销售保险产品等资质许可，相关互联网保险经营行为符合法律要求。③

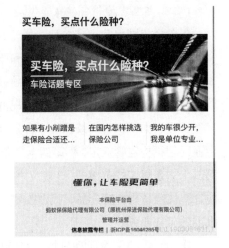

图 4　蚂蚁保险"车险"栏目
信息披露情况截图

但根据"蚂蚁保险"平台首页信息披露栏所公示的信息（见图 5），并没有显示蚂蚁保保险参与平台管理运营，而仅标明蚂蚁保险服务平台是由蚂蚁胜信（上海）信息技术有限公司（后称蚂蚁胜信）提供技术服务。原保监会在 2015 年 10 月起实施的《互联网保险业务监管暂行办法》④ 第三条规定："互联网保险业务的销售、承保、理赔、退保、投诉处理及客户服务等保险经营行为，应由保险机构管理和负责。第三方网络平台经营开展上述保险业务的，应取得保险业务经营资格。"由于蚂蚁保险平台信息披露栏的用语较为

---

① 《保险专业代理机构监管规定》第四十三条：保险专业代理机构及其从业人员在开展保险代理业务过程中，不得有下列欺骗投保人、被保险人、受益人或者保险公司的行为：（一）隐瞒或者虚构与保险合同有关的重要情况；（二）误导性销售；（三）伪造、擅自变更保险合同，销售假保险单证，或者为保险合同当事人提供虚假证明材料；（四）阻碍投保人履行如实告知义务或者诱导其不履行如实告知义务；（五）虚构保险代理业务或者编造退保，套取保险佣金；（六）虚假理赔；（七）串通投保人、被保险人或者受益人骗取保险金；（八）其他欺骗投保人、被保险人、受益人或者保险公司的行为。

② http：//bxjg. circ. gov. cn//web/site0/tab5216/info4046047. htm，2019 年 3 月 11 日最后访问。

③ https：//www. tianyancha. com/company/3198973764，2019 年 3 月 11 日最后访问。

④ http：//bxjg. circ. gov. cn//web/site0/tab5225/info3968308. htm，最后访问日期：2019 年 1 月 22 日。注：本办法为暂行办法，根据行政法规相关规定以及暂行办法中的说明，该办法自 2015 年 10 月 1 日起实施有效期限为 3 年，截至发稿时该办法已因时效问题失效，但监管部门暂未出台新的规定，实际执行过程中依然按该规定标准执行。

模糊，无法确认蚂蚁保险平台到底是由蚂蚁保保险还是由蚂蚁胜信经营管理。蚂蚁保险如此含糊其词的信息披露，是不是为了给不规范保险中介行为留有辩解空间，不得而知。

如果认为蚂蚁胜信是蚂蚁保险平台的经营管理者，那么其应取得保险业务经营资格。但根据天眼查公布的企业登记信息，① 蚂蚁胜信（上海）信息有限责任公司于2016年4月11日变更公司名称和公司章程，其经营范围中删去了保险经纪、保险专业代理以及金融产品咨询服务等业务类型，现有的公司经营业务为电子商务（不得从事增值电信和金融业务）等。也就是说，现在经营管理"蚂蚁保险"平台的蚂蚁胜信（上海）信息有限责任公司本身已经不具备保险相关业务经营资质，那么其本身的合规性存在极大瑕疵。

如果认为是蚂蚁保保险管理运营蚂蚁保险平台，而蚂蚁胜信仅仅是第三方网络服务提供者，那么蚂蚁保险平台依然存在诸多合规性问题。首先，蚂蚁保保险并没有在网页明显位置进行充分的信息披露，表明由蚂蚁保保险对蚂

图5　蚂蚁保险平台网页截图

蚁保险平台进行管理经营，并对网页上的保险代理行为负责；其次，《互联网保险风险专项整治工作实施方案》明确规定："保险机构不得与未取得相应业务资质的互联网金融从业机构开展合作，保险机构与互联网企业合作开展业务不得违反相关法律法规规定，不得通过互联网跨界开展金融活动实现监管套利。"蚂蚁保保险作为保险代理机构，与蚂蚁胜信合作销售"类保险"的网络互助产品，本身已经超出了蚂蚁胜信不得从事金融业务的经营范围；同时，蚂蚁保保险也违反了"保险机构不得通过互联网跨界开展金融活动实施监管套利行为"的要求。

四、　相互宝巨大的商业风险

如前所述，"相互保"产品在受到监管质询后更名为相互宝，由一款不合格保险产品转化为网络互助。如果到此为止，那么放弃刚性兑付承诺的相互宝似乎就没有太多问题和风险，毕竟只是帮助大家播撒爱心、互帮互助的慈善平台。若大家不再愿意参加互助项目捐赠款项，支付宝解散这个互助平台就可以了，那么与经营保险产品相关的法律问题、监管问题和商业模式问题等

---

① https：//www.tianyancha.com/company/2357879483，2019年1月22日最后访问。

都不再棘手。但问题是，支付宝为相互宝承诺了最高年分摊额，并承诺超过分摊额度之后的费用由相互宝兜底，参与者继续享受保障而无须缴纳费用；与此同时，支付宝还在专门销售保险产品的蚂蚁保险平台推广相互宝，将其与保险产品对比、混淆，给消费者以参加相互宝是为了获得"保险保障"的错觉。

考虑上述因素，相互宝已经构成违规网络互助，其通过向消费者提供风险兜底承诺，使消费者误认为加入相互宝能够以有限且相对确定的费用，获得确定的风险保障。然而，由于相互宝缺乏基于保险精算的科学风险定价和费率厘定，没有科学提取准备金，更没有政府严格监管的制约，实际运营中的资金风险、道德风险和经营风险等难以得到有效控制；很难相信相互宝可以兑现承诺。倘若届时承诺无法兑现，原本寄希望于相互宝发挥保险刚性保障作用的消费者则难以获得救济。

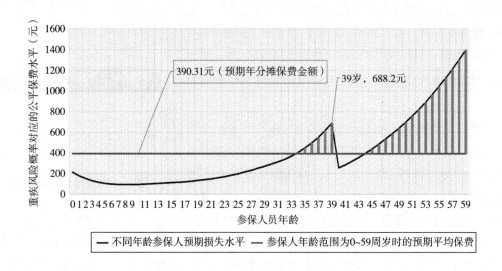

资料来源：作者自制。

图 6   参保人年龄范围为 0～59 周岁时的预期年分摊保费

相互宝相比于"相互保"的承诺保障水平没有显著变化，因此仍借助笔者在分析"相互保"产品问题时所使用的估算数据，[①] 便可发现相互宝的潜在风险。如图 6 所示，当参保人年龄在0～59 周岁区间均匀分布时，群体预期的平均损失金额为 390.31 元，但相互宝承诺年最高分摊金额仅为 188 元。进一步观察图 6，根据权威统计生命表计算，仅有年龄在 0～25 周岁的人群年预期损失是低于 200 元的。也就是说，当大家购买同样保障水平的合格保险产品时，仅有 0～25 周

————————————

① 计算时按照"相互保"产品规则，假设参保该重疾险的人群性别和年龄都均匀分布（0～59 周岁每个年龄的人数均相等，且每个年龄中男女比例为 1:1），参保人数足够大且来源随机，按照不满 40 岁保障金额为 30 万元，超过 40 岁保障金额为 10 万元的保障金额，则经过简单计算，预期每年每人的保费分摊金额约为 390.31 元（不含管理费）。更加具体的计算演示参见笔者系列文章前两篇。

岁人群的年预期公平保费可能低于 200 元；这尚且没有考虑其他费用因素。那么，相互宝承诺 2019 年分摊金额低于 188 元，将可能引发何种后果？

（一）大面积亏损

相互宝若遵守承诺的分摊费用限额，可能引发大面积的亏损。缺乏精算数据支撑的不科学定价可能使运营方产生巨额亏损，加之缺乏政府监管，且无风险准备金，很可能出现项目运营亏损、恶化甚至破产。而届时那些因遭受误导而认为相互宝可以提供与合格保险产品同等刚性保障的消费者，可能面临保障缺位的风险，无法获得经济性救济。同时，由于网络互助不受政府监管，参与者可能也无法获得司法或行政救济，维权无门。

当然，支付宝自愿承担兜底风险，即便因此遭受巨大损失，支付宝也可能顾及企业商誉，短期内用自有资金承担相应损失；但保险业风险积聚的特征使得相关商业风险可能远在企业承受能力之上。即便是注册资本超过 424 亿元、良好运营数十年的国有控股保险公司中国人民保险集团，[①] 其在开展保险业务时也需要严格遵守法律法规和监管要求，恪守风险管理标准审慎经营，而不会因为其商誉基础坚实就对其放松监管。因此，认为支付宝会为了"面子"而保障刚性兑付，恐怕也是镜花水月。保险业的特殊性质决定了任何情况下对其都不能放松监管合规要求。

（二）大幅缩水的保障水平

实际保障水平大幅缩水，提供的救济杯水车薪。为了实现低成本、低费用运作以吸引客户，相互宝可能通过网络互助常用的"风险控制"手段控制损失金额，从而使整体成本费用大幅下降。而前述"风险控制"手段，通俗来讲，就是"能不赔就不赔"。具体手段包括但不限于：对于一些在重疾名录中的高发重疾，康复率相对较高，预期治疗费相比于其他重疾较低，网络互助平台往往大幅削减对其实际赔付金额，[②] 或是提高给付门槛；对于稍有争议的出险案例，统统拒绝给付，例如简单地以当事人加入互助计划时不符合加入条件而拒绝给付；要求出险人提供过于严苛的证据证明其自身符合理赔条件等。对于上述问题，正规的保险业均有严格且明确的理赔标准、证明责任规定等，保险公司通常难以借此抗辩。但对于不受政府监管的网络互助，假借类似理由对理赔申请人百般刁难实为惯常手段；并且发生上述情况后，利益受损的参与人申诉无门，缺乏有效的救济途径。

（三）严重的逆向选择

相互宝的模式可能引起严重的逆向选择。"相互保"模式下逆向选择的诱因在相互宝产品中依然存在，包括一刀切的费用确定方式、费用事后分摊、阶梯费用制度等。此外，原本"相互

---

① https://www.tianyancha.com/company/2719883，2019 年 3 月 11 日最后访问。

② "相互保"原有赔付规则为确诊即付，即只要在保险期限内确诊参保的疾病，无论实际治疗费用如何均直接按照约定给付保险金。

保"中可能延缓逆向选择发生的信息不对称问题在相互宝中不再存在，因为 2019 年最高分摊额明确为 188 元，这在很大程度上为参与者提供了费用预期，使低风险参与者更可能与市场中类似保险产品对比并发现问题，进而退出风险池。

但需要说明的是，现实中逆向选择的程度可能被多种因素影响。例如，参与人可能并不理性，尽管相互宝在宣传过程中极力塑造与保险类似的产品形象，但不排除很多参与者的初衷是奉献爱心、助人于危困，对于这部分参与者逆向选择效应会大幅减弱。另外，相互宝的分摊机制为加入即需分摊费用，而等待期过后才能享受保障，那么在前期快速扩张阶段，分摊费用的用户基数是迅速扩大的，而待分摊费用的增长必然滞后于分摊人基数的增长。因此，只要保持足够的扩张速度，低分摊费用的泡沫暂时就不会破裂，甚至可能出现较早加入的个体年实际分摊费用不到 188 元的情况。同时，这也意味着当新"背锅侠"增速下降甚至负增长时，每位参与人需要分摊的费用将大幅增加；届时逆向选择可能进一步加强，低风险水平的参与人将大面积退出，相互宝所积聚的巨大风险也将迅速爆发。

五、 小结

由不合格保险产品"相互保"无奈转变而来的网络互助产品相互宝，虽然背后有支付宝背书支持，相比于普通的网络互助似乎信用更强、更加可靠，但相互宝的行为已经超越了网络互助的界限，触碰了保险监管的红线，构成违规网络互助。

保险业是社会间接融资的重要渠道之一，保险资金又具有稳定、长期、巨额等天然优势，是资本市场的一块"肥肉"，各路豪杰也都对其垂涎三尺、跃跃欲试。但同时，保险行业性质要求风控永远是头等大事，其无法像其他金融行业一样偏重投资利润和收益。更重要的是，保险业还涉及广泛且巨大的社会公众利益，保险业向来是需要严格准入、高度监管的行业。支付宝纵然坐拥良好的声誉和信用，深得民众信任，但其有限的商誉也远不能支撑其超越监管规则而兀自经营保险。

"相互保"以持牌保险产品的形式经营网络互助，使产品具有保险外衣，而相互宝则以网络互助为掩护，提供风险承接的承诺，营造与保险保障无异的假象误导消费者。"相互保"纵然"疾病缠身"，但也是持牌经营的保险产品，将其被迫无奈转化为网络互助描述成"升级"，就好似说李鬼升级为李逵一般荒诞，更何况这李逵也是外强中干、疾病缠身。试想从不合格保险"相互保"到违规网络互助相互宝，支付宝尚且在入门阶段就无法做到合规、谨慎、守法，我们又如何期待它在持续经营过程中，面对巨大商业利益的诱惑时还能保持克己守法、将用户利益放在首位？

对于支付宝，若其守法合规地参与网络互助，为社会公益慈善作出贡献，做一个有责任、有担当的巨头，那么理应得到支持和鼓励。对于监管机构，应进一步明确网络互助和保险的界限，并在规则明晰之后严格执法，对于违规网络互助坚决整治，即使像支付宝这样的互联网巨头也不应允许其游离于法治之外，切实推进法治进程。作为消费者，我们应提高自己的判别能力，认清相互宝类似的产品是网络互助，而网络互助并不是保险，其不具备保障风险的可靠作用，仅仅是帮助大家奉献爱心、互帮互助的慈善平台；奉献爱心可敬，但切不可因此忽视风险管理，使自身的保障缺位。

金融创新法制

"收益权" 的法律性质分析

——信托原理解释之路径

■ 雷继平[*]　余学文^{**}

摘要： 从基础资产中抽离"收益权"概念，并围绕该资产收益权搭建交易结构，是资管业务中的常见模式（以下统称收益权资管）。资产收益权性质和外延的不确定性，使其在很多交易中具有"债务放大器"特质；在新的金融监管尺度下，对于"收益权"的法律定性，有可能成为潜在争议纠纷中的"胜负手"。

关键词： 收益权　资管新规　穿透式审查

一、 收益权法律认可未解之题： 民事主体之间的交易风险分配

实务当中的收益权类型复杂多样，常见的有股权收益权、票据收益权、债权（应收账款）收益权、知识产权收益权、土地承包经营收益权、林地经营收益权、基础设施（公路、电力、热气等）经营收益权等，有些则是以混合资产为基础设定的特定资产收益权。因此，一般认为收益权资管的蓬勃发展都是在"法无禁止即自由"原则下的金融创新，具有实践先于规范的特征。虽然这种情况在近年来有明显变化，而且实务当中已有不少文章对法律法规及监管规则中有关收益权的规定进行梳理，但总体来说似乎更多限于条文的罗列。笔者认为，法条的罗列对于理解收益权的法律性质并无增益，而如果区分法律规定对收益权一般认可和特别认可的思路，更有利于把握立法的脉络。

收益权的一般认可，指的是不针对某个特定的收益权种类，而是概括地承认收益权或资产收益权的概念。例如人民银行、证监会等联合发布的《关于大力推进体制机制创新、扎实做好科技金融服务的意见》规定："支持证券公司直投子公司、另类投资子公司、基金管理公司专业子公司等，在风险可控前提下按规定投资非上市科技企业股权、债券类资产、收益权等实体资

---

*　北京市金杜律师事务所争议解决部合伙人。

**　北京市金杜律师事务所争议解决部律师。

产。"又如，原银监会《关于规范银信类业务的通知》："银信类业务，是指商业银行作为委托人，将表内外资金或资产（收益权）委托给信托公司，投资或设立资金信托或财产权信托，由信托公司按照信托文件的约定进行管理、运用和处分的行为。"证监会《关于加强证券公司资产管理业务监管的通知》规定："要健全对投资品种的风险评估机制，尤其是对信托计划、资产收益权、项目收益权等场外、非标准投资品种，应当认真进行尽职调查，充分评估投资风险。"

收益权的特别认可，指的是法律规范专门就某特定类型的收益权做出规定或认可。比如，时间较早的《民用航空法》（1995年）中的承租人对民用航空器的"收益权"、《担保法解释》（2000年）中的"不动产收益权"、《国务院关于实施西部大开发若干政策措施的通知》（2000年）中的"基础设施项目收费权或收益权"，以及《农村电网建设与改造工程电费收益权质押贷款管理办法》（2000年）所规定的"电费收益权"，都是具体、特定的概念。此外，2018年4月27日，四部委联合出台的《关于规范金融机构资产管理业务的指导意见》（以下简称《资管新规》）规定，私募产品的投资范围包括"未上市企业股权（含债转股）和受（收）益权"，在一定条件下资产管理产品可以"投资于未上市企业股权及其受（收）益权"，这里的收益权应指的是股权收益权这一特定的收益权类型。

从监管的角度来看，不论是一般认可还是特别认可，监管规范使得收益权资管业务有法可依，应当说在很大程度上降低了其合规性风险。但是行业监管与民事主体之间法律义务关系的界定是两个不同的逻辑。在争议解决的视角下，项目风险爆发的不利后果最终需要在交易各方主体之间作出分配，监管规范在很多时候并不能提供直接的依据。此时，需要跳出监管规则，以民商事法律的基础理论，对各方之间的民事权利义务关系进行审查。只是，在收益权资管蓬勃发展的时期，这些问题并不是那么迫在眉睫。

二、《资管新规》："债务放大器"上施加的紧箍咒

（一）收益权资管业务中，通过"收益权"放大债务及其风险的魔术

实务当中，不仅收益权的种类纷繁复杂，收益权资管的交易模式也多种多样。据笔者观察，主要包括"收益权转让—定期回购"、收益权信托、以特定资产收益权为基础的资产证券化、收益权质押融资等。

进行金融创新的一个核心出发点是融资行为的出表。例如，在特定资产"收益权转让—定期回购"的交易中，融资方所得融资款项可以避免在会计上确认为负债，且不会显示在人民银行的征信系统中，进而起到美化资产负债表的作用；这对那些对负债比率有特定要求的企业（如房地产企业）而言尤为重要。这种效应放大到宏观层面所导致的后果是，企业及社会的实际负债水平高于统计数据。

"收益权"放大债务的另一个表现是，围绕收益权进行的叠加式交易或融资。例如，实务中

出现的"收益权（受益权）上的收益权"，当事人通过基础资产设置"资产收益权"，但是这里的资产收益权本身又可以作为另外一层收益权的基础资产。由于收益权资管业务中基础资产并不转让，融资方甚至还可以将底层的收益权质押并对外融资。实践当中普遍存在的多层嵌套结构，本质上就是围绕收益权进行的叠加式融资交易。通过这种叠加式融资，各个环节融资主体的融资行为都建立在最底层资产所产生的现金流或资产价值上，交易链条、交易主体的增加将积累结构性风险。一旦最底层资产或底层资产所有人出现变动，将影响整个交易体系的安全。随着刚性兑付被打破，底层资产承压，这种结构性的风险如果爆发，最终只能在各主体之间分配，因此明确各方权利义务关系将空前重要。

（二）《资管新规》的紧箍咒下，司法裁判思路的变化

众所周知，《资管新规》出台之后，意味着大资管领域强监管时代的到来。而很长一段时间，司法审判的尺度与金融监管的尺度是两条平行线，这使得司法裁判在客观上具有激励金融创新的作用。随着与《资管新规》精神高度契合的最高法院《关于进一步加强金融审判工作的若干意见》（以下简称《若干意见》）以及上海高院据此出台的《关于落实金融风险防范工作的实施意见》（以下简称《实施意见》）等文件的出台，以及最高人民法院在近期案例中的裁判观点，笔者认为司法裁判思路有如下三点重要变化。

首先，宏观上，审判规则与监管规则由平行到交叉甚至趋同。具体表现为《若干意见》《实施意见》大量直接接收监管规则的规定或精神。比如，《若干意见》规定："对以金融创新为名掩盖金融风险、规避金融监管、进行制度套利的金融违规行为，要以其实际构成的法律关系确定其效力和各方的权利义务。"上海高院《实施意见》更是直接规定："对不符合金融监管规定和监管精神的金融创新交易模式，或以金融创新为名掩盖金融风险、规避金融监管、进行制度套利的金融违规行为，及时否定其法律效力，并以其实际构成的法律关系确定其效力和各方的权利义务。"

其次，监管的趋紧将传导至资管纠纷争议解决的问题当中。《资管新规》之前的司法裁判，对于金融创新是"睁一只眼，闭一只眼"，因此对于许多争议问题的裁判尺度较为宽松。一个典型的表现就是，对于回购条款效力的审查：《资管新规》之前是表面的、形式化的，因此其效力得到普遍性的认可；但是《资管新规》出台之后，法院将审查其是否构成刚性兑付或变相的刚性兑付，显然这将是深入且实质的。

最后，司法裁判的方法论已经出现明显的转向。《民法总则》关于通谋虚伪意思表示中表面意思无效的规定，很大程度上改变了此前司法实践所达成的共识。而在穿透式监管思路被司法裁判所吸收的情况下，该规定"意外地"成为"穿透式司法审查"的一柄利刃。此外，在实践中向来极为慎重使用的"损害社会公共利益"的裁判路径，似乎有被适用于资管纠纷的迹象。上述变化，不仅是司法裁判价值观的变化，更是方法论的明显转向。

三、 资产收益权法律性质界定之争

法律规范对于收益权逐渐趋于认可，是司法实践对于收益权争议类案件"网开一面"的重要原因之一。随着监管尺度的变化，留给法律理论和实务的一个命题就是，如何给资管紧箍咒提供一个可以量化适用的标准或方法？资产收益权是交易的核心，其性质是认定各方权利义务关系的关键，其意义在争议解决当中尤为凸显。我们认为，为兼顾概念的周延性和实务的可操作性，和前述法律规定的一般认可与特别认可一样，资产收益权性质的界定也可以区分为抽象和具体两个层面。

（一）主流的应收账款或将来债权说并不能抽象总结资产收益权

抽象层面的界定主要在于在法律性质上为资产收益权正名，为其提供一个自恰的"名分"，或提供一种形而上的解释资源。法理理论中，主要的将来债权说/应收账款说、新型的特殊财产权说、权能说或用益物权说，都是这方面努力的体现。但是，这些学说或多或少都有一些难以解释的问题。权能说或用益物权说产生的时间较早（《物权法》出台前后），针对的对象主要为传统的基础设施（不动产）收益权，已经基本不是当前的主流观点；新型的特殊财产权的概念过于笼统，无异于用回避问题的方式来解决问题，不具有实际意义。当前最主流的观点认为，资产收益权在性质上属于将来债权或应收账款。

2017 年修订的《应收账款质押登记办法》第二条第一款规定："本办法所称应收账款是指权利人因提供一定的货物、服务或设施而获得的要求义务人付款的权利以及依法享有的其他付款请求权，包括现有的和未来的金钱债权……"简言之，应收账款是一种包括现有和未来金钱债务在内的付款请求权，所以部分观点认为无须区分应收账款和将来债权。由于新修订的《应收账款质押登记办法》第二条第二款拓展了应收账款的范围，资产收益权是应收账款似乎是一个当然的结论。但笔者认为，以应收账款或将来债权作为资产收益权的抽象定义是不合格的，原因如下。

首先，应收账款在外延上无法涵盖实务中的大部分交易类型。《应收账款收益权质押管理办法》规定的应收账款，排除了"因票据或其他有价证券而产生的付款请求权"，因此实务当中较为常见的股票（股权）收益权、票据收益权不在应收账款范围之内。更为重要的是，《应收账款收益权质押管理办法》系为解决质押登记这一操作问题而出台的行业监管文件，由此产生的问题是，不被接受登记的收益权是否就应当不属于应收账款？将收益权的抽象定义建立在这一实操性、不确定性的问题之上，似乎过于草率。

其次，《应收账款质押登记办法》规定的应收账款在概念的周延性上不能概括资产收益权。根据该办法，收益权作为应收账款是一种债权（请求权），所以其面临的一个问题为该请求权的权利主体与义务主体的确定。有观点认为，"收益权人可以在不通过基础资产所有人（多为收益

权出让人）的情况下，直接向基础资产收益的付款义务人主张付款"，这显然是不具有解释力的。

实务当中的基础资产有很多本身就是债权，在基础资产债权不转移的情况下原债权债务关系并不消灭，若此时收益权人与基础资产债权人对于付款人均享有债权则无异于为基础资产债务人凭空创设一个债务，显然不符合民法当中不得为他人创设债务这一基本原则。况且，若收益权人可以向基础资产付款义务人主张付款，则其是否有权向收益权出让人主张权利，也将陷入不确定性当中。

（二）资产收益权与宣言信托有异曲同工之妙

所谓的宣言信托，又称自己信托，指的是特定的人作出意思表示，由其自身根据一定的目的从事对于自己的一定财产进行管理、处分以及其他为达成该目的所必要行为的信托。宣言信托的法理基础在于，承认个人以法律手段将自己的财产特定化甚至标准化。所谓的标准化，指的是委托人将其非标准产品纳入资产池当中，经过信托的"包装"后成为标准化的产品——信托受益权。这种交易安排除风险隔离之外，在商业上最大的价值在于强化流通。

而笔者注意到，收益权资管业务一般建立在两个基本的商业逻辑上：一是以时间换空间，二是降低交易成本和增加金融产品的流通性。所谓的以时间换空间，指的是将未来的收益即时变现，例如公路收费权的转让，即是将对于未来收费的预期出售以获得当下的现金流。但是，其更为深层次的逻辑在于，通过收益权的包装可以增加资产的流通性。在公开的市场当中，只有流通性强的产品才具有交易的价值，而一般的非标准化的资产往往个性化过于明显，不具有流通性，或即便理论上可以流通也因为成本高而无法操作。

以信贷资产为例，为什么当事人不直接转让债权而是在这个债权的基础上设置一个收益权，然后交易这种所谓的"信贷资产收益权"？除了前述出表的考虑之外，笔者认为至少还有这样几个原因：第一，债权本身会附随一系列的担保或其他增信措施，变更基础债权法律关系的主体成本太高；第二，不同的债务人在偿债能力的评估上不同，导致即便是相同的债务额度其市场价值也不相同，这是产品非标准化的另外一个表现；第三，通过这种抽离的设置，将这种非标准化的债权标准化，从而使得这种资产具有流通性。

不仅在商业逻辑上，收益权资管业务中，在基础资产上抽离出收益权，与宣言信托"资产隔离—自我委托"在结构上高度相似。所以，笔者认为在一般的概念层面，资产收益权的逻辑与宣言信托具有相通性。这种相通性给我们理解何为资产收益权提供了一个更具有普适性和一般性的思路，以及在具体层面规则穷尽的情况下，为认定当事人之间的权利义务关系，提供补充性的规范依据。

（三）具体层面的基本原则：法律有规定的从规定、法律未规定的从约定

具体层面的归纳更多的是方法论层面的，从而为具体个案中当事人权利义务关系的界定提

供解决方案。对实务更有意义的是，秉持法律有规定的从其规定、法律未规定的从当事人约定的原则进行个案分析。笔者认为，根据前述原则，实务当中常见的资产收益权在法律性质上存在信托受益权、股权（股票）收益权、应收账款和合同债权这几个主要的类型。当然，在处理当事人权利义务关系的问题上，也应当以本部分所述的具体规则为优先。

1. 自成一派的信托受益权与股权（股票）收益权。信托受益权、股权（股票）收益权系基于《信托法》和《公司法》的特别规定，均足以构成独立的财产权类型。

信托受益权指受益人在信托关系中享有的所有权利的总称，依其权利内容可以分为信托收益支付请求权、知情权、信托财产管理方法调整权、撤销权、索赔权、解任权、参加受益人大会权、表决权等。其与股权相类似，具有财产权与社员权的双重属性。由于信托法起源于英美法系下的双重所有权结构，是故一般认为信托受益权的财产权部分不宜简单归入物债二分的大陆法系项下的物权或债权当中，它是一种独特的财产权利。当我们在认定信托关系中当事人的权利义务内容时，应当以《信托法》及信托法理论为基础。

股权（股票）收益权的实体法基础为《公司法》第四条的规定："公司股东依法享有资产收益、参与重大决策和选择管理者等权利。"股权兼具财产权与社员权的属性，而根据"权能分离理论"，股权收益权实际上就是股东为最大化实现股权上的利益，将股权中的接近物权性质的财产性权利移转他人的一种权能分离，是股权当中财产权的集中体现。之所以将股权（股票）收益权单独作为一种财产权利的类型，原因在于公司法理论和实践对此已有较为充分的讨论，包括其是否能够独立于股东身份被转让、是否能够作为信托计划的信托资产、股权收益权转让与回购交易能否办理强制执行公证等。

需要指出的是，实务中有观点认为股权（股票）收益权属于法律限制转让的收益权，该观点或有失偏颇。一方面，对于作为股权财产性权能的收益权是否能独立于股东身份而单独转让，争议主要集中在法律理论层面，司法实践的态度普遍较为宽容；另一方面，前述对于收益权的抽象解释或能为这一问题提供支持，这种情况下所转让的"股权收益权"，并不应当是股权的一种权能而是当事人以股权为基础的权利创设。

2. 应收账款是另外一种法定财产权。应收账款的法律基础在于《物权法》《应收账款质押登记办法》的特别规定。根据《应收账款质押登记办法》的定义，应收账款指的是"权利人因提供一定的货物、服务或设施而获得的要求义务人付款的权利以及依法享有的其他付款请求权，包括现有的和未来的金钱债权，但不包括因票据或其他有价证券而产生的付款请求权，以及法律、行政法规禁止转让的付款请求权。"简而言之，应收账款是一种付款请求权。

应收账款付款请求的基础，根据《应收账款质押登记办法》第二条规定，包括："（一）销售、出租产生的债权，包括销售货物，供应水、电、气、暖，知识产权的许可使用，出租动产或不动产等；（二）提供医疗、教育、旅游等服务或劳务产生的债权；（三）能源、交通运输、水利、环境保护、市政工程等基础设施和公用事业项目收益权；（四）提供贷款或其他信用活动产生的债权；（五）其他以合同为基础的具有金钱给付内容的债权。"由此可见，实务当中除信托受益权、金融票据收益权、股权（股票）收益权外的其他多数资产收益权，都可以纳入应收账款的概念范围。

值得注意的是，笔者认为，应收账款指的是"付款请求权"，但是这种请求权并不仅限于债权请求权。例如《应收账款质押登记办法》第二款第一款第三项规定"能源、交通运输、水利、环境保护、市政工程等基础设施和公用事业项目收益权"中，水利设施、环保工程的收益权就难以用债权请求权简单概括。所以，在法律概念上，应收账款并不等同于将来债权。

3. 其他收益权。实务当中，部分标的无法归入上述任何一种类型当中。具体表现有债权收益权或收益权上设立的收益权，例如应收账款收益权。应收账款收益权不同于应收账款，根据《应收账款质押登记办法》的规定，应收账款指的是"权利人因提供一定的货物、服务或设施而获得的要求义务人付款的权利及依法享有的其他付款请求权"，换言之，实务当中"应收账款收益权"的概念分解开来应该是：特定资产收益权的收益权。但有些文章并不区分应收账款和应收账款收益权，笔者理解这实际为对二者的混淆。比较典型的是信贷资产与信贷资产收益权的区分。《应收账款质押登记办法》规定"提供贷款或其他信用活动产生的债权"是应收账款的一种，而以此类信贷资产（债权）作为基础资产而抽离出来的收益权则属于信贷资产收益权。

四、 旧题新解： 重新审视收益权争议中的法律问题

司法裁判思路的转向为法律实务工作者提出了新的课题和挑战，对于交易当事人而言，也并不必然在新的裁判尺度面前"引颈就戮"，毕竟目前裁判思路的变化只是初现端倪，最终的走向将取决于具体个案的博弈、总结。

（一）抽象层面宣言信托法理基础的启发

前文详细论述了资产收益权与宣言信托的共通之处，这种相通性为我们理解何为资产收益权提供了一个更具有普适性和一般性的思路，也可以为认定围绕收益权的各方主体的权利义务关系提供新的思路，具体阐述如下。

首先，《信托法》关于信托财产规则适用于收益权创设中的基础资产。通过"收益权"而放大债务的一个重要表现是，收益权及其基础资产所对应的价值与融资额度的严重不对等。实务当中不少的交易，收益权、基础资产仅仅是为融资出表提供通道，交易的安全性需要通过大量的外部增信提供支持。宣言信托为一种特殊的信托结构，《信托法》关于信托财产确定性等规则同样适用于宣言信托当中，若该规范能够参照适用于收益权资管中对于基础资产的要求，这对于遏制恶性的债务膨胀不失为一种可以考虑的方案。

其次，为收益权持有人（受让人）对于基础资产以及基础资产所有人是否享有权利，以及

权利的性质与范围这一问题提供答案。现有理论无一能就此问题提供令人信服的答案。持有收益权为应收账款或将来债权观点的人认为，"收益权人可以在不通过基础资产所有人（多为收益权出让人）的情况下，直接向基础资产收益的付款义务人主张付款"，这将导致收益权人与基础资产债权人对于付款人均享有债权的不合理结论。而如果将基础资产、收益权、基础资产所有权人、收益权持有人这四个因素放入宣言信托的结构中考量，则能够自恰地解决收益权与基础资产分离、基础资产所有权人与收益权持有人分离所带来的权利冲突与衡平。或者更进一步，这可以为在基础资产所有人或收益权持有人破产的情况下，破产财产的认定与清算提供解决的思路。笔者认为，这可能是宣言信托理论对于收益权资管法律问题的最核心的理论支持。

最后，为票据收益权、股权（票）收益权等限制性或身份属性的资产收益权提供合理的解释路径。实务当中一些颇难解释的问题是，票据权利与票据收益权是什么关系，债权与债权收益权又是什么关系？股权（票）收益权能否独立于股东资格而单独转让？这不仅是法律解释的难题，也是法律适用的难题。如果引入宣言信托理论，信托基础资产与信托受益权的二分结构，至少能够在法律理论上为上述问题提供合理且自恰的解释路径。实践中有一些交易约定的"股权（股票）收益权"内容，还包括股权（股票）转让而获得的对价。而根据《公司法》第四条规定，"公司股东依法享有资产收益、参与重大决策和选择管理者等权利。""权能分离理论"中的股权收益权应当限于股东对公司的分红权利，股东对外转让所得价款并不能为作为股权权能的收益权所涵盖。这种交易结构的设置，进一步论证了本文前述观点的解释力。

（二）当我们说"穿透式审查"时，我们在说什么？

围绕收益权资管纠纷展开的重要问题，除了回购条款的法律风险及其防范问题、资管产品所涉变相担保问题、股权收益权资管当中已出让收益权的股权质押问题、"明股实债"的裁判规则问题、受托人的审慎义务问题等外，笔者认为，"穿透式审查"的限度也具有讨论价值。

最高法院的《若干意见》和上海高院的《实施意见》均规定，对以金融创新为名掩盖金融风险、规避金融监管、进行制度套利的金融违规行为，要以其实际构成的法律关系确定其效力和各方主体的权利义务，这体现出当前的审判倾向中目的解释论逐渐偏重的迹象。但是，合同目的解释论与合同文义解释论之间需要平衡，法院进行穿透式审查之时，同样存在审查的限度与审查的规则，这里的限度与规则即平衡点之所在。根据最高院《若干意见》和上海高院《实施意见》的规定，笔者认为，穿透式审查应当以"掩盖金融风险、规避金融监管、进行制度套利"为触发标准与审查原则。

虽然《民法总则》有通谋虚伪意思表示无效的规定，但这并不影响我们对于何为通谋虚伪意思表示作出一个前置性的判断。如果在任何情况下都穿透式审查"一穿到底"的话，实务当中的绝大部分融资行为都将被认定为借贷，这有可能对交易造成不必要的伤害。而"掩盖金融风险、规避金融监管、进行制度套利"有明确的司法解释支持，也与监管的精神相契合，可以作为意思自治与司法审查之间的临界线。

"掩盖金融风险、规避金融监管、进行制度套利"仅仅是价值层面的基础，在技术层面，笔者认为可以将宣言信托的规范纳入考量的范围当中，对于资产收益权当中基础资产采取与宣言信托中信托资产相同或类似的要求。事实上，一些既有的规范已经可以成为收益权资管纠纷中司法审查的参照。比如，买卖合同当中，认定价格明显过高的标准是高于市场价格的30%；《最高人民法院关于审理融资租赁合同纠纷案件适用法律问题的解释》在适用过程中，认定标的物价格是否明显过高而构成"名为融资租赁实为借贷"的标准，也为租赁物价格是否高于市场价格的30%。笔者认为，在收益权资管纠纷中，如果需要穿透认定交易是否构成"名为收益权转让与回购，实为借贷"，或许可以同样参照该标准。

综上所述，监管与争议解决是实务中两条平行的思路，监管规则的变迁在认定当事人之间的权利义务关系问题上并不能提供直接的解释资源。随着资管新规带来的强监管时代、刚性兑付打破，可以预见的是资管争议或将引发爆发式的关注。笔者认为，主流的应收账款或将来债权理论，在实务中解释资产收益权存在不足，而宣言信托理论能够提供新的视角和思路，并为"穿透式审查"界限的确定提供法律理论上的支持。

不想搞金融的运营商开不好飞机

——海航的第 N 种融资武器

■ 孙天驰[*]

摘要： 随着虚拟运营商牌照的放开，众多民营企业进入传统垄断的电信领域，并通过差异化经营占据一定市场。但运营商预收话费的天然属性使电信与金融产生了灰色地带的"化学反应"。本文以海航通信"话费宝"系列产品为例，分析"名为话费，实为理财"的商业模式，反思预付款金融的监管真空并探讨金融产品与预付费服务的边界。

关键词： 海航通信　预付款　金融预付卡

从航空到地产、从希尔顿酒店到德意志银行，海航不断扩张的版图日益引起发起人对其债务压力和还款能力的担忧。从股票到债券、从境内到境外，盘点海航的融资渠道，推算其偿债能力也成为各大财经媒体的重要工作。随着海航旗下虚拟通信运营商海航通信推出"话费宝"业务，海航集团又一种融资武器浮出水面。

一、 "名为话费， 实为理财" 的预付款金融模式

随着电信领域垄断的逐步放开，一大批民营背景的运营商进入电信领域与中国移动、中国联通等传统电信巨头展开竞争，消费者可以选择在虚拟运营商处选号入网，获得实体 SIM 卡享受通话、流量等服务。从消费者端看，虚拟运营商提供的服务与传统运营商并无差异。阿里小号、小米移动等一批明星产品正是这种趋势的代表，海航旗下的海航通信也取得了虚拟运营商牌照来分一杯羹，成为 2014 年末最后一批获得工信部虚拟运营商牌照的"玩家"。但"话费宝"的出现使海航通信的商业模式不同于其他运营商赚取通信服务附加值的套路，而是"羊毛出在猪身上"，以"名为话费，实为理财"的方式赚取沉淀资金利差。

根据官网介绍，海航通信（HNA TELECOM CO．，LTD．）是获得国家批准的移动通信虚拟运营商，隶属世界 500 强海航集团下属海航科技集团，话费宝是海航通信旗下话费增值平台，拥有

＊ 北京大学法学院 2014 级经济法学硕士研究生。

话费包、薪计划、话费商城、话费+等产品，用户通过话费宝预存话费，享受话费优惠（赠送商品或话费折扣），避免停机困扰，话费到期未使用部分官方回购，以此实现话费增值，让用户在通信消费中感受"省钱、好玩"的体验。① 拨开宣传文案的修辞，话费宝模式运转的核心在于四个关键词：预付话费、折扣赠送、定期合约、运营商回购。以下我们以"话费宝"的四种产品为主体，分析其"名为话费，实为理财"的实质。

（一）话费包

话费包是话费宝推出的"话费低价买高价卖"的话费增值产品，用户以极具优势的价格（折扣价格）购买不同期限的话费包，并可获得一定的话费赠送；合约期满后，针对未使用的话费海航通信以 9.99 折现金回购。话费包的金额从 1000 元到 50 万元不等，话费期限短则 1 个月，最长为一年。简言之，话费包是固定收益固定期限的理财产品，并且利息体现在预存话费与回购价格之间的差额，其交易逻辑是：以超值折扣购买话费包→合约到期→9.99 折现金回购未用话费→赚得折扣差价。为什么说"名为话费，实为理财"？笔者贴个图大家感受一下：谁会买 50 万元话费呢？

表1　"话费宝"50 万元话费包产品

产品名称	话费包金额（元）	赠送金额（元）	下单时间	合约到期时间	支付金额（元）
50 万元 12 月话费包	500000.00	45409.09	2018 – 01 – 02	2019 – 01 – 02	454090.91

资料来源：https：//store.10044.cn。

按照表 1 中 50 万元话费包产品的约定，用户在 2018 年 1 月 2 日支付 454090.91 元，购买 50 万元话费包，其中超出预付金额的 45409.09 元的话费为赠送金额，赠送比例达到预付金额的 10%，一年中用户可以选择消费全部或部分话费包用于通信服务，或在到期后由海航通信以 9.99 折回购全部话费包余额，折算之后年化收益率约合 10%。

根据官网宣传，话费包购买的是海航通信话费，在合约期内话费包可为所有海航通信号码充值，如果要提前赎回或取现，需要用户向海航通信提出申请，海航通信将扣除用户违约金（购买总金额的 3%）、赠送话费、分红所得等费用后，退还实付金额的剩余部分至用户钱包账户。海航通信还在网页醒目位置特别提示：安全可靠——截至目前所有用户话费 100% 返还，这话听起来是不是跟"本平台所有项目本息 100% 兑付"很像……

（二）薪计划

薪计划类似话费包的模式，以赠送话费金额为收益的固定期限合约，本质是标准的固定期

---

① 详见海航通信官网，https：//bank.10044.cn/homeNoLogin.do？iframe = help.do，2018 年 10 月 30 日最后访问。

限理财产品。

如图 1 所示，薪计划分为 3 个月到 12 个月不等的期限，收益率随着期限增加而升高，用户预存话费到期可以获得相应比例的话费赠送收益并可以提现。例如，用户购买 1 万元 12 个月盈利产品，则缴纳 1 万元话费后，用户取得 1 万元薪计划话费包（注意这个话费包并不是话费账户里充值的金额），用户可将话费包内的余额充值到海航通信的号码中用于通话（充值后相应金额才进入话费账户），话费包到期时未充值消费的金额将按照年化 8.80% 的收益赠送对应话费，并随同话费包原有余额一并返还给用户，用户将对应金额提现至银行卡。

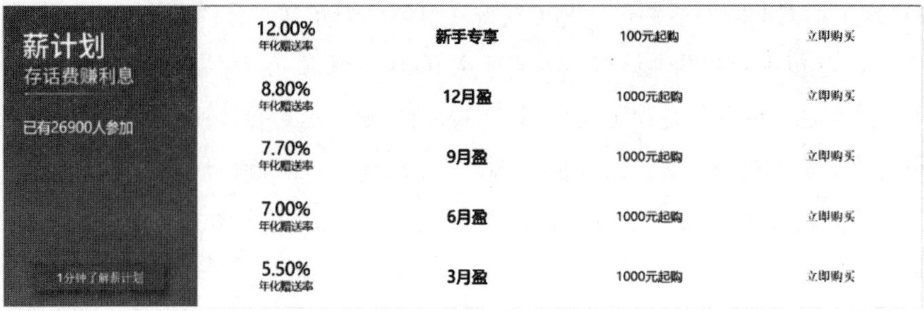

薪计划 存话费赚利息 已有26900人参加 1分钟了解薪计划	12.00% 年化赠送率	新手专享	100元起购	立即购买
	8.80% 年化赠送率	12月盈	1000元起购	立即购买
	7.70% 年化赠送率	9月盈	1000元起购	立即购买
	7.00% 年化赠送率	6月盈	1000元起购	立即购买
	5.50% 年化赠送率	3月盈	1000元起购	立即购买

资料来源：https：//store. 10044. cn。

图 1　"话费宝"薪计划

有趣的是，在薪计划页面中，海航通信特别注明：薪计划是海航通信推出的话费产品，是消费品而并非金融产品，消费品不存在风险问题。用户购买的话费包到期后未使用的部分本公司承诺原价回购，不会对用户造成损失。

（三）话费商城

"话费商城"是海航通信话费宝旗下的产品之一，目的在于为用户提供免费消费服务。用户注册话费宝账户后，购买一定金额、一定合约期的话费充值包后，用户不仅能获得此话费充值包，还将有对应的礼品赠送。此话费充值包可用于所有海航通信号码充值，未消费部分在合约到期全额返现，而赠送的礼品归用户所有。

话费商城的模式看起来很像翻版的"买理财的商品模式"（将理财收益以实物商品模式返还给投资者），只是本金变成了预存话费，理财兑付变成了运营商回购。说白了就是：存话费，送礼品，话费未用可返现金。本质上是将占用消费者（投资者）资金的对价以实物形式支付。

（四）话费 +

话费 + 是海航通信最新推出的话费增值产品。按照其宣传，用户购买话费 + 可获得话费赠送，所购话费及赠送话费在购买期限内可用于多种消费；期满后，未消费的话费可以转出至银行卡。购买话费 + 后，系统将期限内的话费进行每月分配，用户每月享有一定消费额度。例如，购买 6 个月期的话费＋，用户可以在 6 个月内每月获得消费额度，以这个"消费额度"兑换通信服务以外的商品或服务，如兑换京东购物卡、视频网站会员卡、加油卡等。

话费＋的模式听起来有点像余额宝，既可以享受理财收益，也可以用于淘宝—支付宝体系内的消费，打通了理财和消费的区隔。但是海航通信话费＋并非余额宝那样的货币基金，话费＋的形态更像是海航话费包与话费商城的结合，用户可以选择获得现金收益或实物收益。

回到最开始的关键词，"预付话费＋折扣赠送＋定期合约＋运营商回购"，换个角度看，这就是穿上马甲的固定收益金融产品，我们开个脑洞给这种套路命名为"预付款金融"模式。

预付款金融产品	预付话费		折扣赠送	定期合约	官方回购
理财产品	购买理财	投资本金	计算利息	锁定期	兑付本息

用户形式上向海航通信预付话费，海航通信以折扣低价或赠送话费作为收益，同时承诺本金锁定一定期限后，到期由海航通信按照约定价格回购话费，用户获得预付话费原值及折扣或赠送收益。几乎每个交易环节都是理财产品的翻版，消费者预付话费对应投资者投资本金；折扣赠送则体现理财产品的收益，折扣即低买高卖话费包，折扣差价为利息收益，折扣率为收益率；赠送则体现为合约期内额外赠送的话费（收益），二者本质无差异；定期合约就是理财产品的锁定期，收益率随着锁定期的延长而上浮，提前赎回支付违约金；最后一步官方回购话费对应发行方兑付结算本息。

二、 预付款金融 VS 预付款消费

相信海航通信断然不会同意预付款金融的说法，并坚持话费宝是海航通信推出的话费产品，是消费品而并非金融产品。而且检索海航通信话费宝的各种电子协议，都未体现金融性质，均为话费购买性质。那我们就来好好聊聊话费宝的性质到底是预付话费的消费方式，还是"名为话费、实为理财"的金融产品，并借此机会尝试厘清预付款金融与预付款消费的边界。

预付款是商业交易中常见的交易模式，尤其在面向消费者的通信、餐饮、健身、美容美发等领域。"办张卡吧"几乎成为健身房和理发店小哥的口头禅，消费者从中得到折扣实惠，而商家也绑定了消费者，缓解了现金流压力。具体到电信运营领域，充话费成为人们习以为常的交易习惯，通信服务看不见摸不着的特点让运营商天然具有先收取预付款、后提供服务的强烈需求；很少有先打电话，月底付钱的情况发生。

如果还有人坚持这种"预付费金融"具备商业交易实质的话，笔者只能跟这些人说：作为一个购买了海航通信话费宝并且得到本息兑付的"消费者"，我连海航通信的 SIM 卡都没收到过。没有电话卡、没有选号入网，我却成功地购买了"话费"——这算实锤了吧。进一步追问，既然海航通信收的话费不是真的话费而是理财本金，那么用户预付海航通信话费与理发店办卡

充值有什么本质区别呢?

首先,关注预存金额与服务价值匹配性,这也是最重要的区别。健身卡一年几千元,消费者认同在一年内享受健身房服务的对价、健身房的运营成本折旧费用合理利润与健身卡的售价基本吻合;话费一般充值二三百元,因为根据话费月账单或者套餐,消费者能够合理预期下个账单周期内自己使用通信服务的金额;相信一个普通人不会预充值几万元乃至几十万元的话费。那么,我们有什么理由相信购买海航通信大额话费包的用户真的是天天煲电话粥、在线看视频烧流量的任性土豪?就算真有不差钱的任性土豪,人家为何放着移动、电信、联通这样的运营商不用而在一个刚落地不久的虚拟运营商砸钱?另一个让人匪夷所思的现象是,作为预存话费,消费者只要不消费通信服务,话费余额就一直在账户中存在,何来"期限"一说?

其次,看交易动机与收益来源。站在消费者角度,办卡充钱无非是图个方便实惠,这种方便实惠或是体现在会员价的价格折让,或是体现在避免高频单次交易的烦琐,交易动机的前提都在于消费者已经或将会使用卖方提供的服务;而在海航通信这种"预付款金融"模式下,消费者追求的并不是消费基础上的便利实惠,恰恰相反,消费者可能根本不会或几乎很少真正享受预付费对应的商业服务,交易的动机是追求金融收益。

笔者统计了截至2018年9月16日海航通信页面主动公开的累计购买金额(见表2)。

表2 海航通信公开的话费宝累计购买金额

2018年9月	面额	期限						小计(万元)
		12月(万元)	9月①(万元)	7月②(万元)	6月(万元)	3月(万元)	1月(万元)	
话费宝	50万	5992.67	1237.74	—	384.23	393.21	—	8007.85
	20万	5783.45	698.34		938.06	785.67		8205.52
	10万	1564.94	755.58		652.45	1150.06		4123.03
	5万	5693.31	1281.64		647.85	1501.32		9124.12
	3万	951.24	—		648.20	1531.51		3130.95
	2万	1748.94	294.82	375.16	420.94	3298.80	—	6138.66
	1万	1345.09	228.07	111.38	269.84	2074.35	8248.65	12277.38
	5000	232.77	33.00	108.18	207.13	1631.84	18921.23	21134.15
	1000	27.63	1.69		45.82	192.66	156.46	424.26
	小计(万元)	23340.04	4530.88	594.72	4214.52	12559.42	27326.34	72565.91

---

① 现已停售,数据为2018年6月3日数据。

② 同上注。

续表

2018 年 9 月	面额	期限						小计 （万元）
		12 月 （万元）	9 月 （万元）	7 月 （万元）	6 月 （万元）	3 月 （万元）	1 月 （万元）	
薪计划（1）	未披露							20294.98
话费商城	未披露							
话费 +	未披露							
总计（万元）	92860.89							

资料来源：作者根据海航通信网站公布数据统计。

常识和惯例告诉我们充话费是小额高频的消费行为，人们往往不会基于消费目的而预付大额话费，那么这里我们把"大额"的标准放宽到 1000 元，显而易见，占据海航通信主力品种话费宝主流的话费包面额均在 5000 元及其以上，最低档的 1000 元只有约 424 万元，对于海航通信 9 亿多元的总盘子来说微不足道。

再看期限，本来对于话费这种商品来说是无所谓期限的，只要话费账户里还有余额就可以一直使用，什么时候快没钱了什么时候充值，但是海航通信却为这份"服务"增加了一个期限，对于消费动机的充值者来说，显然没有必要为了打电话而把大额现金锁定在通信账户里太久，但事实是海航通信的"消费者"们似乎特别钟情于锁定 12 个月的话费产品，而且锁定 12 个月的话费包金额基本都大于 1 万元，如果不是冲着年化 10% 的金融收益，这群拿着上万元现金放到海航通信话费里还锁定 12 个月的"消费者"是给商家送温暖做慈善吗？

同样，在不同的交易动机驱动下，各方的收益来源也并不相同，正常的预付款消费者的福利体现在前面所说的方便实惠，商家则缓解资金压力绑定长期用户，各方收益来源于预付费下商家获客成本、融资成本的降低，综合边际成本和效用后预付费可以使交易各方都获得更大的收益；在"预付款金融"模式下，投资者的收益依赖融资方对一定期限内本金的利息承诺，这直接取决于资金最终使用方的投资能力和底层资产的实际盈利能力。遗憾的是，在海航通信的案例中，融资方海航通信并没有披露自己拿着用户预付的 50 万元话费到底干嘛去了。

虚拟通信运营商"虚拟"的含义为并不需要真的建设基站、铺设电缆，主要的运营成本是从三大运营商采购通信网络服务；是典型的轻资产行业，无须大额固定资产投入，且成本和收入也高度匹配，虚拟运营商的用户打了多少，虚拟运营商再向上游运营商结算多少。对比同行业上市公司披露的毛利率水平、现金流状况及周转率，我们几乎可以肯定，即使算上固定成本，海航通信这样一家虚拟通信运营商预收的话费已经远远超过经营业务的真实资金需要。投资者取得收益并不来自预付给海航通信节省的融资成本、运营成本。作为外人，我们不好说这些预存的沉淀资金用途是否合规合法，也无法判断这高额收益来自何处。但作为不设基站、通过向三大通信巨头购买带宽频道资源而轻资产运营的虚拟运营商，海航通信有必要预收明显超过营运成本的天量预存话费吗？

最后看回购金额，在正常的消费活动中，消费者付出对价，获得商品或服务，一般是见不着回头钱的。海航通信还本付息就必须有对于消费者的反向现金流，在金融市场中还本付息显然再正常不过，但是对于标榜"消费"的海航通信来说，为规避金融监管，实现反向现金流只能依靠退货来实现。

但是天下哪有退的钱超过消费金额的好事？退货只能实现"还本"，要想做到"付息"，海航通信必须找到退货以外的名目——回购。所谓回购，本质与退货退款没有明显差异，二者的区别关键在于回购金额是否以消费者初始交付的预付款为限。普通交易中，退卡限额以用户实际支付的金额为限，如果充卡时有"充 500 送 100"的优惠，你放心，老板不会真的退给你 600元。但"预付款金融"模式下，海航通信一定会返还大于投资者预付款本金的金额，否则无法兑现消费者期待的利息收益，而多出的金额，或是以赠送话费的名义，或是低买高卖的折扣金额。

在话费包的格式合同中，我们发现这样的表述："用话费充值包充缴的话费，在销户或其他任何情况下，不予退还现金"，海航通信网站也标明"使用薪计划产品进行手机充值，号码销户时不能退还现金"，为什么没充值的可以被退还、被回购，充值的反而不行了呢？如果购买的话费包金额没有即时进入话费账户，那么这些钱去到哪里了，海航通信又以什么名目募集或持有这些钱呢？

所以用户买的不是话费，而是要求海航通信还本付息的权利，尤其对于话费、储值卡、提货券这种无形产品，包装成商品或服务可以逃避金融产品严格的合规要求，从而进行监管套利。

三、 预付款金融的法律问题

预付款金融的弊端非常明显，海航通信游走在商品服务和金融产品之间的灰色地带，其根本的问题在于一款本质上是互联网融资理财产品，披上商品或服务的外衣摇身一变"洗白"成预付款通信服务，从而逃避近年来监管机构为规范互联网金融乱象而设立的一系列规则。既向消费者隐瞒了交易实质，消费者、监管机构无从追踪资金的真实流向、无从识别底层资产，也无法勾勒出真实的金融交易结构，更不要提满足投资者适当性、私募标准、禁止拆分、投向管理等一系列规定。

我们甚至可以不客气地"上纲上线"一回，海航通信话费宝的模式，有明显的非法集资的嫌疑——单位或个人未依照法定程序经有关部门批准，以发行股票、债券、彩票、投资基金证券或者其他债权凭证的方式向社会公众筹集资金，并承诺在一定期限内以货币、实物以及其他方式向出资人还本付息或给予回报的行为。而《关于进一步打击非法集资等活动的通知》（银发

〔1999〕289 号）总结的非法集资形式包括"通过会员卡、会员证、席位证、优惠卡、消费卡等方式进行非法集资""以签订商品经销等经济合同的形式进行非法集资，即以商品销售与返租、回购与转让、发展会员、商家加盟与'快速积分法'等方式进行非法集资"。

曾经轰动一时的"广东益民加油卡案"① 就是典型的以加油卡这种实物方式进行非法集资的案例。持有"预付卡发行与受理"牌照的支付机构广东益民旅游休闲服务有限公司，自 2013 年起通过银行、代理商、益民公司渠道开始销售的"加油金套餐"产品，以加油金套餐 A 为例，每套单价 5480 元，消费者实际购买的是价值 6000 元中石化 IC 加油卡代充值服务（全年 12 次，每次 500 元）；客户预付款将会以加油充值金的方式分期等额返还给客户，客户可以选择加油卡方式或者现金方式兑现。事实上，这种看似划算的优惠活动在实践中演变成了动辄充值几十万元的理财游戏，发行方收取的金额已经远远大于用户实际可能使用的加油卡金额。在买卖双方的心照不宣中，加油金变身成了理财产品，随着发行方资金断裂，数万投入重金的"消费者"面临严重损失。2015 年，广州市检察院依法以非法吸收公众存款罪对益民加油卡骗局中的五名嫌疑人进行批捕，嫌疑人以高息为诱饵向社会群众吸纳资金共 9 亿多元。如今海航通信吸纳的资金也差不多这个数了，各位"消费者"，还记得当年广州城外的加油卡吗？

当各路英豪为"一行两会"的一纸批文挤破头的时候，蓦然回首，原来最好使的不是小贷、金融租赁或是消费金融牌照，而是工信部的虚拟运营商……亡羊补牢，犹未晚也。背靠海航集团，海航通信的兑付能力也许并没有我们担忧的那么严重，但如何防止更多人借助商品或服务之名行非法集资之实，确实需要我们关注。

四、 如何监管海航通信式预付款金融

（一）海航通信属于预付卡吗？——不是

海航通信的预付款金融模式很容易让人想到预付卡。首先要明确，我国已经针对大多数常见的预付卡确立了监管规则，最主要的规定是商务部《单用途商业预付卡管理办法（试行）》（以下简称《预付卡办法》）。《预付卡办法》对发卡主体、发行程序、资金管理等方面进行了比较全面的规范。如果海航通信能够被视为属于预付卡，则可以直接适用《预付卡办法》对其进行规制。

但是研究《预付卡办法》对预付卡的定义，海航通信很难被认定为预付卡。《预付卡办法》对预付卡的定义仅限于从事零售业、住宿和餐饮业、居民服务业企业法人发行，而且仅限于在本企业、本企业自有经营场所、本企业所属集团，或同一品牌特许经营体系内兑付货物或服务的预

---

① 《广东益民"加油金"非法吸储超 9 亿 5 人被捕》，载腾讯新闻 http://gd.qq.com/a/20150214/007181.htm，2018 年 6 月 19 日最后访问。

付凭证，包括以磁条卡、芯片卡、纸券等为载体的实体卡和以密码、串码、图形、生物特征信息等为载体的虚拟卡。所以，作为规制对象的预付卡必须存在有形或无形载体，即预付卡必须有"卡"，在实践中并未包括通信行业这样的"账户"。虽然海航通信通常也会制作 SIM 卡用于通信，但是 SIM 卡仅是服务的载体和工具，其本身并不是预付凭证，也没有具体面值。

（二）不是预付卡怎么办？——把它当成预付卡

虽然按照现行《预付卡办法》等法律法规，海航通信这样的通信费账户并不属于预付卡，但通信费账户和预付卡账户一样都吸纳了消费者预付的资金，都是"仅限于在本企业、本企业自有经营场所、本企业所属集团，或同一品牌特许经营体系内兑付货物或服务"，二者似乎并没有本质的区别，仅因为通信账户没有实体卡或虚拟卡就排除通信费账户的适用并不合理。为了规范预付费账户等情形，应当适当扩张单用途预付卡概念的内涵，将直接面对消费者吸纳预付费的通信账户也纳入《预付卡办法》规范，从而直接适用《预付卡办法》中的监管规则。

金额限制，小额的生活服务或日常商品购买与投资理财的区别首先体现在金额大小上。最直观的监管办法是考察预付款金额与相应服务或商品的匹配性，但考察商品服务真实成本对于监管者来说是一件颇费周折的事。对于话费作为高频小额的日常消费，与餐饮、美容等具备一定相似性，现有的《预付卡办法》已经将单张记名预付卡限额规定在 5000 元，虽然略显简单粗暴，但不失为一个斩断理财伪装的方法。同时，为了防止购买多张绕过这一限制，还应当适当限制自然人在一定期限内在同一家发卡人处购买的预付卡总额。

限制超额回购，"预付款金融"玩得转的核心在于回购，所谓回购是支付本息投资回报的过程。为了兑现承诺的收益的，回购的金额必然高出投资者预存的金额，但在正常的商业预付卡中，商家是不应也不可能通过预付卡实现动辄 5%、8% 的超额收益的，所以超出实际预付款额度的回购行为不符合商业逻辑，应当被禁止。我们关注到 2015 年公布的《单用途商业预付卡管理办法》征求意见稿中提及了提现禁止条款，即单用途卡不得用于或变相用于提取现金，不得具备除兑付商品和服务以外的功能。这在一定程度上遏制了预付卡的金融倾向，但禁止提现很难与退卡退货行为区分开，完全禁止提现可能会在消费者权益保护方面产生不利效果。要真正让披着商品外衣的理财产品现原形，需要打掉回购环节的利益输送，即禁止超额回购，退货、退卡、提现、回购等形式的金钱返还应以初始预付金额为限，不得返还折扣或赠送金额，从而直接限制"预付款金融"模式的回购环节。

除上述两个关键的监管规则外，作为预付卡还将在资金用途、资金监管上受到严格限制。《预付卡办法》对资金用途仅限主营业务、预存资金银行托管等规制方法已经有了相对完备的规定，只需将通信费等产品参照预付卡进行规制，可以直接消除套利空间。

综上所述，对于预付费金融模式，不忘初心，回归商业本源才是正道。假借通信服务等名义的金融产品应当被视作金融产品并依照现有金融监管规定进行规范，而真正的预付款交易则应当遵循商事交易的通行准则和商业预付款的法规规定。简言之，灰色地带的预付费金融模式应当被撕掉伪装。

虽然金融创新不断嫁接出更新更酷炫的产品，也推动着金融实践和监管规则不断发展，但这样的创新应当以追求更高的运行效率、更低的交易成本、更平等普惠的门槛为目的，而不是借"创新"名义逃避合规要求，掩盖监管套利的实质。不要因为走得太远，而忘记为什么出发！

探析 "同一天生日" 网络募捐

■ 孙梦迪*

摘要："同一天生日"活动的募捐主体是具有公开募捐资格的深圳市爱佑未来慈善基金会，该活动在"慈善中国"网站备案后，并没有在民政部指定的十二家慈善信息平台，而是直接通过"分贝筹"微信公众号开展募捐活动。本文在对本次募捐活动过程和基本募捐要求梳理的基础上，围绕《慈善法》第二十三条第三款的解释展开分析，认为其规定的"慈善信息平台"只具备发布募捐信息的功能，而不具备提供募捐服务的功能，慈善组织可以选择民政部指定平台之外的网络募捐服务平台开展募捐活动。爱佑未来通过以其名义开通的网络募捐服务平台（即分贝筹），开展网络募捐活动没有违反法律法规的相关规定。实践中，也应当对募捐"信息发布平台"和"募捐服务平台"进行区分。

关键词：同一天生日　网络募捐　信息发布平台　募捐服务平台

一、"同一天生日" 网络募捐活动的发展脉络①

2017 年 12 月 22 日晚，一个名为"同一天出生的你"的募捐活动（以下简称"同一天生日"）在微信朋友圈开始流传。该活动由"分贝筹"微信公众平台发布，参与者可以选择自己生日的日期，之后界面跳转至受助儿童拿着感谢言语照片的页面，可以在页面上点击"一元助 TA 改变命运"，微信支付界面则显示向深圳市爱佑未来慈善基金会（以下简称爱佑未来）捐 1 元钱。

12 月 23 日，接到 6 处儿童信息错误的反馈后，"分贝筹"团队迅速进行了自查和更正。分贝筹官方微博发布《您的善良远不止 1 元钱》称，内容还在测试中，对信息错误道歉，创始人王立进行回应。

＊ 北京大学法学院 2016 级金融法方向法律硕士（非法学）。

① 爱佑未来：《关于"同一天生日"H5 的说明与致歉》，载爱佑未来慈善基金会网站：http：//www. ayfuture. org/dynamic/newsdetail. php? id＝296，2018 年 3 月 15 日最后访问。

12 月 24 日中午，爱佑未来决定停止该项目，随即也将带有 H5 二维码的预热文章删除，"同一天生日"捐款活动被关闭，活动界面显示"本次活动已筹集善款 2555898 元将全部用于云南省镇雄县 2130 名贫困学生一年的生活补助"。当日，民政部社会组织管理局向深圳市民政局发出核查函，深圳市民政局宣称开始调查"同一天生日"网络募捐活动。

12 月 25 日上午，深圳市民政局调查组约谈了爱佑未来秘书长，责令其立即停止"同一天生日"网络募捐活动，并要求向其提交募捐活动情况报告、与相关企业的合作协议及所有公开发布的文件资料。当日，爱佑未来通过官方网站和微信公众号"爱佑未来"发布《关于"同一天生日"活动的情况说明》。

12 月 26 日，民政部社会组织管理局相关负责人表示，此次募捐活动涉嫌违反了《慈善法》有关募捐信息发布的规定。深圳市民政局决定对爱佑未来立案调查。爱佑未来在官方网站和官方微博上发布《关于"同一天生日"H5 的说明与致歉》。

12 月 28 日，爱佑未来于官方网站和官方微博上发布《"同一天生日"筹款项目处理进展说明》，称本次活动总计筹款 2941978.00 元（与 H5 筹款页面显示 2555898 元数据不同，是因为关闭有一定的时间差，善款资金到账有延时），并公布了申请退款的渠道。

2018 年 1 月 4 日，爱佑未来于官方网站和官方微博上发布《"同一天生日"筹款项目处理进展说明》，称对来自 29 名捐赠人的 37 笔捐款进行了原路返回的操作，总计金额 1932 元。

二、 "同一天生日" 网络募捐活动的主体及其关系

"同一天生日"活动是由三方主体合作开展。2017 年 4 月，爱佑未来、云南省昭通市镇雄县扶贫开发办公室（以下简称扶贫办）和北京零分贝科技有限公司（以下简称零分贝）签署三方合作协议，共同推出了"分贝筹"微信公众号应用产品，为云南省昭通市镇雄县辖下的贫困学生筹集生活费及助学扶贫款；为了更好地推广"一对一助学"扶贫助学公益项目，分贝筹策划了"同一天生日"H5 活动。那么，爱佑未来、分贝筹和零分贝这三方主体之间存在着什么样的关系，在本次网络募捐活动中的功能是什么呢？

在"同一天生日"活动中，爱佑未来是网络募捐的发起者和组织者，分贝筹是爱佑未来开展网络募捐活动的募捐服务平台，零分贝则为在平台上开展这一系列活动提供相应的技术支持工作。具体来说，爱佑未来作为慈善组织想要开展互联网公开募捐活动，需要借助相应的网络平台来发布募捐信息、提供支付通道以及公布善款的使用情况等信息，从而迅速、广泛地传播募捐信息以筹到捐款。分贝筹在爱佑未来发起的募捐活动中进行募捐信息的发布和善款收集使用等相关信息的管理，提供的仅仅是网络服务，没有设立资金池进行善款的归集、发放。零分贝为分贝筹平台的运行开展信息审核、技术开发、技术推广等工作，比如，开发团队在"同一天生日"被广泛在朋友圈转发后给服务器数据库扩容，在孩子生日出现信息错误后紧急协调优化 H5，避

免再次出现问题。

分贝筹的功能介绍中显示其是"由零分贝和爱佑未来慈善基金会联合推出的互联网扶贫筹款产品",账号主体是零分贝。自分贝筹平台开通以来,从其自 2017 年 4 月 10 日发布的第一条推送,到 12 月 23 日发布的"同一天生日"推送来看,基本都是关于与爱佑未来合作开展的"一对一助学"活动相关合作内容,没有和其他慈善组织合作开展过其他活动。在分贝筹平台的微信界面上"关于分贝筹"和"捐助说明"都强调了所有捐款直接进入爱佑未来慈善基金会(在民政部门注册的公募基金会)账户,分贝筹平台不截留任何捐款,而且在试运营阶段不会收取任何管理费用和运营费用。在"同一天生日"募捐活动中,微信支付界面显示的是向"深圳市爱佑未来慈善基金会"捐 1 元钱,所有捐款直接进入爱佑未来账户。对"一对一助学"和"同一天生日"善款收集、使用等权利的享有者均为爱佑未来。从平台开展的活动内容和善款使用权利的享有者来看,分贝筹并不是独立的第三方平台,而是以爱佑未来慈善组织的名义开通的网络募捐服务平台,其从事相关行为时表明的身份是爱佑未来,因此爱佑未来对在分贝筹平台上开展的网络募捐活动享有权利并承担相应义务。

三、 对网络骗捐和侵害隐私权问题的简要分析

承前所述,爱佑未来在开展"同一天生日"网络募捐活动中是否存在违法行为呢?本文结合《慈善法》和《慈善组织公开募捐管理办法》(以下简称《管理办法》)关于开展公开网络募捐活动的相关规定,对此次公开网络募捐活动中是否涉及网络骗捐和侵害受助儿童隐私权的问题进行简要分析。

(一)是否涉及网络骗捐

从募捐信息来看,《慈善法》第三十一条规定:"开展募捐活动,应当尊重和维护募捐对象的合法权益,保障募捐对象的知情权,不得通过虚构事实等方式欺骗、诱导募捐对象实施捐赠。"慈善组织开展募捐活动应当保证募捐信息的真实性。

在"同一天生日"活动中,12 月 23 日,网友发现孩子的生日信息有错误,一是有受助儿童照片相同、名字和生日却不同的情况;二是有受助儿童的生日显示为 2009 年 2 月 29 日,而这一日期根本不存在。爱佑未来回应称,所有受助小朋友的信息都是真实的,在"同一天生日"H5 中出现的小朋友,都来自"国家建档立卡"贫困户家庭,其个人相关资料均由各地"驻村干部"和"结对干部"(负责扶贫工作的各级国家公务员)实地走访了解、拍摄并上传。孩子的信息可在镇雄县扶贫办和国务院扶贫办网站上查询。

那么,受助儿童的信息错误是否涉嫌以虚构事实进行募捐?《慈善法》第三十一条规定:"不得通过虚构事实等方式欺骗、诱导募捐对象实施捐赠",主要是因为一些慈善组织通过虚构事实等方式进行劝募,极大地损害了慈善组织的公信力和慈善事业的发展。在同一天生日活动

中,"分贝筹"总计获得镇雄县贫困孩子数据为 2 万多条,"同一天生日" H5 需要在 2 万多条数据中找到 366 个生日不同的孩子来发布募捐信息,这一工作量可以说是比较大的。同时,由于原计划活动在圣诞节当天推出,工作人员为了测试效果转发到朋友圈未及时删除导致外传,内容还在测试阶段,出现了一些信息错误和界面不稳定的情况。笔者认为,在 2 万多条信息中仅有 6 处信息错误,出错概率并不高,并且活动内容处于测试阶段,这更像是技术错误而非有故意虚构事实的欺诈。如果在 366 个孩子的生日中出现几十处、上百处信息错误,则恐怕难以排除其具有以虚构事实进行募捐的嫌疑。因此,本文认为此次活动不涉及网络骗捐问题。

(二)是否涉及侵害隐私权

"同一天生日"活动大量使用了受助儿童举着感谢信对着镜头的照片,并公开了其出生日期,在筹款平台和微信朋友圈等互联网平台上公开传播,这种曝光儿童信息的行为是否侵害了儿童的隐私权?爱佑未来回应称,在这个过程中,考虑过孩子隐私问题,所以隐去孩子的详细地址、学校等信息,并征得了监护人的同意,但却过多地考虑了捐赠人要求公开透明的愿望,没有做好信息公开透明、筹款效果和儿童权益保护的平衡。

针对这一问题,笔者逐个查看了民政部指定的十二家慈善组织互联网公开募捐信息平台的官方网站,发现每个平台都大量使用了儿童或者其他受助人的照片对相关慈善项目进行介绍。《慈善法》第二十六条规定:"开展慈善服务,应当尊重受益人、志愿者的人格尊严,不得侵害受益人、志愿者的隐私。"慈善组织在开展募捐活动、公开慈善项目实施情况时会涉及受益人的相关信息,但慈善法并没有对信息公开的边界和程度作出具体规定。

隐私权本身是一个历史的概念,其形成和发展受到划定隐私权范围边界的成本和收益状况的影响,在社会发展的某一阶段,如果放弃一些隐私权换来的收益大于带来的损失,那么个人愿意让渡一些隐私权也无可厚非。[①] 在"同一天生日"活动中,受助儿童及其监护人的行为可以看作是为了获得募捐而付出的对隐私权的让渡成本。爱佑未来的前述回应也具有一定的合理性。至于慈善募捐过程中受益人等的隐私保护具体规则,我国法律法规没有作出具体规定,情形过于复杂,本文不进行讨论。

四、"同一天生日" 开展网络募捐的合法性分析

对于公开网络募捐活动的开展,《慈善法》和《管理办法》作出了相关规定:一是取得公开募捐资格的慈善组织才能开展公开募捐,且要对募捐方案进行备案;二是慈善组织开展网络募捐活动需要首先在民政部统一或者指定的慈善信息平台发布公开募捐信息。本文主要结合相关

---

① 陈永伟. 平台竞争和治理再思考:"剥削者"抑或"守望者" [OL]. http://opinion.caixin.com/2018 - 03 - 05/101217235.html.

法律规定，对"慈善信息平台"进行解释，讨论针对开展募捐活动的平台是否有必要区分"信息发布平台"和"募捐服务平台"，并以此为基础进一步讨论慈善组织是否有权自由选择"募捐服务平台"的问题。

（一）募捐主体和备案要求

从募捐主体来看，《慈善法》第二十二条第一款规定："慈善组织开展公开募捐，应当取得公开募捐资格。"因此，经由民政部门批准，取得"公开募捐资格证书"的慈善组织才有资格公开募捐。

在"同一天生日"活动中，爱佑未来作为"同一天生日"活动的发起者和组织者，是2015年12月22日在深圳市民政局注册成立的公募基金会，于2017年1月6日完成慈善组织认定，获得公开募捐资格，可以开展公开募捐活动。因此，本次活动的募捐主体是合法的。

从备案要求来看，根据《慈善法》第二十四条第一款和《管理办法》的规定，慈善组织开展公开募捐，应当制订募捐方案，募捐方案包括募捐目的、起止时间和地域、活动负责人姓名和办公地址、接受捐赠方式、银行账户、受益人、募得款物用途、募捐成本、剩余财产的处理等。根据《慈善法》第二十四条第二款和《管理办法》第十一条第一款的规定，募捐方案应当在开展募捐活动前报慈善组织登记的民政部门备案。

在"同一天生日"活动中，爱佑未来于2017年3月10日向深圳市民政局提交了活动备案表，于5月21日再次提交了新一阶段的活动备案表，并于8月30日在"慈善中国"上备案：公开募捐方案备案表中活动名称为"一对一助学"，备案编号为53440300MJL16079XPA17007，对法律法规要求公布的募捐方案内容一一进行了说明。[①] 因此，本次活动的备案流程是合法的。

（二）开展募捐活动的平台问题

接下来，本文主要针对爱佑未来进行"同一天生日"开展募捐活动的平台问题进行分析。对于慈善组织的募捐活动而言，"发布公开募捐信息"和"开展公开募捐活动"是两个不同的行为。发布募捐信息属于慈善组织进行信息公开的范畴，开展募捐活动主要是指提供募捐支付通道接受善款以及之后的善款发放等活动。

《慈善法》第二十三条第三款规定："慈善组织通过互联网开展公开募捐的，应当在国务院民政部门统一或者指定的慈善信息平台发布募捐信息，并可以同时在其网站发布募捐信息。"《管理办法》第十六条规定："慈善组织通过互联网开展公开募捐活动的，应当在民政部统一或者指定的慈善信息平台发布公开募捐信息，并可以同时在以本慈善组织名义开通的门户网站、官方微博、官方微信、移动客户端等网络平台发布公开募捐信息。"可见慈善组织开展网络募捐

---

① 慈善中国."一对一助学"慈善组织公开募捐方案备案表 [OL]. http://cishan.chinanpo.gov.cn/biz/ma/csmh/c/csmhcdetailmj.html? id = ff8080815e280c55015e30d1e698012c&flag = 1.

活动需要在"民政部统一或者指定的慈善信息平台"发布公开募捐信息，之后可以在"以本慈善组织名义开通"的网络平台发布公开募捐信息。那么爱佑未来发布募捐信息的相关行为是否违反上述规定呢？

1. 《慈善法》第二十三条第三款的出台背景。近些年来，随着互联网的普及和网络募捐的兴起，一些案例表明网络骗捐对慈善事业和社会发展造成了严重的危害。"杨彩兰"天津港爆炸诈骗案件、"童瑶"知乎诈骗案件、"罗一笑"事件、假冒"中华慈善总会"诈骗案件等网络骗捐事件层出不穷。为了打击网络骗捐行为，规范网络募捐活动，实现网络募捐的统一监管，民政部门加强了慈善信息平台的建设。

《慈善法》第二十三条第三款规定，一方面是以此促进网络募捐平台规范化，让网络募捐平台更好地履行审查主体责任；另一方面是因为统一的平台相对于分散的信息发布渠道，更有利于公众查询和社会监督，同时也在一定程度上有助于避免重复募捐。允许慈善组织利用自身门户网站发布募捐信息，有利于扩大慈善组织的社会影响力和社会公众更好地开展监督。[①]

2016 年 8 月 31 日，民政部指定了十三家慈善组织互联网募捐信息平台。[②] 2017 年 7 月 26 日，中慈联申请将其运营的中国慈善信息平台退出首批慈善组织互联网公开募捐信息平台。因此，现在民政部指定的慈善组织互联网公开募捐信息平台共有十二家。首批网络募捐平台的遴选主要是从形式合法和运营管理两个维度进行考察。民政部邀请社会组织代表、捐赠人代表、公益慈善专家、信息化专家等组成专家团，对平台进行形式审查并组织答辩。形式审查主要是考察平台的申报材料完备性、运营主体合法性、信用记录；比如，在申报材料这一类中，平台需要说明运行流程、运营报告、工作方案等内容。答辩主要考察平台的募捐业绩、募捐技术和募捐管理；比如，在管理方面，要求平台对善款募捐总额、使用和余款流向进行全程监督，针对社会质疑可以及时反馈，对于潜在风险描述准确，应对恰当。[③]

2017 年 9 月 4 日，民政部开通了全国慈善信息公开平台"慈善中国"，指出这一平台是依据《慈善法》"信息公开"要求而建设的统一信息平台，用于慈善组织、慈善信托受托人等参与主体面向社会公开慈善信息。[④] 截至 2018 年 3 月 15 日，该平台实时公布了全国 3815 家慈善组织信息，其中 991 家慈善组织具有公开募捐资格；平台发布了 2620 项募捐方案备案和 3340 项慈善项

---

① 全国人大法工委. 中华人民共和国慈善法释义 [M]. 北京：法律出版社，2016.

② 民政部发布《关于指定首批慈善组织互联网募捐信息平台的公告》，指定了十三家平台：腾讯公益网络募捐平台、淘宝公益、蚂蚁金服公益平台、新浪微公益、中国慈善信息平台、京东公益互联网募捐信息平台、基金会中心网、百度慈善捐助平台、公益宝、新华公益服务平台、轻松筹、联劝网和广州市慈善会慈善信息平台。

③ 新浪科技. 网络募捐"官方认证"平台出炉 [OL]. http：//tech. sina. com. cn/i/2016 - 08 - 23/doc - ifxvc-srm2227425. shtml？cre = zlpc&mod = f&loc = 2&r = 9&doct = 0&rfunc = 100.

④ 民政部. 民政部开通全国慈善信息公开平台方便社会公众查询和监督慈善活动 [OL]. http：//www. mca. gov. cn/article/zwgk/mzyw/201709/20170900005768. shtml.

目进展；另外，平台还公布了一些慈善组织的年报和民政部指定的十二家慈善组织互联网公开募捐信息平台。可见，"慈善中国"主要负责发布由官方发布的相关信息，其发布的募捐信息具有公共性和权威性。

2. 《慈善法》第二十三条第三款的解释。对于《慈善法》第二十三条第三款中"慈善信息平台"的含义，学界存在着两种不同的解释。一种观点认为，该法条规定的慈善信息平台兼具发布募捐信息和为开展募捐活动提供服务的功能，民政部门需要对于开展网络募捐的平台进行指定工作，首批慈善组织互联网募捐信息平台的指定就是落实这一规定的具体体现；另一种观点认为，该法条规定的慈善信息平台只具备公开发布募捐信息的功能，慈善组织在开展网络募捐活动时需要在此平台上发布募捐信息，为社会公众辨别募捐信息真伪提供便利和依据，而开展募捐活动所需的网络募捐服务平台可以由慈善组织来自行决定。①

本文认为需要区分为慈善组织发布公开募捐信息提供服务的"信息发布平台"和为慈善组织开展公开募捐活动提供服务的"募捐服务平台"。2016 年 8 月 30 日，民政部、工业和信息化部、国家新闻出版广电总局和国家互联网信息办公室印发《公开募捐平台服务管理办法》，其第二条规定："本办法所称公开募捐平台服务，是指广播、电视、报刊及网络服务提供者、电信运营商为慈善组织开展公开募捐活动或者发布公开募捐信息提供的平台服务。"这一规定区别了"开展公开募捐活动"和"发布公开募捐信息"的行为，实际上为区分两种平台提供了一定程度的支撑。

(1) 信息发布平台的规制。募捐信息发布主要是为了履行慈善组织应当承担的信息公开义务。在公开募捐中，社会公众和慈善组织之间存在着信息不对称问题，公众难以验证募捐信息是否真实，以及慈善组织是否具备合法的公开募捐资格等问题。如果任何一个平台都可以发布公开募捐信息而不需要经过官方审核，就会为大量的虚假信息和网络骗捐行为的滋生提供空间，从而损害相关社会公众利益，扰乱募捐市场的秩序。对于超越私人领域，会给他人和社会带来一定的影响，则是进入公共空间的行为，国家介入就具有了合法性。② 公开募捐信息的发布会影响社会公众参与募捐时的选择，进而影响善款的使用和募捐目的是否实现等，属于公共空间的行为，需要一定的规制。

为了解决信息不对称的问题，民政部门统一或者指定信息发布平台，对慈善组织的公开募捐资格证书、募捐方案、联系方式、募捐信息查询方法等进行审核，有利于保证公开募捐信息的合法性、真实性，为公众参与募捐提供一个可信的环境。因此，对慈善组织发布公开募捐信息提供服务的"信息发布平台"进行规制，设置行政许可是有道理的。

---

① 金锦萍. 《慈善法》实施后网络募捐的法律规制 [J]. 复旦学报（社会科学版），2017（4）.
② 刘志敏，沈国琴. 公权力介入公益募捐行为的正当性及其边界 [J]. 国家行政学院学报，2014（4）.

（2）募捐服务平台的规制。针对为慈善组织开展公开募捐活动提供服务的"募捐服务平台"，笔者认为不应当再次设置门槛。

其一，慈善组织有选择募捐服务平台的自由。公益募捐一般被认为是一个相对独立的公共领域，而公共领域在通常情况下是能够自我组织和自我治理的。因而从结构功能视角分析，政府管理在多数情况下只是一个补充。① 沃尔夫认为，"市场与政府之间的选择是复杂的，而且通常不仅仅是这两个方面，因为这不是纯粹在市场与政府间的选择，而经常是在这两者的不同组合间的选择以及资源配置的各种不同程度上的选择。"② 强调对慈善组织加强管理，并不是对慈善组织开展募捐活动进行直接干预，并不是否定慈善组织自我治理以及市场调节等手段的运用，慈善组织自由选择的权利应当得到尊重。

其二，指定募捐服务平台可能会形成垄断，限制市场竞争。如果规定只有经过政府指定的募捐平台才能进入公开募捐市场，那么市场机制只能在指定的范围内发挥作用。因此，慈善组织选择某一平台开展公开募捐活动可能并不是因为这一平台的服务更好、更有效率，而是因为选择范围受到了限制。这一选择可能并不是最优的决策，从而慈善组织开展募捐活动的成本可能会被抬升。被政府指定的具备提供公开募捐活动服务资格的平台也可能依赖垄断地位获取利润，而怠于通过创新提升服务、改进平台。因此，指定募捐服务平台很可能排除了大量可以很好地服务于慈善组织的其他平台，限制竞争和创新，保护缺乏竞争力和创新力的平台，进一步降低市场活力和效率。

其三，指定募捐服务平台并不能从根本上解决公开募捐存在的问题。政府指定平台，几乎不给市场留下选择的空间，使得社会公众和慈善组织认为经过政府许可的就是可信的。然而，这样并无法完全保证在指定平台上开展的募捐活动就是合法真实的。被指定的首批互联网十二家公开募捐信息平台在运行中就存在不少问题：蚂蚁金服公益平台 2017 年上半年共收到 7 次举报，问题集中在项目设计是否能真正解决受助群体长期问题，陈述材料是否详尽真实、公开募捐项目是否存在重复募捐问题，以及慈善组织是否能第一时间提交项目执行进展；腾讯公益平台在 2017 年共收到 48 次举报，比如，平台展示不具备公募资质的项目，信息更新不及时等；民政部还约谈了轻松筹、百度慈善捐助平台、京东公益平台、基金会中心网四家平台。③

虽然指定互联网募捐信息平台在一定程度上能够规范网络募捐平台的运营，便于对网络募捐活动的开展进行监督和管理，同时能够为一些自己设立平台成本较高的募捐活动或者没有自

① 杨道波. 公益募捐法律规制论纲［J］. 法学论坛，2009（4）.

② ［美］查尔斯·沃尔夫著，谢旭译. 市场或政府：权衡两种不完善的选择［M］. 北京：中国发展出版社，1994：132.

③ 南都原创. 第二批网络募捐平台开选首批平台 4 家被约谈 1 家退出［OL］. https：//m.mp.oeeee.com/a/BAAFRD00002018010863835.html.

已设立平台偏好的慈善组织，提供一些相对规范的平台进行选择，降低其募捐成本，提高其募捐效率。但是平台的公信力并非来自政府的指定，而是来自社会的认同。如果社会公众没有机会习得自我判断和选择的知识与经验，市场的成熟度总是不能提升，[①] 募捐服务平台存在的问题仍然得不到根本性解决，从而可能危及行业发展，甚至政府部门的公信力。也许有观点认为，通过政府部门的遴选指定出专门的互联网募捐信息平台提供网络募捐服务，虽然不能完全避免平台运营过程中产生问题，但能尽量减少问题的数量。但这是以减少慈善组织对募捐服务平台的选择范围、降低互联网募捐平台主体的活跃度、限制网络募捐平台进行创新为前提的。

其四，在对募捐活动进行管理时，行为许可比资格许可更有效。如果认为慈善信息平台兼具发布募捐信息和提供募捐服务的功能，实际上是在提供募捐服务方面给予了平台相应的资格许可。而如上文所述，这一许可并不能确保平台在运营过程中不出现任何问题。行为许可的特点则是：第一，针对的是行为要件，比如活动目的、安全和隐私保护条款等，而不是只有哪种主体可以做；第二，对行为要件进行审核，运用同一标准对行为是否合法合规进行审核和批准，而非通过运用行政自主权判断是否进行授权；第三，许可的目的是规范网络募捐平台的运行，保障募捐活动参与各方的权益，而不是由政府统筹考量资源配置、市场效率等募捐效果。[②]

很多国家和地区采取了公开募捐行为许可的方式，比如美国、日本、我国香港和台湾地区，像日本只有特殊的非营利法人需要获得行政主管部门的许可，新西兰根本没有募捐方面的专门法律，一律在合同法和公平交易法中规制。[③] 行为规制，实际只是承认和接受现实常见的现象，并通过法律明确其中的责任及承担责任的主体，如信息发布者必须提供哪些信息、如何承担核实责任、需要向公众作哪些交代等。因此，一旦发生问题，更容易依据法律作出裁决和责任追究。资格许可和规制实际上回避了现实中存在的很多边界模糊的募捐行为，而行为许可和规制更有利于解决募捐市场出现的问题。

（3）综上所述，并无充分的理由认定《慈善法》第二十三条第三款的"慈善信息平台"兼具发布募捐信息和为开展募捐活动提供服务的功能。本文认为，前述慈善信息平台只具备公开发布募捐信息的功能，不应当对募捐服务平台进行指定，慈善组织可以自由选择开展募捐活动的网络募捐服务平台。

在"同一天生日"活动中，爱佑未来将相关活动在"慈善中国"网站进行了备案；慈善中国"属于民政部建设的统一信息平台。爱佑未来在备案中说明了活动的募捐目的、时间、地域、成本、银行账户、受益人等基本情况，公布了"同一天生日"活动的募捐信息。因此，爱佑未

---

① 贾西津. 资格还是行为：慈善法的公募规制探讨 [J]. 江淮论坛，2017（6）.
② 同上注。
③ 刘志敏，沈国琴. 公权力介入公益募捐行为的正当性及其边界 [J]. 国家行政学院学报，2014（4）.

来在国务院民政部门统一的慈善信息平台发布了募捐信息，没有违反《慈善法》和《管理办法》的相关规定。此外，分贝筹是以爱佑未来慈善组织的名义开通的微信网络平台，爱佑未来选择分贝筹作为网络募捐服务平台属于慈善组织在"以慈善组织名义开通的官方微信网络平台发布公开募捐信息"的行为，也没有违反《慈善法》和《管理办法》的相关规定。

五、结语

2017 年 8 月 1 日实施的《互联网公开募捐信息平台推荐性行业标准》并没有区分募捐信息发布平台和募捐服务平台。《慈善组织互联网公开募捐信息平台基本技术规范》和《慈善组织互联网公开募捐信息平台基本管理规范》中，对"互联网公开募捐信息平台"的定义是"通过互联网为具有公开募捐资格的慈善组织发布公开募捐信息的网络服务提供者"。对"互联网公开募捐信息平台服务"的定义是"互联网公开募捐信息平台为慈善组织、捐赠人、社会公众等主体提供的相关信息服务。示例：展示公开募捐信息、提供募捐支付通道、信息披露、举报受理"。笔者认为，"提供募捐支付通道"以及文件中提到的"宜开通在线募捐支付功能并提供技术保障"属于开展募捐活动的范畴，而不是单纯发布募捐信息，上述行业标准将其一同定义，可见其并没有对"募捐信息发布平台"和"募捐服务平台"进行区分。

为了更好地规范慈善组织公开开展网络募捐活动的行为，充分发挥网络募捐市场的活力并提升其运作效率，推动网络募捐服务平台加强募捐服务功能的开发，为慈善组织提供多样、创新的募捐服务，本文认为，在实践中应当对"募捐信息发布平台"和"募捐服务平台"进行区分，不应将两者混为一谈。《慈善法》第二十三条第三款指定的"慈善信息平台"只具备公开发布募捐信息的功能，慈善组织有权选择募捐服务平台。"同一天生日"募捐活动的开展没有违反《慈善法》和《管理办法》的相关规定，是合法的。

然而，慈善组织的生命在于公信力，"同一天生日"活动中小朋友的生日信息错误和儿童隐私保护的问题引发的质疑，导致公众对爱佑未来的信任正在被透支。慈善活动的开展涉及受助者的生活和尊严，特别是在互联网慈善时代，一旦出现失误将造成难以挽回的负面影响，需要从业者具备更强的责任感、更专业的技能和更严谨的态度。爱佑未来在依法开展募捐活动的基础上，应当更多地关注专业技术的规范和公益伦理的维护，做好信息披露工作，达到筹款公开透明与守护筹款伦理之间的平衡，才能取得公众的信任，实现使公益成为一种生活方式的愿景。

Financial Law Forum

金融法苑

2019 总第九十九辑

资本市场与公司法制

有限责任公司股东增资优先认缴权解析

■ 王 军*

摘要：增资优先认缴权为股东提供了维持比例利益的有效机制。相对于股份公司股东来说，有限公司股东因其股权流动性弱，更需要先缴权的保护。但是，股东行使先缴权有可能妨碍公司操作外部融资或资产重组，与公司整体利益目标发生冲突。因此，先缴权的行使条件、权利内容、行使方式、放弃、转让、救济手段等问题，均需在平衡股东先缴权所保护的比例利益和股东会多数决所代表的公司整体利益的框架内，解释和处理。我国公司法对先缴权的规定比较简略，人民法院目前就先缴权所作的诸多判决，提出了极有价值的观点和亟待解决的问题，为解释公司法的先缴权规则提供了有益的经验基础。

关键词：增资优先认缴权　比例利益　新增资本　实缴出资比例

一、 引言

我国《公司法》对股东基于自己原持股比例优先认缴公司增资和优先认购新股之权利的规定，与众多国外法不同，颇有独特之处。简而言之，我国区分有限公司和股份公司分设规则：在有限公司，除非全体股东另有约定，否则，增资优先认缴权（以下简称先缴权）为股东固有权利；[①] 在股份公司，新股优先认购权（以下简称优先认股权）并非股东固有权利，但公司章程和股东大会决议可以创设。[②]

从我国实际情况看，上市公司在公开发行新股（以下简称增发）时可能允许原股东对全部

---

* 中国政法大学公司法与投资保护研究所副教授，法学博士。

[①] 《中华人民共和国公司法》（1993 年 12 月 29 日通过，2013 年 12 月 28 日第三次修正，以下简称《公司法》）第三十四条。

[②] 《公司法》没有规定股份公司股东当然享有优先认股权，但也未禁止公司章程设定该权利；股份公司发行新股时，股东大会有权决定"向原有股东发行新股的种类及数额"（第一百三十三条），意味着股东大会决议可以规定原股东在某次发行中享有优先认股权。

或者部分新股行使优先认股权（通常表述为"向原股东优先配售"）①，其余新股（以及原股东放弃认购的新股）向社会公众发行，愿意继续认购的原股东也可以参加此次认购;② 非上市的股份公司有可能通过章程规定股东享有优先认股权;③ 而在有限公司，章程通常接受《公司法》第三十四条的先缴权规则，股东当然享有先缴权，因此，有限公司向外部筹集资本时，通常都要对原股东的先缴权作相应安排。总的来说，有限公司股东的先缴权是更具普遍性和更容易发生争议的问题。

从审判实践看，目前公布的相关案件绝大多数均围绕有限公司股东先缴权发生争议。由于《公司法》第三十四条的规则比较简略，这些案件提出了许多有待法律解释回应的问题。有的判决则很好地回答了法无明文规定的问题，其法律解释工作值得研究并进一步提炼。但是，目前相关主题的中文文献大多以股份公司为讨论对象，以介绍欧美公司法的优先认股权为主要内容，对于有限公司或封闭公司较为独特的先缴权问题鲜有关注（例如先缴权的内容构造、行使、放弃、转让和救济等问题，或者不区分有限公司和股份公司而笼统讨论），无法回应当下审判实践中的鲜活问题。④ 而且由于发表时间较早，多数文章也不可能对近几年审判实践中的新问题作出研究。

基于上述理由，本文拟专门讨论我国有限公司先缴权问题。第一部分讨论先缴权的历史沿革、规范模式和解释思路。首先简要回顾优先认股权在美国的起源和演变，在历史回顾和国际比较的基础上，说明我国先缴权规则的特点和解释思路。这部分的讨论将为下文第二至第五部分具体探讨先缴权的内容构造、行使条件、行使方式、弃权、转让以及诉讼救济等准备必要的理论基础。

---

① 规范依据为中国证监会《上市公司证券发行管理办法》（2006 年）第十三条。相关操作流程参见中国证券业协会. 证券发行与承销 [M]. 北京：中国金融出版社，2012：247.

② 例如，2009 年 11 月 4 日云维股份（股票代码 600725）公告称：公司公开发行不超过 0.53 亿股 A 股股票。"本次发行将向公司原股东优先配售，其余部分采取网上、网下定价发行相结合的方式进行。公司原股东可按其股权登记日 2009 年 11 月 3 日收市后登记在册的持有股票数量以 10:1.799 的比例行使优先认购权。"《云南云维股份有限公司增发 A 股提示性公告》，上海证券交易所网站（www.sse.com.cn）2009 年 11 月 4 日发布。根据中国证监会《上市公司证券发行管理办法》（2006 年）第十二条，上市公司还可以向原股东配售新股（简称"配股"）。但配股是直接以原股东为新股发行对象，不涉及原股东相对于非股东投资者的优先地位，因此不属于原股东行使优先认购权。

③ 胡国强诉宁波市慈溪进出口股份有限公司案的判决书显示，宁波市慈溪进出口股份有限公司的章程规定，"公司发行新股时股东有优先认购权"。浙江省慈溪市人民法院民事判决书（2009）甬慈商初字第3114号，北大法宝，2011 年 12 月 8 日访问。

④ 赖源河. 论新股认购权 [J]. 政大法律评论，1977（15）；傅穹，孙秋枫. 新股优先认购权规则 [J]. 南京大学法律评论，2004 年秋季号；王彦明. 公司增资中股东新股认购权排除制度研究——以德国股份法为研究视角 [J]. 吉林大学社会科学学报，2008（2）；王东光. 论新股优先认购权及其排除 [J]. 甘肃政法学院学报，2008（9）；刘丽芹，董凝慧. 论股东优先认购权的行使与救济 [J]. 北方工业大学学报，2012（4）.

二、 先缴权的历史沿革、 规范模式和解释思路

有限公司先缴权是立法者仿照股份公司股东优先认股权 （shareholders' preemptive right to sub-scribe to new shares） 而为有限公司股东设置的权利。优先认股权允许原股东在股份公司发行新股时优先于其他人，按自己的原有持股比例认购新股。优先认股权旨在赋予原股东保持比例利益的机会。该权利最初在美国判例法上获得承认。[①] 目前，各州公司法对其采取的规范模式并不一致。优先认股权在美国的发展演变，对于我们分析有限公司股东先缴权的功能和意义，并建立一个法律解释框架具有参考价值。

（一） 优先认股权的起源和发展

最早承认股东优先认股权的是马萨诸塞州法院 1807 年判决的格雷诉波特兰银行一案。[②] 1870 年，马萨诸塞州立法机构率先将优先认股权写入制定法。[③] 此后各州法院在承认股东优先认股权的同时，逐渐确立了若干限制或排除该权利的例外事项。例如，在董事会决定发行公司组织章程已授权发行的股份、公司发行新股购买非现金资产或服务、为并购其他公司而换股、转让库存股、向公司高管或员工发行股份时，法院通常不承认原股东享有优先认股权。

进入 20 世纪，美国资本市场发展迅猛，公司股份种类日益多样化。[④] 发端于工业化早期的优先认股权制度，在股份类型日趋复杂的背景下，保护股东比例利益的积极意义有所下降，而妨碍公司融资便利的负面作用越发凸显。[⑤] 伯利、米恩斯在讨论 20 世纪前 30 年美国公司的结构演进时也注意到：随着股份类型日益繁杂，便捷融资对公司发展越来越重要，优先认股权这项曾被认为 “对股东最有价值的权利” 已受到各种限制，渐趋弱化。[⑥]

不过很多作者在讨论优先认股权的弊端时，都将股份类型单一、股东人数不多的封闭性公司区分出来讨论。他们指出，在封闭性公司中，股东的比例利益更需要保护，其重要性超过了公司融资便利。因为，封闭公司对外融资的需求通常并不强烈；由于股权流动性较弱，保护原股东在表决权和收益权上的比例利益更为重要；而这类公司的股份结构也不复杂（例如只有一种普

---

① Henry S. Drinker, Jr., The Preëmptive Right of Shareholders to Subscribe to New Shares, *Harvard Law Review*, Vol. 43, No. 4 (1930), p. 599.

② Gray v. Portland Bank, 3 Mass. 363 (1807).

③ Andrew L. Nichols. Shareholder Preemptive Rights, *Boston Bar Journal*, Vol. 39, No. 5 (1995), p. 4.

④ 1929 年的一篇文章中指出，当时的美国公司可以发行四大类股份 ［普通股、参加性优先股 （participating preferred stocks）、非参加性优先股、递延付息股 （deferred shares）］；如果再区分股份在利润、表决权、剩余财产上的不同权益，这四大类又可以细分、组合为 16 种股份。Alexander H. Frey. Shareholders' Pre-emptive Rights, *Yale Law Journal*, Vol. 38, No. 5 (1929), pp. 565 – 66.

⑤ Henry S. Drinker, Jr., supra note 7, p. 609.

⑥ ［美］伯利、米恩斯著，甘华明等译. 现代公司与私有财产 ［M］. 北京：商务印书馆，2005：156 – 158.

通股，或者有一种普通股和一种无表决权的优先股），操作优先认股权并不困难。①

既然每个公司的股权结构和融资需求不同，那么，公司如何设置优先认股权，就应当交由公司的主要参与者——股东和董事决定。在美国各州公司法中，公司参与者在设置优先认股权规则上拥有广泛的自主权。根据 1995 年的一篇论文，在美国 51 个立法区域中，公司法规定优先认股权的模式大致上可分为两种。有 26 个区域采取"可置入"（opt in）模式，即公司法不特别规定优先认股权，但允许公司组织大纲（articles of incorporation）设置该权利。另外 25 个区域采取"可置出"（opt out）模式，即公司法明示或默示地规定股东享有优先认股权，但允许公司组织大纲对之予以排除或限制。② 商事公司示范法（MBCA）§6.30 采取了"可置入"模式。③ 不管采取何种模式，公司参与者都有权根据本公司特点和需要，自主决定是否承认优先认股权，以及承认优先认股权后设置何种限制和例外规则。

优先认股权在美国的发展表明，该权利并非绝对的权利——当股东比例利益与公司整体利益发生冲突时，优先认股权就必须接受某些限制。④ 历史经验还表明，优先认股权发端于公司股份类型单一、结构简单的工业化早期阶段，当股东众多、股份类型复杂的公众公司兴起后，优先认股权阻碍融资便利的弊端日渐凸显，其可行性和积极意义逐渐局限于股份单一的封闭性公司之中。

（二）我国先缴权的规范模式及解释思路

对照美国的情况，可见我国优先认股权和先缴权规则的几个鲜明特征：第一，我国区分有限公司和股份公司分设不同规定。立法者注意到先缴权对不同类型公司的股东具有不同的功能。第二，对股份公司优先认股权不作任何规定，但也不禁止公司章程或公司股东大会决议设置优先认股权。可见立法者将股份公司的融资便利性置于更加重要的地位。根据我国规则，股份公司中拥有多数表决权的股东实际上掌握着是否置入优先认股权的决定权。第三，有限公司股东依

① Henry S. Drinker, Jr. The Preëmptive Right of Shareholders to Subscribe to New Shares, *Harvard Law Review*, Vol. 43, No. 4 (1930), pp. 609, 615；"Pre – emptive Rights Restricted", *Stanford Law Review*, Vol. 4 (1952), p. 451；Andrew L. Nichols, Shareholder Preemptive Rights, *Boston Bar Journal*, Vol. 39, No. 5 (1995), p. 4；Lori A. Dawkins, Shareholders' Preemptive Rightsin West Virginia, *West Virginia Law Review*, Vol. 97 (1995), p. 458；Robert W. Hamilton& Richard D. Freer. The Law of Corporations (2011), p. 287.

② Lori A. Dawkins. Shareholders' Preemptive Rights in West Virginia, West Virginia Law Review, Vol. 97 (1995), p. 441 – 46.

③ American Bar Association, Model Business Corporation Act (2010)，美国律师协会商法分部公司法委员会网页（http：//www. americanbar. org/content/dam/aba/administrative/business _ law/corplaws/model – bus – corp – laws – w – o – comments –2010. doc），2016 年 12 月 11 日访问。

④ 欧盟公司法第二号指令以及德国、法国、意大利、西班牙和英国的公司立法均承认股份有限公司的股东享有优先认股权，同时也规定了该权利的若干限制和排除事由。See Marco Ventoruzzo, Issuing New Sharesand Preemptive Rights：A Comparative Analysis, *Richmond Journal of Global Law and Business*, Vol. 12, No. 4 (2013), p. 542.

法当然享有先缴权，但允许全体股东另行约定先缴权的行使比例。文义上看，这似乎是一种"可修订但不可置出"模式。这表明，立法者认为先缴权对有限公司股东而言是一项基本且重要的权利。但是，《公司法》第三十四条的简略规定留下了许多有待解释的问题：全体股东的约定或者公司章程可否取消或者限制先缴权？先缴权在哪些情形下不适用？股东可否放弃行使，可否转让先缴权？受到侵害时，股东如何寻求救济？

回答上述问题均涉及法律解释，需要解释者对先缴权的功能和局限性有比较全面的认识。优先认股权在美国发展演变的历史给我们提供了一个有意义的参照系，有助于构建我国先缴权规则的解释框架。综合而言，在个案审判中解释先缴权规则应着重考虑以下三点。

首先，先缴权是保护股东比例利益的有效机制，一般来说，有限公司股东比股份公司股东更加需要先缴权的保护。有限公司股权对外转让时受其他股东先买权限制。[①] 事实上，有限公司股权基本上不存在交易市场，股东通过出让股权而退出公司比较困难，有时甚至完全不可能。尽管法律为股东准备了通过诉讼强行退出的机制，但要满足法定条件并不容易。[②] 总体上说，有限公司股东的退出成本比较高，其股权在一定程度上是被"锁定"的。相比之下，股份公司（尤其是公众性股份公司）的股份转让通常没有法律限制，股东退出渠道比较通畅。因此，有限公司股东比股份公司股东更需要通过先缴权保护其在表决权和收益权上的比例利益，这是保护其正当权利、防止控制股东恶意排挤或压制的基本措施。

其次，有限公司的股权类型通常是单一且简单的，但也可能多样而复杂，因此应当尊重股东对先缴权规则的个性化安排。我国有限公司股东的股权相当于股份公司的普通股，类型单一，所以实施先缴权并不困难。但《公司法》允许公司章程或者全体股东的约定对股东表决权、资产收益权等另作个性化安排，[③] 股东与公司或者股东之间也可能对股东权利另有协议。[④] 有限公司的股权实际上也有可能多元化。对于这样的公司，实行先缴权并不简单。因此，应当尊重股东的自主选择，法律解释上有必要容许公司章程规定或者全体股东约定先缴权的细化、个性化、排除或者限制条款。

最后，先缴权尽管重要，但它可能与公司整体利益（例如融资、并购的需求）发生冲突，

---

① 参见《公司法》第七十一条第二至第四款。相关研究参见王军. 实践重塑规则：有限公司股权转让限制规范检讨 [J]. 中国政法大学学报，2017（6）.

② 参见《公司法》第七十四条（异议股东退股请求权规则）、第一百八十二条即相关司法解释（判决强制解散规则）。相关研究参见耿利航. 公司解散纠纷的司法实践和裁判规则改进 [J]. 中国法学，2016（6）.

③ 参见《公司法》第三十四条（利润分配权）、第四十二条（表决权）、第一百八十六条第二款（剩余资产分配权）。

④ 私募股权基金（PE）投资于有限公司时，投资者和目标公司及其原股东约定不同于《公司法》第三十四条的"优先认股权""反稀释、反摊薄条款"等也很常见。刘乃进. 私募股权基金筹备、运营与管理：法律实务与操作细节 [M]. 北京：法律出版社，2015：249.

因此有必要承认某些排除事由，有必要承认股东有权通过章程或者"全体约定"排除或限制先缴权。法律解释应当结合个案情况，权衡股东比例利益和公司整体利益，寻求二者的平衡。

三、 先缴权的内容和行使条件

《公司法》第三十四条规定："公司新增资本时，股东有权优先按照实缴出资的比例认缴出资。但是，全体股东约定……不按照出资比例优先认缴出资的除外。"该条文涉及先缴权的内容构造和行使条件，有以下五方面问题有待解释。

（一）所谓"优先"是指谁优先于谁？

该条文两次提到"优先"一词，"优先"的主体显然是公司的现有股东，但"优先"的客体却不十分明了。从文义上看，对该客体的合理解释应当是股东以外的人，即股东优先于股东以外的人对公司拟新增的注册资本享有认缴权。[①] 相反，如解释为现有股东之间存在优先和次后顺序，则于理不通。从比较法角度看，优先认股权也是指现有股东对股东外的投资者的一种优先地位。[②] 也就是说，先缴权规则处理的是公司接受外部投资者增资时原股东与外部投资者之间的关系。只有在公司拟向股东外的投资者增资扩股时，才有先缴权的发生；如果只是公司全体或部分现有股东追加投资（即所谓"内部增资"），不适用第三十四条的先缴权规则。

因此，基于《公司法》第三十四条不能直接推出这样的规则：公司内部增资时，每个股东均有权"按照实缴的出资比例认缴出资"，除非"全体股东约定不按照出资比例认缴"。在周祝勇诉南京地下工程建筑设计院有限公司案（以下简称周祝勇案）中，有限公司拟内部增资，控股股东凭借绝对多数表决权通过一项股东会决议，只允许部分股东增资。被剥夺增资机会的小股东起诉主张先缴权受到侵害，得到了一、二审法院的支持。[③] 在本文看来，周祝勇案实际上不应当直接适用第三十四条。因为公司并未向外部投资者融资，不发生先缴权问题。但是，小股东可以主张类推适用第三十四条。因为，《公司法》没有规定公司内部增资时原股东是否有权要求同比例增资，属于"法律漏洞"。第三十四条的先缴权规则旨在保护原股东的比例利益，而基于相同的理由，内部增资时也有必要保护原股东的比例利益和平等机会。因此，在内部增资时有理

---

① 这一点在有的判决中得到明确确认。例如，聂梅英诉天津信息港电子商务有限公司等案的二审判决意见指出，"法律规定了在公司新增资本时，各股东有优先于其他人认缴增资份额的权利"。王建华. 聂梅英诉天津信息港电子商务有限公司等公司决议侵害股东权案. 中国审判案例要览（2008 年商事审判案例卷）［M］. 北京：人民法院出版社，2009：200。

② Marco Ventoruzzo. Issuing New Sharesand Preemptive Rights：A Comparative Analysis, *Richmond Journal of Global Law and Business*, Vol. 12, No. 4（2013），p. 517. 该文比较了美国、欧盟、德国、法国、西班牙、意大利有关股东优先认股权的规范。

③ 江苏省南京市中级人民法院民事判决书，（2014）宁商终字第 537 号，中国裁判文书网 2014 年 7 月 26 日发布。

由类推适用第三十四条，支持股东同比例认缴出资的主张。另外，周祝勇案也涉及控股股东滥用股权，《公司法》第二十条第一、第二款也可以作为原告的请求权基础。

（二）"优先"是否是"同等条件下优先"？

第三十四条并未言明股东须在"同等条件下"优先认缴出资。但是，"同等条件"应当是一个不言自明的条件。因为从逻辑上讲，只有在"同等条件"的前提下，谈谁优先、谁次后才是有意义的。[①] 例如，A 公司股东会决议引入外部投资，采取溢价增资方式，增加注册资本 1000 万元。外部投资者甲同意向 A 公司溢价增资，具体方案是：甲向 A 公司投入 3000 万元，其中 1000 万元记入注册资本，2000 万元记入资本公积金。如果 A 公司原股东乙拟行使先缴权，则乙也应当按照与甲相同的条件溢价增资。否则，乙既主张自己次序上优先于甲，又坚持以较优惠的条件增资，实际上相当于推翻了公司股东会以特别多数通过的溢价增资决议。当然，公司股东会决议可以同意原股东以比外部投资者优惠的条件增资（例如以较低的溢价、无溢价或者以资本公积金转增资本的方式增资），这是股东意思自治的表现。不过，这种内外标准不一的增资方案实际上已经与先缴权无关了，它是公司原股东与外部投资者协商一致的结果。综合上述，除非公司章程另有规定、股东会另有决议或者全体股东另有约定，"同等条件下优先"应当理解为第三十四条的隐含规则。也就是说，先缴权之"优先"只是次序上的优先而不是认缴条件的优先。

澄清此点有助于我们解决以下问题：当公司决定接受外部投资者的非现金资产增资时，[②] 公司原股东有无先缴权，应当如何行使先缴权？首先，《公司法》第三十四条并未规定外部投资者以何种出资方式认缴增资时股东才享有先缴权，故公司接受非现金资产增资不应排除股东先缴权。其次，从"同等条件下优先"的规则看，拟行使先缴权的股东应当提供与外部投资者的特定资产相同的出资，否则就无法行使先缴权。实际上，外部投资者的特定资产（诸如知识产权、土地使用权、营业资产等）通常是难以替代的。因此，第三十四条尽管没有排除股东在此种情形下的先缴权，但原股东事实上几乎无法在同等条件下优先认缴出资。[③]

---

① 有关股份公司优先认股权是否以"同等条件下优先"为要件的观点和讨论，参见王东光. 论新股优先认购权及其排除 [J]. 甘肃政法学院学报，2008（9）.

② 实务中，这种交易常被称为"资产置换"或"发行股份购买资产"，在我国上市公司尤为常见，有限公司也有这种操作。

③ 可资比较的是，在美国，公司发行新股购买非现金资产或特定服务时，判例法历来不承认原股东享有优先认股权。其理由是尊重公司董事会作出的发行新股购买资产的商业决定 [Alexander H. Frey. Shareholders' Pre-emptive Rights, *Yale Law Journal*, Vol. 38, No. 5 (1929), pp. 579–580; Henry S. Drinker, Jr. The Preëmptive Right of Shareholders to Subscribe to New Shares, *Harvard Law Review*, Vol. 43, No. 4 (1930), p. 607] 美国很多州的公司法和 MBCA § 6.30（b）也作如此规定。欧盟公司法二号指令（第 29 条第 1 段）、法国商法典（Article L. 225–132）、意大利民法典（第 2441 条）、英国公司法（第 565 条）均规定，股份公司的股东仅在公司发行新股募集现金时，才享有优先认股权（也就是说，公司发行新股购买非现金资产时，原股东不享有优先认股权）。

（三）"实缴出资比例"应当如何确定？

不难理解，以股东"实缴出资比例"为依据分配先缴权的立法目的是鼓励股东实缴出资。按文义解释，股东的"实缴出资比例"（设为 P），应当是该股东的实缴出资额（设为 X）除以全体股东的实缴出资总额（设为 Y）的得数，即 P = X/Y。

但是，何为"实缴出资额"？回答这个问题的关键是明确何为"出资额"。《公司法》规定，股东应当按照其认缴的出资额缴纳出资。① 而全体股东的认缴出资总额，经登记机关登记，即构成公司的注册资本数额。② "出资额"仅指股东承诺投入公司且登记为注册资本的金额。③ 股东实际缴纳出资是对其认缴行为所设定的出资义务的履行。因此，某一股东的实缴出资额应当是其履行认缴出资额而计入公司注册资本的金额。在会计上，这笔金额应计入公司实收资本，而不是资本公积。假设一名股东为履行出资义务而向公司了缴纳 100 万元资金，根据出资协议，40 万元计入注册资本，60 万元计入资本公积。那么，该股东此次的"实缴出资额"应当是 40 万元，而不是 100 万元。因此，《公司法》第三十四条所谓股东的实缴出资额（X），应指股东按公司章程规定的认缴额缴纳给公司的、对应注册资本、会计上计入实收资本的金额。故此，全体股东的实缴出资总额（Y）也应当是全体股东实际缴纳的、对应公司注册资本、会计上计入实收资本的金额。

实缴以实际发生为准。显然，股东认缴而未实缴的出资额不应计入"实缴出资额"。股东违法抽回其先前已实缴的全部或部分出资，即构成抽逃出资的，抽回部分同样也不应计入"实缴出资额"。

（四）"公司新增资本"是否包括吸收合并导致增资的情形？

根据《公司法》第三十四条，并结合上文分析，股东先缴权的行使条件有二：一是公司拟增加注册资本；二是股东以外的人拟认缴增资、持有股权。但是，其他原因也可能导致公司注册资本增加。公司吸收合并其他公司且以本公司股权为支付手段（即所谓的"换股吸收合并"）时，吸收方注册资本必定增加。④ 这种情形下，吸收方公司的原股东是否享有先缴权？《公司法》

---

① 《公司法》第二十八条规定，"股东应当按期足额缴纳公司章程中规定的各自所认缴的出资额"。

② 《公司法》第二十六条第一款规定，"有限责任公司的注册资本为在公司登记机关登记的全体股东认缴的出资额"。

③ 在广西中稷电力投资有限公司诉国电南宁发电有限责任公司案，原被告就何为"实缴的出资"发生争议。再审判决提出，应当区分"实缴出资"和"注册实缴出资"两个"既有联系又有区别"的概念。二者的联系是，它们都是股东对公司的出资。区别在于，"注册实缴出资是在工商登记机关登记的全体股东认缴出资额的总和，而实缴出资是公司股东为履行出资义务实际缴纳到公司账户的资金总和"（广西壮族自治区高级人民法院民事判决书，（2016）桂民再 46 号，中国裁判文书网 2016 年 12 月 31 日发布）。该判决意见把股东投入公司的资金都称为"出资"，实际上扩大了"出资"的含义，其所谓"注册实缴出资"即本文所说的"出资额"。

④ 换股吸收合并导致吸收方公司注册资本增加。例如，A 公司吸收合并 B 公司，B 公司注销，B 公司原股东取得 A 公司一定数量股权为对价，合并完成后 A 公司注册资本增加。相反，如果 A 公司向 B 公司原股东支付现金作为合并对价，则合并后 A 公司不发生增资。参见王军. 中国公司法（第 2 版）[M]. 北京：高等教育出版社，2017：454－455.

对此未作明确规定,需要通过解释来回答。

首先,从第三十四条的文义看,该条的适用范围应当是出资人认缴出资导致增资的情形。"股东有权优先……认缴出资"的表述意味着,外部投资者将以"认缴出资"的方式持有股权,只是原股东享有优先地位而已。所以,第三十四条看起来应当仅适用于出资人对公司直接认缴出资而导致增资的情形,而不适用于吸收合并导致的增资。

其次,从合并与增资的关系看,公司实施换股吸收合并而导致注册资本增加时,注册资本增加只是完成合并的必要步骤,而不是具有独立法律意义的行为。在合并导致注册资本增加的情形中,公司无须单独就注册资本增加再作出一个增资决议。因此,不应当适用第三十四条的先缴权规则。

最后,从先缴权的立法意图看,也应作否定回答。如本文第一部分所述,当股东行使先缴权与公司整体利益发生冲突时,先缴权应让位于公司整体利益。有限公司股东会通过合并决议须经代表2/3以上表决权的股东同意。[①] 合法通过的合并决议应推定其代表股东多数意志及公司整体利益。公司合并时,原股东行使先缴权若致使公司合并事实上无法实施或者代价极大,则支持股东行使先缴权无异于允许个别股东推翻股东会特别多数通过的决议。因此,公司合并时是否允许原股东按原持股比例追加出资,应由股东会以决议方式自主决定。也就是说,公司合并导致注册资本增加时,原股东并不享有第三十四条的先缴权;股东会可以通过合并决议同意原股东以某种方式追加出资,但这并不是股东行使先缴权的表现。[②]

因此,第三十四条所谓的"公司新增资本"应当解释为仅指出资人直接认缴增资,而不包括合并导致注册资本增加的情形。但是,这造成了一个殊途同归的局面:同样是公司注册资本增加,如果公司直接接受外部投资者认缴增资,原股东就享有先缴权;如果公司吸收合并另一公司的话,原股东就没有先缴权。那么,公司如果为规避某些股东行使先缴权而以吸收合并替代直接增资的话,原股东能提出何种请求?

这个问题在聂梅英诉天津信息港电子商务有限公司等案(以下简称聂梅英案)中成为争议焦点之一。[③] 天津信息港电子商务有限公司(以下简称电商公司)本打算直接增资2380万元,

---

① 《公司法》第四十三条第二款。

② 比较法上可资参考的是:美国判例法历来认为,公司为实施合并而发行新股时原股东不享有优先认股权,因为合并是公司商业决策,对全体股东均有益处 [Andrew L. Nichols. Shareholder Preemptive Rights, 39 – DEC B. B. J. 4, 25 (1995)]。示范商事公司法 6. 30(b)将公司发行股份购买非现金资产列入股东优先认股权的例外事项,公司吸收合并自然被包含在内。在英国,公司为吸收合并而发行新股时原股东也不享有优先认股权(英国2006年公司法第565条),Wild & Weinstein. Smith and Keenan's Company Law, 6th ed., Pearson Education Limited, (electronic, 2013), p. 239.

③ 王建华. 聂梅英诉天津信息港电子商务有限公司等公司决议侵害股东权案. 见国家法官学院,中国人民大学法学院. 中国审判案例要览(2008年商事审判案例卷)[M]. 北京:人民法院出版社,2009:193 – 203.

但因股东聂梅英不同意引进外部投资者，各股东无法对增资达成共识，使得直接增资计划搁浅。后电商公司股东会会议经代表 2/3 以上表决权的股东同意，作出吸收合并天津市朗德信息服务有限公司（以下简称朗德公司）的决议。朗德公司是一家刚刚成立的公司，注册资本刚好是 2380 万元。电商公司如果吸收合并朗德公司，其注册资本将增至 3000 万元。原告聂梅英主张该吸收合并决议无效。二审判决支持了原告的这个诉讼请求。二审判决陈述的理由是：电商公司合并朗德公司的目的是实现增资 2380 万元，"确保大股东对公司的控制地位"，其本身并没有独立的商业意义；聂梅英本应享有增资先缴权，且明确表示可向公司增资 2380 万元，故合并"实际上直接侵害了聂梅英优先向公司增资的权利"。由判决理由可知，二审并不认为公司吸收合并其他公司导致增资时原股东享有先缴权。二审判决的核心观点是，电商公司通过吸收合并朗德公司实现增资，剥夺了原告依《公司法》第三十四条行使先缴权的机会，构成对原告先缴权的侵害。因此，二审判决确认吸收合并决议无效的理由实际上是该决议因侵害股东权利而具有违法性，其法律依据仍然是《公司法》第二十二条的决议无效规则。

总结上述，根据法律文义、体系和目的解释，吸收合并导致吸收方公司增加注册资本时，吸收方公司的原股东并不能依《公司法》第三十四条享有先缴权。聂梅英案表明，公司（也即 2/3 以上表决权之股东）如果利用吸收合并规避第三十四条，剥夺原股东先缴权的话，合并决议可能因违法而被确认无效。在此类案件中，公司吸收合并其他公司是出于正当商业目的，还是具有规避法律、剥夺原告先缴权的不当目的，是审判机关应当查明的关键问题。

（五）全体股东可另作何种内容和形式的"约定"？

第三十四条的"但书"规定，全体股东可以约定"不按照出资比例优先认缴出资"。在文义上，"不按照出资比例优先认缴出资"这一表述有两种可能的含义：一是行使先缴权，但按其他比例或标准优先认缴出资，例如按认缴出资比例、按股东人数平均或者按其他某个比例优先认缴；二是可以理解为全体股东"不……优先认缴出资"，即全体股东约定不行使先缴权。这两种含义在文义上都是成立的。如本文第一部分所述，我们解释先缴权规则时应当尽量尊重股东对先缴权规则的自主协商。因此，这两种含义都应当得到承认，即全体股东的一致约定可以变更先缴权行使比例，也可以排除先缴权的适用。全体一致意味着只要任一股东不同意，就无法成立这样的变更或排除约定。

第三十四条的"但书"仅适用于全体股东约定排除（或放弃）先缴权或者全体变更行使比例的情形。因此，个别股东自愿不行使（或放弃）先缴权，只是对自己权利的处分，无须征得全体股东同意。因为，部分股东不行使先缴权并不妨碍其他股东按股比行使，也不构成全体一致排除先缴权或全体变更行使比例。实践中，有限公司为引进外部投资，股东通常会全部或部分放弃行使先缴权。例如：某公司拟增资 100 万元，全体股东可以约定全体放弃先缴权，全部增资由某外部投资者认缴；也可以约定，其中 50 万元由原股东按出资比例认缴，其余 50 万元向外部投资者开放；也有可能达不成一致约定，从而部分股东放弃先缴权，部分行使先缴权（例如下文要讨论的黔峰公司案）。在上述假设的三种情形中，前两种属于第三十四条所说的全体股东约定，第三种情况则不属于。

第三十四条对全体股东约定的形式未作要求。因此，书面的和非书面形式的全体约定都是有效的。书面形式的可以是全体股东签署的协议、备忘录、会议记录、股东会决议，也可以是全体股东一致通过的公司章程条款。非书面形式的可以是全体股东口头达成的一致意见。当然，事后发生争议的话，主张存在该全体约定的股东负有举证责任。

综合上述五个问题，我国《公司法》第三十四条的先缴权规则应包含以下内容：（1）先缴权的行使条件是，公司拟接受外部投资者认缴出资而新增注册资本，吸收合并导致注册资本增加不适用第三十四条；（2）先缴权的内容是，股东有权按照其实缴出资额占全体股东实缴出资总额的比例（实缴出资额，是指股东按公司章程规定的认缴额缴纳给公司的、对应注册资本、会计上计入实收资本的金额），在同等条件下优先于股东以外的人认缴出资；（3）全体股东可以书面或其他形式一致约定按照其他比例或标准行使先缴权，也可以约定全部或者部分不行使先缴权。

四、 先缴权的行使、 放弃和转让

先缴权既然是股东的权利，自然可行使也可放弃行使；这一点似乎没有争议。有待探讨的问题是：股东应怎样行使先缴权（诸如向谁、何时、以何种形式作出何种意思表示）？行使先缴权的法律效果是什么？股东放弃行使先缴权的法律后果又是什么？甲股东放弃先缴权后，乙股东能否对甲不认缴的出资份额行使先缴权？先缴权可否转让？这些问题有的在个案判决中已有明确回答，但理由需要提炼或重述，有的则需要进一步推敲。

（一）先缴权的行使

先缴权应在公司引进外部增资的过程中行使。正常情况下，有限公司如要引进外部投资者的增资，其董事会首先会通过一份增资方案。[①] 董事会拟订增资方案之前，公司代表人通常已与外部投资者形成初步投资意向。拟订增资方案过程中，董事会通常会征求并协调原股东意见。增资方案应当说明增资目的、公司财务状况、增资总金额、增资参与人及其增资金额、出资方式、溢价增资安排（如有）、出资的实缴期限、原股东放弃或行使先缴权的安排等。[②] 随后，董事会

---

① 依据《公司法》第四十六条之（六）。

② 上市公司放弃对控股子公司的先缴权时均需依规发布公告，在深交所和上交所网站检索此类公告可了解有限公司增资方案或增资协议的基本内容。例如，国农科技（证券代码：000004）2018 年 2 月 10 日在深交所网站（www.szse.cn）发布"关于全资子公司广州国科互娱网络科技有限公司增资并放弃优先认缴权的公告"，其中即披露增资方案的主要内容。

应当召集股东会会议审议增资方案（或者审议反映增资方案内容的增资协议）。① 既然公司要引进外部投资者，那么必定有至少一部分股东将放弃行使先缴权，否则外部投资者无法增资入股。股东会会议召开前，全体股东如已就原股东是否行使先缴权达成共识，则股东会增资决议不过是正式确认这些共识；如果股东之间未形成一致意见，则股东会会议审议增资方案时，原股东通常会正式表示自己是否行使先缴权。当有部分股东表示要行使先缴权时，股东会通常会在增资方案基础上讨论、协商具体的操作办法。最终通过的增资决议应当依《公司法》第三十四条的规则对先缴权如何行使作出安排。该增资决议即反映了股东与公司就优先认缴增资而形成的合意。② 实践中，许多公司会在通过股东会增资决议后，再与所有拟认缴增资的原股东和/或外部投资者正式签订增资协议，对双方合意作出确认，并约定较为详细的增资操作办法。

例如，在贵州捷安投资有限公司诉贵阳黔峰生物制品有限责任公司等案（以下简称捷安公司案）中，贵阳黔峰生物制品有限责任公司（以下简称黔峰公司）2007年5月召开临时股东会会议，审议引进外部投资者溢价增资2000万元注册资本事宜。会议中，持股9%的股东捷安公司表示行使先缴权，其他股东自愿放弃行使先缴权，以便引进外部投资。股东会形成的增资决议要点有三：（1）股东大林公司、益康公司、亿工盛达公司同意按股比减持股权（即不行使先缴权），引进战略投资者。赞成91%（大林公司、益康公司、亿工盛达公司赞成），反对9%（捷安公司反对）。（2）同意捷安公司按9%股比及本次溢价增资方案增加出资180万元。赞成100%。（3）本次增资资金必须在2007年5月31日前汇入公司账户，否则视作放弃。100%赞成。各股东均在该书面决议上签字。③ 首先，上述决议的三个要点尽管没有表明全体股东同意公司增加注册资本2000万元，但不难看出字里行间隐含了这一共识。其次，股东会全体同意捷安公司按其原持股比例行使先缴权，且与外部投资者适用同样的增资条件（即所谓"溢价增资"）。这表明股东（捷安公司）与公司已形成行使先缴权的合意。再次，由于捷安公司行使先缴权，外部投资者就只能按照溢价方案认缴1820万元（2000万元－180万元）增资。1820万元也恰好是大林公司、益康公司、亿工盛达公司三股东放弃先缴权而预留的增资金额。最后，外部投资者和捷安公司的增资资金都应当按照决议要求的时间缴纳至公司，否则即视作外部投资者放弃增资机会、捷安公司放弃先缴权。

根据上述对实际情况的描述，我们可以把股东行使先缴权，即股东与公司就新增资本形成认缴出资合意的过程，分解为两个环节讨论：一是股东作出认缴意思表示；二是股东与公司之间

---

① 依据《公司法》第四十条、第四十六条之（一）、第三十七条之（七）。

② 按照惯例，股东会通常会将决议内容作成一个书面文件，名曰"股东会决议"，出席股东会的股东则会在该书面决议上签字，以表明最终确认。但这并非《公司法》的要求。《公司法》第四十一条第二款只是要求股东会应当对所议事项的决定作出会议记录，出席会议的股东应当在会议记录上签名。

③ 何抒，杨心忠. 股东对公司新增出资份额不享有优先认购权[J]. 人民司法·案例，2011（11）.

形成合意。

首先，股东应当在公司形成增资决议的过程中，向公司作出合格的意思表示。先缴权具备行使条件时，股东即可据增资方案向公司作出行权表示。意思表示的基本内容应当是，股东愿意在同等条件下优先于外部投资者，按其实缴出资比例认缴增资。股东作出该意思表示的目的是与公司成立出资认缴合意，故意思表示应向公司作出。① 具体而言，在公司召开股东会会议讨论、表决增资决议的情形，股东应在股东会会议上作出意思表示。股东行使先缴权的意思表示应当以增资决议正式通过前的最后一次表示为准。全体股东如果一致同意以非会议方式作出增资决定，则表明全体股东已就先缴权安排达成共识，股东行使先缴权的意思表示以决定文件上的记载为准。② 一般来说，如果股东有机会行使先缴权而不行使，即应认为其放弃权利，公司增资决议作出后，该股东无权再主张行使先缴权。否则，将损害公司决议的稳定性和融资的效率。如果股东因未收到通知等原因而未出席股东会会议无法作出意思表示，则涉及先缴权救济问题，对此下文予以详细探讨。

其次，股东向公司作出合格的意思表示后，股东与公司之间即形成认缴出资的合意。这里的一个重要问题是：股东向公司作出行权意思表示后，公司是否有接受抑或拒绝的酌量权？第一，从先缴权的立法目的看，回答应当是否定的。先缴权旨在保护原股东的比例利益，这一权利应不受其他股东意志的干预。如果股东会拥有此种酌量权，则拥有多数表决权的股东就可以决定少数股东能否在某次增资中保持比例利益。这显然违背了先缴权的立法目的。第二，从《公司法》第三十四条的文义看，股东行使先缴权并不需要征得多数股东同意。第三十四条的"但书"也表明，只有全体股东一致约定才可以变更先缴权行使比例——这意味着，非经股东本人同意，股东行使先缴权的比例不受调整。同理，股东能否行使先缴权也不应当受制于其他股东的意志。③

综合以上诸点，股东行使先缴权应当以具备行使条件为前提，行权股东应当在公司形成增资决议的过程中明确表示行使先缴权的意思，股东向公司作出意思表示后即与公司形成认缴出资的合意。该合意通常反映在股东会关于增资的决议之中，也可能体现为股东与公司之间订立的增资协议。法律并未规定增资认缴协议必须采取书面形式。因此，除非公司章程、股东会决议或全体股东的约定对增资认缴协议的形式另有规定，上述合意形成后，股东与公司之间即成立

---

① 依民法理论，该意思表示属于"需受领的意思表示"，参见朱庆育. 民法总论（第二版）[M]. 北京：北京大学出版社，2016：199.

② 依据《公司法》第三十七条第二款。

③ 从民法理论的角度看，股东先缴权应为一种"形成权"，只要股东作出合格的意思表示，股东和公司之间即形成认缴出资的合意。股份公司的股东优先认购权素有性质为债权或形成权之争（赖源河：《论新股认购权》，载《政大法律评论》，1977（15）：25－26），近年来的研究文献也多认为优先认股权应为"形成权"。参见王东光. 论新股优先认购权及其排除 [J]. 甘肃政法学院学报，2008（9）；刘丽苹，董凝慧. 论股东优先认购权的行使与救济 [J]. 北方工业大学学报，2012（4）.

增资认缴协议或合同。①

（二）先缴权的放弃

股东的比例利益与公司引进外部投资是天然对立的。如果有限公司的原股东都坚持维持自己的比例利益，则公司增资只能从原股东处获得，不可能引入外部投资。反过来说，公司要引进外部投资者的股权投资，就必须有至少一部分股东放弃行使先缴权。

股东放弃先缴权意味着放弃了在本轮增资中维持自己原持股比例的机会。放弃先缴权的动机，可能是缺少资金追加投资，也可能是为了给外部投资者留出增资入股的机会。股东放弃先缴权的意思表示可能是明示作出的，也可能是默示的。默示放弃先缴权，是指股东以自己的行为表明已放弃先缴权。最高人民法院在一个判决中指出：股东可以放弃先缴权，一般情况下，"放弃应该有权利人明确的意思表示"；但在该案中，公司全体股东已通过协议和股东会决议，一致同意由市政府指定一家国企向本公司增资——股东虽然没有明确表示放弃先缴权，但他们明知上述协议和决议的法律后果，因此应当确认全体股东已经放弃先缴权。② 再如前述捷安公司案中，股东会的增资决议第三点规定："本次增资资金必须在 2007 年 5 月 31 日前汇入公司账户，否则视作放弃。"依据这一条款，假如某股东未在规定时间实缴出资，那么应当认为该股东默示放弃了自己的先缴权。当然，增资决议设定的"视为弃权"条件不应过于苛刻，否则会有变相剥夺或限制股东行权之嫌。

部分股东放弃先缴权时，其他股东能否对被放弃认缴的出资份额行使先缴权？这一问题在前述聂梅英案和捷安公司案中均成为争议焦点，但两个案件的判决大相径庭。

在聂梅英案，电商公司拟增资 2380 万元。原告聂梅英的诉讼请求之一是，确认原告对二被告（即电商公司的另外两名股东）"不能认缴的增资享有优先认缴权"。二审判决支持原告这项请求。其理由是，"只有公司原股东均不能认缴增资，才可以由股东之外的人向公司增资"，"当原有股东能够满足公司的增资需要时，就不能由股东之外的人认缴这部分增资。否则，就违反了我国公司法关于股东对转让的股权有优先购买权的规定"。③ 二审判决推出上述观点的逻辑是：股东之外的人如向公司增资，公司原股东的持股比例必定下降，这就相当于原股东把股份让与给外部投资者；股东先缴权和优先购买权都旨在维护有限公司"人合属性"，因此，优先购买权规则应当类推适用于股东行使先缴权的情形。

但是，二审判决此处的类比并不恰当。外部投资者向公司增资不应当等同于公司原股东向

---

① 依据《合同法》第十条。

② 荆门实业投资公司诉荆门京环环保科技有限公司案，最高人民法院民事判决书，（2016）最高法民再234号，中国裁判文书网 2017 年 8 月 17 日发布。

③ 王建华. 聂梅英诉天津信息港电子商务有限公司等公司决议侵害股东权案. 见国家法官学院，中国人民大学法学院. 中国审判案例要览（2008 年商事审判案例卷）[M]. 北京：人民法院出版社，2009：201.

外部投资者转让股权。首先，二者基本构造不同。增资是注册资本的增加，产生了增量股权，而股权转让是在注册资本不变的前提下变更存量股权的权利人。其次，二者目的不同。增资是为了筹集资本，增加公司可支配的经济资源，而股权转让只是股东层面的交易，不导致公司经济资源的增减。因此，规则应有不同。最后，先缴权和优先购买权的规范目的也是不同的。先缴权旨在为原股东维持比例利益提供平等机会，并不是要排斥外来投资、保护股东关系的封闭性（即二审判决所谓"人合属性"），而优先购买权的规范目的恰恰是保护封闭性。基于上述不当类比，二审判决依据优先购买权规则——股权对外转让时，原股东拥有优先购买权，只有原股东不购买，第三人才能购买——得出如下结论："只有公司原股东均不能认缴增资，才可以由股东之外的人向公司增资。"显然，形成这个结论的基础是十分脆弱的。

在捷安公司案，原告的诉讼请求与聂梅英的类似，但在一审、二审和再审中均未获得支持。原告捷安公司的具体诉讼请求是，对于黔峰公司拟议的2000万元增资，捷安公司不仅主张按其原股比9%优先认缴180万元，而且主张对其他三名股东不认缴的1820万元增资也行使先缴权。其理由是，其他三名股东放弃认缴增资而任由股东以外的人增资入股，实际上是将他们的先缴权"让与"给股东以外的人，而对外转让先缴权实质上等同于对外转让股权，原告本应享有优先购买权。因此，原告认为，黔峰公司不允许原告认缴其他三股东放弃认缴的出资份额，违反了《公司法》关于股权转让的规则，侵害了原告的优先购买权。[①]

捷安公司同样主张类推适用优先购买权规则（《公司法》第七十一条第二款、第三款）。其理由与聂梅英案不同的是，捷安公司认为，其他三名股东放弃认缴增资而任由股东以外的人增资入股，实际上是将他们的先缴权"让与"给股东以外的人，而对外转让先缴权实质上等同于对外转让股权。但是，原股东放弃先缴权即等同于向外人转让先缴权的观点同样是难以成立的。其他三股东确实放弃了先缴权，但外部投资者有机会向黔峰公司增资，不是因为它受让了原股东的先缴权，而是因为黔峰公司股东会的特别多数决议同意它增资入股（股东会表决时，赞同票占全部表决权的91%）。换言之，引进外部投资是黔峰公司股东会的特别多数决意见，而不是外部投资者行使了先缴权（况且有限公司先缴权并不能对外自由转让，这点下文分析）。由此进一步看，如果法院支持原告捷安公司的诉讼主张，允许其认缴其他三股东放弃认缴的增资份额，那就相当于支持持股9%的股东推翻股东会特别多数决作出的引进外部投资的决议。显然，先缴权只是维护股东比例利益的机制，其目的并不是要让个别股东的权利凌驾于公司多数意志及其所代表的公司整体利益之上。捷安公司案的二审判决也注意到了这一点。二审判决指出：案件争议点不在于要不要增资扩股，而在于要不要引进外部投资者；股东会决议已经作出引进外部投

---

① 何抒，杨心忠. 股东对公司新增出资份额不享有优先认购权 [J]. 人民司法·案例，2011（11）.

资者的决定，对此决定股东均应遵守，股东的个体利益也应服从公司的整体利益。[①]

综上所述，有限公司股东对其他股东放弃优先认缴的增资份额并不当然享有先缴权。股东对新增资本行使先缴权的范围仅限于该股东的"实缴出资比例"，如果要超出这个比例优先认缴更多出资，依《公司法》第三十四条"但书"，须得到其他股东的一致同意。当然，如果一名股东受让了其他股东的先缴权，该股东也可能超出自己的"实缴出资比例"认缴增资。这就涉及下面要讨论的先缴权转让问题。

（三）先缴权的转让

《公司法》对先缴权转让未作任何规定。对此应区分先缴权的不同发展阶段，基于先缴权的法律性质和立法意图、有限公司股东关系封闭性、股权转让规则等因素进行综合分析。

以先缴权的行使条件（公司拟接受外部投资者认缴出资）是否成立为界，可以将先缴权区分为两个阶段。在行使条件成立前，先缴权仅为股东权利中的一项权能，意味着股东有资格在未来某个时间法定条件成立后优先认缴一定出资。这个阶段的先缴权是抽象的，是一种期待性的利益，[②] 理论上虽然具有可转让性，但实际意义不大。实践中转让的先缴权主要是行使条件成立后的先缴权。先缴权的行使条件成立后，其权利内容实在化了，意味着原股东享有了按持股比例认缴一定数额新增资本的资格，并且可以通过自己的单方意思表示而与公司成立认缴出资的合意。[③] 如前所述，股东可在公司形成增资决议的过程中行使先缴权。通常，股东也是在形成公司增资决议的过程中探讨先缴权转让事宜。[④]

转让先缴权意味着股东在保留股东资格及其他权利的同时，将先缴权分离出去而由他人行使。受让先缴权的人可能是公司其他股东，也可能是原股东以外的人，这两种情况应当分别讨论。我们假设某有限公司的股东甲实缴出资比例为10%，在公司决定增资时，甲将自己的先缴权转让给乙（乙可能是该公司股东，也可能不是），有两种可能的结果：

其一，如果受让人乙是该公司的原有股东，那么，乙受让甲的先缴权后就可以在自己的实缴出资比例基础上再加上10%而优先于外部投资者认缴增资。乙受让甲的先缴权并行使其享有的全部先缴权，只是改变了甲和乙的持股比例（后果相当于股东内部的股权转让），并不影响其他股东行使先缴权，也未造成原股东以外的人获得股权，没有破坏原股东关系的封闭性。因此，没有理由禁止甲将先缴权转让给乙。那么，股东间转让先缴权是否需要依第三十四条"但书"而经全体股东一致同意？本文认为不需要。因为，甲、乙之间转让先缴权只是股东个人处分自己的

---

① 何抒，杨心忠. 股东对公司新增出资份额不享有优先认购权 [J]. 人民司法·案例，2011（11）.

② 理论上，处于类似阶段的股份公司优先认股权被称为"抽象性"的优先认股权，参见赖源河. 论新股认购权 [J]. 政大法律评论，1977（15）.

③ 同上注。

④ 贾锐. 投资并购法律实务 [M]. 北京：法律出版社，2013：68–69.

权利，不属于全体股东约定"不按照出资比例优先认缴出资"。① 实际上，限制股东间转让先缴权是没有意义的。因为，甲完全可以先认缴出资，再将股权原价转让给乙，而依《公司法》第七十一条第一款，股东间转让股权无须其他股东同意，其他股东也无优先购买权。

其二，如果乙不是该公司的原有股东，那么乙受让并行使先缴权可能带来一些难题。甲向乙转让先缴权实际上是转让了增资入股的机会。乙认缴增资的直接后果是其作为外部投资者成为了公司的新股东。然而，是否接纳某个外部投资者增资入股本应是公司股东会依《公司法》第四十三条第二款以特别多数决议决定的事项。如果个别股东可以任意将自己的先缴权转让给股东以外的人，则股东会就丧失甄选外部投资者的权利，有限公司股东关系的封闭性也就不复存在了。因此，基于有限公司封闭性的要求，如果股东拟将自己的先缴权转让给股东以外的人，那么，其他股东应当拥有准许的权利（相当于公司接受外部增资时，须经股东会代表 2/3 表决权的股东通过决议）或者在同等条件下拥有优先购买权（类似于股权对外转让，准用第七十一条第二款、第三款）。而一旦股东会以特别多数决议同意甲将先缴权转让给乙，实际上我们完全可以认为，公司股东会已经作出了同意乙作为外部投资者增资入股的决议。这种情况下，乙认缴出资其实已经与先缴权无关了（或者说，将乙的增资入股界定为行使先缴权是没有意义的）。实质上，先缴权的内容构造——股东有权按实缴出资比例优先于股东以外的人认缴新增资本——本身就表明，它是附属于原股东之股东资格的，不应允许其转让给股东以外的人。②

这样我们就容易理解前述捷安公司案中的一个重要问题了。外部投资者有机会对黔峰公司增资入股，并不是因为受让了大林公司等三股东的先缴权，而是因为这三名股东放弃行使先缴权给外部投资者留出了增资入股的空间，而引入外部投资者又是代表 2/3 表决权股东的共同决定。所以，捷安公司提出的其他三股东向外部投资者"让与"先缴权，因而其享有优先购买权的观点是不成立的。

综上所述，先缴权的转让不应损害有限公司股东关系的封闭性。先缴权可以在原股东之间自由转让，但不应当允许转让给股东以外的人。外部投资者得以增资入股并不是因为受让了先缴权（事实上也不需要），而只是公司股东会特别多数决议的决定。

五、 先缴权的诉讼救济

股东先缴权受到妨碍或侵害的典型情形有：其一，公司股东会审议增资事项，未通知某股东

---

① 例如，徐永华等诉东方建设集团有限公司案的判决认为，股东放弃自己的先缴权并同意其他股东认缴，是股东对其先缴权的处分，是有效的。李志．徐永华等诉东方建设集团有限公司股东权案．见国家法官学院，中国人民大学法学院．中国审判案例要览（2008 年商事审判案例卷）[M]．北京：人民法院出版社，2009：180．

② 在这一问题上，有限公司和股份公司颇为不同。由于股份公司通常不具有股东关系上的封闭性（除非股份公司章程另有规定外），股份公司的优先认购权一般允许自由交易。参见［德］怀克，温德比西勒著，殷盛译．德国公司法［M］．北京：法律出版社，2010：624．

出席股东会会议，该股东没有机会行使先缴权；其二，股东尽管出席会议并作出行使先缴权的意思表示，但股东会并未作出确认股东先缴权的相应决议；其三，增资决议尽管确认了股东的先缴权，但违反了行使先缴权的法定比例（例如股东会最终通过的增资决议没有确认股东按照其实缴出资比例优先认缴，而是规定了其他比例，而这一点并不是全体股东协商一致的结果）；其四，公司股东会作出了确认先缴权的增资决议，但不按照决议实施增资；等等。

基于现行法律提供的救济手段，股东可能采取以下救济措施：请求法院确认相关决议不成立、撤销决议或者确认决议无效；请求法院责令公司停止增资、纠正已经作出的登记变更等；请求法院责令公司依法实施增资，以行使先缴权；请求损害赔偿等。下面依次讨论各项救济措施。

（一）请求撤销决议或确认决议不成立

妨碍股东行使先缴权的典型情形是，股东会会议的召集者（董事会或执行董事）故意隐瞒信息，不通知部分股东出席会议，从而使股东丧失行权机会。[1] 更有甚者，公司根本没有召开股东会会议，引进外部投资者的增资决议完全是大股东或控制人一手炮制的。[2]

公司召开股东会会议而故意不通知部分股东，则该次股东会会议在召集程序上违反《公司法》。[3] 股东会会议召集程序、表决方式违反法律、行政法规或者公司章程，或者决议内容违反公司章程的，股东可以自决议作出之日起60日内请求人民法院撤销。[4] 先缴权是有限公司股东的法定权利，如前所述，未经股东本人同意不受剥夺或者限制。会议召集人未通知特定股东出席股东会会议，势必导致该股东丧失行使先缴权的机会。因此，不通知股东出席股东会并非程序上的"轻微瑕疵"，而是重大缺陷，对增资决议和股东行使先缴权具有"实质影响"。[5] 所以，认为先缴权受到侵害的股东，有理由依据《公司法》第二十二条第二款请求法院撤销该次股东会会议作出的相关决议。

而如果公司根本没有召开过决议增资的股东会会议，那么所谓的增资决议实际上是虚构的，

---

[1] 例如，在胡冬梅诉深圳市晨浩商贸有限公司案，原告就在起诉中指控公司不通知其参加决定增资的股东会会议，因而侵害其先缴权（广东省深圳市中级人民法院民事判决书，（2015）深中法商终字第2714号，中国裁判文书网2016年10月13日发布）。再如，黄伟忠诉陈强庆等案，原告的指控是：其他股东在原告不知情的情况下，引进外部投资者对公司增资，使原告的出资比例从20%降至5.33%；而为了完成公司登记变更，公司控制人又在增资决议文件上伪造了原告的签名（黄伟忠诉陈强庆等股东资格确认案，《最高人民法院公报》2015年第5期）。尽管本案原告没有主张先缴权受到侵害，但很显然，原告由于没有参加股东会会议而被剥夺了行使先缴权的机会。

[2] 例如夏永龙诉重庆永福实业有限公司案，重庆市第五中级人民法院民事判决书，（2017）渝05民终1504号，中国裁判文书网2017年10月27日发布。

[3] 《公司法》第四十一条规定，有限公司召开股东会会议，应于会议召开15日前通知全体股东，除非公司章程另有规定或者全体股东另有约定。

[4] 《公司法》第二十二条第二款。

[5] 《最高人民法院关于适用〈中华人民共和国公司法〉若干问题的规定（四）》（以下简称《公司法解释四》）第四条。

依据司法解释，该增资决议应确认不成立。①

（二）请求确认决议无效

股东会决议的内容如果违反法律、行政法规，则决议无效。② 因此，股东寻求救济的另一种方式是，请求法院确认侵害其先缴权的相关决议无效，从而使其丧失法律上的约束力。

股东会拒不承认股东先缴权或者无视股东行使先缴权的意思表示而径行作出不包含先缴权行使方案的增资决议，其决议内容显然违反《公司法》第三十四条。而在不通知股东出席会议使股东丧失行权机会的情形中，股东会召集者实际上是通过隐瞒会议信息的方式，剥夺了股东行使先缴权的机会。在审判实践中，这种违反会议召集程序而作出的增资决议也可能被认为损害了股东的先缴权，因而内容违反《公司法》第三十四条。③ 所以，在上述两类情形中，股东都有理由请求法院确认相关决议无效。

值得讨论的问题是，增资决议如果包含若干内容的话，哪些内容应确认无效？股东会作出的增资决议通常包括若干决定或议项，诸如增资金额、增资人、每个增资人的认缴金额、出资方式、实缴出资的期限等。当股东以决议内容损害其先缴权、违反先缴权规则而请求法院确认决议无效时，法院是确认整个增资决议无效，还是只宣布侵犯原告先缴权的相关内容无效（即决议的部分内容无效）？④

在徐永华等诉东方建设集团有限公司案（以下简称徐永华案），一、二审判决只确认增资决议中侵害原告先缴权的部分内容无效。判决指出，本案所涉股东会决议包含两方面内容：一是确定公司增加注册资本2888万元，二是新增的出资全部由股东郦国敏、祝桂华认缴。判决认为，第一部分内容符合《公司法》关于股东会通过增资决议的表决权比例要求，应确认有效；第二部分内容，"在未经两原告同意的情况下，确认将本应由两原告优先认缴的出资由郦国敏、祝桂华认缴，违反了《公司法》的规定"，因此"决议中侵犯两原告优先认缴新增资本权利的部分应属无效。但除郦国敏、祝桂华及两原告外的其他三股东（倪泽淼、石章伟、戚岳雷）在股东会决议中已承诺放弃优先认缴新增资本的权利，并同意由郦国敏及祝桂华来认缴，应视为对其权利的处分，故股东会决议中该部分内容未违反法律规定，应属有效"。本案最终的生效判决是：（1）股东会决议关于新增注册资本2888万元中应由两原告认缴的部分（共计747992元）由郦国敏、祝桂华认缴的内容无效；（2）上述747992元新增注册资本中，450528元由原告徐永华认

---

① 《公司法解释四》第五条。
② 《公司法》第二十二条第一款。
③ 例如，在前述胡冬梅诉深圳市晨浩商贸有限公司案，原告诉称公司大股东瞒着自己召开股东会通过增资决议，稀释其持股比例，二审最终判决增资决议因损害原告先缴权而无效。
④ 实际上，撤销增资决议的诉讼也涉及这个问题。因此，此处的讨论也适用于上文的撤销之诉。

缴，297464 元由原告陈炬认缴。①

在绵阳市红日实业有限公司、蒋洋诉绵阳高新区科创实业有限公司案（以下简称红日公司案）中，最高人民法院的再审意见也采取了确认增资决议部分无效的做法。② 该案中，红日公司和蒋洋均为科创公司的股东，持股合计 20.03%。2003 年 12 月，科创公司股东会经代表 75.49% 表决权的股东通过增资决议，同意"吸纳陈木高为新股东"，由陈木高投入 800 万元，增加公司注册资本 615.38 万元。红日公司和蒋洋共同委托的代表对上述议项投了反对票，并表示要行使先缴权。但股东会未就红日公司和蒋洋行使先缴权作相应决议或在增资决议中作出安排。此后，科创公司与陈木高订立"入股协议书"。陈木高实缴出资后，科创公司完成了章程和公司登记的变更，红日公司和蒋洋的合计持股比例缩至 8.73%。2005 年 12 月，蒋洋和红日公司提起诉讼，请求法院确认科创公司 2003 年 12 月 16 日股东会通过的吸纳陈木高为新股东的决议无效，确认科创公司和陈木高 2003 年 12 月 18 日签订的"入股协议书"无效，确认其对 615.38 万元新增资本享有优先认缴权，科创公司承担其相应损失。与上述徐永华案的裁判思路一致，最高人民法院对红日公司案的再审意见是：该次股东会的增资决议包含新增资本 615.38 万元和由陈木高认缴该新增资本两部分内容；蒋洋和红日公司合计持股 20.03% 并主张行使先缴权，其他股东持股合计 79.97% 放弃先缴权，因此，股东会作出的陈木高认缴 615.38 万元新增资本的决议中，涉及损害蒋洋和红日公司先缴权的部分无效，其余部分有效（有效部分包括同意新增资本 615.38 万元的议项，以及同意陈木高认缴新增资本中的 79.97% 的议项）。③

徐永华案和红日公司案的判决尽量压缩了无效决议的范围，对增资决议中不直接损害原告先缴权的内容予以承认，维持其效力。这样做的优点是，在对原告先缴权予以救济的同时，尽量维持了公司增资决议以及公司资本变更的稳定性。但是，宣告决议部分无效的判决究竟能否产生救济原告先缴权的实际效果，还要看原告行使先缴权的诉讼请求是否得到法院支持，可否实际执行。徐永华案的判决支持两位原告依实缴出资比例行使先缴权。但在红日公司案中，原告请求行使先缴权的诉求并未得到法院支持（原因在下文讨论），因此，增资决议部分无效对原告先缴权实际上没有产生救济效果。

（三）请求禁止或停止实施增资决议、恢复原状

股东提起决议撤销或无效之诉时，可以依据《民事诉讼法》（2012 年修订）第一百条，申

---

① 李志. 徐永华等诉东方建设集团有限公司股东权案见国家法官学院，中国人民大学法学院. 中国审判案例要览（2008 年商事审判案例卷）[M]. 北京：人民法院出版社，2009：180 - 181.

② 绵阳市红日实业有限公司、蒋洋诉绵阳高新区科创实业有限公司股东会决议效力及公司增资纠纷案，见《最高人民法院公报》，2011（3）：34 - 45.

③ 绵阳市红日实业有限公司、蒋洋诉绵阳高新区科创实业有限公司股东会决议效力及公司增资纠纷案，见《最高人民法院公报》，2011（3）：43.

请法院作出保全裁定，禁止公司实施有损其先缴权的决议。

股东请求法院撤销增资决议或者确认增资决议无效的诉讼请求如果得到法院支持，即便公司已经开始实施甚或已将增资决议实施完毕（例如接受了外部投资者实缴的出资、变更了公司登记中的注册资本金额、股东名单及其认缴出资额，甚至改选了董事会、更换了法定代表人等），股东都可以依据法院撤销全部或部分决议或者确认全部或部分决议无效的判决，要求公司停止继续实施增资决议，全部或部分恢复至增资之前的状态。关于恢复原状，《公司法》仅规定公司应当向公司登记机关申请撤销已作出的变更登记。① 公司登记是对公司法律事实的反映，因此很显然，撤销变更登记的前提应当是公司实际上恢复至增资前的状态，包括公司向依原增资决议（以及相关的增资协议）实缴出资的人返还全部或者部分出资。

同理，如果公司股东会作出包含先缴权安排的增资决议而拒不履行的话，那么，股东自然可以请求法院责令公司实施增资决议。

（四）请求行使先缴权或者继续履行认缴协议

涉及先缴权的诉讼，原告股东通常会在请求法院全部或部分推翻原增资决议的同时，请求法院支持其行使先缴权。前述徐永华案、红日公司案的原告都提出了此等诉讼请求。但是，如前所述，股东一旦向公司作出合格的行使先缴权意思表示，股东即与公司成立认缴增资的合意。所以，行使先缴权的诉讼请求只适合于之前没有机会向公司作出行权意思表示的原告。行使先缴权之诉其实是原告以诉讼方式向公司作出的行权意思表示（当然，是一种事后救济措施）。例如，徐永华案的原告，大股东故意隐瞒召开股东会会议的信息，致使其无法参加股东会会议行使先缴权。原告在相关增资决议作出后的6个月内提起决议无效和行使先缴权之诉，法院最终支持了原告的诉讼请求。

而在红日公司案，原告的诉讼请求应当是被告公司继续履行认缴协议，而不是原告行使先缴权。因为，原告在2003年12月16日股东会审议案涉增资决议时已表示行使先缴权。如果其意思表示符合行使先缴权的要求，那么，2003年12月16日原告就与科创公司成立了认缴增资的合意。原告2005年12月12日向一审法院起诉，请求确认案涉增资决议无效并行使自己的先缴权。实际上，原告合理的诉讼请求应当是，依据《合同法》第一百零七条请求法院判令科创公司继续履行2003年12月16日成立的增资认缴协议。②

红日公司案一审和再审判决，沿着"行使先缴权"的思路，均认为原告启动诉讼救济的时间过晚（增资决议作出后将近2年才起诉）。最高人民法院的再审判决指出："股东优先认缴公

---

① 依据为《公司法》第二十二条第四款。
② 该增资认缴协议固然没有体现在书面的增资决议或者增资协议上，但法律并未要求增资认缴协议必须采取书面形式。

司新增资本的权利属于形成权，……为维护交易安全和稳定经济秩序"，该权利"应当在一定合理期间内行使"，且其"合理期间的认定应当比通常的民事行为更加严格"。判决接着指出："本案红日公司和蒋洋在科创公司 2003 年 12 月 16 日召开股东会时已经知道其优先认缴权受到侵害，且作出了要求行使优先认缴权的意思表示，但并未及时采取诉讼等方式积极主张权利。在此后科创公司召开股东会、决议通过陈木高将部分股权赠与固生公司提案时，红日公司和蒋洋参加了会议，且未表示反对。红日公司和蒋洋在股权变动近两年后又提起诉讼，争议的股权价值已经发生了较大变化，此时允许其行使优先认缴出资的权利将导致已趋稳定的法律关系遭到破坏，并极易产生显失公平的后果，故四川省绵阳市中级人民法院（2006）绵民初字第 2 号民事判决认定红日公司和蒋洋主张优先认缴权的合理期间已过并无不妥。故本院对红日公司和蒋洋行使对科创公司新增资本优先认缴权的请求不予支持。"① 不难发现，再审判决的上述论证存在一个逻辑矛盾：既然先缴权属于"形成权"，且原告在 2003 年 12 月 16 日的股东会上已"作出要求行使优先认缴权的意思表示"，那么结论应当是，原告在 2003 年 12 月 16 日就行使了先缴权，并于该日与科创公司成立了认缴增资协议——这样的话，再认为原告未在合理期限内行使权利显然是自相矛盾的。红日公司案表明，在先缴权诉讼中区分行使先缴权和继续履行增资认缴协议两种诉讼请求是极有必要的。

当然，应当看到，在公司已经完成增资（尽管可能存在合法性瑕疵）的情况下，法院宣告增资决议全部或部分无效、支持原告行使先缴权或继续履行认缴协议的请求，都可能带来不小的操作成本。增资决议一旦被整体或部分撤销或者确认无效，公司就不得不将实收资本、股东出资比例、公司登记甚至增资后调整的人事安排等全部或部分恢复至增资前状态。这样一番"拨乱反正"不仅对公司的内外部关系影响巨大，实施起来也不简单。例如，向原出资人返还出资就需要公司筹措足够的资金，这不仅影响公司的生产经营，还可能产生额外的财务费用；返还非现金资产的话，过程更为复杂、花费更多；如果投资者已将当初取得的股权转让出去，则公司向谁返还出资也成问题；如果此后又进行了一轮或多轮增资，则纠正前次增资瑕疵无疑会牵扯更多当事人，更难处理；由于增资被宣告无效，股东因增资而改变的持股比例也必须恢复原状，这进一步又可能引起董事会、监事会成员和高级管理人员的变动；另外，解除与外部投资者的增资协议，还可能导致公司承担违约责任。可见，原告提出行使先缴权或者继续履行认缴增资协议的诉讼请求，距离"瑕疵增资"完成的时间越久，推翻已完成的增资对公司的冲击就越大，操作成本就越高，牵连的法律关系就越复杂。

因此，无论诉讼请求是行使先缴权还是继续履行认缴协议，原告都有必要在获悉权利受到侵害后及早提出救济请求。但是，法律并未规定股东知道（包括"应当知道"）其先缴权受到侵

---

① 《最高人民法院公报》，2011（3），第 44 页。

害后，应当在特定时限内主张权利救济。从法律条文上看，除提起决议撤销之诉应当遵循《公司法》第二十二条第二款的 60 日除斥期间外，股东的其他诉讼救济方式似乎都应当遵守《民法通则》和《民法总则》关于诉讼时效的规定。但从现实情况看，二年或三年诉讼时效期间对于行使先缴权或继续履行认缴协议的救济请求而言显然是过长了。可见，《公司法》有必要针对这个特殊问题规定一个较短的特别诉讼时效期间。

（五）请求损害赔偿及其他救济

如果说确认增资决议无效、支持原告股东行使先缴权、责令被告公司继续履行认缴协议的判决都将撼动公司资本和公司经营的稳定性，操作难度和成本也较高的话，那么，法院判令公司对原告股东损害赔偿，或许是一个既能对原告提供补偿，又比较温和的救济方式。损害赔偿的难点在于，如何计算原告因未行使先缴权而遭受的实际损失。

损失一般包括现存利益和可得利益的减损，民法理论上，前者称"积极损害"或"所受损害"，后者称"消极损害"或"所失利益"。[①] 未行使先缴权的股东，其"积极损害"可能包括表决权比例缩水、对公司净资产的权益（所有者权益）减少；"消极损害"则可能是未来分享公司利润的比例、分配剩余财产的比例、所享有的股权增值下降等。问题是，如何计算这些权益的减损并折算为货币价值？原告股东如能在法院调解下与公司达成关于赔偿金额的协议，当然是最好的结果。如果诉讼双方无法达成调解，那么，法院就不得不寻找一种计算原告实际损失的办法。

在前述美国经典案例格雷案中，原告本应按原持股比例，以每股 100 美元的价格认购 140 股新股，但遭到公司拒绝。后来，该公司股份的市价上涨至每股 110 美元。于是原告起诉要求公司赔偿其损失。原告主张的损失包括：股价上涨的收益和对公司未来利润的权益。法官最后判决公司向原告赔偿股价增值收益 1400 美元 [（110 – 100）×140]，而没有支持原告对利润损失的赔偿请求。[②] 格雷案原告所得到的赔偿是对其"所失利益"的赔偿，金额相当于原告当初认购了 140 股新股，之后在股价涨到 110 美元时出售这批股份所赚取的收益。这种赔偿额计算方法有意忽略了股价在未来可能发生波动的复杂性，把问题简化了，便于操作。当然，这种方法难免受到精确性不足的批评。不过，赔偿股价涨幅的方法很难运用到有限公司，因为有限公司的股权基本上不存在交易市场，也没有市场价格。

在上海二中院审理的董力诉上海致达建设发展有限公司等案（以下简称董力案）中，原告

史尚宽. 债法总论 [M]. 北京：中国政法大学出版社，2000：166；曾世雄. 损害赔偿法原理 [M]. 北京：中国政法大学出版社，2001：136.

② Henry S. Drinker, Jr. The Preëmptive Right of Shareholders to Subscribe to New Shares, *Harvard Law Review*, Vol. 43, No. 4 (1930), p. 591.

没有参加增资扩股，增资完成后其股权比例自原来的 15% 降至 6.3%。尽管原告并未主张先缴权受损害，但原告的损失主要是没有行使先缴权造成的，该案在此仍有参考价值。一审法院计算原告损失的方法是，依据公司净资产的评估值，计算原告"股权价值"在公司增资扩股前后的减少数额。一审法院判决被告致达公司（公司大股东）赔偿原告损失 916 万余元。[①] 二审期间，当事人达成调解协议：被告致达公司以 315 万元价格收购原告股权，第三人另向原告补偿 610 万元。实际上，董力案的原告最终以股权变现、退出公司的方式了结纠纷。

从上述两案看，法院支持的赔偿都是对股东经济利益（如股票收益、股权价值）减损的赔偿。有市场价格的，按照市价差额计算；没有市场价格的，依据评估值计算。尽管表决权比例缩水是先缴权受损的直接结果之一，但表决权所代表的参与公司管理的利益是难以计算也难以赔偿的。而且，从现实情况看，法院在决定赔偿金额时，可能也很难精确区分所谓"积极损失"和"消极损失"，二者通常都一并考虑了。

董力案给我们的另一个启发是，其他股东或公司以合理价格收购原告股权，原告退出公司，可能也是一种妥善的救济方式。当然，目前《公司法》第七十四条尚不支持这种情形下的股权回购，这种救济方式需要以当事人的协议为基础。

六、 结论

先缴权对于有限公司股东维持其比例利益具有特别重要的意义。但是，股东行使先缴权也有可能与公司的对外融资和重组目标相抵牾。故如何平衡先缴权和公司整体利益是解释和适用《公司法》第三十四条的基本出发点。我国《公司法》将有限公司股东的先缴权规定为法定权利，并允许全体股东通过一致约定对行权比例作出调整，反映了立法者对先缴权功能和局限性具有较准确的认识。但由于第三十四条的规则过于简单，有诸多问题需要解释。

本文的分析和解释可以总结为以下诸点：（1）先缴权赋予有限公司股东的权利内容是，股东有权按照其实缴出资额占全体股东实缴出资总额的比例（实缴出资额，是指股东按公司章程规定的认缴额缴纳给公司的、对应注册资本、会计上计入实收资本的金额），在同等条件下优先于股东以外的人（即外部投资者）认缴新增资本。（2）先缴权的行使条件是，公司决定接受外部投资者认缴出资而新增注册资本，吸收合并导致注册资本增加不适用《公司法》第三十四条。（3）全体股东可以书面或其他形式一致约定按照其他比例或标准行使先缴权，也可以约定全部

[①] 法院以被告公司完成增资后当年年底（2005 年 12 月 31 日）的公司净资产评估值（155360385.30 元）为增资后的全部股权价值，该评估值减去增资额（29000000 元）得出增资前的全部股权价值。具体计算方法是："原告在增资扩股前的股权价值［（155360385.30 元 − 29000000 元）×15%］，减去原告在增资扩股后的股权价值（155360385.30 元 ×6.3%）。"《人民法院案例选》2009 年第 4 辑，375 − 383 页，人民法院出版社，2010。

或者部分不行使先缴权。（4）股东行使先缴权应以具备行使条件为前提。股东应当在公司形成增资决议的过程中，向公司作出明确且合格的行使先缴权的意思表示。股东作出意思表示后即与公司形成认缴出资的合意。（5）股东可以放弃行使自己的先缴权，其放弃的认缴份额并不当然成为其他股东行使先缴权的对象。（6）先缴权可以在公司原股东之间自由转让，但不得转让给股东以外的人。外部投资者对公司增资入股并不需要受让原股东的先缴权。外部投资者能够增资入股是因为公司股东会作出了同意接受外部增资的特别多数决议。（7）针对侵害先缴权的不同行为，股东可提起的诉讼请求包括请求法院否定相关决议、责令公司恢复原状、行使先缴权或责令公司继续履行增资认缴协议、损害赔偿等。其中涉及诸多法律适用的细节问题。

最后，一些审判实践中反复出现的典型问题也给立法机关提供了改进立法的契机和经验基础。在总结实践经验的基础上，《公司法》第三十四条应当细化规则，消除歧义，并适当增加一些必要的规定。诸如澄清先缴权的权利内容和行使条件，增设先缴权的行使、放弃和转让规范，特别是明确规定股东行使先缴权和请求公司实际履行认缴增资协议的特别诉讼时效期间。

市场禁入处罚中 "情节严重" 界定标准研究

——从〔2016〕1 号市场禁入案切入

■ 彭雨晨*

摘要：〔2016〕1 号市场禁入案是一起案情简单的期货市场操纵案件，仅就市场禁入决定来看，证监会未就其作出该处罚的原因予以说明。通过与其他类似案件对比，该案违法所得数额较为巨大满足 "情节严重" 界定标准，是证监会作出市场禁入决定的唯一可能原因。综合运用体系解释和学理分析方法，违法所得数额较为巨大作为 "情节严重" 的界定标准具有合理性。参照《证券市场禁入规定》第五条的内容，除违法所得以外，市场操纵行为的其他情节也可以构成 "情节严重" 的界定标准。

关键词： 市场操纵 市场禁入 情节严重 违法所得

对证券违法主体处以市场禁入处罚的前置条件是 "情节严重"，但是《证券法》和证监会出台的相关规则中都没有说明 "情节严重" 的界定标准，而证监会在执法实践中也常常未能对此予以说明。〔2016〕1 号市场禁入案即是这样一起案件。本文从这起案件切入，意图探讨该案中市场禁入决定作出的原因，并对与市场操纵行为相关的 "情节严重" 界定标准加以研究。

一、 案情介绍与抗辩理由分析

（一）案情介绍①

〔2016〕1 号市场禁入案是一起期货市场操纵案件，该案基本案情较为简单，操作手法也很常见。虽然该案当事人陶暘在听证会上提出的抗辩理由大部分不能成立，但是证监会也未能阐明对其给予市场禁入处罚的真正原因。为研究证监会作出市场禁入决定这一处罚的正当性，本文将在简要介绍案情后，对陶暘的抗辩理由和证监会的回应进行仔细梳理与分析。

---

* 北京大学法学院 2018 级经济法学博士研究生。

① 案情介绍的内容根据《中国证监会市场禁入决定书（陶暘、傅湘南）》（〔2016〕1 号）和《中国证监会行政处罚决定书（陶暘、傅湘南）》（〔2016〕5 号）改写而来。

在 2014 年 12 月 19 日至该月 31 日之间的短短 9 个交易日里，陶暘和傅湘南利用其实际控制的 14 个期货交易账户（其中陶暘实际控制 12 个账户，两人共同实际控制 2 个账户），采取连续交易、多账户间自买自卖以及尾市拉抬期货价格等手段，操纵"胶合板 1502"期货产品的合约价格，使之经历了一波涨幅超过 13% 的快速上涨过程，而同期可比期货产品（"胶合板 1503"）只不过上涨 6.05%，最后两人的违法所得达 1140444 元。证监会根据调查结果和听证情况认定两人实施了市场操纵行为，决定依据《证券法》的相关规定没收全部违法所得，并要求两人分别缴纳与违法所得金额相同的罚款，同时对陶暘和傅湘南分别处以 3 年和 5 年的市场禁入。

傅湘南接受了证监会的处罚决定，并未提出任何异议。不过本案另一位当事人陶暘则认为证监会的行政处罚过重，他申请召开听证会，希望证监会能够撤销市场禁入决定。在听证会中，陶暘提出四点理由质疑对自己适用市场禁入处罚。与最初处罚结果相比，陶暘取得了证监会的部分让步，减少了市场禁入年限，但是最终也未能使得证监会完全撤销对他的市场禁入决定。

（二）抗辩理由分析

根据〔2016〕1 号《市场禁入决定书》，陶暘在听证会中提出的四点抗辩理由分别是：一是陶暘有配合查处、主动减轻危害后果的行为；二是陶暘认为自己只是起到辅助、帮助作用的次要人员；三是我国期货市场适用市场禁入缺乏法律的明确支持；四是本案相比于其他类似案件处罚明显过重。[1]

因为期货市场禁入是否存在法律依据事关本案处罚决定能否成立，这又是讨论处罚轻重等问题的前提，所以本文将首先讨论陶暘一方提出的第三点理由，然后依次讨论剩余三点理由。本文认为对陶暘作出期货市场禁入决定确实有法律依据。我国《期货交易管理条例》（2013 修订）第四十条即明确规定禁止操纵期货交易价格的行为，[2] 第七十八条规定证监会有权对违反该条例且情节严重的任何相关主体给予期货市场禁入处罚。[3] 但是证监会没有仿照《证券市场禁入规定》制定《期货市场禁入规定》，因此期货市场禁入的处罚认定标准、处罚年限标准、减轻豁免标准等尚付阙如。为解决规则缺失的问题，2006 年出台、2015 年修订的《证券市场禁入规定》第十二条更是直接规定证监会可以参照《证券市场禁入规定》对有关主体施加期货市场禁入的处罚，[4] 这两条清楚表明证监会有权结合具体情况对陶暘实施市场禁入处罚。因此，陶暘的确违反了《期货交易管理条例》的规定，证监会有权参照《证券市场禁入规定》设置的市场禁入处罚标准来决定陶暘应该受到何种处罚。

---

① 参见《中国证监会市场禁入决定书（陶暘、傅湘南）》（〔2016〕1 号）。
② 参见《期货交易管理条例》（2013 修订）第四十条。
③ 参见《期货交易管理条例》（2013 修订）第七十八条。
④ 参见 2006 年版和 2015 年修订版《证券市场禁入规定》第十二条。

此外，陶晹在听证会上提出的第一点和第二点理由是紧紧围绕《证券市场禁入规定》第七条和第八条的规定提出的。该规定第七条是有关减免市场禁入处罚的规则，其中第一款规定的情形是"主动消除或者减轻违法行为危害后果的"，第二款规定的情形是"配合查处违法行为有立功表现的"。[①] 这刚好部分对应了陶晹第一点辩护理由，因为陶晹虽然没有立功表现，但是确实有配合调查、主动减轻危害后果的行为，所以证监会对此予以认可，并在最终的《市场禁入决定书》中将陶晹的市场禁入时间由 5 年改为 3 年。[②] 但是证监会并未免予陶晹市场禁入的处罚。该规定第八条是有关共同违法行为中的次要人员可以从轻、减轻或者免予处罚的规定。[③] 这也是陶晹在第二点辩护理由中提出自己是次要人员的原因。但是证监会并不认可陶晹属于次要人员，因为证监会认为陶晹"是本案投资决策和组织交易的关键人物"。[④] 结合案件事实，证监会的认定是正确的。因为陶晹不仅独立控制了 12 个期货交易账户，共同控制了 2 个期货交易账户，而且在交易过程中与傅湘南共同决策，并指挥下属利用部分账户具体实施市场操纵行为。[⑤] 基于上述理由，将陶晹认定为主要人员具有充分说服力。

陶晹最后一点辩护意见的理论依据是平等对待原则，但同样没有得到证监会认可。在《市场禁入决定书》中证监会并未明确指出陶晹所说的同类案件是什么，不过在针对行政处罚部分提起的诉讼中，陶晹以〔2015〕89 号行政处罚案件为例来证明类似情形下证监会对自己的处罚过于严厉。[⑥] 该案是一起证券市场操纵案，涂忠华等 5 人采取连续交易、自买自卖、虚假报单、尾市拉抬等手法操纵"九鼎新材"和"新海股份"两只股票的价格，在 6 个月时间里总共获利1973 余万元，证监会对上述责任人实行没收违法所得和处以一倍违法所得罚款的处罚。[⑦] 然而在本案中，虽然陶晹有减轻情节，但是证监会的处罚仍然重于前述案例。证监会对此的回应是陶晹指出的同类案件属于证券市场操纵案件，而本案属于期货市场操纵案件，两者"在认定和处罚依据"上并不相同，不可简单对比判断。[⑧] 证监会的说法的确是可取的。不同条件区别对待，本就是平等对待原则的题中应有之义。[⑨] 期货市场不同于证券市场，市场操纵行为对期货市场的影响程度也会更大。陶晹是在期货市场上实施市场操纵行为，而涂忠华案所涉及的却是股票市场。

---

① 《证券市场禁入规定》（2006 年版）第七条。
② 参见《中国证监会市场禁入决定书（陶晹、傅湘南）》（〔2016〕1 号）。
③ 参见《证券市场禁入规定》（2006 年版）第八条。
④ 《中国证监会市场禁入决定书（陶晹、傅湘南）》（〔2016〕1 号）。
⑤ 参见《中国证监会市场禁入决定书（陶晹、傅湘南）》（〔2016〕1 号）和〔2016〕京 01 行初 494 号行政判决书。
⑥ 参见〔2016〕京 01 行初 494 号行政判决书。
⑦ 参见《中国证监会行政处罚决定书（涂忠华、王伟力、薛文聪等 5 名责任人员）》（〔2015〕89 号）。
⑧ 参见《中国证监会市场禁入决定书（陶晹、傅湘南）》（〔2016〕1 号）。
⑨ 《行政法与行政诉讼法学》编写组. 行政法与行政诉讼法学 [M]. 北京：高等教育出版社，2017：41.

对象的差异是造成处罚严厉程度差异的主要原因。一般来说，风险越大，监管越严，对违规者的处罚越重。因此，证监会对期货市场操纵案件适用更严厉的处罚标准是恰当的。但是，证监会的表述也间接表明，其认可平等对待原则的抗辩，即如果陶旸真的举出情节相似而处罚结果更轻的期货市场处罚案例，证监会可能会认同陶旸的抗辩。在法院审理该案时，证监会表达了同样的看法，坚持认为自己做到了同类案件处罚的统一性。① 这再次说明证监会认可行政处罚层面的平等对待原则。

二、 市场禁入决定的可能原因探讨

回顾整体案情，依据现有事实，本文认为认定陶旸为主要人员，并据此给予其没收违法所得和罚款处罚并没有异议。但是在证监会一再确认平等对待原则以及其处罚保持了统一性的情形下，如果参照其他案例，是否能认定陶旸行为符合"情节严重"的界定标准，并据此给予市场禁入的处罚，值得深入探讨。通过比较相关案例，本文发现违法所得数额较为巨大是陶旸案被认定为"情节严重"的唯一可能原因。

2015 年至今，证监会还另外处罚了三起期货市场操纵案件，分别是〔2015〕31 号姜为案、〔2016〕119 号刘增铖案和〔2017〕58 号廖山淼案。② 在姜为案中，据证监会调查，违法行为人姜为利用 42 个账户采取连续交易甚至囤积现货等手段操纵某只甲醇期货产品的价格，最终姜为亏损近 8000 万元，证监会对其处以 100 万元罚款和终身市场禁入。③ 2016 年刘增铖因为实施市场操纵行为而被证监会处罚，刘增铖违法行为持续时间较短，他在 2014 年某交易日的 9 点到 9 点 11 分之间利用 13 个期货账户采取连续买卖和洗售等手段操纵某只聚氯乙烯期货产品的价格，最终他整体亏损 3700 多万元，基于这一事实，证监会对其处以 50 万元罚款。④ 2017 年证监会给予廖山淼行政处罚，廖山淼在近一个月时间里利用 9 个账户在郑州商品交易所针对某只小麦期货产品实施连续交易操纵和洗售操纵等市场操纵行为，最终亏损 400 多万元，证监会对其处以 60 万元罚款。⑤ 刘增铖案和廖山淼案都未出现市场禁入的处罚。在上述三起案件中，姜为案涉及金额巨大，甚至采取囤积现货的手段操纵期货价格，被证监会处以重罚，理所应当。刘增铖案的操纵手段与陶旸案相似，但持续时间非常短暂，危害性相对较低，证监会对其处罚较轻，也合理合法。廖山淼案与陶旸案最为相似，本文将对这两起案件详加比较。

① 参见〔2016〕京 01 行初 494 号行政判决书。
② 本文写作时搜索了证监会 2015—2018 年的相关案例。
③ 参见《中国证监会行政处罚决定书（姜为）》（〔2015〕31 号）和《中国证监会市场禁入决定书（姜为）》（〔2015〕8 号）。
④ 参见《中国证监会市场禁入决定书（刘增铖）》（〔2016〕119 号）。
⑤ 参见《中国证监会行政处罚决定书（廖山淼）》（〔2017〕58 号）。

从表 1 可以看出陶暘案与廖山焱案有如下异同点：两案的操纵手段相类似，只是陶暘案还存在尾市拉抬行为；廖山焱案的操纵期间比陶暘案多了 12 个交易日，操纵行为持续时间更长，说明其危害性更大些；两起案件造成被操纵期货产品的价格偏离度大致相当，但廖山焱案的偏离度更高些，这也表明其危害性更大些。考虑到两起案件中持仓量占比、自买自卖量占比也较为接近，廖山焱案中前述部分情节更为严重，而陶暘案中还存在有减轻情节，在此情形下，廖山焱并未被处以市场禁入的处罚，而陶暘却被处以市场禁入的处罚。基于这一对比，证监会对陶暘的处罚似乎过于严厉。

对此，唯一可能的解释是两案的违法所得不同，因为从表 1 可以看出这是陶暘案与廖山焱案差异最为悬殊的一个情节。虽然《期货交易管理条例》中并未将是否亏损作为是否实施市场禁入所应当考虑的条件，[①] 证监会也从未公开宣称将违法所得作为"情节严重"的一项影响因素，但是在两起案件的案情相似，廖山焱案中操纵者廖山焱亏损巨大（约 478 万元），而陶暘则从市场操纵行为中获利甚巨（约 114 万元），据此本文认为违法所得的差异是导致证监会处罚不同的唯一可能原因。

表 1　陶暘案与廖山焱案部分情节对比[②]

	陶暘案	廖山焱案
操纵手段	利用资金优势连续交易、自买自卖和尾盘拉抬等方式	利用持仓优势连续交易、自买自卖等方式
操纵期间	9 个交易日（2014 年 12 月 19 日到 31 日）	21 个交易日（2015 年 11 月 25 日至 2015 年 12 月 23 日）
偏离程度	受操纵的期货产品合约价格上涨 13.35%，同期可比期货产品上涨 6.05%，偏离程度为 7.3%	受操纵的期货产品结算价上涨 12.62%，同期可比期货产品价格涨幅为 4.98%，偏离程度为 7.64%
违法所得	盈利约 114 万元	亏损约 478 万元

资料来源：作者整理。

三、 违法所得较为巨大作为 "情节严重" 界定标准的合理性分析

陶暘案给我们的启示是违法所得较为巨大被证监会认定为"情节严重"的界定标准之一，但问题在于证监会尚未在任何规范性文件中对"情节严重"加以清晰界定。在这种情况下，本

---

① 参见《期货交易管理条例》（2013 修订）第七十八条。

② 表格内容来源于《中国证监会市场禁入决定书（陶暘、傅湘南)》（〔2016〕1 号）和《中国证监会行政处罚决定书（廖山焱)》（〔2017〕58 号）。

案中的这一标准是否合理呢？本文接下来将从体系解释角度和学理角度对这一标准的合理性予以研究。

从体系解释角度看，违法所得较为巨大可以作为"情节严重"的界定标准之一。正如证监会在《市场禁入决定书》中所说，本案是参照《证券市场禁入规定》第五条作出的。[①] 2006 年版和 2015 年修订版《证券市场禁入规定》第五条都内含一个基本的处罚逻辑——情节严重程度与处罚严厉程度相匹配："情节严重的"对应的市场禁入期限是 3 ~ 5 年，"情节较为严重的"对应的市场禁入期限是 5 ~ 10 年，"情节特别严重的"对应终身市场禁入。[②] 同时《证券市场禁入规定》（2015 年修订）第五条虽然没有清晰界定"情节严重"认定标准，但是该条采用"列举 + 兜底"方式明确了"情节特别严重"（对应终身市场禁入）的认定标准，其中第（四）项规定"……从事……操纵市场等违法行为……获取违法所得等不当利益数额特别巨大……"可以对其实施终身市场禁入措施。[③] 可见，实施市场操纵行为最终取得的违法所得达到"数额特别巨大"的程度对应着"情节特别严重"。由于体系解释的适用前提是法律条文的顺序和排列是立法者精心设计的，具有逻辑合理性，不会相互冲突。[④] 而第五条条文之间显现出的逻辑关系非常鲜明，因此使用体系解释方法来解释"情节严重"界定标准是适当的。由此可以合理推知实施市场操纵行为获得违法所得数额"巨大"对应"情节较为严重"，数额"较为巨大"应该属于"情节严重"界定标准之一。

当然，这里可能存在的争议是，陶暘实施期货市场操纵行为发生在 2014 年，上述第（四）项的相关内容则是 2015 年《证券市场禁入规定》修订时新增的，依照法不溯及既往的法理，证监会能否参照后修订的规则来处罚之前的违法行为呢？本文认为，由于《证券法》（2014 年修订）第二百三十三条并未对证监会作出市场禁入决定加以任何限制，[⑤] 而"情节严重"界定标准也并未明文列出，因此证监会拥有完全的自由裁量权来决定某一案件的情节是否严重。虽然证监会给自己留出这么大的自由裁量空间确为不妥，但是具体到本案中证监会的行为是合法有效的。

从学理角度看，可以得出相同结论。虽然市场禁入的法律性质尚有行政处罚或行政监管措施之争，[⑥] 但是将市场禁入归类为行政处罚应当是最为合适的。[⑦]《行政处罚法》第四条第二款

---

① 参见《中国证监会市场禁入决定书（陶暘、傅湘南）》（〔2016〕1 号）。

② 参见 2006 年版和 2015 年修订版《证券市场禁入规定》第五条。

③ 《证券市场禁入规定》（2015 年修订）第五条第（四）项。

④ 王利明. 法律解释学（第二版）[M]. 北京：中国人民大学出版社，2016：163.

⑤ 参见《证券法》（2014 年修订）第二百三十三条。

⑥ 郭昌盛. 我国证券市场禁入制度的发展与实践 [J]. 证券法苑，2017（5）.

⑦ 关于市场禁入法律性质的探讨并非本文重点，相关论证可以参见黄辉，李海龙. 强化监管背景下的中国证券市场禁入制度研究：基于实证与比较的视角 [J]. 比较法研究，2018（1）.

规定了过罚相当原则，即行政处罚的严厉程度应当与违法行为的危害程度等因素相匹配。① 投资者可能会依据证券交易价格、交易量等因素制定投资决策，而市场操纵行为可能通过某些操纵手段形成虚假价格或交易量，误导投资者的交易决策，干扰市场正常交易活动。② 市场操纵行为对市场正常交易活动影响越大，行为所具有的社会危害性越大，依照过罚相当原则，该行为受到的行政处罚也应当越严厉。在实践中市场影响程度的深浅很难直接而明确地观察到，违法所得的有无与多寡可以作为一个有效的指标表明影响程度。在期货市场中，操纵行为人若想从中获利，必须逆市场趋势而行。当市场下降或者保持平稳时，操纵行为人建仓买入，并依靠多种手段凭空营造某只证券上涨趋势的假象，达到改变大部分交易者市场预期的效果，随后择机大举卖出。买入卖出的差价就是操纵行为人的违法所得。如果违法行为人最终获利，说明其达到了改变交易者市场预期的效果；而且违法所得越多说明其改变交易者市场预期的效果越大，对市场影响程度越深。因此，有违法所得显然比无违法所得应当受到的处罚更严厉，违法所得多显然比违法所得少应当受到的处罚更严厉。

综上所述，违法所得作为"情节严重"的界定因素之一具有合理性。不过并非存在违法所得就属于"情节严重"，只有当违法所得达到一定数量时，证监会认定其为"情节严重"才具有合理性。虽然具体达到多少金额才能算作"违法所得数额较为巨大"仍然模糊，但是由于陶晹案中违法行为人获利百万元以上，证监会将之认定为数额较为巨大也符合社会大众的认知。

四、"情节严重" 界定标准的进一步分析

经过上述讨论，从陶晹案中我们可以得到的一点启示是，证监会应当对因市场操纵行为导致的市场禁入处罚的前置条件——"情节严重"——进行更为明确的界定。在现有规则下，证监会享有解释"情节严重"的自由裁量权，该项权力受到的限制很少，这虽然能够赋予证监会灵活度，但是并不符合法治原则。

虽然很多行为都可能被证监会施以市场禁入的处罚，但是限于本文的研究对象，本文只打算研究因市场操纵行为导致的市场禁入处罚这一种情形。那么除违法所得标准之外，具体还有哪些因素可以成为"情节严重"的界定标准呢？本文拟主要结合《证券市场禁入决定》第五条的规定明确部分界定标准。这是因为，虽然《证券市场禁入规定》第五条没有列出"情节严重"的界定标准，但是该条已经对 5～10 年市场禁入措施所对应的"情节较为严重"和终身市场禁入措施所对应的"情节特别严重"加以界定，而且从表 2 可以看出"情节较为严重"和"情节特别严重"的部分界定标准是相同的，基于行为危害性和处罚严厉程度相匹配的法理，这些规

---

① 参见《行政处罚法》第四条第二款。
② 彭冰. 中国证券法学（第二版）[M]. 北京：北京大学出版社，2007：391.

则对"情节严重"界定标准具有极高的参考意义。

第一，行为较为恶劣应是"情节严重"的界定标准。从表 2 可知，行为性质达到"恶劣"程度是"情节较为严重"的界定标准，但行为性质并未明定为"情节特别严重"的衡量因素。尽管如此，证监会在〔2018〕16 号市场禁入案例中也曾使用"行为特别恶劣"的表述，并以此作为对违法主体施加终身市场禁入的理由之一。① 这说明证监会也认为"行为特别恶劣"是"情节特别严重"的界定标准。那么可以推知，当行为恶劣程度降低到"较为恶劣"的水平时，应被视为"情节严重"的界定标准，并给予违法行为人低一档的禁入年限。而〔2018〕20 号市场禁入案例则证明了这一推论的合理性，证监会在认定当事人"行为较为恶劣"后，给予其 5 年市场禁入。② 这一定性和禁入年限都契合本文的推论。

第二，扰乱市场秩序较为严重、投资者利益遭受较为严重损害也都应该是"情节严重"的界定标准。从表 2 可知，市场秩序扰乱程度和投资者利益受损程度不仅是市场禁入处罚的影响因素，而且程度越深，情节越严重。由此，当市场秩序扰乱程度降低到"较为严重"的水平或者投资者利益受损程度降低到"较为严重"的水平，将其作为"情节严重"的界定标准是恰当的。不过，证监会在执法实践中尚未有这样的案例出现。而且如何界定此处的"严重"标准是一个令人困惑的事情，需要证监会进一步予以明确。

第三，在重大违法活动中起次要作用也是"情节严重"的界定标准之一。正如在刑法理论中，根据共同犯罪中不同行为主体所起作用的不同，刑法会给予其不同的评价和处罚。③ 共同实施市场操纵行为也应该根据违法主体发挥的作用的不同，而给予其轻重不同的处罚。组织者、领导者等主要成员是共同实施市场操纵行为的核心，起到协调决策或直接实施的作用，是市场操纵行为发生的主要原因，危害性最大，因此被认为是"情节特别严重"的界定标准。④ 而违法主体如果在其中"起主要作用"，其发挥的作用相对较小，危害性也小一些，因此被认定是"情节较为严重"的界定标准。⑤ 由此推论，在重大违法活动中起次要作用，意味着违法主体只是辅助、帮助实施市场操纵行为，危害性相对最低，理应作为"情节严重"的界定标准。这一做法也契合《证券市场禁入规定》第八条关于证监会可以给予次要人员较轻处罚的规定。⑥

第四，涉案金额较为巨大也是"情节严重"的一项界定标准。为什么涉案金额可以作为行为危害性的衡量标准呢？这是因为，对市场操纵行为处罚严厉程度取决于其对证券、期货市场的

---

① 参见《中国证监会市场禁入决定书（王法铜）》（〔2018〕16 号）。
② 参见《中国证监会市场禁入决定书（郑领滨）》（〔2018〕20 号）。
③ 高铭暄，马克昌.刑法学（第八版）[M].北京：北京大学出版社、高等教育出版社，2017：163.
④ 参见《证券市场禁入规定》（2015 年修订）第五条第（七）项。
⑤ 参见《证券市场禁入规定》（2015 年修订）第五条。
⑥ 参见《证券市场禁入规定》（2015 年修订）第八条。

扰乱程度，即使市场操纵行为导致亏损或者违法所得没有达到数额较为巨大的标准，但是行为人动用了巨额资金实施市场操纵行为，实质上也达到了对证券、期货市场造成严重扰乱的程度，自然理应给予相应市场禁入的处罚。从表 2 可知，涉案金额"特别巨大"属于"情节特别严重"，可以被施加终身市场禁入。相应地，如果市场操纵行为涉案金额降低到"巨大"的水平则属于"情节较为严重"，如果涉案金额再降低到"较为巨大"的水平则属于"情节严重"。

第五，本文认为应当制定兜底条款，当包括市场操纵行为在内的证券违法行为具有其他严重情节的，也应当对其采取市场禁入措施。

表 2　市场禁入处罚"情节较为严重"与"情节特别严重"部分界定标准比较①

	情节较为严重	情节特别严重
行为性质	恶劣	—
市场秩序扰乱程度	严重	严重 + 严重社会影响
投资者利益受损程度	严重	特别严重
重大违法活动中的作用	起主要作用	组织、策划、领导或者实施
涉案金额	—	特别巨大
违法所得	—	特别巨大

资料来源：作者整理。

五、结语

本文在对陶晹市场禁入案进行条分缕析后发现，虽然《市场禁入决定书》中未予说明，但是证监会实际上是将违法所得数额较为巨大作为"情节严重"的一项界定标准，并据此对陶晹施以市场禁入处罚。在此基础上，本文进一步对市场操纵行为在何种情形下可能满足"情节严重"的界定标准进行了规则文本范围的研究，具体来说行为较为恶劣、扰乱市场秩序较为严重、投资者利益遭受较为严重损害、在重大违法活动中起次要作用以及涉案金额较为巨大等情节可以作为"情节严重"的界定标准。当然，这一界定未必全面，而且"恶劣""严重""巨大"等描述性词语的含义并不明确，② 因此证监会有必要在下次修订《证券市场禁入规定》时制定出明确清晰的"情节严重"界定标准，从而增强证券处罚行为的说服力和正当性。

---

① 参见《证券市场禁入规定》（2015 年修订）第五条。
② 王楠．证券市场禁入法律性质及适用的制度辨析［J］．现代管理科学，2019（1）.

你有说错话的权利吗？

——陈斌诉中国证监会案评析

■ 宋　悦*

摘要： 2015 年 11 月 3 日，中国证监会对网民陈斌编造、传播虚假信息行为作出行政处罚，后经历行政诉讼两审。本文从陈斌案出发，论证《证券法》第七十八条立法本意限于特殊主体，"有关人员"是具有一定公信力和传播力的一般主体；主观目的要件应当包含编造、传播虚假信息并扰乱证券市场的故意；就因果关系而言，股价异常可能受多种因素影响，而媒体在信息传播过程中应当承担更大的审查义务，以减少盲目跟风扩大不实信息的传播。

关键词： 编造、传播虚假信息　有关人员　媒体责任

2015 年以来，证监会加大了对编造、传播虚假信息行为的查处力度，强调信息传播秩序是市场秩序的重要内容。诚然，我国资本市场以中小投资者为主，长期以来有打探消息、跟风炒作的特点，这给编造、传播虚假信息的违法分子带来了可乘之机。但也应避免盲目扩大打击面，以保护中小投资者的名义，突破法律解释的限度，扼杀广大网民对上市公司发表评论的权利。如果民众舆论偃旗息鼓，静候上市公司的"权威信息"，大起大落的股市过山车同样不利于股民的心脏。市场需要消化信息的多种渠道，这有助于倒逼公司尽早披露信息。个人固然不应怀有恶意扰乱市场，媒体更应反思其在舆论导向上的公共责任。本文以陈斌诉证监会案为例，探析《证券法》第七十八条①规定的"有关人员编造、传播虚假信息"之构成要件。

＊　北京大学法学院 2017 级经济法学硕士研究生。

①　《证券法》第七十八条规定，禁止国家工作人员、传播媒介从业人员和有关人员编造、传播虚假信息，扰乱证券市场。禁止证券交易所、证券公司、证券登记结算机构、证券服务机构及其从业人员，证券业协会、证券监督管理机构及其工作人员，在证券交易活动中作出虚假陈述或者信息误导。各种传播媒介传播证券市场信息必须真实、客观，禁止误导。

一、 案情提要①： 网民乱说话撞枪口

（一）一介网民爱发言

主人公陈斌何许人也？普通新浪微博网民一枚，粉丝 400 出头；平时喜欢在微博转发各路搞笑段子、社会新闻。可惜少有人评论互动，最多不过三五，但其仍然坚持不懈自娱自乐，果真符合自我简介："心如止水，无欲则刚。"由于长期对机械制造业，尤其是对三一重工股份有限公司（以下简称三一重工）产品情有独钟，陈斌于 2012 年 7 月 27 日注册微博账户，次日便发布第一条关于三一重工的信息，此后一直对该公司保持关注。个人资料号称三一重工员工，但三一重工并不承认。

2015 年 5 月 21 日，陈斌不知从哪里得到一张《关于成立三一军工部的决定》的内部文件照片（后三一重工承认此照片内容为真）。该内部文件规定："根据集团战略决策，决定在三一汽车成立'三一军工部'，隶属泵送事业部，承担三一'民参军'武器装备研制生产任务。"陈斌看到长期关注的三一重工有了新发展，一时兴起，于 9：04 将这一消息发上微博，同时还配有文字"三一拿到了军工准入证，这是实力的象征，是党和国家的信任"。并以"@"的方式，将涉案微博抄送给了"不给组织添乱""第一工程机械网""工程机械—何兆云""工程机械中国网""聪慧工程机械网"等（见图1）。

 三一巨人
三一拿到了军工准入证，这是实力的象征，是党和国家的信任

三一拿到了军工准入证，这是实力的象征，是党和国家的信任@不给组织添乱 @第一工程机械网 @工程机械-何兆云 @工程机械中国网 @聪慧工程机械网

资料来源：作者截图。

图1 陈斌涉案微博

---

① 本案例评析以北京市第一中级人民法院〔2016〕京 01 行初 666 号《行政判决书》、北京高级人民法院〔2017〕京行终 2183 号《行政判决书》、中国证监会《行政处罚决定书》（〔2015〕59 号）为基础编写。

（二）各方关注惹是非

各路媒体围观看热闹，助推三一重工股票涨停。当天，三一重工股票开盘价为 10.70 元，上午 11：30 收于 10.98 元。11 点之后到下午 1 点开盘之间，"蓝鲸财经记者工作平台""财联社""打天下私募"等微博自媒体陆续转发陈斌微博信息。午后开盘两分钟（13：02）内三一重工股票封于涨停价 11.70 元，涨幅达到 9.96%（见图 2）。在涨停后，正规财经媒体①也开始在官网上正式提及此信息，并明示或暗示地将此微博信息与三一重工涨停相关联。截至当天收盘，三一重工股票仍有 170 万手买盘未能成交。根据新华财经联合 360 搜索推出的"大数据解读—A 股一周热搜榜"（2015 年 5 月 18 日至 2015 年 5 月 24 日），三一重工名列第一。

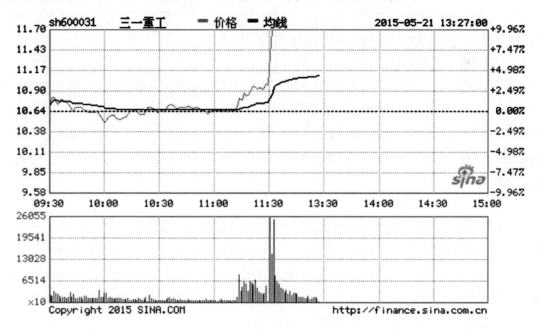

资料来源：新浪网。

图 2　三一重工股价异常飙升

三一重工及时澄清误会，但市场热度不减。三一重工于当天下午股市收盘后发布公告，澄清并没有"军工准入证"的说法："目前公司未取得任何军品生产相关资质。但是公司确实成立了军工项目部，现处于前期调查和可行性研究阶段，项目整体存在一定的不确定性"。至此，误会澄清了；但市场似乎并没有大失所望而抛售落逃，实际上在之后的两个交易日，三一重工股票都持续上涨。而且，这两个后续上涨日之间还间隔了一个双休日，可见投资者兴趣不减。

---

① 包括新华网、腾讯财经、网易财经、新浪财经、搜狐财经、和讯网等。

（三）今后乖乖缄默口

但这件事被证监会盯上了，决心整治爱管闲事的网民。2015 年 6 月 18 日，证监会向陈斌下达调查通知书。11 月 3 日，证监会作出行政处罚决定并于 11 月 16 日向陈斌送达。依据《证券法》第二百零六条①的规定，决定责令陈斌予以改正，并处以 15 万元罚款。陈斌不服，于 2016 年 7 月 18 日向一审法院提起行政诉讼，请求撤销被诉处罚决定。一审法院判决驳回陈斌的诉讼请求，二审法院维持原判。

二、 法院的逻辑②： 适用 《证券法》 第七十八条恰如其分

先来完整回顾一下法院的裁判逻辑，是如何将陈斌的行为"恰如其分"地套入《证券法》第七十八条第一款规定的"编造、传播虚假信息行为"之中。

（一） 编造、传播的是虚假信息

涉案微博信息中的"三一拿到了军工准入证"没有信息来源，且事后经三一重工澄清公告予以否认，构成虚假信息。涉案微博中文件截图具有真实性，该信息不构成虚假信息，但不影响被诉处罚决定对其余信息虚假性的认定。三一重工之后所发布的该公司取得有关军品生产资质的消息不能倒推出在陈斌发送涉案微博之时，三一重工已拿到了所谓"军工准入证"，也不足以证明陈斌已尽到对信息真实性的审核义务。

（二） 具有明知信息不实性的主观故意

若信息发布或传播主体明知其所发布信息为虚假信息而仍实施了发布或传播行为，则可以据此认定其主观状态为故意。这种故意表现为对其所发布传播的信息内容不实性的明知，至于行为人主观是否具有获利动机以及有关认知背景等因素则非认定故意时的考量因素。从本案陈斌发布涉案微博并加以转载的行为手段分析，其在发布涉案微博并转载时对涉案微博文字信息的不实性已经明知，故其主观上具有编造、传播的故意。

（三） 属于《证券法》第七十八条规定的"有关人员"

自媒体时代网络信息传播具有发散性、持续性等特点，具备一定影响力的网络信息发布者与传播者均可以归入"有关人员"的范围。陈斌以"三一巨人"的名义通过互联网新媒体新浪微博对众多受众编造、发布虚假信息，内容涉及上市公司三一重工，对三一重工股票价格产生较大影响，陈斌参与证券市场活动且扰乱了证券市场信息发布与传播秩序，证监会将其认定为

---

① 《证券法》第二百零六条规定，违反本法第七十八条第一款、第三款的规定，扰乱证券市场的，由证券监督管理机构责令改正，没收违法所得，并处以违法所得一倍以上五倍以下的罚款；没有违法所得或者违法所得不足三万元的，处以三万元以上二十万元以下的罚款。
② 本案先后经历了证监会的行政处罚、北京市第一中级人民法院一审和北京市高级人民法院二审，处罚结果是一致的，但是在具体构成要件的分析上略有差异，本文主要以二审法院的观点为代表进行梳理。

"有关人员"，符合立法本意。

（四）行为具有扰乱证券市场的后果

《证券法》第七十八条第一款规定中的扰乱证券市场，既包括对证券市场有关信息披露秩序及上市公司管理秩序的扰乱，也包括对股票价格正常发现机制的扰乱。首先，原告发布涉案微博的行为本身破坏了信息的正常发布与传播秩序，也对三一重工的管理造成了一定的影响，构成对证券市场秩序的扰乱；其次，原告发布并传播涉案微博的行为与三一重工股票价格的异常波动之间具有相关性。涉案微博的发布、传播与三一重工股价异常波动在时间关系上具有较强的契合性。

三、 重释编造、 传播虚假信息构成要件及对陈斌案的适用

对于法院的论证逻辑，本文并不完全同意。本案的重点是陈斌是否属于"有关人员"，其在发送微博时是否具有编造、传播虚假信息并扰乱证券市场的主观目的，以及其行为是否造成了股票价格异常或市场秩序混乱的后果。

（一）主体要件：特殊主体

1. 立法本意限于特殊主体。从整体上看《证券法》第七十八条所包括的三款内容，本条是用于规范特殊主体行为的条款。其中明确提到的主体有国家工作人员、传播媒介从业人员、证券交易所、证券公司、证券登记结算机构、证券服务机构及其从业人员，证券业协会、证券监督管理机构及其工作人员、各种传播媒介，这些都是具有特殊身份且可能涉及证券市场的人员。从体系解释的角度看，"有关人员"也应当是特殊身份人员，尤其是要与"国家工作人员""传播媒介从业人员"具有相当性，如具有一定公信力和传播能力。[1] 人大法工委早期的释义也遵循了限缩解释的路径，在其 2005 年出版的《证券法释义》中提出，"有关人员"主要指以各种方式参与证券活动的人员，如在各种传播媒介上发表证券市场评论的人员、证券业务研究人员、教学人员等。[2] 此处采取了不完全列举的方式进行说明，虽然无法穷尽，但从有限的举例中至少可以看出这些主体是具有特殊身份的人员，不能等同于一般人。

随着互联网技术的发展，任何人的言论都有可能在网络上自由、便利、快速传播，不确定性大大增加，这是否意味着任何一个人在网络上发表关于上市公司或者可能影响上市公司股价的言论，都是参与证券活动的一种方式？即便从实际效果上看可能确实如此，但并不是所有行为都

---

[1] 巩海滨，张任重. 互联网时代编造传播虚假信息违法行为构成、法律责任及其规制 [J]. 证券法苑，2015 (3).

[2] 全国人大常委会法制工作委员会编. 中华人民共和国证券法（修订）释义 [M]. 北京：法律出版社，2005.

是《证券法》需要打击的对象。普通公民在一定限度内拥有言论自由，在网络上发表言论的身份和意图是判断行为正当性的重要尺度。然而，如果具有特殊身份，则行为的效果和一般人有所不同，可能产生更大的影响力和更高的可信度，因此应当承担较普通人更大的公共责任；如果不具有特殊身份，但却具有和特殊身份人员相类似的公信力和传播能力，则也需要受到约束，即是《证券法》第七十六条第一款所称"其他人员"。

2. 有关人员：具有公信力和传播力的一般主体。判断"有关人员"需要综合考虑其传播能力和公信力。首先，对于在社交平台发布信息的主体，可以通过一些定量指标判定其传播能力的强弱，例如微博的粉丝数量、微信的好友数量、公众号的关注数量；不仅关注绝对量，还要考察活跃程度，如通过技术手段从微博粉丝中剔除掉僵尸粉。以微博为例，借助技术手段，新浪微博公司会定期发布"人气 V 影响力榜单"，分为日榜、周榜、月榜。根据公开的"榜单规则"，[①]影响力评价考虑因素包括：短微博、长微博、视频发布数，被转发，评论，赞的次数；被阅读，打赏，订阅，曝光的次数等，这些都是通过后台系统的数据运算得出的排名。[②]这一榜单或许可以作为判断微博影响力大小的参考标准，对于具体界分还需斟酌，但陈斌（400 多名粉丝）显然榜上无名。

其次，对于公信力的评判依赖于社会信用体系的构建，商业公司的审查责任在其中起到不可忽视的作用。仍以微博为例，微博认证体系（加 V）分为个人认证和机构认证，个人认证又分为兴趣认证、自媒体认证和身份认证。要通过微博认证加 V，根据不同情况需要提供一系列实质性证明材料，虽然不能排除造假的可能性，但是信息真实性大大提高，更有理由获得公众信任。如果想要通过个人认证中的身份认证，至少需要提交盖有单位公章的单位工作证明，造假成本大大提高。本案中，陈斌虽然自称三一重工员工，但并没有进行个人身份认证。换言之，他可以自称是任何一个单位的员工而不需要提交任何证明。在网络社区中随意编造自己身份背景的情形十分常见，仅仅依靠长期关注并喜欢讨论三一重工的有关新闻，并取了"三一巨人"这一微博名为由，缺乏充足的理由显著地提高陈斌关于三一重工任何言论的可信度。

3. 本案分析。陈斌作为一般主体，微博账号既没有通过认证加 V，400 名左右的粉丝数量也远不能算得上有影响力。因此，其公信力和传播能力严重不足，不应当认定为《证券法》第七十八条的"有关人员"。

---

① 以下规则详见"微博榜单——人气 V 影响力榜"榜单规则：http://v6.bang.weibo.com/dzs/rule，2018 年3 月 21 日最后访问。

② 在具体记分中，满分为 100 分，由活跃度、互动力、内容质量三部分完成，所占比例分别为 25%、35%、40%。活跃度主要评测指标为短微博/长微博/视频发布量；互动力主要评测指标为短微博/长微博/视频被转，被评论，被赞次数；内容质量主要评测指标为阅读数、打赏、曝光、篇均阅读数。活跃度，互动力和内容质量按比例采用归一化算法进行计算，以 100 分为上限，保留两位小数，以四舍五入的原则计入。

（二）主观目的要件：扰乱证券市场的故意

1. 故意的内容。首先，主观故意要件通常来说是必要的构成要件，而证监会长期以来回避主观要件论证的做法，过于草率。其次，从故意的内容来看，仅仅考察是否具有编造、传播虚假信息的故意会不合理地扩大打击面，还应看是否具有扰乱证券市场的故意。生活中出于各种原因每个人都有可能说假话，即使是在公共场合，而且就算刻意追求也很难保证每一句话都是真实确凿的。不可否认，这些不真实、不准确信息确实可能产生各种意想不到的负面效应，包括波及证券市场，但是只有具有扰乱证券市场的故意行为人才是证券法打击的对象，否则便超出了一般人谨言慎行的注意范围，变成了"欲加之罪"。

2. 是否具有编造、传播虚假信息的故意。一般来讲，一个人只要从客观上具有编造、传播虚假信息的行为，主观上一定具有编造、传播的故意。本案的特殊之处在于，真实照片上的内容很可能对陈斌产生了误导，从而使其作出了主观猜测；同时其语言上存在不当表述。因此，在行为性质认定上具有模糊性。陈斌的微博中包含有真实的照片和不实的文字，真实的照片本身会给陈斌带来误导。正如陈斌抗辩称，文字是其看到文件截图后对此的个人预判及情感表达，与一般网友的议论、评断并无不同。文字表述不实，属于认识理解错误，并且具有一定的事实基础。

本案中，三一重工作为一家民营企业，是中国领先的工程机械制造商，为什么会突然在公司内部成立与特许军工行业相关的军工部，陈斌基于成立军工部这一不寻常的举动自然联想到与获得特许资质有关，这属于对市场一种敏锐的洞察，但是在语言上不够严谨。试想在原有配图的基础上，将文字改成"我猜三一拿到了军工准入证"，情况会如何？笔者揣测这一微博仍然很可能被喜欢捕风捉影的媒体转发，从而影响三一重工股价。因此，本质原因在于这一猜测具有一定合理性。

此外，事实证明，三一重工内部成立军工部与拿到相关军工资质具有时间上的承接关系。在事件发生不到一年后，2016 年 2 月 18 日，三一重工全资子公司三一汽车制造有限公司果然顺利拿到国家国防科技工业局颁发的"武器装备科研生产许可证"①，有效期至 2021 年 1 月。笔者无意怀疑公司内部成立军工部时已经有拿到某些军工资质的合理预期，但是内部新设部门后不久便拿到军工资质，说明一系列事件是存在合理关联的，这也就难怪照片上的信息带给陈斌误导。因此，本文认为陈斌并非故意编造、传播虚假信息，而是出于有一定事实基础的猜测，但语言表述不当而造成误解。退一步讲，即使这一观点不被认可，对于陈斌是否具有扰乱市场的故意仍然值得探讨。

---

① 实际上并不存在"军工准入证"这一资质，通常认为进入军工行业有四大资质，分别是国军标质量管理体系认证（国军标认证）、武器装备科研生产单位保密资质认证（保密认证）、武器装备科研生产许可证认证（许可证认证）、装备承制单位资格名录认证（名录认证）。

3. 是否具有扰乱市场秩序的故意。客观上讲，一个人的内心活动无法探查，但是却可以通过外部行为和环境加以判断。本文认为至少可以从以下两个方面，辅助判断陈斌不具有扰乱证券市场秩序的故意：

（1）是否具有经济上的利害关系。经济上的利害关系具有多种表现形式，最为典型的就是持有受谣言影响的上市公司股票，则传播者更有动力通过造谣传谣而获利。例如，在王之所案①中，王之所作为普通网民，编造了"湖南发展收购财富证券"这一虚假消息，将该内容发布到东方财富网"湖南发展"股吧进行传播，并利用自己实际控制的"王某"账户交易获利。王之所通过编造、传播虚假信息而获利，其扰乱证券市场秩序的主观故意昭然若揭。而陈斌并不持有三一重工股票，② 也不是三一重工员工，③ 并没有从事件中获利，至少从表面上看与三一重工并不具有经济上的利害关系，缺乏合理动机编造虚假利好消息。

（2）向谁传播：性质和影响力。如果是基于希望广泛传播的故意，应当要主动把信息传递给在证券市场上最有影响力的一批主体，例如主流财经媒体或者是行业"大V"，④ 这样才更符合其广泛传播的本意。但是本案中陈斌主动"@"的几个微博账户，从性质到影响力上都并不符合。

从性质上看，"工程机械－何兆云"和"不给组织添乱"是个人账号，前者现已注销，后者的微博内容均为社会百态和生活见闻。"工程机械中国网""聪慧工程机械网"和"第一工程机械网"是经过微博认证的机构账号。"工程机械中国网"是行业资讯网站，是工程机械中国网⑤的官方微博，该网站主要发布机械工程相关资讯；"聪慧工程机械网"是聪慧工程机械网⑥官方微博，该网站隶属聪慧网，号称工程机械行业最权威的专业媒体，同时是用户基础广泛的工程机械电子商务网络平台；"第一工程机械网"是第一工程机械网⑦的官方微博，该网站号称是专业的工程机械应用服务平台。这些账号均不是专业的财经媒体，其主要功能是同行交流机械工程行业发展信息。当时，国家大力提倡军民融合，⑧ 越来越多的上市公司将目光瞄准了军工行业，

---

① 参见证监会行政处罚决定书（〔2015〕20 号）。

② 信息来自一审判决书（〔2016〕京 01 行初 666 号）中原告陈述"原告本身并未参与证券市场，没有获益"，被告证监会没有否认。

③ 根据证监会《行政处罚决定书》（〔2015〕59 号）中显示，是"湖南智汇工程机械有限公司"为陈斌出具的身份证明，据此判断此为陈斌真正的工作单位。

④ "大V"是指经过个人认证并拥有众多粉丝的微博用户，通常认为需要 50 万粉丝以上。解释来自百度百科：https://baike.baidu.com/item/大V/9663742? fr = aladdin，2018 年 3 月 21 日最后访问。

⑤ 工程机械中国网网址：http://www.cmsino.com，2018 年 3 月 21 日最后访问。

⑥ 聪慧工程机械网网址：http://www.cm.hc360.com，2018 年 3 月 21 日最后访问。

⑦ 第一工程机械网网址：http://www.d1cm.com，2018 年 3 月 21 日最后访问。

⑧ 参见《习近平：将军民融合发展上升成为国家战略》，载中国青年网：http://mil.youth.cn/djbd/201504/t20150414_6578815.htm，2018 年 3 月 21 日最后访问。

掀起了"民参军"热潮。① 陈斌作为长期关注三一重工的机械爱好者，得知三一重工赶上了风口，急于将最新消息与同行分享交流也是情理之中。

从影响力上看，"不给组织添乱"有粉丝 250 余人，"第一工程机械网"有粉丝 14000 余人，"工程机械 – 何兆云"目前已经注销了账号，"工程机械中国网"有粉丝 1200 余人，"聪慧工程机械网"有粉丝 10000 余人。在微博大 V 门槛水涨船高的今天，这些主体的影响力可以说微不足道。

（3）总结。综上所述，笔者认为陈斌的言论本质上是一种具有一定事实基础的表述不当的猜测，不宜直接定性为编造传播虚假信息行为，不具有主观故意；即使前述观点不被认可，基于不具有经济上的利害关系、传播主体的性质和影响力不符合广泛传播的需求等，陈斌并不具有扰乱证券市场秩序的主观故意。因此，陈斌在主观目的上不符合编造传播虚假信息并扰乱证券市场的要求。

（三）客观后果要件及因果关系

本文认为不实信息的编造传播、内部成立军工部的"参军"转型预期和可转债获批共同推高了股价，而未尽审查义务的相关媒体在不实信息传播中负有主要责任。

1. 前一天可转债获批，是巧合？证监会在认定因果关系上，主要依据是涉案微博的发布、传播与三一重工股价异常波动在时间关系上具有较强的契合性。陈斌作为虚假信息的制造源头，经过媒体的宣传发酵，是导致股价异常涨停的主要原因。那么，在陈斌发布微博的前后，财经媒体（包括正规媒体和微博自媒体）主要发布了哪些与三一重工有关的信息呢？

从正规财经媒体方面来看，根据表 1 的整理，在提及陈斌微博内容之前，主流财经媒体其实是先关注了另一个重要信息，即 5 月 20 日三一重工获得证监会批准公开发行 45 亿元可转债。② 当其开始发布提及陈斌微博的新闻却已经是在下午开市涨停（13：02）之后。因此，从时间的先后顺序看，正规媒体对陈斌微博内容的传播对于下午的股票涨停没有直接作用。

表 1　陈斌发布微博前后主要财经媒体对三一重工的报道

媒体	新闻题目	发布时刻（日期）
新华网	三一重工午后直线拉升封涨停报价 11.7 元③	13：12（5.21）
	三一重工否认获军工资质军工项目部尚在筹划④	08：48（5.22）

① 参见《上市公司掀起民参军热潮军工股有望风云再起》，载搜狐财经：http://business. sohu. com/20150319/n409996508. shtml，2018 年 3 月 21 日最后访问。

② 《三一重工获批 45 亿可转债的公告》，载证监会官网：http://www. csrc. gov. cn/pub/zjhpublic/G00306202/201505/t20150520 _277484. htm？keywords = 三一重工，2018 年 3 月 21 日最后访问。

③ 《三一重工午后直线拉升封涨停报价 11.7 元》，载新华网：http://www. xinhuanet. com/finance/2015 – 05/21/c _127827081. htm，2018 年 3 月 21 日最后访问。

④ 《三一重工否认获军工资质军工项目部尚在筹划》，载新华网：http://www. xinhuanet. com/energy/2015 – 05/22/c _1115369788. htm，2018 年 3 月 21 日最后访问。

续表

媒体	新闻题目	发布时刻（日期）
新浪财经	证监会批准三一重工公开发行45亿元可转债①	06：50（5.21）
	传三一重工拿到军工准入证直线拉涨停②	13：16（5.21）
网易财经	证监会批准三一重工公开发行45亿元可转债③	10：11（5.21）
	三一重工午后开盘秒停，报11.7元/股④	13：19（5.21）
搜狐财经	三一重工公开发行45亿元可转债获证监会通过⑤	21：47（5.20）
	传三一重工拿到军工准入证股价直拉涨停⑥	13：28（5.21）
	三一重工45亿元可转债获准发行股票瞬间涨停⑦	13：51（5.21）

资料来源：作者整理。

可转债获批信息对于公司股价的作用需要结合具体情况分析。学者研究表明，可转债的发行可以改善公司资本结构，提供发展资本，普遍被认为是偏正面信息。而从股市实际反应来看，可转债发行和股价并没有明显的相关性。⑧ 在本案中，涉足军工行业是已被市场证明盈利能力的信息，军工题材在市场表现出强者恒强，⑨ 况且时值中央在政策层面大力推动军民融合，因此三一重工可能涉军发展无疑是一个利好消息，不论是真实的内部文件截图还是三一重工的澄清声明都证实了这一信息的确凿性。配合这一产业转型的利好信息，同期发布的可转债获批可以为公司发展提供更多资金，符合积极的市场发展预期，因此在本次事件中很可能属于利好信息，助

---

① 《证监会批准三一重工公开发行45亿可转债》，载新浪财经：http：//finance. sina. com. cn/roll/20150521/065022231698. shtml，2018年3月21日最后访问。

② 《传三一重工拿到军工准入证直线拉涨停》，载新浪财经：http：//finance. sina. com. cn/360desktop/stock/gujiayidong/20150521/131622234596. shtml，2018年3月21日最后访问。

③ 《证监会批准三一重工公开发行45亿元可转债》，载网易财经：http：//money. 163. com/15/0521/10/AQ4OF2B000253B0H. html，2018年3月21日最后访问。

④ 《三一重工午后开盘秒停，报11.7元/股》，载网易财经：http：//money. 163. com/15/0521/13/AQ53IPQE00253B0H. html，2018年3月21日最后访问。

⑤ 《三一重工公开发行45亿元可转债获证监会通过》，载搜狐网：http：//www. sohu. com/a/15821201_114351，2018年3月21日最后访问。

⑥ 《传三一重工拿到军工准入证股价直拉涨停》，载搜狐网：http：//www. sohu. com/a/15921562_114351，2018年3月21日最后访问。

⑦ 《三一重工45亿可转债获准发行股票瞬间涨停》，载搜狐财经：http：//business. sohu. com/20150521/n413487283. shtml，2018年3月21日最后访问。

⑧ 巩海滨，张任重. 互联网时代编造传播虚假信息违法行为构成、法律责任及其规制 [J]. 证券法苑，2015（3）。从2015年第二季度的表现来看，释放可转债获批消息的上市公司股票有涨有跌，如航天信息6月9日晚公告发行可转债，6月10日股票涨停；而九州通6月25日晚公告可转债获批，之后连续两天股票下跌。

⑨ 同上注。

推了股价上涨。

从笔者搜集的资料看，微博自媒体在传播不实信息并助推午后涨停上的直接作用更大。以"蓝鲸财经记者工作平台"为例，这是一个拥有123万粉丝的号称中国最大的财经记者社区；注册记者4000名，是财经新闻的发源地，在财经界具有相当的影响力和传播力。该账号从当天11：22开始以"线索""求证""快讯"等多种方式连续发布多条与陈斌微博内容有关的信息。从相关微博下的网友反映可以看出，在下午开市涨停之前确实有不少微博自媒体转发了陈斌的微博，这对下午的涨停起到了直接作用。

2. 辟谣之后热度不减？如果说陈斌的虚假微博真如证监会所言，对证券市场秩序产生了严重影响，那么21日当天下午三一重工就发布了澄清公告，财经媒体也纷纷跟进，误会已然澄清。但是之后两个交易日股票依然上涨（见表2），且两个上涨日之间还间隔一个周末，给市场留有平复波动的时间。笔者认为，即使陈斌的微博内容不实，但是市场对于三一重工内部成立军工部，并且承认军工项目处在前期调查和可行性研究阶段抱有积极的预期，甚至对于三一重工未来会拿到相应军工资质有合理的期待。如果一定要为股价上涨找寻理由，这也许才是合理的解释。

表2　三一重工5月21日前后股价情况①

日期	开盘	收盘	涨跌额	涨跌幅
累计	2015 – 05 – 20 至 2015 – 05 – 27		2.09	19.46%
2015 – 05 – 27	12.80	12.83	− 0.02	− 0.16%
2015 – 05 – 26	13.12	12.85	0.77	6.37%
2015 – 05 – 22	12.60	12.08	0.38	3.25%
2015 – 05 – 21	10.70	11.70	1.06	9.96%
2015 – 05 – 20	10.73	10.64	− 0.10	− 0.93%

资料来源：网易财经。

综上所述，《证券法》第七十八条立法本意限于特殊主体，"有关人员"是具有一定公信力和传播力的主体。陈斌作为一般主体，其微博账号既没有通过认证加V，400名左右的粉丝数量影响力也很有限，因此其不应当属于第七十八条规定的"有关人员"。主观目的要件应当包含编造传播虚假信息并扰乱证券市场的故意；陈斌的言论本质上是一种具有一定事实基础的表述不当的猜测，不宜直接定性为编造传播虚假信息行为，也就不具有这种故意；即使认定为编造传播

---

① 网易财经：三一重工历史交易数据，http：//quotes. money. 163. com/trade/lsjysj _ 600031. html？year = 2015&season = 2，2018年3月21日最后访问。

虚假信息，从不具有经济上的利害关系、传播主体的性质和影响力不符合广泛传播的需求等方面看，陈斌并不具有扰乱证券市场秩序的主观故意。就因果关系而言，股价飙升可能受多种因素影响，内部成立军工部配合可转债获批可能是更重要的原因，而未尽审查义务的相关媒体在不实信息传播中负有主要责任。

四、 余论： 媒体在信息传播中的审核义务

媒体天然有权利转载信息，证券市场需要保障媒体的言论自由，以使各种观点在竞争中去伪存真。[①] 但是，法律和社会道德同样要求掌握话语权的媒体负担特殊的审核义务，成为一层虚假信息"过滤网"，避免负面效应在社会弥散。

首先，在陈斌案中，微博自媒体的转发很可能直接扩大了不实信息的传播，推高了股价，而正规媒体后来居上更是进一步扩大了信息传播，并引发证监会后来对此事的格外关注。因此，从因果关系上看，陈斌的微博原本微不足道，是媒体的大量传播混淆了视听，导致股价异常。

其次，不管是新兴自媒体还是传统媒体，一旦被认定为媒体，都应当遵循区别于普通人的对传播媒介最低限度的管理标准，[②] 具有一定程度的信息真实性审核义务。早在 2000 年发布的《互联网信息服务管理办法》第十五条就明确规定："互联网信息服务提供者不得制作、复制、发布、传播含有下列内容的信息：（六）散布谣言，扰乱社会秩序，破坏社会稳定的。"这里不得传播谣言的前提条件就隐含了对信息真实性的关注。而 2017 年的《互联网新闻信息服务管理规定》更是明确提出了互联网新闻信息服务提供者应当健全信息发布审核制度。[③] 对于何谓信息发布审核制度，虽然广告行业早已存在《大众传播媒介广告发布审查规定》，[④] 但是整体上缺乏对于"发布审核制度"内涵和要求的一般性法律文件，但最基本的目标应当是保证发布信息的真实性。

如果追求完全的真实可信，证实成本太高且不现实，但是可以有多种方式提高信息的真实性。其中之一是限制转载信息的来源，以权威性保证可信度。比如《互联网新闻信息服务管理规定》第十五条对转载新闻信息的来源有明确的要求，其中规定："互联网新闻信息服务提供者转载新闻信息，应当转载中央新闻单位或省、自治区、直辖市直属新闻单位等国家规定范围内的

---

① 张彬. 媒体、言论与证券市场——从"标题党"现象谈起 [J]. 法律与新金融，2015 (7).

② 冯璟钰. 弥达斯编造、传播虚假信息案评析，载彭冰. 规训资本市场——证券违法行政处罚研究 [M]. 北京：法律出版社，2016：243.

③《互联网新闻信息服务管理规定》（国家互联网信息办公室令第 1 号）第十二条规定，互联网新闻信息服务提供者应当健全信息发布审核、公共信息巡查、应急处置等信息安全管理制度，具有安全可控的技术保障措施。

④ 该《规定》于 2012 年 2 月 9 日由国家工商行政管理总局、中央宣传部等 12 个部门以工商广字〔2012〕26 号印发。

单位发布的新闻信息，注明新闻信息来源、原作者、原标题、编辑真实姓名等，不得歪曲、篡改标题原意和新闻信息内容，并保证新闻信息来源可追溯。"其中，对于"国家规定范围内的单位"虽然没有直接界定，但是 2015 年国家网信办曾经公布可供网站转载新闻的新闻单位名单，①这实际上是对此名单中强公信力媒体提出了更高的证实要求。从本质上看，该规定的本意在于通过信息发布主体的权威性保证转载信息具有较高的可信度。

此外，另一种方式是，即使非权威转载来源，只要能够通过两种以上的途径验证信息的真实性，也算尽到了审核义务。而本案中，对于陈斌微博这样的非权威来源，在信息可靠性不足而且很可能对证券市场产生影响的情况下，缺乏其他相互佐证的信息来源就直接转载，既不满足转载来源的权威性，也不符合孤证不立的信息验证常识。

综上所述，在我国，针对媒体（包括传播媒介从业人员和传播媒介）这一信息传播主体，虽然《证券法》第二百零六条第一款和第三款要求其履行禁止编造传播虚假信息、禁止误导的义务，实践中也有数例处罚，②但是当媒体不是信息制造源之时，则大多只处理作为信息来源的"有关人员"。即使在这种情况下，未尽审查义务的媒体传播对不良后果有实质性作用，这种不合理的情形值得监管者反思。笔者认为，出现这种状况的一个重要原因在于缺乏对具体审核义务的系统性规定。因此，我国应当进一步制定针对证券媒体的专门规则，明确免责情形，包括权威的转载信息来源和多种渠道验证等；一方面保证了证券媒体的言论自由，另一方面要求其展现专业精神并承担相应的社会责任。

---

① 国家网信办. 可供网站转载新闻的新闻单位名单［OL］. http：//www. cac. gov. cn/2015－05/05/c＿1115179188. htm，2018 年 3 月 21 日最后访问.

② 自 1999 年《证券法》实施以来，证监会共作出了 15 起编造、传播虚假信息的行政处罚（统计时间截至 2017 年 12 月），其中编造、传播虚假信息违法行为数量最多的是"有关人员"，共有 9 起违法行为；其次是传播媒介，有 5 起违法行为；然后为传播媒介从业人员，有 3 起违法行为。

一个会计科目撬动的上市公司

——新都酒店强制退市案评述

■ 王靓迪[*]

摘要： 上市 23 年之久的新都酒店成为 2017 年退市第一股。由于大股东违规担保、财务报表中减值准备存在问题等，新都酒店 2013 年和 2014 年连续两个会计年度财务会计报告，被出具无法表示意见的审计报告。因此，自 2015 年 5 月 21 日起被暂停上市。暂停上市后，新都酒店期望通过重整保壳，却因为中介机构出具的相反意见而落空。三家中介机构"反水"的焦点在于"高尔夫球场" 2014 年的租金收入能否确认为 2015 年的营业收入，还是仅属于非经常性损益。本文基于对新都退市始末、会计处理的合理性，以及中介机构与深交所的法律责任的梳理和分析，认为反水后中介机构的认定确实更具说服力。

关键词： 新都酒店　强制退市　非经常性损益　中介机构

2018 年 3 月 2 日，就在两会召开的前一天，证监会发布了《关于修改〈关于改革完善并严格实施上市公司退市制度的若干意见〉的决定》公开征求意见的通知，这次修订重点调整了重大违法强制退市的内容，强调证券交易所的退市工作主体责任，意在加大退市执行力度。[①] 不到一周，沪、深两交易所便制定了《上市公司重大违法强制退市实施办法》（以下简称《强制退市实施办法》），并向社会公开征求意见。监管层自上而下的迅速反应、2016 年以来的强监管态势，加上文件发布时间的恰到好处，似乎都在预示着"强制退市，这次我们是认真的了"。实际上，

---

　* 北京大学法学院 2016 级金融法方向法律硕士（法学）；美国纽约大学法学院 2018 级法律硕士。
　① 证监会《关于修改〈关于改革完善并严格实施上市公司退市制度的若干意见〉的起草说明》第 1 页，证监会官网，http://www.csrc.gov.cn/pub/zjhpublic/zjh/201803/t20180302_334774.htm.

早在 1994 年的《公司法》中，就从法律层面上规定证监会具有终止上市的决定权。① 后来，终止上市的决定权慢慢由证监会向交易所下放。② 但在 2016 年 5 月 13 日，我国证券市场才出现了第一家因信息披露造假被强制退市的公司——*ST 博元。尽管如此，在强制退市第一股之后，A 股退市股票仍然寥寥无几。《强制退市实施办法》征求意见稿发布后，A 股市场上一些连年亏损、资不抵债的上市公司"瑟瑟发抖"。对"稀少又珍贵"的强制退市案例进行研究，有助于我们从个案角度来分析和理解强制退市制度。作为"硕果仅存"的案例，深圳新都酒店股份有限公司（以下简称新都酒店）退市当中夹杂着许多戏剧化的发展和反转剧情，③ 反而给观众们带来了"退市制度"之外更深刻、玄妙的理解。

一、 新都酒店退市始末

1994 年，新都酒店便在深交所中小板上市，曾是深圳市唯一的上市酒店。自 2013 年开始，这家老牌酒店就风波不断，经历了风险警示、暂停上市、申请恢复上市、被迫退市的风波之后，最终被迫退出 A 股市场，成为 2017 年的退市第一股。2017 年 5 月 16 日，深交所对新都酒店依法作出了股票终止上市的决定。

（一）两度获非标审计报告，从风险警示到暂停上市

2014 年 4 月 28 日，新都酒店时任审计机构立信会计师事务所（以下简称立信所）对新都酒店 2013 年度财务报告出具了无法表示意见的审计报告。根据《深圳证券交易所股票上市规则》（以下简称《上市规则》），深交所对新都酒店实行了"退市风险警示"，④ 以警示投资者高度关注投资风险。2015 年 4 月 28 日，新都酒店 2014 年度财务报告继续被立信会计师事务所出具无法表示意见的审计报告。2015 年 5 月 21 日，深交所依法决定暂停新都酒店股票上市交易。

上市公司财务报告是投资者了解上市公司经营状况的重要途径，是信息披露的重要内容。

---

① 《中华人民共和国公司法》（1994 年）第一百五十七条：上市公司有下列情形之一的，由国务院证券管理部门决定暂停其股票上市：（一）公司股本总额、股权分布等发生变化不再具备上市条件；（二）公司不按规定公开其财务状况，或者对财务会计报告作虚假记载；（三）公司有重大违法行为；（四）公司最近三年连续亏损。第一百五十八条：上市公司有前条第（二）项、第（三）项所列情形之一经查实后果严重的，或者有前条第（一）项、第（四）项所列情形之一，在限期内未能消除，不具备上市条件的，由国务院证券管理部门决定终止其股票上市。公司决议解散、被行政主管部门依法责令关闭或者被宣告破产的，由国务院证券管理部门决定终止其股票上市。

② 李东方，陈邹. 上市公司强制退市监管法论 [J]. 证券法律评论，2016（10）.

③ 文中相关事实来源为"Wind 资讯"新都退市公告信息。

④ 《深圳证券交易所股票上市规则》第 13.2.1 条，上市公司最近一个会计年度的财务会计报告被出具无法表示意见或者否定意见的审计报告，深交所有权对其股票交易实行退市风险警示。

上市公司财务报告应当经独立的会计师事务所审计，并满足相应财务指标的要求，包括净利润、净资产、营业收入、审计意见等。在首次不满足上述财务指标时，交易所不会直接暂停其股票债券的交易，而是给上市公司扣上"ST"的帽子，限制其股票的涨跌幅。但如果上市公司连续两年不满足上述财务指标，说明该公司的财务状况和经营状况出现了问题并且没能及时改善，交易所便有权力终止其股票债券交易以降低投资者风险。

2007 年以来，新都酒店的净利润、净资产的确未出现连续两年为负的情况，营业收入也持续在 1000 万元以上。但 2013—2014 年连续两年，新都酒店财务会计报告均被审计机构出具"无法表示意见的审计报告"，满足了暂停上市的条件。所谓"无法表示意见的审计报告"，属于非标准审计报告的一种，是一种"不完美"的审计报告。根据相关会计准则，非标准审计报告包括带强调事项段的无保留意见的审计报告、保留意见的审计报告、否定意见的审计报告和无法表示意见的审计报告四种类型。注册会计师在审计过程中，如果无法获取充分、适当的审计证据以作为形成审计意见的基础，但又认为未发现的错报（如存在）对财务报表可能产生的影响重大且具有广泛性，应当发表无法表示意见。[①] 相较于否定意见，无法表示意见的审计报告更多地说明一种不确定性，是指会计师确实没有发现实质上的错报，但是也无法获得充分的证据来出具无保留意见。

在 2013 年的审计报告中，新都酒店第一次被立信会计师事务所出具无法表示意见的审计报告，主要有三个原因：第一，新都酒店涉嫌违规担保。时任公司实际控制人的郭耀名，未经公司董事会、股东大会审议，在上市公司及董事会不知情的情况下擅自以公司名义对外担保，涉案金额巨大。第二，无法确定新都酒店是否恰当记录并充分披露全部关联方交易。第三，无法判断是否还存在其他诉讼、担保情况。

在 2014 年的审计报告中，立信所表示新都酒店前一年暴露出违规担保、关联交易的问题依然存在。加之，新都酒店对其重大资产——"高尔夫物业"计提了约 5200 万元的减值准备，对违规担保预计负债约 3.5 亿元；会计师事务所无法获取充分、适当的审计证据判断上述减值准备和预计负债金额是否充分和恰当。据此，立信会计师事务所在 2014 年继续对新都酒店财务报告出具无法表示意见的审计报告。

（二）重整保壳失败，中介机构齐反水

被暂停上市不可怕，毕竟还有恢复上市的机会；暂停上市后首个年度报告若满足相应的财

---

① 《中国注册会计师审计准则第 1502 号——非标准审计报告》第十三条。

务指标（经审计）且经营状况良好，① 便可以向深交所提出恢复上市的申请。恢复上市的申请还需聘请股份转让服务机构担任其恢复上市的保荐人、聘请律师对有关申请材料审慎审阅并出具其法律意见书。反之，若被暂停上市后首个年度报告依然无法满足要求的财务指标，深交所有权强制该公司退市。于是，新都酒店联合业界龙头天健会计师事务所（以下简称天健所）、广发证券股份有限公司（以下简称广发证券）、北京市金杜律师事务所（以下简称金杜）共同加入了这场"捞壳"运动。

在财务指标方面，天健所对新都酒店 2015 年度财务报告进行审计，出具了带强调性事项的审计报告，认为 2015 年的财务状况全部满足恢复上市的条件。在审计上多次吃亏的新都酒店为确保万无一失，还特意委托了大信会计师事务所（以下简称大信所）进行了专项复核。大信会计师事务所长沙分所针对公司 2014 年、2015 年度高尔夫租金收入 2950 万元可否确认为经常性损益的问题，出具了《深圳新都酒店股份有限公司高尔夫物业租金收入作为经常性损益的复核说明》，认为将高尔夫租金收入 2950 万元作为 2015 年度主营业务收入符合企业会计准则规定（见表1）。②

表1　新都酒店 2015 年度财务数据及重新上市条件的满足情况

恢复上市财务指标要求	财报披露数据（约数）	是否满足
净利润为正值	6971 万元	√
扣除非经常性损益后的净利润均为正值	1256 万元	√
期末净资产为正值	962 万元	√
营业收入不低于 1000 万元	11717 万元	√

资料来源：作者根据新都酒店披露的年度报告等公开信息整理。

在中介机构方面，2016 年 5 月 3 日，广发证券出具了《关于深圳新都酒店股份有限公司之恢复上市保荐书》，认为新都酒店已经具备恢复上市的法定实质条件；并于同日向深交所提出恢

---

① 《深圳证券交易所股票上市规则（2014 年修订）》第 14.2.1 条上市公司因净利润、净资产、营业收入或者审计意见类型触及本规则第 14.1.1 条第（一）项至第（四）项规定情形其股票被暂停上市的，在法定披露期限内披露经审计的暂停上市后首个年度报告且同时符合下列条件的，可以在公司披露年度报告后的五个交易日内向本所提出恢复股票上市的书面申请：（一）最近一个会计年度经审计的净利润及扣除非经常性损益后的净利润均为正值；（二）最近一个会计年度经审计的期末净资产为正值；（三）最近一个会计年度经审计的营业收入不低于一千万元；（四）最近一个会计年度的财务会计报告未被出具保留意见、无法表示意见或者否定意见的审计报告；（五）具备持续经营能力；（六）具备健全的公司治理结构和内部控制制度且运作规范，财务会计报告无虚假记载；（七）不存在本规则规定的股票应当被暂停上市或者终止上市的情形；（八）本所认为需具备的其他条件。

② 此文件已经不再公开。详情见 2017 年 4 月 28 日大信会计师事务所出具的《通知函》，《通知函》明确说明《复核说明》由大信会计师事务所长沙分所出具，现由总所更正；并要求，原出具的《复核说明》不得在任何公开的媒体进行公告。

复上市申请。金杜也出具了《关于深圳新都酒店股份有限公司 A 股股票恢复上市之法律意见书》，认为新都酒店满足重新上市的条件。至此，新都酒店恢复上市的所有条件皆已满足，甚至给自己再吃了一颗定心丸——多拉了一家会计师事务所保驾护航。

2016 年 5 月 9 日，深交所受理新都酒店恢复上市的申请；按规定，应在 30 个工作日内作出是否核准恢复上市的决定。在受理恢复上市申请的第二天，深交所向新都酒店发出了补充材料函，其中要求回复的问题就包括"高尔夫球场"的减值处理及租金的会计处理问题。2016 年 6 月 29 日，新都酒店对上述函件中提出的问题一一进行回复，各中介机构仍然在为上市公司"打包票"，认为其申请恢复上市的材料合理合法。但深交所没有就此罢休，而是书面说明将提请相关机构对新都酒店恢复上市的相关情况进行调查核实；这使得审核的期限被无限制地延长了。[①]

这场拉锯战以中介机构的"反水"终结。2017 年 4 月 25 日，天健所湖南分所出具《调整函》，将新都酒店 2015 年度营业收入中确认的 2014 年度租赁期的高尔夫物业租金收入（1650 万元），从经常性损益事项调整为非经常性损益。2017 年 4 月 28 日，大信所补刀，发出《通知函》，也认定《复核说明》将 2014 年高尔夫物业租金认定为经常性损益不当。紧接着，广发证券"又插一刀"，认为基于上述两会计师事务所的认定，并排除税费影响后，新都酒店扣除非经常性损益后的净利润为负 100 余万元，不满足恢复上市的要求。

至此，三家中介机构对"高尔夫物业"2014 年的租金收入项目进行了调整，直接导致新都酒店 2015 年财务指标不满足恢复上市要求。有趣的是，《调整函》《通知函》的签章主体与最初"打包票"的签章主体都略有不同（见表 2），反水的文件也均没有注册会计师签字。

表 2　审计机构反水前后文件签订主体及出具文件名称

反水前

签章主体	时间	文件名称（简称）
天健会计师事务所总所	2016 年 4 月 25 日	《2015 年度审计报告》
大信会计师事务所长沙分所	（已被删除，无法求证）	《复核说明》

---

① 《深圳证券交易所股票上市规则（2014 年修订）》第 14.2.18 条第一款本所将在受理公司股票恢复上市申请后的三十个交易日内，作出是否同意其股票恢复上市申请的决定。在此期间，本所要求公司提供补充材料的，公司应当在本所规定期限内提供有关材料。公司提供补充材料的期限累计不得超过三十个交易日。公司补充材料期间不计入本所作出有关决定的期限内。《深圳证券交易所股票上市规则（2014 年修订）》第 14.2.19 条本所受理上市公司股票恢复上市申请后，可以聘请具有从事证券、期货相关业务资格的会计师事务所就公司盈利等相关情况的真实性进行调查核实。本所聘请会计师事务所进行调查核实期间不计入本规则第 14.2.18 条所述本所作出有关决定的期限内。

续表

反水后

签章主体	时间	文件名称
天健会计师事务所湖南分所	2017 年 4 月 25 日	《调整函》
大信会计师事务所总所	2017 年 4 月 28 日	《通知函》

资料来源：作者根据新都酒店披露的年度报告等公开信息整理。

对于上述认定，新都酒店一律出具了不予认可的公告，唯一没有反水的金杜就此保持沉默。2017 年 5 月 16 日，深交所发文认可各中介机构的认定。由于财务指标不满足恢复上市的条件，深交所对新都酒店依法作出股票终止上市的决定。一场重组保壳大戏就此画上失败的句号。

二、 一个会计科目撬动的上市公司

（一）关联交易一波三折，租金收入惹争议

如前所述，三家中介机构反水的焦点在于"高尔夫球场"2014 年的租金收入。实际上，2013 年、2014 年立信所出具的《审计报告》中对此项目早有担忧，这也是 2014 年新都酒店被出具"无法表示意见"的原因之一。新都酒店显然对此项目也忧心忡忡，在申请恢复上市时特意聘请机构审计机构对该项目进行专项复核。那么，我们首先来看看此会计科目是如何发生的。

此会计科目的发生源于 2013 年 6 月 26 日新都酒店的一场关联交易，三方签订了《房屋转让协议》。当时，新都酒店购买了原属惠州高尔夫球场有限公司（以下简称惠州高尔夫）的一处"高尔夫球场"，并承接了该房产的租赁合同。惠州球场的实际控制人正是新都酒店实际控制人郭耀名先生。承租方为惠州怡海房地产开发有限公司（以下简称惠州怡海）。惠州怡海的董事之一郭赞楼为郭耀名的弟弟[①]（见图 1）。

本次交易协议的主要内容：第一，标的转让价款约为 1 亿元；第二，新都酒店承接租赁合同，自 2012 年 7 月 1 日起租期 10 年，租金为首年 2000 万元，每 3 年递增 10%；第三，附有解除条款和回购条款，约定与承租方惠州怡海的租约失效时，新都酒店有权要求原出售方回购房产。

结合公司财报，这次关联交易似乎有些端倪。"高尔夫球场"的租售比高达 20%，每 3 年租金还会增加 10%，当这个"获利颇丰"的租约失效时，新都酒店还有权要求原出售方回购房产，颇有向上市公司输送利益之嫌。2013 年，在收到"高尔夫球场"产生的 1000 万元租金后，新都酒店的年度净利润仅为 348.62 万元。也就是说，要是当年没有投资这个房地产，新都酒店在

---

① 参照 Wind 资讯新都退市公告，《北京金诚同达（深圳）律师事务所关于深圳新都酒店股份有限公司拟受让惠州高尔夫球场有限公司物业的相关事宜之法律意见书》（金诚同达深法意字〔2013〕第 009 号）。

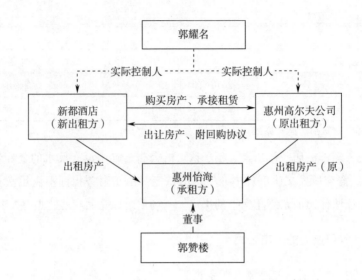

资料来源：作者自制。

图1　《房屋转让协议》中三方法律关系及控股关系

2013 年净利润为负，直接满足深交所决定"退市风险警示"的标准。可惜的是，关联方的这一番操作引起了当时聘请的会计师事务所的警觉，最终让新都酒店戴上了"ST"的帽子。

惠州怡海承租该物业后支付了 2013 年下半年租金 1000 万元。但自 2014 年起，这场交易就风波不断。首先，2014 年 8 月 1 日，惠州怡海未能履行租赁协议支付租金，逾期 6 个月后触发了租赁协议中的合同解除条款，同时触发了新都酒店与惠州高尔夫签订的回购条款。三方达成回购协议，回购价款约为 1.1 亿元。2014 年年末前，新都酒店收到回购款 600 万元。由于触发了回购条款，新都酒店在 2014 年度对"高尔夫球场项目"按 50% 计提减值准备约 5200 万元。

2015 年 12 月 17 日，由于"惠州高尔夫又无力履行回购协议"，回购被终止。三方再次协议由惠州高尔夫向新都酒店支付 2014 年上半年的租金 1000 万元、[1] 惠州怡海承诺于 2015 年 12 月 31 日之前直接向新都酒店支付 2014 年下半年租金 650 万元，2015 年全年租金 1300 万元。[2]

但这个重新约定的租赁协议并未实际履行，换句话说，协议的当事人也许根本没想履行。因为就在签订《租赁合同》的当天——2015 年 12 月 17 日，新都酒店便与重整人泓睿天阗签订了《资产转让协议》，约定将惠州高尔夫会所房产转让给泓睿天阗，转让价格为 1.4 亿元，包括房产价款约 1 亿元、代付 2014 年上半年度租金 400 万元（2014 年上半年租金 1000 万元 – 600 万元回购款）、代付 2014 年下半年度租金 650 万元、2015 年度租金 1300 万元和房产所涉税费。实际

---

① 按原《高尔夫球场俱乐部租赁合同》规定的租金。

② 按照回购协议，租金价款自 2014 年下半年变为 1300 万元/年。

上，早在 2015 年 9 月 15 日，深圳市中院就受理了新都酒店破产重整的申请，并于 2015 年 12 月 15 日裁定批准了《重整计划》。这使得 2015 年 12 月 17 日签订的《租赁合同》给人一种"多此一举"的感觉。重整人大可直接购买此资产，并代付"回购款"；或者直接承接惠州高尔夫和惠州怡海的债权债务。这个《租赁合同》的意义似乎只是将这笔钱的性质通过合同确认为"租金收入"。那么新都酒店这么做的理由是什么呢？答案可能是，凭此可以将 2014 年、2015 年高尔夫球场租金收入归为 2015 年新都酒店的营业收入（见表 3）。

表 3　"高尔夫球场"项目相关时间点

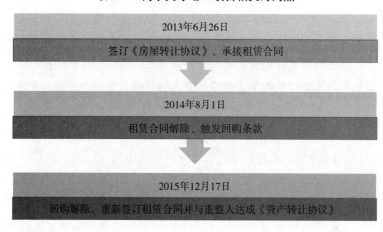

资料来源：作者自制。

（二）2014 年"租金"的经常性损益与否之争

1. 新都酒店的逻辑——营业收入说。若将 2014 年的 1650 万元的租金收入确认为 2015 年的营业收入，则"扣除非经常性损益后的净利润"无须扣减上述损益，结果也就是我们上文所述的该项目为正。若将其确认为非经常性损益，"扣除非经常性损益后的净利润"项目则需要扣除这部分损益，而将该笔收入扣除后，新都酒店就不再满足财务指标，也就不能恢复上市了。

根据中介机构、深交所的表述，2015 年（1300 万元）确实可以落入"营业收入"的范围。实际上，重整人代为支付的 2015 年度的租金在 2015 年实际发生、在 2015 年确认，作为 2015 年营业收入计入经常性损益有一定说服性，笔者在此不作细致讨论。重点在于 2014 年的租金收入问题。

笔者试着从新都酒店的角度来解释该笔租金的会计处理。由于发生了回购事项，2014 年的租赁收益权（1650 万元）及可收回性变得不明确，新都酒店在当时确实无法将其计入 2014 年的营业收入。2015 年回购事项解除，新都酒店继续对高尔夫球场享有所有权。三方重新签订租赁协议后，重整人同意代付 2014 年度的租金 1050 万元，重整协议中还约定新都酒店 2014 年收到的 600 万元"回购款"抵扣 2014 年租金。至此，高尔夫球场 2014 年产生的租金在 2015 年可以完全收回。由于租赁业务属于新都酒店正常经营范围，1650 万元租金在完全收回后变得明确，所以新都酒店将其计入了 2015 年度的营业收入。

2. 权责发生制视角——非经常性损益说。但在新都酒店的逻辑当中，有几点明显的问题。根据《公开发行证券的公司信息披露解释性公告第 1 号——非经常性损益（2008）》（以下简称 1 号文），非经常性损益是指与公司正常经营业务无直接关系，以及虽与正常经营业务相关，但由于其性质特殊和偶发性，影响报表使用人对公司经营业绩和盈利能力作出正常判断的各项交易和事项产生的损益。一般来说，营业外收入属于非经常性损益。1 号文同时列举了 20 项非经常损益包括的项目，再加上一个兜底条款："其他符合非经常性损益定义的损益项目"。从定义来分析，非经常损益的特点分为以下三个方面：第一，与公司正常经营业务无直接关系的损益为非经常性损益；第二，与公司正常经营业务相关，但是其性质特殊和具有偶发性的，为非经常性损益；第三，该损益如不作为非经常性损益披露，就会影响报表使用者对公司未来经营业绩及盈利能力的判断。

关于第一点，由于新都酒店的经营范围包括自有场地出租，从表面来看新都酒店高尔夫球场租金收入 1650 万元与正常经营业务直接相关。新都酒店也反复以此点强调该租金收入属于营业收入。关于第三点也是比较明确的，这 1650 万元可以直接影响上市公司年度扣非利润的正负，应属影响报表使用人对公司经营业绩和盈利能力作出正常判断的各项交易和事项产生的损益。所以，问题在于该收入的性质是否"特殊和具有偶发性"，而新都酒店逻辑的漏洞也在此。

首先，根据权责发生制，凡是当期已经实现的收入和已经发生或应当负担的费用，不论款项是否收付，都应当作为当期的收入和费用；凡是不属于当期的收入和费用，即使款项已在当期收付，也不应当作为当期的收入和费用。[1] 也就是说，无论后面发生什么样的变化，2014 年产生的租金就应当计入 2014 年的利润表。如果由于种种原因没能在 2014 年确认"租金收入"，也就从侧面证明了该收入是"特殊和具有偶发性"。

其次，2015 年确认的 2014 年产生的 1650 万元租金不具有一贯性。在新都酒店的会计报表中，2013 年的租金在 2013 年度进行了确认、2015 年的租金在 2015 年度进行了确认。这笔租金收入没有延迟确认的一贯处理方式，具有偶发的性质。

最后，从时间线来看，2014 年 7 月 1 日，在惠州怡海违约前租金实际产生，即便承租方违约无法按时履行支付租金的义务，也应当将租金计入应收账款。2014 年 8 月 1 日出现了回购事项，新都酒店不能再收取 2014 年度的租金，该应收账款应当在期末进行坏账准备相关处理。2014 年年末前，新都酒店仅收到回购款 600 万元。针对这 600 万元，新都酒店可以有两种处理：第一，由于回购方未按照《回购协议》约定按期支付回购款，新都酒店在 2014 年末对"高尔夫球场项

---

[1] 《企业会计制度》（财会〔2000〕25 号）第十一条第八款。

目"按物业原价的50%计提了减值准备约5200万元。① 而2014年收到的600万元回购款可以冲减该减值准备。当然，这个减值准备的计提匪夷所思，即便是回购方无法支付回购款，也很难解释直接按照物业原价的50%计提重大资产减值准备。这也是立信会计师事务所当年作出"无法表示意见"审计报告的原因之一。第二，即便是不将其冲减坏账准备，这600万元也属于"回购款"，是"处置固定资产所得"。根据1号文，"处置固定资产所得"属于"非经常性损益"，并且该收入在2014年的时候就应当确认完毕，无论如何也不应当出现在2015年的财务报表中。

2015年，2014年剩余的1050万元租金收回，本应当将坏账准备转回2014年的"应收账款"科目。但从目前披露的文件来看，新都酒店似乎并未在2014年将此租金计入应收账款，也没有进行坏账准备处理。那么我们只能有两种解释：第一，租金的坏账准备包含于5200万元的减值准备当中，那么在2015年收到的2014年租金收入应当冲减2014年度没有冲减完毕的资产减值准备。根据1号文规定，冲减的减值准备应当属于"非经常性损益"。第二，若此1050万元不包含其中，则说明新都酒店在2014年度的会计处理中没有对租金收入有所预期。毕竟，若是新都酒店将租金计入了"应收账款"，年末确定了钱无法收回，为了会计平衡也应当进行资产减值损失的处理。既然没有将其纳入"应收账款"，说明对收回没有预期，那在2015年将剩余的1050万元租金全部收回，则明显具有偶发性。

综上所述，笔者认为中介机构反水后对该项目的认定是有一定道理的。问题是，在适用会计准则未变的情况下，为何两家会计师事务所在初次认定的时候都将其归于营业收入呢？这是因为新都酒店的这种会计处理，并不属于严格意义上的"财务造假"。② 本案的经济交易本身是真实的，但是会计处理可能是不正确的，所以不论错误的会计处理是基于何种原因发生的，对处理正确与否的判断都只是在对会计技术问题进行裁断。③ 在这种会计争议下，我们无法像在交易虚假的场合那样肯定地说：会计资料是虚假的。④ 一般地，证券监管仅将上市公司财务造假归入"虚假陈述"案件，从而追究行政责任。针对会计争议事件，证券监管者需要另行判断，有时需要由会计准则的制定者加以解释、澄清，或者在尚无会计准则可资适用时，会计争议可能就会一

---

① 《企业会计制度》（财会〔2000〕25号）第五十六条，企业应当在期末对固定资产逐项进行检查，如果由于市价持续下跌，或技术陈旧、损坏、长期闲置等，导致其可收回金额低于账面价值的，应当计提固定资产减值准备。

② 狭义的财务造假是指财务报表对上市公司的财务状况作了虚假的或与事实不符的陈述，而广义的财务造假还包括由于公司内部人侵占资产而导致公司经正常财务会计程序生存的财务报表信息与实际不符的情况。参见刘燕. 从财务造假到会计争议——我国证券市场中上市公司财务信息监管的新视域 [J]. 证券法苑，2012 (7).

③ 刘燕. 走下"自由裁量权"的神坛——重新解读凯立案及"自由裁量权"之争 [J]. 中外法学，2002 (5).

④ 同上注。

直争议下去了。① 各中介机构和各关联交易方正是利用这点，企图蒙混过关，"装饰"上市公司报表。凭借着超高的投资回报率，新都酒店 2013 年投资该项目获得的租金成功将公司净利润扭亏为盈，避免了连续两年净利润为负的窘境。2014 年该租金没能收回，公司计提了 5200 万元的减值准备，这一年新都酒店亏损额高达约 4.5 亿元。而将亏损集中到一年可以缓解下一年度的财报压力。2015 年该项目再为公司恢复申请上市作出贡献，确定了 2014 年租金收入 1650 万元，使得公司"表面上"满足了扣除非经常性损益后的净利润指标。

实际上，2013 年、2014 年两年，立信所均对此项目提出了异议。结果就是在新都酒店恢复上市的过程中，新都酒店改聘了天健所。可惜的是，该项目有关操作实在过于扎眼，连上市公司自己也明白，所以才又拉了一家会计师事务所保驾护航。然而这种操作显然不能蒙蔽深交所，深交所刨根问底的态度和监管的趋严让中介机构惴惴不安，所以最终反水以自保。

三、 怒告中介机构和深交所

在被强制终止上市后，新都酒店并没有安静处理退市事宜，而是采用诉讼和仲裁的方式起诉了相关中介机构和深交所。2017 年 5 月 12 日，新都酒店公布重大诉讼公告，称已将审计事务所天健及复核会计师事务所大信所分别进行申请民事仲裁及诉讼，申请要求天健所返还审计费用 240 万元并赔偿经济损失 346.2 万元，大信所返还审计费用 12 万元；并且，要求判令二被告在全国性证券类报纸向原告及原告全体股东登报道歉。广发证券也难以逃脱新都酒店怒火的波及。新都酒店申请仲裁，要求广发证券退还上市推荐费 200 万元并赔偿违约金 150 万元，并且要求被申请人在全国性证券类报纸向申请人及申请人全体股东登报道歉。除此之外，深圳市中级人民法院网站显示，新都酒店已对深圳证券交易所提起行政诉讼，案件已经正式立案。

（一）中介机构的民事责任

新都酒店对中介机构提起的是民事诉讼。说到中介机构的民事责任，业界讨论较多的是针对投资者的侵权责任，尤其是中介机构虚假陈述对投资者的民事责任。基于投资者保护的考虑，加之中介机构具有信息优势，现行法律对中介机构侵犯投资者权益的民事侵权责任多有规定。但对证券业务当中的另一个角色——上市公司似乎关注较少。

1. 审计机构的民事责任。《注册会计师法》第十六条规定："注册会计师承办业务，由其所在的会计师事务所统一受理并与委托人签订委托合同。会计师事务所对本所注册会计师依照前款规定承办的业务，承担民事责任。"所以，审计业务当中注册会计师与客户之间是一种基于委托合同产生的委托关系。在审计业务当中，基于委托合同关系产生的义务可以分为两类，履约义

---

① 刘燕. 从财务造假到会计争议——我国证券市场中上市公司财务信息监管的新视域 [J]. 证券法苑，2012（7）.

务和基于专家职责的高度注意义务。① 也就是说，注册会计师在进行审计工作的过程中，不仅仅要满足审计业务协议的明示规定，还应当满足法律法规的规定，即"勤勉尽责"的职责。如果注册会计师执业过程中未尽"勤勉尽责"的义务，给客户造成损失，则可能产生违约责任或侵权责任。《注册会计师法》第四十二条规定："会计师事务所违反本法规定，给委托人、其他利害关系人造成损失的，应当依法承担赔偿责任。"

《中国注册会计师审计准则第 1101 号》（以下简称《审计准则 1101 号》）中，对注册会计师在执行财务报表审计工作时的合理保证、职业判断、职业怀疑进行了要求。在计划和实施审计工作时，注册会计师应当保持职业怀疑，认识到可能存在导致财务报表发生重大错报的情形，综合运用相关知识、技能和经验进行职业判断。本案并不涉及审计程序规范问题，仅在于审计机构和专项复核机构对于财务报告中"高尔夫球场"项目的认定并未提出异议。值得讨论的是上述两家机构是否保持了职业怀疑态度。

职业怀疑态度是指注册会计师以质疑的思维方式评价所获取审计证据的有效性，并对相互矛盾的审计证据，以及引起对文件记录或管理层和治理层提供的信息的可靠性产生怀疑的审计证据保持警觉。② 新都酒店出具的《深圳新都酒店股份有限公司 2015 年年度报告》属于客观存在的文件，上市公司已经提供了真实有效的财务会计资料供审计机构进行审计。如若我们认定发布的第二次意见更加合理，毕竟深交所也对此予以认定，则上市公司的财务报告将上述"高尔夫项目"租金认定为营业收入存在错报。在实事情况、客观文件和会计准则没有任何改变的情况下，两所至少没能在初次对财务报告进行审计和复核时，发现财务报告可能存在错报。尤其，上市公司本身对于"高尔夫球场"项目的认定有所怀疑，还特意委托了大信会计师事务所对此项目专门进行了复核。在确实存在会计争议的时候，会计师事务所可以请示具有解释权的会计主管部门进行认定。故笔者倾向于认为，两家中介机构在履行合同义务当中有所瑕疵。但本案产生的是一个会计争议，是一个技术性问题。在审计师对会计争议进行判断时，本身就可能产生一定的偏差。正如上文所述，一般监管机构仅针对"财务造假"情况才会追究审计部门的行政责任。那么，如果仅对会计规则的适用产生有偏差的判断，不追究行政责任，是否可以追究民事责任呢？如果明确可以追究民事责任，是否过于加重了审计师的责任，从而导致滥诉呢？这个问题的判断将会改变证券市场当中"看门人"的具体角色，所以司法部门对此的判断意义重大。

2. 保荐机构的民事责任。对保荐机构民事责任的讨论，基本承接上文的思路。从合同法的角度来说，保荐机构与客户之间是一种基于《保荐业务协议》产生的委托关系。保荐机构在履行合同明示义务的同时，也要履行法律法规中规定的职责。恢复上市的保荐业务协议中保荐人

---

① 文建秀. 证券市场信息披露中注册会计师的法律责任 [M]. 北京：法律出版社，2003：168－169.

② 《中国注册会计师审计准则第 1101 号》第十二条。

的主要义务之一是尽职推荐上市公司恢复上市。本案中，广发证券明确表示其反水是基于两家会计师事务所对"高尔夫球场"项目的"非经常性损益"认定。实际上，相关法律法规均强调了保荐人在尽职调查当中应当独立判断、审慎核查，不应完全依赖其他中介结构的意见。① 《深圳证券交易所股票上市规则》中对恢复上市中保荐人尽职核查内容也作出了规定，其中就包括收入确认、非经常性损益是否合规。② 可见，即使审计工作由会计师事务所来承担，保荐人仍然需要对特定事项进行独立判断，不能仅根据会计师事务所的意见作出结论。

另外，新都酒店认为，广发证券向深交所撤回由其出具的与申请人恢复上市相关申请文件之前，并未与公司沟通，存在严重过失。在实事方面，笔者认为新都酒店的意见有一定可信性。大信所和广发证券是在天健所反水后三天，并且是同一天发出了调整的说明。事情发展之迅速，确实让人怀疑广发证券是否对此与新都酒店进行了充分的协商。可问题在于，在恢复上市的过程中，保荐机构是否有与上市公司沟通的责任呢？

答案是肯定的。在保荐机构尽职调查的过程中，与上市公司保持沟通，根据询问、沟通的方式核查相关事实是非常常见的。《保荐尽调准则》在第七章专门规定了保荐人对财务与会计调查的准则，强调了财务分析要和发行人实际业务情况相结合。在异常财务事项或财务报表被出具非标准审计报告时，应当向董事会、监事会、业务人员等进行询问。本案中，"高尔夫球场"项目的确定，直接影响了新都酒店恢复上市，保荐机构确实有必要对相关情况进行了解，再作出决定。

（二）证券交易所的行政责任

本案中，深交所其实算是公事公办。《证券法》第五十六条赋予了证券交易所根据其上市规则决定终止股票上市交易的权利。根据各审计机构和保荐机构的结论，新都酒店被暂停上市后

---

① 《保荐管理办法》第二十九条：保荐人应当结合自身尽职调查过程中获得的信息，对有证券服务机构及其签字人员出具专业意见的内容进行审慎核查，对发行人提供的资料和披露的内容进行独立判断，如果与证券服务机构的专业意见存在重大差异，还应当就有关事项进行调查、复核，并且可以聘请其他证券服务机构提供专业服务。此外，《保荐尽调准则》在总则对发行人公开发行募集文件中有中介机构及其签名人员出具专业意见的内容，保荐人应当结合尽职调查过程中获得的信息对专业意见的内容进行审慎核查。对专业意见存有异议的，应当主动与中介机构进行协商，并可要求其作出解释或出具依据；发现专业意见与尽职调查过程中获得的信息存在重大差异的，应当对有关事项进行调查、复核，并可聘请其他中介机构提供专业服务。

② 《深圳证券交易所股票上市规则》第14.2.8条保荐人在核查过程中，至少应当对下列情况予以充分关注和尽职核查，并出具核查报告：……（二）公司财务风险的情况：包括收入确认、非经常性损益是否合规，会计师事务所出具的非标准无保留审计意见涉及项对公司是否存在重大影响，公司对涉及明显违反会计准则相关信息披露规范性的事项进行纠正和调整的情况等；……

首个年度报告依然无法满足财务指标的要求，深交所有权强制公司退市。[①] 鉴于相关起诉材料并未披露，笔者仅在此猜测新都酒店提起行政诉讼的理由可能有三：

第一，新都酒店一直对两审计机构反水后的认定不服。2017 年 5 月 12 日，新都酒店公布的重大诉讼公告称已对审计事务所天健及复核会计师事务所大信所分别进行申请民事仲裁及诉讼，案件正式进入司法程序。而深交所作出退市决定的时间是 2017 年 5 月 16 日。这里就涉及针对审计结果还有争议的情况下，交易所是否可以直接作出上市公司退市的决定？或是需要等新都酒店与中介机构之间的司法程序走完再作决定？从目前披露的文件来看，深交所本身就倾向于认定该租金收入不属于营业收入，在法定期间内作出决定并无不可。如果上市公司可以使用民事诉讼的方式拖慢退市进度，也确实不太合理，所以这种诉求可能很难得到法院的支持。

第二，作出相反结论的两家会计师事务所在第二份文件中均无注册会计师签字，也与第一次作出结论的会计师事务所并非"同一家"。《财政部关于注册会计师在审计报告上签名盖章有关问题的通知》（财会〔2001〕103 号）明确规定："审计报告应当由两名具备相关业务资格的注册会计师签名盖章并经会计师事务所盖章方为有效。"本来，在《通知函》和《调整函》中，如果是作为审计报告的修正，即便没有注册会计师的签字，也可以解释为在第一份报告中签字的两名会计师对此审计报告继续负责。然而，本案中两审计机构反水后的报告，都利用"总所与分所"的细微差别，改变了文件的签章事务所。两审计机构的组织形式为特殊普通合伙人，而两分所均是总所的分支机构。企业法人分支机构只是企业法人的组成部分，没有法人资格，不能独立承担民事责任，但其可以以自己的名义进行民商事活动。[②] 会计师事务所为客户提供专业知识和技能，所以通常采用特殊普通合伙制，人合性更弱，在民商事活动中更加独立、自主。本案中涉及的两个分所都曾独立为上市公司提供审计服务，采用独立的编号和证照，可见总所和分所之间的工作不能混淆。即便最终仍由总所承担民事责任，但在经营过程中各会计师事务所的经营活动应当以自己的名义进行。所以，反水的文件至少存在两个问题：一是更换了签章机构；二是无法确定背书的注册会计师，抑或根本没有注册会计师对其背书。这导致反水文件的效力存在瑕疵。而在这种情况下，深交所直接认定了反水文件结论的行为就有待考究。

第三，还是回到会计科目认定本身。在《深交所依法作出*ST新都股票终止上市决定》当

[①] 《深圳证券交易所股票上市规则（2014 年修订）》第 14.4.1 条上市公司出现下列情形之一的，本所有权决定终止其股票上市交易：……公司因净利润、净资产、营业收入或者审计意见类型触及本规则第 14.1.1 条第（一）项至第（四）项规定情形其股票被暂停上市的，暂停上市后首个年度报告显示公司净利润或者扣除非经常性损益后的净利润为负值；……

[②] 《中华人民共和国企业法人登记管理条例（2016 年修订）》第三十四条第一款，企业法人设立不能独立承担民事责任的分支机构，由该企业法人申请登记，经登记主管机关核准，领取《营业执照》，在核准登记的经营范围内从事经营活动。

中，深交所说明，上市委员会对公司股票恢复上市申请进行过审议。也就是说，深交所是认可各中介机构调整后的材料的。如果新都酒店对这个认定不服，也有可能据此状告深交所，要求其撤回退市决定。

四、结语

新都酒店的退市颇有悲剧的色彩。监管紧缩让中介机构如履薄冰，在会计准则完全没有改变的情况下，上述中介机构不惜面临被市场"诟病"的下场和上市公司对其的诉讼、仲裁，仍然要更改其出具的意见，这是监管风暴下的自保行为。毕竟上市公司聘用的中介机构在关键时刻反水，还是会让市场怀疑相关中介机构的"靠谱程度"。这恐怕也是为什么在第二份文件中，没有注册会计师愿意直接签字背书。其实，在"捞壳"行动中，具有专业知识和技能的保荐机构、审计机构、律师事务所等中介机构作为上市公司的"被雇佣者"，经常与上市公司是"统一战线"的。在本案中，这表现为中介机构在会计争议及证券市场法律、法规存在模糊的情况下，针对这些模糊及争议，依据其专业技能和职业判断，作出了有利于上市公司判断。[1] 若中介机构真的是"共谋人"之一，甚至整个套路就是各中介机构和上市公司商议得出的结果，那么中介机构为了自己的利益临时倒戈，不仅不需要承担上市公司被强制退市的任何损失，还获得了深交所"点名表扬"，这似乎确实会让"上市公司"有点委屈。在证券市场中，风险和收益应当是并存的，如果可以证明中介机构在明知"风险"存在的情况下，依旧冒着"风险"为上市公司作背书，那事情没做成，上市公司是否有权利将损害结果转嫁一部分给中介机构呢？或者至少收回中介费用，以及获得一句道歉呢？其实，这个判断和中介机构在面对"操作空间"时作出的判断一样，是一个令人纠结的选择题，而这一切只能等待法院的判决给我们答案。

从另一个角度来讲，除去充满戏剧性的反转，新都酒店的自身经营不善问题才是其退市的根本原因。作为走过 20 余年岁月洗礼的老牌酒店，新都酒店的硬件配套措施早已逐渐丧失竞争优势。从 2000 年开始，新都酒店的业绩就开始下滑，单纯反映企业经营业绩的指标——扣除非经常损益后的净利润在 2006—2014 年间持续为负。[2] 2011 年，一直谋求与资本市场接轨的光耀地产加速全国布局，将新都酒店作为其曲线上市的渠道。[3] 在新都酒店被收购后的 3 年里，光耀对其累计投入约 10 亿元，但因酒店业与光耀的房地产背景不兼容，政策不支持这项重组上市。其实，光耀地产在 2009 年便欲借壳 *ST 天目药业，但因国家房地产调控而终止重组；随后，光

---

① 吕楠楠. 证券市场中介机构角色冲突论 [D]. 吉林大学博士学位论文，2016.

② 数据来源："Wind 资讯"新都退财务摘要板块。

③ 新都退这样练成今年"退市第一股"：6 年前光耀地产入主后疯狂举债 [OL]. http://m.nbd.com.cn/articles/2017 – 05 – 24/1110112. html，2017 年 6 月 19 日最后访问。

耀地产又收购了一家杭州上市公司，还是未能成功上市；2011 年，光耀地产又在湖南耗资 2 亿元购得两矿井，想通过矿业重组上市，但由于矿业走下坡路，投资再次付之东流。光耀地产四度购壳均以失败告终，为公司的财务状况增加了巨大压力，使其陷入了资金危机。[①] 为了拯救自己，光耀地产只能将新都酒店拖下水，也就有了前述的违规担保旋涡。当然，为了保住新都酒店，光耀地产其实作出了很多努力，通过关联交易提升公司的盈利指标，积极承担违规担保责任等。但由于上市公司自身经营状况欠佳，新都酒店只能通过关联交易"高尔夫球场"项目来"改善"财务指标以满足恢复上市条件。经营状况每况愈下的上市公司不舍得退市，而以房地产为主营的"暴发户"公司又急于上市融资，借壳上市成为它们各取所需的灵丹妙药，谁料政策监管又为其打上了死结。这样看来，新都酒店的故事不仅有关于强制退市制度、中介机构的角色冲突、上市公司的利润困境，甚至可以延伸至故事的开始——上市制度，以及整个资本市场当中借壳上市的悖论。也许，只有当上市公司专注于完善经营、提升业绩、增强自身竞争力，上市、退市制度逐渐完善，上市公司"有进有出"井井有条之时，这种死结才可以真正打开吧。

---

① 光耀地产救赎：高层称媒体过度解读公司被"消费" [OL]. http：//finance. ifeng. com/a/20140526/12406920 _0. shtml，2017 年 6 月 19 日最后访问。

上市公司以股代息法律问题研究

■ 卢欣怡*

摘要： 2013 年，国务院首次提出在我国内地探索建立上市公司"以股代息"制度。迄今为止，相关实施细则尚未出台。本文以国务院上述意见为切入点，梳理和分析我国上市公司股利分配监管政策，研究"以股代息"的运作模式和功能价值，探讨未来在我国上市公司中倡导"以股代息"制度的可行性。

关键词： 上市公司　股利分配　以股代息

上市公司股利分配是公司重要的财务决策，也是法律和监管重点关注的问题。2013 年 12 月 27 日，国务院《关于进一步加强资本市场中小投资者合法权益保护工作的意见》指出："建立多元化投资回报体系。完善股份回购制度，引导上市公司承诺在出现股价低于每股净资产等情形时回购股份。研究建立'以股代息'制度，丰富股利分配方式。对现金分红持续稳定的上市公司，在监管政策上给予扶持。制定差异化的分红引导政策。完善除权除息制度安排。"

"以股代息"作为国外资本市场常见的一种股利分配方式，对于我国内地资本市场而言，却有相当的陌生感。时隔数年，"以股代息"相关的实施细则仍未出台，A 股上市公司中也未见付诸实践的案例。令人好奇的是，国务院提出建立"以股代息"制度的初衷是什么？实践中导致这项倡议处于"搁浅"状态的原因何在？"以股代息"对我国内地资本市场有哪些实践意义？要解决这些困惑，还须从我国对上市公司股利分配的监管脉络谈起。

一、　监管视角下的上市公司股利分配

在我国内地资本市场建立之初，证券监管部门并未对上市公司股利分配方式作出强制要求。从 2001 年至今，证券监管部门直接对上市公司股利分配进行监管，监管的内容大多集中在现金分红方面。这样的倾向性诚然是针对多年来许多上市公司热衷于送转股却吝于现金分红的应对之策，也体现了监管层对于股利分配的认识和导向——在监管层看来，现金分红是回报投资者

---

* 北京大学法学院 2017 级金融法方向法律硕士（法学）。

的基本方式，有利于培育价值投资理念，吸引长期资金入市，也有利于保护投资者利益。

（一）监管政策回顾

证监会针对上市公司股利分配的规定主要包括：

第一，建立健全与融资需求相挂钩的引导现金分红制度，包括：（1）2001 年《上市公司新股发行管理办法》规定上市公司申请再融资时，须重点关注最近三年未有分红派息的情况；（2）2004 年《关于加强社会公众股股东权益保护的若干规定》明确上市公司最近三年未进行现金利润分配的，不得向社会公众增发新股、发行可转换公司债券或向原有股东配售股份；（3）2006 年《上市公司证券发行管理办法》要求上市公司发行证券须符合"最近三年以现金或股票方式累计分配的利润不少于最近三年实现的年均可分配利润的百分之二十"；（4）2008 年《关于修改上市公司现金分红若干规定的决定》将上述规定修改为："最近三年以现金方式累计分配的利润不少于最近三年实现的年均可分配利润的百分之三十。"

第二，完善公司利润分配的决策机制，具体为：（1）2004 年《关于加强社会公众股股东权益保护的若干规定》，要求上市公司应当将其利润分配办法载明于公司章程；（2）2012 年《关于进一步落实上市公司现金分红有关事项的通知》，进一步规定了公司利润分配的决策机制。

第三，提高公司现金分红政策的透明度，主要涵盖：（1）2004 年《关于加强社会公众股股东权益保护的若干规定》，要求上市公司在定期报告中披露未作出现金利润分配预案的原因；（2）2008 年《关于修改上市公司现金分红若干规定的决定》，要求上市公司对利润分配预案、现金分红政策的执行情况进行披露；（3）2012 年《关于进一步落实上市公司现金分红有关事项的通知》，将首次公开发行股票公司和控制权发生变更的上市公司也纳入了现金分红的监管范围。

第四，实行差异化现金分红引导政策，体现在 2013 年《上市公司监管指引第 3 号——上市公司现金分红》区分公司所处的三个阶段，提出差异化的现金分红引导政策。

（二）监管政策评价

从近年来的规定可以看出，监管层对上市公司现金分红的监管更加严格，也相继出台了一些政策促进现金分红监管政策的有效实施。[①] 但是，这样的现金分红政策存在一定的问题，由于各家上市公司在业务类型、业绩和所处发展阶段等方面都存在差异，不同公司倾向于实施的股利分配政策也不尽相同；同时，不同投资者在资金实力、投资需求等方面也存在差异，对于股利分配方式存在不同的偏好。企业经营发展的实际情况、股东的要求和意愿、社会资金成本、外部融资环境等因素都将影响公司的股利分配政策。因此，在"众口难调"的情形下，看似最能够

---

① 例如，证监会《关于修改〈上市公司非公开发行股票实施细则〉的决定》出台后，提高了上市公司通过非公开发行进行再融资的门槛，限制了上市公司利用非公开发行绕过当前现金分红政策对再融资的制约。

回报投资者的现金分红方式，其实也不能满足所有投资者的需求。实践中，出于对公司前景的乐观预期而在现金分红后继续买入公司股票的投资者大有人在；而"一刀切"的现金分红政策也使得一些处于高速成长期、急需更多资金投入生产经营的公司左右为难。也正是在此背景下，监管层提出了优化回报机制的系统性制度安排，[①] 推行"以股代息"的倡议应运而生。

二、"以股代息"的运作模式

"以股代息计划"（Scrip Dividend Scheme）是一种在英国、中国香港、新加坡、澳大利亚等国家和地区的上市公司中常见的股利分配方式。[②] 它是一种可供股东自由选择的方案，在公司股利分配时，选择该计划的股东可以获得公司发行的新缴足的普通股，以全部或者部分取代现金股利。该计划使得股东无须付出印花税、经纪费及相关交易成本，即可获得公司发行的新股。未选择该计划的股东，将获得以现金形式发放的股息。[③] 股东可以选择以持有的全部或者部分股份参与以股代息，也就是说，股东获得股利可能存在三种情况：全部现金股利、全部股票股利、部分现金股利加部分股票股利。简言之，"以股代息"是一项让股东可以选择以股票代替现金的形式获得股息的方案，将收取现金或股票的选择权赋予股东。"以股代息"通常包括如下四个环节。

（一）参与和退出

"以股代息计划"面向公司全体股东，有意参与的股东需要在公司指定的"以股代息选择日"截止时间之前提交申请表，在申请表上勾选参与"以股代息"并填写参与"以股代息"的持有股份数量。迟交或未交申请表的股东将自动获得现金股息。

股东可以选择一次性"以股代息"，也可以选择永久性"以股代息"。选择一次性"以股代息"的股东在之后的股利分配中仍需作出是否参与的选择，选择永久性"以股代息"的股东在之后的股利分配中无须再填写申请表，即可自动收取股票股利；这一永久性选择可以通过提交书面通知的方式进行撤销。股东可以申请退出"以股代息计划"，具体申请流程因各公司规定

[①] 赵立新. 大力优化上市公司投资者回报机制［OL］. http：//finance. jrj. com. cn/2015/02/12144318857563. shtml，2018 年 2 月 1 日最后访问.

[②] 在英国，包括英国国家电网（National Grid）、英国石油公司（BP）、南苏格兰电力公司（SSE）、桑坦德银行（Santander）、Segro 不动产投资信托公司、New river 不动产投资信托公司、Hiscox 保险公司、MedicX 医疗保健基金公司、ConvaTec 医疗技术公司、British land 房地产开发公司、国际海事卫星组织（Inmarsat）在内的上市公司都采用了"以股代息"方式。此外，在我国香港上市的汇丰控股（HSBC）、东亚银行、香港交易及结算所有限公司（HKEX）、香港港铁、汤臣集团、嘉华国际、威高国际、碧桂园地产、合泰景富地产、东方海外、新世界发展等公司，新加坡的星展银行（DBS）、华侨银行（OCBC）等公司，也在每期股利分配时向全体股东发出"以股代息"的公告。资料来源：上述公司官方网站，2018 年 1 月 3 日最后访问。

[③] 参见威高国际 2017 年 12 月 18 日发布的以股代息公告。

而异。

（二）新股价格和数量

通常情况下，股东将获得的新股数量取决于本次拟分配的现金股利的金额，当前持有的股份数量，[①] 以及发行新股的参考股价。新股的参考股价计算方法，以英国国家电网（National Grid）为例，参考股价为该公司普通股从首次除权日开始，在伦敦证券交易所每日正式牌价表记录的连续五个交易日的平均中间市场报价。[②] 其他国家和地区实行"以股代息"的参考股价计算方法类似，只是中间市场报价的参考基准有所不同。在我国香港，新股的参考股价通常以股份于截止记录日期（包括当日）连续五个交易日在香港联合交易所有限公司（联交所）之平均收市价作为基准，一些公司还会在此基础上给予折扣，[③] 酌情厘定。

由此，代息股份数目计算如下：将予配发的代息股份数目 =（于股权登记日持有且选择实行以股代息的现有股份数目 × 每股股息）/新股参考价格。

在一些情况下，股东将获得的新股数量还与上次"以股代息"实行后股东剩余的现金余额相关，这取决于不同公司对于剩余零碎股份的安排。之所以会产生剩余零碎股份，是因为按照以上计算方法得出的结果并不总是整数。对于剩余的零碎股份，不同公司有不同的安排：将对应的现金支付给股东、自动结转到下次股息的计算、汇总出售并将收益归公司所有或者捐赠给慈善机构等。[④] 选择结转至下次股息的公司，[⑤] 其新一期"以股代息"股份数目计算如下：将予配发的代息股份数目 =（于股权登记日持有且选择实行以股代息的现有股份数目 × 每股股息 + 上次以股代息实行后股东剩余的现金余额）/新股参考价格。

（三）新股上市和交易

在英国，上市公司实行"以股代息"须向伦敦证券交易所和英国上市管理局提交申请；在我国香港，上市公司实行"以股代息"须向香港联交所上市委员会申请批准。申请获批后，新股一般于派发日或派发日的下一交易日开始买卖。在较为罕见的情况下，新股发行由于种种原

---

① 持有股份数量的计算基准时由公司确定并公告，一般称为股权登记日，股东持有的股份数量以该基准时为准。当上市公司宣布股利分配方案并获法律规定的机关批准后，即可确定股权登记日。在股权登记日交易（包括股权登记日）后手中仍持有这种股票的投资者均可享受股利分配的权利。如果股东在该基准时之前卖出了普通股，则股东不享有该部分普通股对应的股息。如果股东在该基准时之后买入了普通股，也不享有此次该部分普通股对应的股息，但有权获得未来的股息。

② 参见英国国家电网发布的以股代息说明书。

③ 折扣大小由公司决定，通常给予 5% ~ 10% 的折扣比例。参见香港交易所 2016 年 5 月 10 日发布的以股代息公告、威高国际 2017 年 12 月 18 日发布的以股代息公告、中远海运港口 2018 年 6 月 30 日发布的以股代息公告。

④ 上海证券交易所资本市场研究所. 推行以股代息完善分红机制［N］. 上海证券报，2013 - 09 - 12（F11）.

⑤ 例如，英国国家电网公司规定，新股份额的计算四舍五入到整数，"以股代息"产生的零碎股份，将不会被分配到新股份当中，这些零碎股份对应的剩余现金余额将被结转纳入下一期股息的计算。

因未能获批，公司将尽快以现金方式支付股利。

（四）新股权益

新股发行后，选择"以股代息"的股东将收到公司派发的新股权证书，显示新发行的普通股数目、新股参考股价等信息；未选择"以股代息"的股东将收到股息单据。新股入账被列为"缴足"，除不享有本次股息外，新股与现有股份享有同等权益，包括相同的表决权和分红权。

三、"以股代息"的性质和功能

（一）"以股代息"的性质

"以股代息"作为公司股利分配方式的一种，与大众熟知的"现金分红""送股""转股""配股"有相似之处，也存在显著差异。现金分红是指上市公司在利润分配时，以货币的形式将利润派发给股东；送股和转股都属于股票股利，所谓送股，即上市公司利用未分配利润增加股本并将新股按比例无偿派发给原有股东，所谓转股，即上市公司利用资本公积或者盈余公积转增股本并将新股按比例无偿派发给原有股东，送股和转股之后，股东持股的绝对数量增加；"配股"并不属于股利分配方式，而是属于再融资的范畴，是指上市公司按照股东持股比例、以低于市价的某一特定价格向原有股东配售新股，对股东而言，配股实质上是对公司进行再投资。

由于"以股代息"用于配发新股的资金来源于公司的未分配利润，原有股东无须为此额外支付对价即可获得公司新股，"以股代息"得以与"转股""配股"区分开来——"转股"中用于配发新股的资金来源于公司的资本公积或者盈余公积，而非未分配利润；"配股"中原有股东需要支付一定对价才能获得公司新股。从最终效果来看，实行了"以股代息"计划的公司似乎可以理解为实行了"现金分红＋送股"的混合方案，对于选择了"以股代息"的股东配发相应数量的新股，对于未选择"以股代息"的股东直接发放现金股利。然而本质上，"以股代息"并不能等同于现金分红和送股的简单相加。

"以股代息"与现金分红一样，能够称得上是真正的利润分配。现金分红将公司的利润以现金形式发放给投资者，公司的货币资产相应减少，投资者直接获得现金收益，这是最直观的利润分配方式。至于送股和转股，尽管我国现行法律法规将其视为利润分配的方式，理论上却存在争议。这是因为，无论是送股还是转股，都不会对企业的资产造成任何影响，既没有减少公司的实际价值，也没有增加股东的实际价值，尤其是资本公积转增股本的情况，不应视为利润分配行为，因为资本公积与股东的出资（资本）有关，与公司产生的利润没有任何关联。[①] 在送股的情形下，股东并没有从公司的未分配利润中获得实际收益，也没有能够对公司未分配利润进行实

---

① 刘燕. 会计法（第二版）[M]. 北京：北京大学出版社，2009：329.

际支配，也就是说，送股没有使得公司的未分配利润现实地转化为股东能够自行支配的收益。① "以股代息"则与送股、转股不同。"以股代息"的过程可以拆分理解为：选择了现金股利的投资者直接获得利润分配；选择了股票股利的投资者也获得了此项利润分配，而后又豁免了公司支付现金的义务，对公司实施了再投资。② 因此，后一种选择权的行使实际上是投资者对收益进行了支配，是投资者将本应分得的利润以购买新股的方式对公司进行再投资。

这种差异通过会计处理的不同能够更直观地显现出来。现金分红会导致公司货币资产减少，不会导致股本的扩大。在送股中，由于派发新股的股价为股票的票面金额，不存在溢价发行，不会对公司资产造成任何影响，只有发生所有者权益内部结构的调整时，即未分配利润转入股本账户，才会导致股本的扩大。而在"以股代息"中，由于派发新股的参考股价是以一定时间段的市值均价计算，该参考股价通常会高于股票面值，因此，通过"以股代息"派发新股相当于公司溢价向原有股东发行新股。根据《中华人民共和国公司法》第一百六十七条的规定："股份有限公司以超过股票票面金额的发行价格发行股份所得的溢价款以及国务院财政部门规定列入资本公积金的其他收入，应当列为公司资本公积金。"股份溢价部分应当列入"资本公积"项下，导致公司资本公积的增加。因此，"以股代息"实施后，公司的未分配利润减少，一部分用于支付现金股利，另一部分转成股本和资本公积。将"以股代息"的过程拆分来看，可以理解为，第一步是全体股东收到了现金分红，第二步是部分股东将所获分红用于购买公司新股，如此，公司的货币资金经历了先流出后又部分流入的变动过程。

（二）"以股代息"的功能

1. 赋予选择权。在功能上，"以股代息"具有单一的股利分配方式所不具备的优势。对于投资者而言，"以股代息"最直接的好处在于，此项制度将上市公司股利分配方式的选择权赋予投资者，使每一名投资者都有权根据自身投资需求决定获取股利的方式。在任何一个国家和地区的资本市场，不同投资者的利益偏好都存在差异，选择权的赋予大大增加了灵活性，能够兼顾不同投资者的投资需求。这种选择权的赋予对中小投资者具有重要意义——适用资本多数决的表决规则制订出的股利分配方案，很难充分反映中小投资者的诉求，选择权的赋予能够很大程度改进这一状况。因此，在保护投资者、优化上市公司回报体系上，"以股代息"相较于传统的现金分红、送股等单一的股利分配方式，具有显著的优势。

2. 改变股权结构。"以股代息"对于希望引起控制权变动的投资者具有一定价值。在控制权

---

① 汤洁茵. 金融交易课税的理论探索与制度建构——以金融市场的稳健发展为核心 [M]. 北京：法律出版社，2014：203－204.

② ［英］艾丽斯·费伦著，罗培新译. 公司金融法律原理 [M]. 北京：北京大学出版社，2012：258，在澳大利亚，"以股代息"也被视为股息再投资的方式之一。See Keith K. W. Chan, Damien W. McColough and Michael T. Skully, Dividend reinvestment plans in Australia, *Global finance journal*, Vol. 6, No. 1, 1995, pp. 79－99.

问题上，"以股代息"使得投资者在无须支付任何交易成本的情况下提升股权比例。由于送股面向全体股东，按照股权登记日持股数量等比例计算送股数量，因此送股之后，尽管每个股东所持股份的绝对数量增加，但从相对比例上看，持股份额没有发生变化；在"以股代息"中，假设所有股东都选择了股票股利，对公司的股权结构同样没有影响，但是实践中通常都会出现一些股东选择现金股利、另一些股东选择股票股利的情况，因此"以股代息"之后，选择了股票股利的股东不仅持股绝对数量增加，持股比例也会上升。

在"工行以股代息支持工银亚洲"一案中，工商银行在 2010 年作出私有化工银亚洲的决定。工银亚洲董事总经理暨行政总裁陈爱平透露："工行在近三年来一直以股代息支持工银亚洲。现在看来，工行欲私有化工银亚洲，一直都在以蚂蚁搬家的方式进行。港交所资料显示，工行现持有工银亚洲约 72.04% 的股份。"[1] 工行通过以股代息的方式"循序渐进"地增加了控股比例，为日后的收购埋下了"伏笔"。由此可见，"以股代息"也不失为掌握控制权的一种策略。

当然，尽管"以股代息"在理论上能够改变上市公司股权结构，这种改变的幅度却是有限的（尤其是对于持股数量较小的中小股东而言），这是因为"以股代息"所"兑换"的股票数量与当期股息直接相关，而即使在成熟资本市场较高的股息支付率下，能够"兑换"的股票数量相较于总股数来说占比不大，相应地，对公司股权结构的影响也不大。

3. 维持现金流、扩大股本、稳定股价。对于上市公司而言，"以股代息"的直接好处是既能满足要求现金分红的股东，又能尽量减少现金支出，对于上市公司维持充足的现金流具有重要意义，公司的财务状况相较于完全的现金分红得到了改善。同时，公司股本得到扩大，增强了公司抵御风险的能力，也为再融资提供了更为有利的条件。[2]

和送股相比，通过"以股代息"实现的股本增加不是事先简单地划定比例（这样的做法忽视了二级市场对每股的估值），而是按照市场价反映了每股的公允价值，因此，"以股代息"实施后，公司股价相对送股而言不会发生大幅波动，有利于保持公司股价稳定。

在实践中，实行"以股代息"制度的上市公司，获得了良好的市场反响。例如，2017 年，深圳国际按照香港资本市场惯例，通过"以股代息"的方式，向全体股东派发 2016 年股息约 8.42 亿港元，"以股代息"价格为 11.9852 港元/股。其中，深圳市国资委选择全部以股票方式收取深圳国际 2016 年度股息，新增股份约 3100 万股，提升了持股比例，并向市场传递了大股东对深圳国际发展的信心。持有深圳国际 79% 股权的股东选择以股票方式收取股息，为深圳国际

---

① 中国工行私有化工银亚洲或剑指境外人民币业务 [OL]. http://www.infobank.cn/IrisBin/Text.dll? db = HK&no = 3467872&cs = 6113811&str = % D2% D4% B9% C9% B4% FA% CF% A2，2018 年 1 月 3 日最后访问.

② 证监会《发行监管问答——关于引导规范上市公司融资行为的监管要求》指出："上市公司申请非公开发行股票的，拟发行的股份数量不得超过本次发行前总股本的 20%。"可见，总股本的扩大能够为再融资创造更有利的条件.

保留资金约 6.65 亿港元。"以股代息"实施后，公司股价保持较高水平，创历史新高，体现了良好的市场影响力。①

四、"以股代息" 在中国

在内地赴港上市公司中，包括中国电信、腾讯控股、中远海运港口、深圳控股、创维数码、海通国际、瑞安房地产在内的许多公司都"入乡随俗"，推出了"以股代息"方案。② 可见，对于我国内地公司而言，在公司层面并不存在实施"以股代息"的实质性障碍，在现阶段，"以股代息"的倡议能否得以推进，更重要的影响因素是政策环境。

无论是公司还是投资者在决策时，必然会受到相关政策的影响，政策的差异将显著影响公司和投资者的选择。在英国，上市公司是否决议实行"以股代息"，最主要受到税收政策的影响，此外，提升股东股权比例、为公司节约现金流也是公司决议实行"以股代息"的重要动力。③ 在美国，股利政策与税收、监管、外部融资成本、公司发展阶段等因素密切相关。④ 在我国香港，无论是现金股利还是股票股利均免税，因此税收并不是股利政策主要的影响因素，影响更大的是证券交易规则——大多数香港上市公司的股利分配以现金分红为主，背后的原因不乏香港投资者看重现金分红的投资理念的驱动，但也是因为现金分红方案无须经过审批即可实施，而"以股代息"方案需要报经联交所审批，增加了实施的成本。因此，未来如果要在中国内地促使上市公司实行"以股代息"制度，至少要在以下几个方面进行积极引导。

（一）税收政策

目前，我国 A 股市场上，在境内个人投资者的个人所得税方面，股息、红利所得属于个人所得税应税范围，税率为 20%，⑤ 但税法并未明确股息、红利所得的具体类型；股票股利以派发红股的股票票面金额为收入额，按利息、股息、红利项目计征个人所得税。⑥ 用盈余公积金派发红股，属于股息、红利性质的分配，对个人取得的红股数额，作为个人所得税征税；用资本公积

① 深圳市人民政府国有资产监督管理委员会. 深圳国际成功实施以股代息获得良好市场反响［OL］. http://www.szgzw.gov.cn/xxgk/qt/gzdt/201707/t20170707_7620290.htm，2018 年 2 月 1 日最后访问.

② 资料来源：上述公司官方网站，2018 年 1 月 3 日最后访问。

③ M. Ameziane Lasfer, Scrip dividends. The management's view, *European Financial Management*, Vol. 3, No. 2, 1997, pp. 237 – 249.

④ 兹维·博迪，罗伯特·C. 默顿，戴维·L. 克利顿. 金融学（第二版）［M］. 北京：中国人民大学出版社，2013：248 – 249.

⑤ 参见《中华人民共和国个人所得税法（2011 修正）》第二条、第三条，《中华人民共和国个人所得税法实施条例（2011 修订）》第五条、第八条.

⑥ 参见《国家税务总局关于印发〈征收个人所得税若干问题的规定〉的通知》（国税发〔1994〕089 号）第十一条。

金转增股本不属于股息、红利性质的分配，不征收个人所得税。① 也就是说，现金分红、送股、盈余公积转股的情况都需要缴纳个人所得税，资本公积转股的情况无须缴纳个人所得税。此外，国家对股息红利所得按照持股时间长短实行差别化个人所得税政策。具体而言，个人从公开发行和转让市场取得的上市公司股票，持股期限超过 1 年的，股息红利所得暂免征收个人所得税；持股期限在 1 个月以内（含 1 个月）的，其股息红利所得全额计入应纳税所得额；持股期限在 1 个月以上至 1 年（含 1 年）的，暂减按 50% 计入应纳税所得额；上述所得统一适用 20% 的税率计征个人所得税。② 上述政策归纳如表 1 所示。

表 1　股息红利的个人所得税政策

持股时间（X）	现金分红	送股	盈余公积转股	资本公积转股
X＞1 年	免征	免征	免征	免征
1 个月＜ X≤1 年	按 50% 计入应纳税所得额，税率 20%	按 50% 计入应纳税所得额，税率 20%	按 50% 计入应纳税所得额，税率 20%	免征
X≤1 个月	全额计入应纳税所得额，税率 20%	全额计入应纳税所得额，税率 20%	全额计入应纳税所得额，税率 20%	免征

资料来源：作者整理。

例如，假设某上市公司当期股利分配政策为每 10 股送 10 股③派 10 元，某投资者持有该公司股票共计 600 股，其中，持股期限超过 1 年的为 100 股，持股期限在 1 个月以上至 1 年（含 1 年）的为 200 股，持股期限在 1 个月以内（含 1 个月）的为 300 股，则该投资者应缴纳的个人所得税计算如下：（1）针对前述 100 股，免缴个人所得税；（2）针对前述 200 股，送股数量为 200 股，对应收入额为 200 元④，加上派现 200 元，共计 400 元，应纳税所得额为 400 元×50% ＝200 元，应纳税额为 200 元×20% ＝40 元；（3）针对前述 300 股，送股数量为 300 股，对应收入额为 300 元，加上派现 300 元，共计 600 元，应纳税所得额为 600 元，应纳税额为 600 元×20% ＝120 元。综上所述，该投资者应纳税额总计 160 元。

在居民企业的企业所得税方面，股息、红利等权益性投资收益属于企业所得税应税范围，但

---

① 参见《国家税务总局关于股份制企业转增股本和派发红股征免个人所得税的通知》（国税发〔1997〕198 号）第一条、第二条。
② 参见《财政部、国家税务总局、证监会关于上市公司股息红利差别化个人所得税政策有关问题的通知》（财税〔2015〕101 号）第一条。
③ 盈余公积转股的个人所得税政策与送股相同，不再赘述。
④ 因我国实践中 A 股股票面值统一为每股一元（至今例外的是紫金矿业的股票面值为 0.1 元）。

居民企业直接投资于其他居民企业取得的股息、红利等权益性投资收益免征企业所得税。[1] 与个人所得税一样，税法并未明确股息、红利所得的具体类型，只明确了资本公积转股的情况无须缴纳企业所得税。[2] 实践中，现金分红、送股、盈余公积转股、资本公积转股的情况均无须缴纳企业所得税。

从税法角度看，"以股代息"与现金分红、送股并无本质不同，对"以股代息"的税收政策完全可以比照现有的股利税收政策。在"以股代息"中，对于选择了现金股利的股东，其应税所得与现金分红完全相同，可以比照适用现金分红的税收政策；对于选择了股票股利的股东，可以比照适用送股/盈余公积转股的税收政策，原因在于，"以股代息"中的股票股利来自公司的未分配利润，送股中的股票股利同样来自公司的未分配利润，盈余公积转股中的股票股利来自公司的盈余公积金，[3] 三者的共性在于股票股利实质上都来自公司经营所得的利润。用公司经营所得的利润对股东进行分配，股东由此获得了实际收益。而资本公积转股无须纳税的原因在于，资本公积本身就是股东的出资，以盈余公积转股，只是将股东的出资以另一种方式呈现，股东本身并没有获得收益。这也是现行股利税收政策将现金分红、送股、盈余公积转股的情况和资本公积转股的情况区别对待的原因。

由于"以股代息"在我国内地尚未真正实施，目前没有相关的税收规定。从域外该制度推行的经验来看，税收政策一直是影响市场主体决策的至关重要的因素，要推动"以股代息"的实施，税收上应当给予相应的优惠，引导上市公司和投资者选择该方案。

（二）审批政策

除了税收政策，审批政策也是影响公司是否选择实行"以股代息"的重要因素。审批与否，关键在于对"以股代息"性质的理解。理论上，"以股代息"属于证券公开发行的范畴。第一，尽管"以股代息"面向公司原有股东，但由于我国上市公司股东人数均大于二百人，因此"以股代息"满足《证券法》所称"公开发行"中对于"公开"的要求;[4] 第二，因送股而产生的新股不构成《证券法》所称的"发行"，因为股东并没有为获得新股支付任何对价，然而，诸如"以股代息"这类赋予股东选择权的情况则不同，因为这一过程被视为部分股东用获得的现金股

---

[1] 参见《中华人民共和国企业所得税法（2017 修正）》第六条、第二十六条第二款，《中华人民共和国企业所得税法实施条例》第十七条、第八十三条。

[2] 参见《国税总局关于贯彻落实企业所得税法若干税收问题的通知》（国税函〔2010〕79 号）第四条。

[3] 关于盈余公积金的来源，参见《中华人民共和国公司法》第一百六十六条。

[4] 《中华人民共和国证券法》（2014 年修正）第十条："公开发行证券，必须符合法律、行政法规规定的条件，并依法报经国务院证券监督管理机构或者国务院授权的部门核准；未经依法核准，任何单位和个人不得公开发行证券。有下列情形之一的，为公开发行：（一）向不特定对象发行证券的；（二）向特定对象发行证券累计超过二百人的；（三）法律、行政法规规定的其他发行行为。非公开发行证券，不得采用广告、公开劝诱和变相公开方式。"

利为获得新股支付了对价。"以股代息"中选择了股票股利的股东实际上进行了投资决策，豁免了公司支付现金的义务，为获得公司新股支付了消极对价，财产因此而发生消极减少。这种由股东自主选择并付出了对价的情形构成证券发行。因此，"以股代息"属于证券公开发行的范畴。在我国内地，公开发行证券需要经过证监会的核准。[①] 那么，"以股代息"方案的实施是否也需要经过证监会的核准呢？

从成熟资本市场的经验来看，大致分为两种情况：第一，由证券监管部门颁布豁免规定，直接将其排除在证券公开发行的范畴之外；第二，仍将其视为证券公开发行，但在审批程序上给予一些豁免。第一种情况以美国为代表，美国证券交易委员会（SEC）认为此种赋予股东或现金或股票选择权的股利分配方式不构成证券发行。[②] 第二种情况以英国和我国香港为代表，由证券交易所（而不是证券监管部门）履行审批职能。以我国香港为例，香港证监会《证券及期货（在证券市场上市）规则》对"以股代息计划"进行豁免，从而不受"在证券市场上市"两条一般规则的限制。[③] 香港联交所《证券上市规则》将"以股代息计划"视为资本化发行，[④] 该计划的实施需要遵循股本证券申请上市的程序及规定。[⑤] 上市公司发出"以股代息"公告后，须向联交所上市委员会申请批准代息股份上市及买卖。

未来如果要在我国内地推行"以股代息"方案，应当给予核准豁免。第一，就证券公开发行中"对价"这一关键因素而言，通过"以股代息"支付的新股对价毕竟是消极对价，上市公司并未因此获得新的融资，这与当前证券监管法律所列举的几种股票公开发行方式存在很大差异，在行政审批上可以有所豁免；第二，尽管在英国和我国香港，"以股代息"的实行需要经过交易所的审批，但这种审批本身是处于注册制的语境之下的——在审核过程中主要进行形式审核，而不对申请上市公司的投资价值作出判断，在审批程序和获准难度等方面与我国内地现行的核准制有很大不同；第三，从我国上市公司股利政策监管的脉络以及提出"以股代息"的时机和目的来看，"以股代息"的推行是出于丰富现有股利分配方式的目的，要解决的问题也紧密

---

① 参见《中华人民共和国证券法》（2014 修正）第十条。

② James D. Cox, Robert W. Hillman and Donald C. Langevoort: Securities Regulation: Cases and Materials, 7th Edition, *New York*, *Wolters Kluwer Law & Business*, 2013, pp. 396 – 397.

③ 参见香港《证券及期货（在证券市场上市）规则》第 4 条："第 3 及 5 条不适用于以下的证券或股份的上市——（a）（i）……或（ii）依据法团在成员大会上批准的以股代息计划发行或分配的证券；……"

④ 参见香港联交所《证券上市规则》第 7 章第 7.28 条："资本化发行（capitalisation issue）是按现有股东持有证券的比例，进一步分配证券予现有股东，而该等证券将入账列为已从发行人的储备或盈利拨款缴足，或在不涉及任何款项支付的情况下列为缴足。资本化发行包括将盈利化作资本的以股代息计划。"

⑤ 参见香港联交所《证券上市规则》第 7 章第 7.29 条："采用资本化发行方式上市，必须刊发上市文件（采用致股东通函形式），而该上市文件须符合第 11 章所述的有关规定。"以及第 9 章（股本证券申请程序及规定）、第 11 章（股本证券上市文件）的规定。

围绕上市公司股利分配现状而展开。对"以股代息"的监管，应当始终明确其作为股利分配方式的性质，也应当始终明确监管的目的和导向。"以股代息"通过选择权的赋予能够更大程度地回应投资者的需求，更好地达到保护投资者的目的，对于此项方案的推行，在政策上应当给予支持。

（三）与现有政策的衔接

"以股代息"作为我国内地资本市场尚未付诸实践的"新事物"，可以结合监管部门现有的现金分红政策来倡导和推行。具体而言，可以将实行了"以股代息"的上市公司视为已完成证监会现有的现金分红监管政策的要求，如此，既可以激励上市公司积极实行"以股代息"，又可以在很大程度上弥补现有现金分红监管政策的不足，赋予上市公司和投资者更灵活的决策权和选择权，尊重其不同的发展情况和利益需求。

五、 结语

我国内地资本市场从建立至今二十余年，围绕上市公司股利分配的讨论从未停歇，监管政策也在不断调整，以期回应现实的呼声。一项良好的股利分配政策，应当兼顾公司和投资者的利益，在投资者内部，也应当兼顾不同类型投资者的需求，这就需要相应的监管政策给予市场主体更灵活的选择权。在这一点上，"以股代息"的倡导和推行是一个有益的思路。

作为一种真正的利润分配方式，"以股代息"通过选择权的赋予，兼顾了不同公司的实际情况和不同投资者的投资需求，在保护中小投资者、优化上市公司回报体系上，具有重要意义。此外，投资者通过选择"以股代息"可以提升持股比例，公司则借此获得了维持现金流、扩大股本和稳定股价的积极效果。实践中，许多内地赴港上市公司已经推出"以股代息"方案，获得了良好的市场反响。而"以股代息"能否在内地生根发芽，尚需相关政策的积极回应。

*ST 九发破产重整案例分析

■ 严婉怡*

摘要： 自 2006 年财务亏损，到 2008 年被申请重整，再到 2012 年被借壳上市，*ST 九发历经六年才真正走出财务危机。在重整计划的落实过程中，*ST 九发屡战屡败却又锲而不舍，三次寻找重组方，通过种种手段保壳成功，可谓步步惊心。连续四年亏损仍能保持上市公司的身份，不免真实地反映了 A 股市场退市难的现状。本文将梳理和分析*ST 九发破产重整全过程，反思和探讨其中暴露出的问题，并对我国《上市规则》未来的修改提出建议。

关键词： 上市公司破产重整　*ST 九发　中小股东权益　重大资产重组　表决机制

　　*ST 九发的故事发生在 2008 年，至今已超过 10 年。此时再提，似乎有些老调重弹了。但对于*ST 九发破产重整案件，多为新闻报道，少有法学分析。在退市机制如火如荼开展的今天，回顾*ST 九发旷日持久且充满惊险的保壳历程，或许可以给我们带来些启示。故事有两条主线，一条是*ST 九发在重整背景之下的种种巧妙设计，借助"非经常性损益""不计提股权减值损失""出售壳资源"等方式避免退市；另一条则是事与愿违的种种不巧障碍，即由于注入资产注水、中小股东异议而导致*ST 九发不得不借助重整框架一次次寻找新的重组方。*ST 九发目标坚定，步步为营，但同时也困难重重。这一场长达六年的拉锯战究竟是如何展开的呢？

一、背景介绍

　　山东九发食用菌股份有限公司（以下简称九发股份，现名为瑞茂通供应链管理股份有限公司），股票代号：600180，于 1998 年 6 月 25 日设立。1998 年 7 月 3 日，九发股份首次公开发行 A 股股票，并在上海证券交易所挂牌上市交易。因九发股份经营不善、大股东山东九发集团公司及其关联公司违规占款等原因，九发股份出现巨额亏损，资金链断裂，公司陷入严重的财务危机。因 2006 年和 2007 年两个会计年度连续亏损，九发股份（以下简称*ST 九发）被上海证券交易所实行退市风险警示特别处理。此后的 2008 年、2009 年，*ST 九发持续亏损，最终被瑞茂通借

---

　　* 北京大学法学院 2017 级经济法学硕士研究生。

壳上市，保壳成功。

2008 年 9 月 16 日，*ST 九发因不能清偿到期债务，债权人烟台市牟平区投资公司（以下简称牟平投资）依法向山东省烟台市中级人民法院（以下简称烟台中院）申请对*ST 九发进行重整。2008 年 12 月 9 日，烟台中院以（2008）烟民破字第 6 - 4 号民事裁定书裁定批准《山东九发食用菌股份有限公司重整计划草案》（以下简称《重整计划》），终止山东九发食用菌股份有限公司重整程序，重整计划的执行期限为 8 个月。

《重整计划》并无具体的重组方，只是搭建了重组的框架。主要内容为：第一步，*ST 九发全体股东按一定比例让渡其持有的九发股份股票。其中，九发集团（控股股东）让渡其持有的*ST九发 7500 万股股票，占其持有*ST 九发股票的 70.20%，其他股东按 30% 比例让渡其持有的*ST 九发股票，共让渡股票 4325 万股，全体股东让渡股票共计 1.18 亿股。① 这部分让渡的股权作为重组方进入的对价。第二步，*ST 九发将现有资产均予以变现，剥离现有不良财产。第三步，重组方及/或投资者提供 1.7 亿元资金作为受让股东让渡的部分股权的对价，并无偿注入 3.3 亿元具有一定盈利能力的优质资产。第四步，*ST 九发股东让渡的股票约 2325 万股用于向债权人清偿债务。第五步，部分债权人放弃其应分配款项及股票，折合 5403 万元。第六步，牟平投资愿在九发股份无法追回部分债权时补足差额以提高清偿比例。完成以上六个步骤之后，普通债权的清偿比例从 3.08% 提高到 20.48%。该重整计划经优先债权组、职工债权组、税款债权组、大额普通债权组、小额普通债权组、出资人组分组表决通过。2009 年 6 月 1 日，烟台中院裁定重整计划执行完毕。

二、 重整计划的执行——第一次重组

（一）重组内容

重整计划通过后，*ST 九发便需要在市场上寻找重组方来落实重整计划。此次的重组方是中银信投资有限公司（以下简称中银信）、牟平投资和烟台塞尚装典装饰装潢有限公司（以下简称烟台塞尚）。

根据《重整计划》，新的重组方进入最直接的方式是注入 1.7 亿元的资金和 3.3 亿元的资产来获得原股东让渡出来的股票，以落实《重整计划》中的要求。但重组方并没有这么做，而是通过为*ST 九发的债务人烟台市牟平区正大物贸中心（以下简称正大物贸）还债，并以无偿转让债权的方式实现资金和资产的注入，从而获得股权对价的方式来落实这次重整计划。

具体而言，*ST 九发向烟台中院提起诉讼，请求正大物贸偿还 5 亿元债权（以下简称正大物

---

① 九发股份. 山东九发食用菌股份有限公司重整计划摘要 [OL]. http://www.sse.com.cn/disclosure/li*STedinfo/announcement/c/2008 - 12 - 16/600180 _20081216 _1. pdf, 2018 年 1 月 3 日最后访问.

贸案），审理过程中，中银信、牟平投资、烟台塞尚作为第三人加入。2008 年 12 月 31 日法院出具《民事调解书》，调解结果为：（1）中银信按照重整计划的安排，向九发股份提供 1.35 亿元人民币，代正大物贸还债 1.35 亿元；（2）牟平投资按照重整计划的安排，向九发股份提供 0.35 亿元人民币，代正大物贸还债 0.35 亿元；（3）烟台塞尚按照重整计划的安排，向九发股份提供 3.3 亿元的经营性资产（100% 的烟台紫宸的股权），代正大物贸还债 3.3 亿元；（4）代为清偿后，中银信、牟平投资和烟台塞尚将其对正大物贸的债权无偿转让给九发股份（见图1）①。

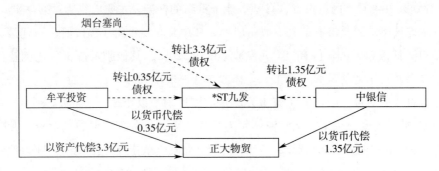

资料来源：作者根据本案法院的《民事调解书》制作。

图1 落实重整计划的具体结构

法院调解之后，2018 年 12 月 31 日，*ST 九发又与中银信、牟平投资在此基础上达成了重组协议（见图2）。协议内容为：（1）中银信协调其控股股东（东方资产管理公司）放弃约 2.57 亿元债权，提供 1.35 亿元现金，获得 7500 万股；（2）牟平投资放弃 1.21 亿元债权，提供 0.35 亿元现金，获得 2000 万股。② 协议中并未提及代为清偿的事项。

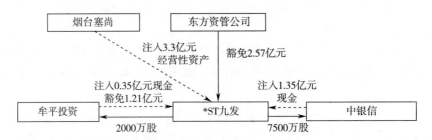

资料来源：作者自制。

图2 第一次重组结构

---

① *ST 九发. 重大诉讼公告 ［OL］. http：//www. sse. com. cn/disclosure/listedinfo/announcement/c/2009 – 01 – 10/600180 _ 20090110 _ 2. pdf, 2018 年 4 月 15 日最后访问.

② *ST 九发. 重大事项公告 ［OL］. http：//www. sse. com. cn/disclosure/listedinfo/announcement/c/2009 – 01 – 10/600180 _ 20090110 _ 1. pdf, 2018 年 3 月 27 日最后访问.

一个有趣的现象是，重组协议中提到的牟平投资注入的 0.35 亿元现金和中银信注入的 1.35 亿元现金其实是在《民事调解书》的框架内形成的。即牟平投资注入的 0.35 亿元现金和中银信注入的 1.35 亿元现金在法律层面上不是直接的注入，而是以第三人代为清偿的方式实现的，代为清偿的对象是正大物贸（下文仅讨论现金以及资产注入，不讨论债务豁免）。

（二）动因分析

初看这一交易结构的设计，正大物贸的介入令人费解。从图 2 中可以看出，正大物贸并不影响此次重组计划的实施。最终的结果是 *ST 九发获得 1.7 亿元的现金和作价 3.3 亿元的资产，重组方获得股东让渡出来的股份。牟平投资、烟台塞尚和中银信本可以直接将现金以及资产赠予该公司，[①] 为何要处心积虑借助法院之手实现资金和资产的注入呢？让我们来看看相应的会计处理，便可知晓其中之端倪。

首先需要明确的是，重组方提供资金或者资产的对价是股东让渡的股权，不是上市公司的库存股，也不是上市公司新发行的股份。重组方与股东的交易无须在上市公司的账上作出会计记录。在明确这一点的前提下，直接注入资产或者现金与以代为清偿的方式注入就存在明显的差别。

如果是直接注入资产或现金，上市公司为资产或现金的受让方。按照会计准则，则借记银行存款或长期股权投资，贷记营业外收入。其获得股权是与股东之间发生的关系，*ST 九发无须在其会计报表上作出记录。

如果采取"代为清偿 + 债权转让"的方式，债权转让的对价为股东让渡的股份，烟台塞尚甚至没有获得任何对价，这一步无须在 *ST 九发的账上作出记录，而仅仅需要记录代为清偿这一步。代为清偿为法律概念，在会计上其实就是坏账收回的过程，应借记银行存款或者长期股权投资，贷记应收账款。期末计算时会根据坏账准备账户的余额匹配程度（即应计提坏账准备与已计提坏账准备的匹配程度）来平衡，若不足则计提，若多余则冲减。由于应收账款减少，则必然会产生坏账准备的冲回，进而影响非经常性损益。这从 2008 年年报可以得到证明，12 月 31 日，该笔交易实施之后，*ST 九发的应收账款为 0，正大物贸欠款为 0，2008 年单独进行减值测试的应收账款减值准备转回 3.3 亿元，资产减值损失为 − 247666446.57 元（见表 1）。

表 1　*ST 九发应收账款相关数据　　　　　　　　　　　　　单位：元

日期	应收账款	正大物贸欠款	补充材料
2006 年 12 月 31 日	244308068.56	574289978.26	—
2007 年 12 月 31 日	200077704.05	877363058.46	—

---

① 本案并不讨论豁免的债务，而仅仅讨论代为清偿这一框架所可能带来的额外影响。

续表

日期	应收账款	正大物贸欠款	补充材料
2008 年 12 月 31 日	0	0	单独进行减值测试的应收账款减值准备转回 3.3 亿元
2009 年 12 月 31 日	0	0	无非经常性损益

资料来源：作者整理。

如此一看，这笔操作不仅能够增加非经营性收益，也能够核销坏账，让会计报表变得更加干净，且在会计处理上也不存在瑕疵，可谓是一举两得。事件发生的时点恰好是 12 月 31 日，正好是期末需要对坏账准备账户进行处理的时点，这样的操作也不会延长"营业外收入"被计入公司账中的时点。当然，法院的民事调解书中存在差错，即重组方代为清偿后，其实是将债权转让给股东，而非公司，因本案并不涉及公司的增资扩股。当然，从经济实质上来看，无论言语差错几何，*ST 九发这般会计操作在合规上是不存在问题的。

*ST 九发如此操作在会计上没有瑕疵，但是否面临着法律解释上的困境呢？如上所述，第一次重组是对《重整计划》的具体落实，而《重整计划》的表述为"重组方及/或投资者提供 1.7 亿元资金作为受让股东让渡的部分股权的对价，并无偿注入 3.3 亿元具有一定盈利能力的优质资产"。那么，这一方式是否改变了《重整计划》的内容呢？仔细分析，以代为清偿的方式间接提供资金与直接提供资金在对价上是有所差别的。若采取直接提供资金的方式，则*ST 九发获得 5 亿元，重组方支付 5 亿元的对价，重组方的成本即为上市公司所得。若采取代为清偿的方式，从*ST 九发来看，其用对正大物贸的应收账款换取了 1.7 亿元的现金和 3.3 亿元的资产，5 亿元减去对正大物贸的应收账款的价值方为其真正所得。从重组方来看，其获得了股东让渡的股权，为此支付了 1.7 亿元的现金和 3.3 亿元的经营性资产。从股东来看，其作为一个整体获得了对正大物贸的债权，让渡了相应的股权。这样一来，重组方所支付的 5 亿元对价其实是在股东和上市公司之间进行了拆分，股东获得应收账款的价值，上市公司获得了 5 亿元减去应收账款的价值。

本文认为，从文义解释来看，这不属于对《重整计划》的偏离。因为重组方确实支付了 5 亿元的对价（此处不考虑资产"掺水"问题），至于股东和上市公司之间如何对这一对价进行分配，不影响总对价的计算。但是，法院不明就里的"表述错误"，即将*ST 九发作为债权的受让方，其实是表现了法律与会计在这一问题上的冲突和互不理解。事实上，这一问题在*ST 九发的第三次重组中再次浮现，即为配合第三次重组而发动的对正大物贸的再审案件中，法院仍然认为*ST 九发持有对正大物贸的债权。而这一点，早在本次会计记录中就被*ST 九发暗自反驳了。

根据 2008 年的《上海证券交易所股票上市规则》（以下简称 2008 年《上市规则》），若两年经审计净利润（包含非经常性损益）为负，则实行退市风险警示，即打上*ST 标志。此时*ST 公司可能有三种命运，第一种是最后一个会计年度净利润为正值，但扣除非经常性损益后的净利润为负值，则可经申请变为 ST 公司（《上市规则》第 13.3.1 条）。第二种是最后一个会计年度扣除非经常性损益后的净利润为正值，则可申请撤销 *ST 标志，即摘帽（《上市规则》第 13.3.6 条）。第三种是放任最后一个会计年度公司继续亏损，则将被暂停上市（《上市规则》第 14.1.1 条）。[1] *ST 九发正是通过坏账准备的冲回使得非经常收益增加，实现了账面上的扭亏为盈，而避免被暂停上市。

（三）重组结果

重整计划实施完毕之后，烟台紫宸的资产盈利能力较差，未能解决持续经营能力问题。2009 年 1 月 1 日至 2009 年 6 月 30 日，公司持续亏损。根据 *ST 九发的公告，本次重组失败的原因为：（1）注入公司的 3.3 亿元资产原账面价值约为 5929 万元，评估溢价较高；[2]（2）100% 的股权存在水分，九发股份并未掌握实际控制权。

说点题外话，有读者兴许会怀疑烟台塞尚无偿注入 3.3 亿元而没有获得任何对价，难不成真是出现了现实版的"利他主义者"？这一点质疑不无道理，但若存在着关联交易，便变得符合"市场逻辑"了。在本文将会提到的第三次重组中，*ST 九发的第二大股东烟台春灏广告装饰工程有限公司（以下简称烟台春灏）和第五大股东烟台嘉佰祥向新进入的重组方提供了补偿。而烟台塞尚全身而退，实际上未遭受损失。市场怀疑烟台塞尚与烟台春灏存在着关联关系，这样一来，所谓的无偿也便可以理解了。

事实上，正大物贸与 *ST 九发之间也并非基于正常商业往来的债权债务关系。从股权关系可以看出，正大物贸的控股股东是九发集团，而九发集团同时也是 *ST 九发的国有法人股股东。正大物贸与 *ST 九发之间可能存在关联交易。这一点从 2008 年证监会第 35 号行政处罚决定书也可以看出端倪。[3]

这么来看，*ST 九发进入破产程序和第一次重组失败，均是因为隐藏在暗处的关联交易，不免令人唏嘘，也令人反思。表面上看，第一次重组失败是因为注入资产的质量不佳，具有偶然性，但这偶然性中存在着必然性，反映的是上市公司治理的失序，就连法院都察觉不出。

三、重整计划的执行——第二次重组

持续盈利能力是保壳的重要因素，既然没有解决盈利能力的问题，第二次重组也就自然而然地发生了。这一次，南山集团八名自然人股东成为烟台紫宸这块烫手山芋的接盘侠。

---

① 详见上海交易所《上市规则》（2008）第 13.2.1 条，第 13.2.10 条，第 13.3.1 条，第 13.3.6 条，第 14.1.1 条。

② *ST 九发. 山东九发食用菌股份有限公司盈利存在重大不确定性公告 [OL]. http：//www.sse.com.cn/disclosure/li *STedinfo/announcement/c/2009 - 04 - 20/600180_20090420_2.pdf, 2018 年 1 月 4 日最后访问.

③ 详见证监会〔2008〕35 号行政处罚决定书.

（一）重组内容

第二次重组方为南山集团有限公司（以下简称南山集团）八名自然人股东，[①] 本次重组采用非公开发行股票和资产置换相结合的方式，以 *ST 九发拥有的烟台紫宸投资有限公司 100% 股权与收购人所拥有南山建设 100% 股权等值部分进行置换，差额部分以上市公司向收购人非公开发行股票支付。简单来说，就是等值资产置换 + 定向发行股份购买差额资产。其中，置出资产为烟台紫宸 100% 的股权，评估价格为 3.3 亿元；置入资产为南山建设 100% 的股权，评估价格约为 15.0 亿元。等值部分置换之后，差额部分由 *ST 九发按照 2.21 元/股的价格向南山集团八名自然人股东发行 528101799 股来补足。2.21 元/股是定价基准日前 20 个交易日股票交易均价。第二次重组交易结构如图 3 所示。

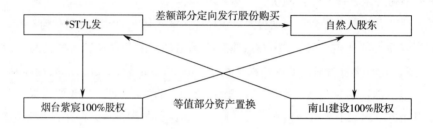

资料来源：作者自制。

图 3　第二次重组结构

重组完成后九发股份和南山建设股权控制结构如图 4 所示。

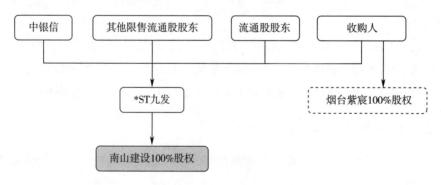

资料来源：作者自制。

图 4　第二次重组结果

---

① *ST 九发. 山东九发食用菌股份公司收购报告书 ［OL］. http：//www. sse. com. cn/disclosure/li *STedinfo/announcement/c/2009 - 06 - 24/600180 _20090624 _2. pdf，2018 年 1 月 4 日最后访问.

（二）动因分析

南山集团八名自然人股东是在 2009 年浮出水面的，是为了解决 *ST 九发的持续盈利能力问题。但实际上早在 2008 年，南山集团便在 *ST 九发的保壳过程中起到了重大的作用。前文已经说到 *ST 九发通过冲回坏账准备调节了非经常性损益，但由于 2008 年度的亏损实在太大，仅仅凭借冲回坏账准备仍不足以扭亏为盈（见表 2）；通过"不计提股权减值损失"来减少亏损，从而使得正负相加为正，是 *ST 九发积极寻找南山集团的动因。

表 2　2006—2010 年 *ST 九发财务数据　　　　　　　　单位：元

年度	2006	2007	2008	2009	2010
净利润	−159929302.94	−472609383.30	（1）45571970.30（调整前） （2）−117541338.19（调整后）	−287924.00	925070.98
扣除非经常性损益的净利润	−158942743.74	−472169037.81	（3）−157205964.03（调整前） （4）−1879908031.70（调整后）	−287924.00	−6074929.02

资料来源：作者整理。

表 2 为 *ST 九发 2006—2010 年的数据，其中 2008 年度的财务数据有调整前和调整后的数据。此次调整通过"2010 年第四届董事会第十一次会议"决议通过《公司关于会计差错更正的议案》实现。① 先看调整前的数据［表中的（1）和（3）］，若没有"非经常性损益"的调整，*ST 九发在 2008 年就应当被暂停上市。再看调整后的数据［表中的（2）和（4）］，无论是净利润还是扣除非经常性损益后净利润的数据均为负值，无论如何利用坏账减值准备冲回，都无法阻止 *ST 九发当年被暂停上市。那么，本次"惊险"的记载差错是如何发生又是否合法呢？

故事是这样发生的。*ST 九发认为烟台紫宸名下的两处房产的评估价格与实际价值存在差异。为确保重整计划的顺利进行，*ST 九发找到了南山集团公司，南山集团公司承诺愿意以不低于 3.3 亿元的经营性资产或者现金于 2009 年度内置换或者购买上市股权，以确保 *ST 九发的持续经营能力，因此 *ST 九发没有对该股权计提减值准备。但到了 2009 年 12 月 31 日，上述承诺因为第二次重组的失败（后文将详细分析）而没有实现。2010 年 4 月，*ST 九发聘请中介机构重新评估之后，得出该股权的评估价值约为 1.67 亿元，远低于 3.3 亿元的原评估价值。因此 *ST 九

---

① *ST 九发. 第四届董事会第十一次会议决议公告暨召开 2009 年度股东大会通知［OL］. http：//www. sse. com. cn/disclosure/listedinfo/announcement/c/2010−04−30/600180_20100430_1. pdf, 2018 年 3 月 22 日最后访问.

发对 2008 年度的长期股权投资调减 1.63 亿元，相应的资产减值损失调增 1.63 亿元，进而影响未分配利润，调减 1.63 亿元。

从法律依据来看，*ST 九发在 2008 年未计提资产减值损失是有法律依据的，即*ST 九发的行为不属于虚假记载，而为追溯调整。烟台紫宸账面价值为 3.3 亿元，但由于其中两块房产的价值评估存在问题，若其可收回金额低于账面价值，则根据企业会计准则，理论上应当计提股权减值损失。① 在会计上，可收回金额有两个标准，其一为资产的公允价值减去处置费用后的净额，其二为资产预计未来现金流量的现值，选取两者之间的较高者进行计算。依据《企业会计准则》8 号第十二条，企业已经承诺重组的，在确定资产的未来现金流量的现值时，要考虑重组所能带来的收益，以及可能的现金流出。由此，*ST 九发未计提资产减值准备有一种可能的解释，即其认为南山集团承诺重组，预计资产的未来现金流量的现值高于资产的账面价值，因而未计提资产减值准备。在这个层面上，*ST 九发的行为是符合规范的。但从现在的披露文件来看，*ST 九发似乎没有作出更细一步的解释。也必须注意到，该《资产减值准则》也为大量的企业通过重组承诺，延缓退市过程，为未来借壳上市提供了可能。

那么，*ST 九发调整了会计差错之后，是否应当被暂停上市呢？答案是否定的。当时适用的是 2008 年《上市规则》。调整前*ST 九发的财务状况是 2006—2007 年度两年亏损，2008 年盈利，此时按照《上市规则》第 13.3.10 条和第 13.3.1 条，*ST 九发可以申请变更为 ST 九发，但现实中*ST 九发似乎并没有这么做。但无论如何，在当时看来，*ST 九发 2008 年实现盈利，因而无须被暂停上市；2010 年，*ST 九发调整了会计记载，此时 2009 年度报告已经披露。调整后*ST 九发的财务状况是 2006—2009 年四年持续亏损。但关于追溯调整的情况，《上市规则》仅在"退市风险警示"这一节进行了规定，依据第 13.2.1 条，"因财务会计报告存在重大会计差错或虚假记载，公司主动改正或被中国证监会责令改正后，对以前年度财务会计报告进行追溯调整，导致最近两年连续亏损的"。对其进行退市风险警示。根据该规则，*ST 九发实际上没有受到任何影响，因其本身就已经是*ST 公司。但此时若 2010 年度继续亏损，则依据《上市规则》第 14.1.1 条，应当被暂停上市。由于 2008 年《上市规则》中规定的"终止上市"几乎都是"暂停上市"的后一步，除非是股权分布原因以及法人资格的变动等，才可能直接被终止上市。现实情况是，2010 年度*ST 九发顺利地扭亏为盈，成功避免被暂停上市，更不可能被直接终止上市。

（三）重组障碍

若南山集团的重组计划能够顺利施行，则*ST 九发或许能够一举获得南山建设的优质房地产资源和业务，也就不会有第三次重组了。但*ST 九发没有想到的是，此次重大资产重组计划在股东大会表决通过之后，竟然还会因为部分中小股东的异议而折戟沉沙，最终*ST 九发不得不另出

---

① 烟台紫宸在*ST 九发的资产负债表上体现为长期股权投资。

公告声称股东大会未通过。本次重组以南山集团支付 700 万元的补偿惨淡收场。

本次重组计划置入资产的交易价格约为 14.97 亿元，为 2009 年 3 月 31 日（交易基准日）经审计后合并报表净资产的 453.67%，构成重大资产重组，此外还有部分是发行股份购买资产。根据 2008 年《重组办法》第二十二条和第四十二条，此事项应当"经股东大会出席会议的股东所持表决权的 2/3 以上通过，关联股东回避表决，发行股份的价格不得低于本次发行股份购买资产的董事会决议公告日前 20 个交易日公司股票交易均价"。但由于本案在破产重整背景之下，还涉及《关于破产重整上市公司重大资产重组股份发行定价的补充规定》（〔2008〕44 号，以下简称 44 号文）的适用。根据 44 号文，"上市公司破产重整，涉及公司重大资产重组拟发行股份购买资产的，其发行股份价格由相关各方协商确定后，提交股东大会作出决议，决议须经出席会议的股东所持表决权的 2/3 以上通过，且经出席会议的社会公众股东所持表决权的 2/3 以上通过。关联股东应当回避表决"。

两大规则的不同之处有三：其一，适用范围不同。2008 年《重组办法》为一般法，适用于一般的重大资产重组；44 号文则仅适用于上市公司破产重整过程中的重大资产重组。其二，表决规则不同。2008 年《重组办法》仅需要三分之二以上通过和关联股东表决，无须分开表决；而 44 号文则需要大股东和社会公众股东分开表决，即双三分之二表决通过。其三，定价规则不同。2008 年《重组办法》有一定的刚性；而 44 号文可以协商定价，灵活性更高。

本案中，*ST 九发召开了临时股东大会对此次重组进行审议表决，采取未进行分组表决，依据此次临时股东大会的纪要，《关于〈山东九发食用菌股份有限公司重大资产置换及发行股份购买资产方案〉的议案》各项均以三分之二以上表决通过，针对"发行股份类型和面值"一项，经出席股东的 87.55% 表决通过。① 但后来中小股东因定价不合理而提出异议，认为此次重组属于破产重整的一部分，应当适用 44 号文，则本次股东大会决议未通过。主要的争议点在于本次重组是否属于重整计划的一部分。若是，则适用 44 号文，若否，则只需要适用一般规则。

从时间线来看，股东大会的决议于 2009 年 6 月 22 日作出。2009 年 6 月 1 日烟台中院出具（2008）烟台破字第 6 - 14 号民事裁定书，确认破产重整计划执行完毕。且此次重整计划的重组方在此前已经确定为中银信、牟平投资和烟台塞尚，相关的手续已经办妥。似乎不能认为本次重组属于破产重整计划，股东大会决议有效。但本次重组的基准日为 2009 年 3 月 31 日，也就是说南山集团的引入是在重整计划执行完毕之前，采取了资产置换和发行股票购买资产的方式实际上使得南山集团替代了烟台塞尚的角色，应当认为是对重整计划的落实。

从重整计划和 44 号文的出台目的来看，44 号文是 2008 年《重组办法》的补充规定。由于

---

① *ST 九发. 2009 年度第一次临时股东大会会议决议公告 [OL]. http：//www. sse. com. cn/disclosure/listed-info/announcement/c/2009 - 06 - 24/600180 _20090624 _1. pdf，2018 年 4 月 18 日最后访问.

2008 年《重组办法》的刚性定价不利于破产重整，因而证监会出台 44 号文，降低定价刚性。简单来说，就是允许在严格的表决机制之下适用更为灵活的定价规则，目的是提高重整的效率，减少引入重组方的成本。从这一点来看，*ST 九发寻找南山集团的时候，重整计划仍处于执行过程之中，财务危机情况仍然存在，应当适用 44 号文。综上所述，本文认为，第二次重组应当适用 44 号文，进而适用双三分之二的表决规则，故而 2009 年 6 月 22 日的股东大会决议未通过。烟台中院也出函表示，此次重组属于重整计划的一部分。

四、 重整计划的执行——第三次重组

定价过低导致了中小股东不满，44 号文的适用使得股东大会决议不符合表决规则而未通过，第二次重组也流产了。① 2010 年"有幸"扭亏为盈的 *ST 九发，却仍然没有成功将烟台紫宸这块烫手山芋扔掉。2011 年 9 月 5 日，*ST 九发布公告称正在筹划重大重组事项。第三次重组方郑州瑞茂通供应链有限公司（以下简称瑞茂通）进入公众视野。

（一）重组内容

根据公开披露的文件，瑞茂通注入其控股子公司徐州市怡丰贸易有限公司、邳州市丰源电力燃料有限公司、江苏晋和电力燃料有限公司 100% 的股权，其中 11.045% 的股权作价 3.3 亿元偿还正大物贸对九发股份的 3.3 亿元债务，剩下的 88.955% 的股权换取 *ST 九发定向发行的 618133813 股，发行价为 4.30 元/股。② 本次重组并没有采取简单的资产置换和发行股份购买资产，而是通过对正大物贸案提起再审。在法院的主持之下，将烟台紫宸退还给烟台塞尚，由瑞茂通重新置入 3.3 亿元资产为正大物贸偿还债务来实现（见图 5）。

法院此次出具的调解书写道："九发股份将紫宸投资 100% 股权退回给烟台塞尚，由此造成的九发股份未能获得盈利性资产和《重整计划》没有履行完毕的问题，九发股份可以选择其他重组方依据《重整计划》的内容向九发股份无偿注入 3.3 亿元具有一定盈利能力的优质资产的方式予以解决，该资产代正大物贸向九发股份偿还债务 3.3 亿元、用于解决九发股份的持续经营能力问题、不得向九发股份经破产重整程序确认的债权人进行分配或清偿，超过部分采取定向发行方式补足，重组方代正大物贸向九发股份偿还 3.3 亿元债务和以资产认购九发股份发行股份的行为均为履行《重整计划》的具体措施。"

法院判决之后，*ST 九发与瑞茂通开始落实"破产重整"下的重组。瑞茂通将其持有的徐州

---

① *ST 九发. 2010 年 12 月 30 日诉讼公告［OL］. http：//www. cninfo. com. cn/cninfo – new/disclosure/fulltext/bulletin _ detail/true/58845208？announceTime = 2010 – 12 – 30% 2005：45，2018 年 1 月 3 日最后访问.

② *ST 九发. 关于公司本次重组发行股份定价情况［OL］. http：//www. sse. com. cn/disclosure/li *STedinfo/announcement/c/2012 – 04 – 17/600180 _ 20120417 _ 1. pdf，2018 年 1 月 4 日最后访问.

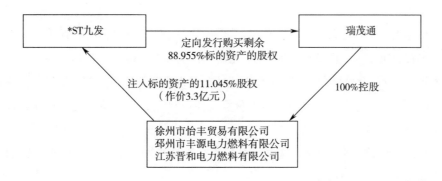

资料来源：作者自制。

图5 第三次重组结构

市怡丰贸易有限公司、邳州市丰源电力燃料有限公司、江苏晋和电力燃料有限公司各11.045% 的股权作价3.3亿元，偿还正大物贸对 *ST 九发的 3.3 亿元债务。剩下的 88.955% 的股权由山东九发食用菌股份有限公司向瑞茂通发行股份购买，共定向发行 618133813 股，发行价为 4.30元/股（协议定价）。① 本次交易完成后，徐州市怡丰贸易有限公司、邳州市丰源电力燃料有限公司、江苏晋和电力燃料有限公司成为上市公司 100% 控股的子公司。

2012 年 1 月 12 日该资产重组计划获得了公司股东大会高票通过，决议经出席会议的股东所持表决权的 2/3 以上通过，且经出席会议的社会公众股东所持表决权的 2/3 以上通过。2012 年 5月 30 日，该重组方案获得证监会并购重组委有条件审核通过。② 2012 年 8 月 9 日，*ST 九发收到证监会《关于核准山东九发食用菌股份有限公司向郑州瑞茂通供应链有限公司发行股份购买资产的批复》（证监许可〔2012〕1042 号）。同日，瑞茂通有限公司收到中国证监会《关于核准郑州瑞茂通供应链有限公司公告山东九发食用菌股份有限公司收购报告书并豁免其要约收购义务的批复》（证监许可〔2017〕1043 号）。③ 2012 年 8 月 24 日，资产全部注入，股权过户完成。2012 年 9 月 3 日，根据 2012 年修订的《上海证券交易所股票上市规则》第13.3.8 条，注入资产利润为正数，经申请上交所批准撤销风险警示，公司股票简称从 "*ST 九发" 变更为 "九发股份"，2012 年 9 月 21 日，公司证券简称由 "九发股份" 变更为 "瑞茂通"。

---

① *ST 九发. 关于公司本次重组发行股份定价情况 [OL]. http：//www. sse. com. cn/disclosure/li *STedinfo/announcement/c/2012 - 04 - 17/600180 _20120417 _1. pdf，2018 年 1 月 4 日最后访问.

② *ST 九发. 山东九发食用菌股份有限公司关于重大资产置换、发行股份购买资产暨关联交易获得中国证监会并购重组委员会审核通过的公告 [OL]. http：//www. sse. com. cn/disclosure/li *STedinfo/announcement/c/2012 - 05 - 30/600180 _20120530 _1. pdf，2018 年 1 月 3 日最后访问.

③ *ST 九发. 关于重大资产重组获中国证监会核准批复的公告 [OL]. http：//www. sse. com. cn/disclosure/li *STedinfo/announcement/c/2012 - 08 - 10/600180 _20120810 _1. pdf，2018 年 1 月 5 日最后访问.

（二）动因分析

本次重组值得关注的是 3.3 亿元资产注入的方式。本次采取的方案是 *ST 九发向烟台中院就正大物贸一案提起再审。在再审调解中，*ST 九发、正大物贸、烟台塞尚达成协议，公司可以将烟台紫宸 100% 股权退回给烟台塞尚，由此造成的公司未能获得盈利性资产和《重整计划》没有履行完毕的问题，公司可以选择其他重组方依据《重整计划》的内容，向公司无偿注入 3.3 亿元具有一定盈利能力的优质资产的方式予以解决，该资产代正大物贸向公司偿还债务 3.3 亿元、用于解决公司的持续经营能力问题，差额部分以发行股份的行为补足，且明确应当适用 44 号文来落实发行股份购买资产的行为。

本次再审的目的也不是财务操纵，而是搭建瑞茂通依据《重整计划》进行重组的基础，并就重组应当适用 44 号文获得法院的认可，进而可以适用 44 号文，采用协议定价 + 双三分之二表决通过的规则。不管是 *ST 九发还是瑞茂通，都作出了大量的努力以使本次重组适用 44 号文。*ST 九发通过再审程序获得法院背书，并在《关于本次公司重组发行股份定价情况说明》（以下简称《定价说明》）中大篇幅地论证本次重组与重整计划的相关性，并且引用了"盛润股份""*ST 星美"等上市公司作为例证，可谓用心良苦。

最终重组结果如 *ST 九发和瑞茂通所愿，以 4.30 元/股的定价，重组方案获得了中小股东的高票支持。根据《中国证券报》的报道，在 *ST 九发停牌之前，公司股价收于 9.19 元/股。① 4.30 元的定价比半折还多。如此一来，*ST 九发和瑞茂通的动机便昭然若揭了。从行业实践来看，并非所有进行破产重整的上市公司在日后的重组中都可以采用协议定价，只有重组方在上市公司破产重整时被写入重整计划，且写入法院民事裁定书中的才可以享受协议定价的政策。如此精心设计就是为了实现打折增发，降低重组成本。试想若无法院护航，按照资产置换的体量，其自然要适用重大资产重组规则，万万是不可能适用协商定价的。

发行价顺利降低，但如何获得社会公众股股东的认可是更艰巨的任务。或许是经历了太多的股市浮沉，又或许是瑞茂通提出的盈利承诺吸引力太强，② 最终股东大会以双三分之二的表决比例通过了本次重组计划。瑞茂通终于如愿以偿，烟台紫宸这块注水的资产也终于脱手。自此，*ST 九发破产重整才算告一段落。

五、 制度反思

从瑞茂通 2012—2017 年的财务数据来看（见表 3），2012—2016 年均实现了盈利，不得不承

---

① 中国证券报. 三年四易其主：*ST 九发重整蹊跷法院护航协议定价［OL］. http：//*STock. jrj. com. cn/ 2012/01/05015811970828. shtml，2018 年 1 月 5 日最后访问.

② 瑞茂通承诺了从 2012 年到 2014 年 3.63 亿元、4.23 亿元、4.89 亿元的盈利。

认瑞茂通的进入为*ST九发带来了生机，其背后的职工安置问题、中小股东问题等都得到了较好的解决。

表3 2012—2017 年度财务数据①　　　　　　　　　　　单位：元

年份	2012	2013	2014
扣除非经常性损益的净利润	324555465.41	387051796.34	243293944.96

年份	2015	2016	2017
扣除非经常性损益的净利润	273497530.34	169655852.97	674529168.63

资料来源：作者整理。

但这般艰难的借壳上市，即使达到了恢复上市公司盈利能力的结果，对于 A 股市场真是福音吗？这长达六年的拉锯战，或许不过是 A 股市场门槛高、退市难的完整缩影。

（一）非经常性损益的缺口——有心还是无意？

首先分析第一次重组中的核心操作。*ST 九发在第一次重组中借"坏账冲回"增加了非经常性收益，从而在 2008 年度扭亏为盈。梳理*ST 制度便可以发现"非经常性损益"这一尴尬的制度功能背后，反映的是证监会尚没有通过退市制度实现市场优胜劣汰的决心。

非经常性损益并非严格的会计术语，而是由证监会创设的，目的是防止上市公司大量的盈余管理。非经常性损益更多体现为监管规则，因而要与上市规则相结合才能看出其真正的效用。1999 年，证监会将那些影响真实、公允地反映公司正常盈利能力的各项收支划为非经常性损益。2001 年，证监会出台《公开发行证券的公司信息披露规范问答第 1 号——非经常性损益》（以下简称《问答》1 号），将以前年度已经计提各项减值准备的转回列为非经常性损益。根据 2001 年的上交所《上市规则》，非经常性损益后无助于 ST 公司（当时无*ST）摘帽，因为以上事项的考核标准为"扣除非经常性损益的盈利"，但有助于企业避免特别处理、暂停上市和终止上市，以及暂停上市后恢复上市。

现在适用的是 2008 年的《公开发行证券的公司信息披露解释性公告第 1 号——非经常性损益》（以下简称《公告》1 号）和 2014 年的上市规则。当时的 ST 制度也有了更新，存在着*ST（退市风险警示）和 ST（其他风险警示）的差别。表 4 展现了从 2001 年到 2014 年，《上市规则》的变化。表格中以"扣非利润"表示"扣除非经常性损益后的净利润"。若表格中事项的标准为"扣非利润"，则意味着不存在通过非经常性损益规避监管的可能。

---

① 根据瑞茂通 2012—2016 年度的公开报表数据整理而得。

表4 *ST（ST）制度梳理

年份	*ST 处理	ST 处理	撤销*ST 处理	撤销 ST 处理	暂停上市	终止上市	恢复上市
2001	N/A	净利润	N/A	扣非利润	净利润	净利润	净利润
2002	N/A	净利润	N/A	扣非利润	净利润	净利润	净利润
2004	净利润	N/A	净利润（转 ST）扣非利润（摘帽）	扣非利润	净利润	净利润	净利润
2008	净利润	N/A	净利润（转 ST）扣非利润（摘帽）	扣非利润	净利润	净利润	净利润
2014	净利润/营业收入	N/A	净利润＋营业收入＋净资产＋审计意见（摘帽）	N/A	净利润/营业收入	扣非利润/营业收入	扣非利润＋营业收入＋净资产＋规范治理等

资料来源：作者整理。

从表 4 可知，2001 年、2002 年、2004 年和 2008 年的《上市规则》虽然运用了非经常性损益的概念，但是运用的范围十分狭窄，仅仅在 *ST 摘帽以及 ST 摘帽的时候才需要扣除"非经常性损益"，而在进行 *ST 处理，暂停上市、终止上市以及暂停上市后恢复上市均不适用。相关的《上市规则》仅在恢复上市时要求保荐人对"非经常性损益的确认是否合规"进行核查。这意味着，通过非经常性损益，上市公司可以避免被暂停上市，不过就是摘不掉"*ST"的帽子罢了。"非经常性损益"这一科目的设置就像是隔靴搔痒。

然而，这一情况在 2014 年有所改变，首先在 *ST 处理这一环节加入了营业收入不得低于1000 万元的门槛。终止上市以及暂停上市后恢复上市均采用"扣非利润"标准，也意味着上市公司被暂停上市之后，不能通过非经常性损益来避免被终止上市，或者恢复上市。而在暂停上市和 *ST 处理这两个事项上则存在着净利润或者营业外收入的标准，不符合营业收入大于等于1000 万元或者净利润为正的任意一个都会引起相应的不利后果。不得不承认，证监会已经作出了极大的努力。但事实上，净利润或者营业外收入的双重标准不足以堵住非经常性损益的口子。试想，A 上市公司被 *ST 之后的一年，经审计的营业收入为 1000 万元，营业成本为 2000 万元，非经常性损益为 +1200 万元，同时符合了净利润和营业收入的要求，不需要被暂停上市。但若采取扣非利润，则应当被暂停上市。这说明非经常性损益仍然有被利用的空间，若不是收入状况太过惨淡，上市公司是可以通过非经常性损益避免暂停上市的。《关于改革完善并严格实施上市公司退市制度的若干意见》（以下简称《退市意见》）中对直接"暂停上市"和"终止上市"作出了规定，但仍然没有堵住上市公司利用"非经常性损益"操纵利润的口子。由此也可以看出，退市之路道阻且长。当然，似乎也可以尝试着理解用心良苦的监管层。毕竟，在多层次资本市场尚未建立、投资者结构尚未完善的 A 股市场，单枪匹马地推行退市制度是不可能的，还是要留待时间慢慢改进。

（二）重组承诺与追溯调整——退还是不退？

1. 现象成因。其次分析第二次重组中的核心操作。*ST 九发借南山集团的重组承诺，未计提资产减值损失。因重组破裂，2010 年追溯调整，导致 2006—2009 年度持续亏损，但仍然有 2010 年度的观察期。

这一现象的原因包括：一是减值准备的相关会计规则比较灵活，存在可操纵空间。当时南山集团作出的重组承诺是在 2009 年末实现资产置换，试想若当时承诺是 2010 年，是不是意味着 *ST 九发可以在 2011 年进行追溯调整呢？这样一来只有 2011 年度继续亏损，才会被暂停上市了。这一点无疑需要引起监管层的注意。二是相关的上市规则不愿意触碰退市规则，从而使得 *ST 九发得以借助南山集团的承诺延缓了退市进程，即使变更之后连续四年亏损，仍无规则规定其应当退市，这为后来的资产重组预留了空间。

2. 规则反思。值得思考的是，*ST 九发作为追溯调整后连续 4 年亏损的上市公司，还要再给 1 年的观察期是否过于宽容？对于那些 3 年亏损即被暂停上市的上市公司又是否有不公平之嫌呢？

让我们先来看看相关的上市规则。2014 年的《上市规则》第 13.2.1 条规定："上市公司出现以下情形之一的，本所对其股票实施退市风险警示：（一）最近两个会计年度经审计的净利润连续为负值或者被追溯重述后连续为负值；"第 14.1.1 条规定："上市公司出现下列情形之一的，由本所决定暂停其股票上市：（一）因最近两个会计年度的净利润触及第 13.2.1 条第（一）项规定的标准，其股票被实施退市风险警示后，公司披露的最近一个会计年度经审计的净利润继续为负值。"从上述条文看，类似于 *ST 九发这样的情形在现在仍然不会被暂停上市。

追溯到 2000 年、2001 年的《上市规则》和 1999 年以及 2004 年的《公司法》，当时的《公司法》第一百五十七条规定，公司"最近三年连续亏损的，由国务院证券管理部门决定暂停上市"。2000 年、2001 年、2002 年的《上市规则》照搬了《公司法》的规定。2005 年《公司法》出台之后，删除了"最近三年连续亏损暂停上市"的规定。值得关注的是，2002 年《上市规则》专门针对"暂停上市、恢复上市与终止上市"的修订（以下简称"修订"），根据"修订"，若非根据国家会计政策进行追溯调整所致的连续三年亏损，则交易所自公司年度报告披露之日起十个交易日内作出暂停其股票上市的决定。但 2004 年的《上市规则》删除了这一要求，2008 年之后的上市规则则进一步删除了"连续三年亏损"这一事项。从历史的角度来看，监管的态度在 2002 年有一个小小的波动，但最终无论是《公司法》以及相关上市规则，都认可追溯调整导致原会计年度亏损，应当再给予上市公司一年的考察期。

证监会针对这一事项也给出过相应的解释。证监会在 2014 年 5 月 23 日的新闻发布会中曾提到过追溯调整导致多年亏损的上市公司应当如何处理的问题。[①] 证监会认为追溯重述导致的连续亏损通常是偶发的、突发的，持有公司股票的投资者在公司公告追溯重述后的财务数据披露前，并不知道公司存在退市风险。如果公司股票直接被暂停和终止上市，对投资者特别是中小投资者而言，将缺乏必要的缓冲和准备。实践中，2002 年追溯重述后连续三年亏损的 ST 生态曾被作出直接暂停上市的决定，当时市场特别是投资者反应强烈。

因追溯调整而获得比一直勤勤恳恳认真记录的上市公司多一年甚至多年的考察期，自然是有些不公平的。但市场秩序并非只通过公平来实现，制度的选择须衡量其利弊。是否有必要将"最近"这一隐含的时间因素径直从上市规则之中删除要考虑：（1）其是否有存在的合理性；（2）其不合理性是否可以被其他途径所解决。

假想某上市公司前两年连续亏损被*ST，第三年记载错误扭亏为盈，第四年恢复了盈利，第五年追溯调整会计差错，此时的盈利情况为前三年连续亏损，第四年盈利，第五年是否盈利不确定。可能的解决途径如下：第一，采取 2002 年的监管方法，若非因国家会计政策调整，则一律暂停上市。第二，采取恢复上市的标准（不同于被*ST 之后不被暂停上市的标准），[②] 看待第四年的情况，若不符合恢复上市的条件，则暂停上市；若符合恢复上市的条件，则视同于已经恢复上市。第三，对现行监管方法不作修改，只要是追溯调整，无论亏损多少年，都给一年的观察期。

本文认为第二种方法比较合理。第一种方法过于绝对，容易排除真正在第四年恢复盈利能力的上市公司。第三种方法过于宽松，进而使得追溯调整被滥用，而现行监管下仅能够通过"重大信息披露违法"的界定来加以规范，不利于市场的健康发展。第二种方法相对合理，三年亏损本应当被暂停上市，暂停上市后公司可以选择恢复上市。此时公司阴差阳错地、无恶意地记载错误，若其第四年符合恢复上市的标准，则应当允许这类非恶意的错误，这也可以避免出现程序上的不效率。若其盈利但不符合恢复上市的标准，或未实现盈利，则应当被暂停上市，以维护公正的竞争秩序。

以上分析只是提供了一个简单的框架思路，现实中的情况可能更为复杂。根本的原因在于上市公司退市的轨迹上，从作*ST 标记到暂停上市到终止上市以及恢复上市，标准并不相同。在标准无法统一的现实之下，追溯调整便有空可钻。是否有必要统一这些标准，还需要大量的论证，已经并非本文论题所及了。

---

① 证监会：2014 年 5 月 23 日发布会，载证监会官网：http://www.csrc.gov.cn/pub/newsite/zjhxwfb/xwfbh/201405/t20140530_255287.html?from=groupmessage&isappinstalled=0，2018 年 5 月 28 日最后访问。

② 两者标准不同，恢复上市标准更为严格，详见表 4。

六、 结语

*ST 九发若非生命力顽强，苦苦经营，屡败屡战，再少些国资和政府的支持，早就应该谢幕离开了。似乎是机缘巧合，又似乎是冥冥中注定，总能够在关键时候抓住救命稻草。若是 IPO 的成本小些，退市的机制完善些，*ST 九发又何以迎来这一个又一个的重组方呢？瑞茂通借法院背书抓住 44 号文的擦边球，最终也借壳成功，真是机智如斯吗？若没有法院和证监会的支持，又何以可能呢？

看似荒谬的六年拉锯战，不过是一场因骑虎难下，而各方不得不登台的舞台剧。演员有破产中的上市公司、上市无门的借壳公司、法院、证监会和地方政府。所幸的是，我们似乎意识到了这其中的问题，相信即使是积重难返，逐个突破、制度并行还是能赢来一个健康的资本市场的。

Financial Law Forum

金融法苑

2019 总第九十九辑

金融监管与金融法制

广发行违规担保侨兴债， 银监会真开出了 "天价罚单"？

■ 敖旻昱*

摘要：广发银行违规担保侨兴债是市场舆论关注的热点问题，表面上，银监会对此开出的 7.22 亿元罚单，似乎执法严厉。但通过查阅《银监会对广发银行的处罚决定书》，可以发现"天价"的原因在于广发银行销售理财产品中的违规行为。银监会将广发银行众多无关联的违法行为放在一起处罚，有喧宾夺主、误导公众之嫌。建议银监会在给予处罚决定时应当就事论事、分项处罚，切莫将不同违规行为糅合，以免误导公众。在政府信息公开方面，银监会也应当对处罚决定书予以公示，并在决定书中充分说理，提高依法行政水平。

关键词：侨兴债天价罚单　信息公开　说理式处罚决定书

《7.22 亿！广发银行领银行业最大罚单，担责侨兴债违规担保案》① 《重拳出击！银监会开出 7.22 亿天价罚单》② 《侨兴债违约曝风控软肋，广发行吃天价罚单》③ ……一时间"天价罚单""最大罚单""侨兴债"占据了各大媒体的头版头条，不明真相的吃瓜群众自然而然地以为，银监会对侨兴债案件彻底震怒了。④

的确，据《银监会依法查处广发银行违规担保案件》显示，⑤ 这是一起银行内部人员与外部不法分子相互勾结、跨机构跨行业跨市场的重大案件，涉案金额巨大，牵涉机构众多，情节严重，性质恶劣，社会影响极坏，为近几年罕见。银监会依据《金融违法行为处罚办法》及《中

---

* 北京大学法学院 2016 级金融法方向法律硕士（非法学）。

① 7.22 亿！广发银行领银行业最大罚单，担责侨兴债违规担保案 [OL]. https：//mp. weixin. qq. com/s/B8_qoIT - 4SJ8p3oK35ptOA，2018 年 10 月 9 日最后访问.

② 重拳出击！银监会开出 7.22 亿元天价罚单，这些平台中枪 [OL]. https：//baijiahao. baidu. com/s？id = 1586299940939163185&wfr = spider&for = pc，2018 年 10 月 10 日最后访问.

③ 侨兴债违约曝风控软肋，广发行吃天价罚单 [OL]. http：//bond. hexun. com/2017 - 12 - 11/191933989. html，2018 年 10 月 10 日最后访问.

④ 本案处罚决定发生于 2017 年，银保监会尚未合并，为保持前后一致，全文采用处罚决定时处罚决定机构的名称，即银监会。

⑤ 银监会依法查处广发银行违规担保案件 [OL]. http：//www. cbrc. gov. cn/chinese/home/docView/B86286323D2B44F1B1134330927403BE. html，2018 年 6 月 10 日最后访问.

华人民共和国银行业监督管理法》对广发银行总行、惠州分行及其他分支机构的违法违规行为合计罚没 7.22 亿元。

7.22 亿元是什么概念呢？据广发银行年报，截至 2016 年末，该行全年净利润为 95.04 亿元，因此，7.22 亿元相当于当年 7.6% 的利润回吐，约为广发银行一个月的净利润！7.22 亿元，也是银监会自成立以来对单家银行的最高罚没金额，数额超过了 2017 年前 10 个月银监会对所有金融机构的罚没总额，确实可谓"天价"！但追根溯源，这 7.22 亿元罚单是否真如银监会披露、媒体所报道的那样，都源于广发银行违规担保侨兴债案件呢？本文对此一探究竟。

一、 侨兴违约一波三折， 真假保函惹关注

风起于青萍之末，事情要追溯到三年前"侨兴债"事件的原点。2014 年 12 月 10 日，侨兴集团旗下的惠州侨兴电讯工业有限公司（以下简称侨兴电讯）和惠州侨兴电信工业有限公司（以下简称侨兴电信）在广东金融高新区股权交易中心（以下简称粤股交）分别备案发行了"惠州侨兴电讯工业有限公司 2014 年私募债券"和"惠州侨兴电信工业有限公司 2014 年私募债券"（以下简称侨兴债），两笔合计 11.46 亿元，各分为 7 期，年化利率 7.3%，期限为两年。

随后，该侨兴债由粤股交推荐到上海招财宝金融信息服务有限公司（以下简称招财宝）平台销售，购买了该产品的投资者，可以通过招财宝的"变现"功能处置该产品。于是，私募债被分拆和打包成个人贷产品，销售给其他投资者，从而形成"侨兴私募债发行人—粤股交—招财宝—私募债个人投资者—个人贷投资者"的关系链。

根据交易结构（见图 1），浙商财险为侨兴债承保了绝对免赔率为零（即没有免责条款）的履约保证保险，同时还采取了两项反担保措施：侨兴集团董事长吴瑞林为侨兴债的还本付息提供不可撤销的无限连带责任担保，广发银行惠州分行则为其出具了两份无限连带责任的履约保函，为吴瑞林向浙商财险的担保提供履约保证。此外，个人贷产品由众安保险承保个人借款保证保险。①

从交易结构上看，该关系链上的增信措施很完备，即一旦侨兴债违约，根据追偿流程，将由浙商财险向相关投资者赔付，然后向侨兴电讯和侨兴电信、吴瑞林和广发银行惠州分行行使代位追偿权。

2016 年 12 月 15 日，融资方侨兴电信和侨兴电讯无法按时还款，"侨兴债"逾期无法兑现，涉及金额共计 3.12 亿元。违约发生后，私募债担保方浙商财险启动赔付程序，对上述违约债券本息进行赔付。按合同规定，浙商财险有权向反担保方广发银行惠州分行追索赔偿。

---

① 7.22 亿！广发银行领银行业最大罚单，担责侨兴债违规担保案［OL］. https：//mp. weixin. qq. com/s/B8 _ qoIT－4SJ8p3oK35pt0A，2018 年 3 月 9 日最后访问.

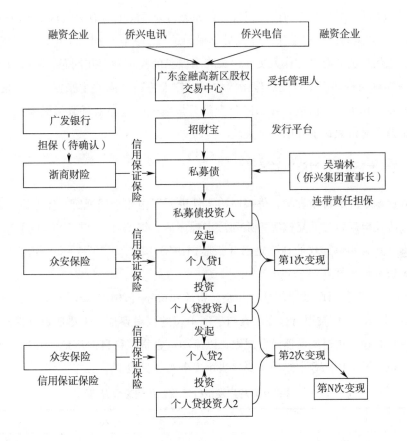

资料来源：作者自制。

图1 交易结构

天有不测风云，看似流畅的追偿流程，却因假保函陷入迷局。浙商财险手持保函，要求最终兜底方广发银行惠州分行履行担保责任时，却遭到广发银行的拒绝。广发银行公告称，侨兴债文件、公章、私章均系伪造，属于不法分子假冒惠州分行名义出具虚假银行保函，涉嫌金融诈骗，并称已向广东公安机关报案。随后，浙商财险也向当地公安机关报案。

从媒体透露的信息来看，浙商财险在收到广发银行保函后，便派工作人员在有侨兴公司人员陪同的情况下，在广发银行惠州分行营业场所办理了银行保函面签手续。后来，广发银行惠州分行在浙商财险前往其营业场所进行保后回访时，出具了盖有分行公章和行长张中华个人印章的保函回执；在浙商财险前往广发银行惠州分行核查保函情况时，出具了确认保函"真实合法有效"的《银行履约保函声明》。到2016年12月15日，即侨兴债第1~2期确认到期违约之日，浙商财险两次前往广发银行惠州分行核查保函情况，广发银行惠州分行营业部副总经理和银行部总经理均未对履行保函责任予以明确否认，也未提出保函虚假的异议。

而到 12 月 19 日，浙商财险向广发银行总行和惠州分行发出《有关银行保函履行事宜的重大风险提示函》，广发银行总行办公室工作人员对保函进行了否认；同日下午，广发银行惠州分行相关部门负责人约见浙商财险工作人员，口头表示保函的真实性存在问题，不会履行保函责任。随后，10 多家金融机构陆续拿着兜底保函等协议向广发银行询问并主张债权，广发银行表示侨兴债文件、公章、私章均系伪造，并已向公安机关报案……这起由真假保函牵扯的债券违约案件，引发了银监会对侨兴债案件的高度关注。

二、 银监会大怒， 开罚单以儆效尤

随着真假保函事件的持续发酵，侨兴违约案件进入了银监会的视野。经立案、调查、审理、审议、告知、陈述申辩、意见复核等一系列法定程序后，银监会于 2017 年 11 月 21 日向广发银行及相关负责人连发四封行政处罚决定书（银监罚决字〔2017〕26 号 – 29 号），依法查处广发银行违规担保侨兴债案件。

《银监会对广发银行行政处罚信息公开表（银监罚决字〔2017〕26 号）》（以下简称《处罚信息公开表》）显示，① 广发银行存在出具与事实不符的金融票证、未尽职审查保理业务贸易背景真实性、内控管理严重违反审慎经营规则、以流动资金贷款科目向房地产开发企业发放贷款、未向监管部门报告风险信息等十二项主要违法违规事实（见表 1）。

表 1　《银监会对广发银行行政处罚信息公开表》

文号	银监罚决字〔2017〕26 号
被处罚当事人姓名或名称	单位名称：广发银行股份有限公司
	法定代表人姓名：杨明生
主要违法违规事实（案由）	（一）出具与事实不符的金融票证； （二）未尽职审查保理业务贸易背景真实性； （三）内控管理严重违反审慎经营规则； （四）劳务派遣用工管理不到位； （五）对押品评估费用管理不到位； （六）未向监管部门报告风险信息； （七）未向监管部门报告重要信息系统突发事件； （八）会计核算管理薄弱； （九）信息系统与业务流程控制未按规定执行； （十）流动资金贷款用途监督不到位，未尽职审查银行承兑汇票贸易背景真实性； （十一）以流动资金贷款科目向房地产开发企业发放贷款； （十二）报送监管数据不真实。

---

① 中国银监会行政处罚信息公开表（银监罚决字〔2017〕26 号）〔OL〕. http：//www.cbrc.gov.cn/chinese/home/docView/xzcf_7564F76E3DCF44F5BCE98AC82A09DD9E.html，2018 年 10 月 22 日最后访问.

文号	银监罚决字〔2017〕26 号
行政处罚依据 （节选）	（一）《金融违法行为处罚办法》第十三条； （二）《商业银行保理业务管理暂行办法》第十五条，《中华人民共和国银行业监督管理法》第二十一条、第四十六条； （三）《商业银行内部控制指引》第十二条、第十九条，《中国银行业监督管理委员会关于加大防范操作风险工作力度的通知》第三条、第六条，《关于加强案件防控，落实轮岗、对账及内审有关要求的工作意见》第一条，《中国银监会办公厅关于加强银行业基层营业机构管理的通知》第三条、第四条，《中华人民共和国银行业监督管理法》第二十一条、第四十六条……
行政处罚决定	警告，没收违法所得 17553.79 万元，并处 3 倍罚款 52661.37 万元，对其他违规行为罚款 2000 万元，罚没合计 72215.16 万元。

资料来源：作者整理。

据此，银监会依据《金融违法行为处罚办法》第十三条"金融机构出具与事实不符的金融票证的，没收违法所得并处违法所得 1 倍以上 5 倍以下的罚款，没有违法所得的处 10 万元以上50 万元以下的罚款"，以及《中华人民共和国银行业监督管理法》第二十一条、第四十六条"银行业金融机构违反审慎经营规则处 20 万元以上 50 万元以下罚款"的规定，对机构及责任人员予以处罚。机构方面，对广发银行总行、惠州分行及其他分支机构的违法违规行为罚没合计7.22 亿元，其中，没收违法所得 17553.79 万元，并处以 3 倍罚款 52661.37 万元，其他违规罚款2000 万元。人员方面，对广发银行惠州分行原行长、2 名副行长和 2 名原纪委书记分别给予取消五年高管任职资格、警告和经济处罚，对 6 名涉案员工禁止终身从事银行业工作。

行政处罚决定表"简明扼要、直戳重点"，既没有描述处罚案件的具体名称，也没有对案件的来龙去脉及违法所得构成予以过多披露，只有同日公布的《银监会依法查处广发银行违规担保案件》[①] 要闻导读对调查情况进行了略微描述。导读指出，本案系广发银行惠州分行员工与侨兴集团人员内外勾结、私刻公章、违规担保案件，涉案金额约 120 亿元，其中银行业金融机构约100 亿元，主要用于掩盖该行的巨额不良资产和经营损失。本案暴露了案发时广发银行公司治理方面存在诸多问题，银监会指出：一是内控制度不健全，对分支机构既存在多头管理，又存在管理真空。特别是印章、合同、授权文件、营业场所、办公场所等方面管理混乱，为不法分子从事违法犯罪活动提供了可乘之机。二是对于监管部门三令五申、设定红线的同业、理财等方面的监管禁令，涉案机构置若罔闻，违规"兜底"，承诺保本保收益，严重违反法律法规，严重扰乱同业市场秩序，严重破坏金融生态。三是涉案机构采取多种方式，违法套取其他金融同业的信用，

---

① 银监会依法查处广发银行违规担保案件［OL］. http：//www.cbrc.gov.cn/chinese/home/docView/ B86286323D2B44F1B1134330927403BE.html，2018 年 6 月 10 日最后访问.

为已出现严重风险的企业巨额融资，掩盖风险状况，致使风险扩大并在一部分同业机构之间传染，资金面临损失，削弱了这些金融机构服务实体经济的能力。四是内部员工法纪意识、合规意识、风险意识和底线意识薄弱，有的甚至丧失了基本的职业道德和法制观念，形成跨部门作案小团体，与企业人员和不法中介串通作案，收取巨额好处费，中饱私囊。五是经营理念偏差，考核激励不审慎，过分注重业绩和排名，对员工行为疏于管理。在"两加强、两遏制"等多次专项治理中，均未发现相关违法违规问题，行为排查和内部检查走过场。

7.22亿元罚单，体现了银监会坚持"监管姓监"，严肃查处违法违规行为、整治银行业市场乱象的决心。虽然行政处罚决定表中并未提及导致处罚案件的具体名称，但联系同日公布的银监会要闻导读，似乎可以感觉到这7.22亿元罚单就是处罚广发银行违规担保侨兴债案。广发银行违规担保侨兴债的行为似乎真的"惹怒"了银监会，银监会开巨额罚单以期营造"不敢违规、不能违规、不愿违规"的银行业合规文化。

三、 争相报道， 侨兴天价博众眼

让我们再来看看媒体的报道。随着银监会处罚决定表及要闻导读的公布，央视财经、凤凰财经、腾讯财经、新华网、财新网、和讯网等媒体都争相报道广发银行因违规担保侨兴债被银监会处以天价罚款事件。一时间，以侨兴债"天价、最大罚单"为标题的新闻满天飞：《7.22亿！银监会开出天价罚单》①《银监会天价罚单创纪录，广发银行侨兴债案曝光被罚逾7亿》②《广发银行因侨兴债被罚7.22亿，银监会开史上最大罚单》③ ……无不给处于信息劣势一端的普通民众传递出"侨兴债性质恶劣、银监会大动干戈"的信息。

而点开上述新闻，80%以上的内容都是将银监会公布的《银监会依法查处广发银行违规担保案件》内容摘抄了过来，并未披露什么有价值的内部信息，而余下部分新闻也大都在大肆渲染侨兴集团兴衰史、侨兴债违约的来龙去脉、真假保函以及广发银行在侨兴债违约案件中发挥的作用。

不可否认的是，侨兴债违约案件的确是一起银行内部人员与外部不法分子相互勾结、通过同业资金运作将银行的个体信用风险波及十几家金融机构，又依托互联网金融平台将风险波及至普通老百姓的典型案例；波及面之广、危害程度之大为近年来罕见，素有"电话大王"之称

---

① 7.22亿！银监会开出天价罚单 [OL]. http：//baijiahao. baidu. com/s？ id = 1586210481278106978&wfr = spider&for = pc，2018年10月10日最后访问.

② 银监会天价罚单创纪录，广发银行侨兴债案曝光被罚逾7亿 [OL]. http：//www. sohu. com/a/209289942 _ 639898，2018年10月10日最后访问.

③ 广发银行因侨兴债被罚7.22亿，银监会开史上最大罚单 [OL]. http：//finance. caixin. com/2017 – 12 – 08/101182538. html，2018年10月10日最后访问.

的五百强企业——侨兴集团也因此遭受重创。因侨兴债的跨机构、跨行业、跨市场特性，社会影响极其恶劣，普通民众在惊讶天价罚单的同时，似乎也认为处以三倍违法所得的"天价"罚款在情理之中。

综观银监会披露的信息，银监会对 7.22 亿元的解释只停留在没收违法所得 17553.79 万元，并处以 3 倍罚款 52661.37 万元，其他违规罚款 2000 万元，而并未对违法所得的构成予以进一步剖析，媒体报道对这一问题也是隔靴搔痒。据财新报道，① 侨兴集团是广发银行惠州分行的第一大客户，侨兴集团通过侨兴债募得的资金并未流入生产，大部分都用于偿还广发银行惠州分行的贷款，在侨兴私募债违约曝光后，市场便质疑广发银行惠州分行与侨兴集团有联手做局之嫌。暂且不论广发银行惠州分行与侨兴集团是否有联手做局，看到媒体的报道，联系违法所得金额，你是不是已经认定广发银行在担保侨兴债过程中所获取的违法所得高达 17553.79 万元了呢？违法所得构成的真相果真如此吗？

四、 剥丝抽茧， 看违法所得之构成

带着对违法所得构成的好奇，笔者通过银监会政府信息公开网站申请公开《银监会对广发银行的处罚决定书（银监罚决字〔2017〕26 号）》（以下简称《处罚决定书》），并依据《中国银保监会依申请公开政府信息答复函〔2018〕348 号》现场查阅广发银行侨兴债案件的行政处罚决定书全部内容。在阅读处罚决定书全部内容前，笔者被工作人员告知不得对外透露处罚决定书内容，全程只能查阅，不允许拍照、摘抄等任何形式的记录。

与证监会处罚决定书不同，银监会的处罚决定书并未对违法案件的来龙去脉作一个较为详细的描述，而是如表 1 公示的行政处罚决定表，用简明扼要的言语罗列广发银行不同分支机构的违法行为点及相应的处罚金额。通过查阅银监会对广发银行的处罚决定书全部内容，笔者发现"天价"罚金的构成另有蹊跷：在整个罚单中，因违规担保侨兴债，广发银行惠州分行共被处以 1150 万元罚金，其中，因开具不真实票据（涉案金额 90 亿元）罚款 1000 万元，因未尽职审查贸易背景真实性、违规兜底等三项违法行为各罚款 50 万元。在广发银行惠州分行违规担保侨兴债部分，处罚决定书中并没有提到存在违法所得，与媒体给公众传达的"广发银行在担保侨兴债过程中所获取的违法所得达 17553.79 万元"存在出入。看到这儿，你可能会产生疑问：违法所得在哪儿呢？剩余的 7 亿元"天价罚款"又去哪儿呢？

事实上，本案的处罚金额之所以构成"天价"，很大一部分是因为该处罚决定并非仅仅针对广发银行惠州分行违规担保侨兴债一案，而是银监会针对广发银行整个系统内存在的违规行为

---

① 涉保函造假，广发行员工配合调查 [OL]. http://news.k618.cn/finance/cjxs/201612/t20161230_9916814.html，2018 年 10 月 10 日最后访问.

进行的处罚。

根据《处罚决定书》，包括广发银行惠州分行、长沙分行在内的八家经营机构，在销售名为"广银安富"的非保本理财产品中存在违规保本保收益的行为，开具与事实不符的票据43笔，涉案金额高达419亿元，银监会据此没收广发银行违法所得1.7553亿元，并依据《金融违法行为处罚办法》第十三条处以违法所得的三倍罚款即5.2661亿元，而该违法所得额恰好与银监会披露的对广发银行处罚信息公开表数据相符！违法所得及三倍罚款的处罚缘由与民众根据媒体报道推测的结果相悖！

此外，针对未按规定进行调休、未及时报送监管数据、报送监管数据不真实等七项违法行为，银监会对广发银行总行每一项违法行为处以50万元罚款，总计350万元。综上所述，银监会对广发银行总行共罚款7.0565亿元。

在《处罚决定书》中，除了对广发银行总行、广发银行惠州分行的处罚外，银监会还对广发银行苏州分行、无锡分行、乌鲁木齐分行、河源分行、哈尔滨分行、北京分行、天津分行等分行的违法违规行为进行处罚。据处罚决定书披露的情况看，上述分行存在违规保本、将贷款企业由中型改为小型等开具与事实不符的票据问题，基于这些违法违规行为，银监会分别对其予以30万~50万元的罚款。

为了更加清晰地描述银监会处罚的具体情况，笔者依据《处罚决定书》对此次罚款项目明细进行了梳理（见表2）。

表2 银监会处罚广发银行项目明细

处罚对象	处罚事由	罚款金额
广发银行总行	1. 广发银行惠州分行、长沙分行在内的八家经营机构销售不保本"广银安富"理财产品违规保本保收益，开具与事实不符的金融票据； 2. 未按规定进行调休、未及时报送监管数据、报送监管数据不真实等七项违法行为。	1. 针对第一项违法事实，没收广发银行违法所得1.7553亿元，并处以三倍罚款即5.2661亿元； 2. 针对第二项七项违法事实，分别罚款50万元。 合计处罚：7.0565亿元。
广发银行惠州分行	1. "侨兴债"开具不真实票据； 2. 未尽职审查贸易背景真实性、违规兜底等三项违法行为。	1. 针对第一项违法事实，处罚1000万元； 2. 针对第二项、第三项违法事实，分别处罚50万元。 合计处罚：1150万元。

处罚对象	处罚事由	罚款金额
广发银行苏州分行、无锡分行、乌鲁木齐分行、河源分行、哈尔滨分行、北京分行、天津分行等	违规保本、将贷款企业由中型改为小型等开具与事实不符的票据问题。	广发银行苏州分行被处罚40万元，其余分行被处罚30万元或50万元不等。 合计处罚：约500万元。

资料来源：作者整理。

据《处罚决定书》可知，广发银行惠州分行在违规担保侨兴债案件中并不存在违法所得，且因"侨兴案"领取的罚金额仅是7.22亿元罚单的冰山一角。造成"天价罚单"的很大部分原因是广发银行在销售名为"广银安富"的非保本理财产品过程中存在违规保本保收益的行为，涉案金额高达419亿元，违法所得达1.7553亿元。由此，笔者推测银监会"天价罚金"的认定是基于广发银行整个系统违规行为角度，广发银行惠州分行违规担保侨兴债很可能只是银监会查处广发银行的导火索。银监会想借"天价罚单"敲响各大银行在内控管理和业务经营中存在问题的警钟，从而体现了监管当局强监管、治乱象的决心。

笔者非常理解监管当局整治银行业市场乱象的急迫感和使命感，也可以理解银监会选择侨兴案给予天价处罚的理由。因波及面极广、涉案金额巨大、性质十分恶劣，侨兴案当之无愧是同业理财、表外腾挪不良之典型。但笔者并不完全认同银监会"天价罚单"的处罚逻辑。

诚然，银监会要基于总行管理体系的视角，对案发银行该笔业务相关违法违规行为进行处罚，但处罚还是应当基于案件本身。虽然银监会可以"处罚决定书并未写明是针对广发银行违规担保侨兴债案所做"进行抗辩，但同日公示的《银监会依法查处广发银行违规担保案件》要闻导读很容易让大众认为《处罚决定书》就是广发银行违规担保侨兴案的处罚结果。如果《处罚决定书》是针对广发银行违规担保侨兴债案的处罚结果，那么其内容及罚款金额自然应当以侨兴案为核心。但这份《处罚决定书》中，与侨兴债案有关的内容篇幅不到五分之一，7亿多元的"天价罚单"中与侨兴债案有关的罚金仅占1150万元。这是否有喧宾夺主、误导公众之嫌？

此外，据《处罚决定书》，广发银行惠州分行在担保侨兴债案件中并不存在违法所得，银监会查处的全部违法所得来源于名为"广银安富"的理财产品，而该理财产品在广发银行惠州分行、长沙分行等八家经营机构都存在违规行为，这与普通民众据媒体报道推测的结果相悖！吃瓜群众都误以为广发银行惠州分行在违规担保侨兴债案件中存在高额违法所得。虽然同是广发银行系统，这样的报道，是否会让广发银行惠州分行有种"欲加之罪，何患无辞"的感觉呢？

当然，笔者并非对银监会出具的罚款金额和调查的违规情况予以否认，只是希望银监会在给予处罚决定时可以就事论事、分项处罚，切莫将不同违规行为糅合，尽量避免误导公众，如此，也可以给各大银行的业务经营提供更好的指引。

五、 阳光防腐， 处罚决定书应公示

（一）处罚决定书应当信息公开

那行政处罚该如何给各大银行业务经营提供指引呢？仅凭一张简明扼要的行政处罚决定表？此时，就不得不谈银监会处罚决定书信息公开问题了。

本案中，银监会在对广发银行违法行为作出行政处罚后，在官网上公示了《处罚信息公开表》，但并未公示《处罚决定书》。或许，你会因处罚决定表是处罚决定书的"精华"，而给银监会的"加工行为"点赞。殊不知，相比于处罚决定表，处罚决定书有着处罚决定表无法替代的、对违法行为更为详尽的描述。我们来看看证监会和保监会的做法，[1] 二者在对违法行为作出行政处罚后，都会在其官网公示相应的处罚决定书。那笔者不禁要问：银监会为何不在官网公示行政处罚决定书，而非得通过现场查阅且全程禁止记录的方式公开呢？

据陪同工作人员答复，银行具有直接面向公众、牵扯面广的特点，处罚决定书的公开很可能会造成社会的不稳定。然而，这种逻辑并没有说服力。保险公司同银行一样直接面向公众，证券公司、上市公司也同样面向所有投资者，且其股价还会随着处罚决定书的公示存在较大波动，可谓牵一发而动全身。尽管如此，证监会和保监会照样在其官网公示处罚决定书，并没有造成任何的社会不稳定，相反还起到了很好的监督之效。既然证监会、保监会能公开处罚决定书且效果不错，银监会还有什么理由不公开处罚决定书呢？

政府信息"以公开为原则、不公开为例外"，根据《中华人民共和国政府信息公开条例》第二条规定，政府信息指行政机关在履行职责过程中制作或者获取的，以一定形式记录、保存的信息。行政处罚决定书是记录和保存行政机关履行行政执法职责活动的行政处理决定，属于政府信息，理应公示。当然，倘若涉及个人隐私或商业秘密，行政机关应当通过删除或其他技术处理方式依法不予公开，但这并不影响银监会通过官网主动公开处罚决定书。

回到本案，由于银监会未公示对广发银行的处罚决定书，信息极度缺乏的公众只能依据银监会的公开材料去推测、去最大化还原事情真相。虽然《处罚信息公开表》只字未提该处罚决定是针对广发银行违规担保侨兴债案件，但按照公众的逻辑，公众必然会将银监会公示的处罚决定表与同日公示的《银监会依法查处广发银行违规担保案件》要闻导读联系起来，而给公众一种该处罚决定书就是针对广发银行违规担保侨兴案处罚结果的假象，进而引发误解。处罚决定书的不公示还会激发公众的好奇心，会让公众对银监会处罚的合理性产生怀疑。既然处罚决

---

① 虽然银监会和保监会于2018年3月合并，但在政府信息公开方面两者并没有合并，仍然处于各自公示状态，故本文仍将两者分离开。

定事实确凿、依据正确，那银监会完全没有必要不公示处罚决定书。

此外，就本案而言，由于银监会未公示对广发银行的处罚决定书，公众会将处罚决定表公示的高额违法所得当作广发银行惠州分行在违规担保侨兴债案件的违法所得，导致公众对其误解。虽然同是广发银行系统，但对被处罚人广发银行惠州分行而言，显然是不公平的。何况，本案的处罚决定书仅涉及非保本理财产品的涉案金额，并未涉及任何广发银行的商业秘密，在官网公开《处罚决定书》就能有效避免产生误读。因此，银监会应当在作出处罚决定后在官网公示处罚决定书，而非处罚决定表。

（二）处罚决定书应当说理

处罚决定书虽然有着处罚决定表无法替代的、对违法行为更为详尽的描述，但就本案的处罚决定而言，将银监会处罚决定书与证监会、保监会的处罚决定书对比，可以发现，银监会开出的处罚决定只是将广发银行违规行为点、依据列名，并没有将案件的来龙去脉进行较为详细的描述，同时说理也不如其他两者清晰具体。

《国务院关于促进市场公平竞争维护市场正常秩序的若干意见（国发〔2014〕20号）》第十九条，对公开市场监管执法信息有规定：① 市场监管部门适用一般程序作出行政处罚决定或者处罚决定变更之日起20个工作日内，公开执法案件主体信息、案由、处罚依据及处罚结果，提高执法透明度和公信力。虽然从形式上看，银监会似乎"尽职尽责"地公开了处罚主体信息、案由、处罚依据及处罚结果，但从处罚决定的内容上看，处罚决定书缺乏对事实、理由、依据进行翔实的阐释论证，缺乏将法律的普遍规定同具体的案件事实结合，缺乏将当事人的违法行为与法律预设的条件相对照地从一般到特殊的演绎推理过程。寥寥数字总会给人一种不够慎重、不负责任之感。

行政处罚决定书不说理或说理不充分，是行政处罚决定书制作的突出问题，主要体现在三个方面：一是对事实的认定不加论证，其表现为对证据的简单罗列而不说明采信证据理由、不表明证据与案件事实之间的推理过程；二是对处罚结果及适用法律不详加说明理由；三是没有针对当事人的申辩进行分析推理，其表现为对相对人的辩解和辩护意见不予理睬。

行政处罚决定书不说理背离了行政执法公平、公正的基本要求，使当事人对处罚的公正性产生了怀疑，长此以往，必将导致公众降低对行政执法的信任程度，不利于树立政府的威信。

---

① 《国务院关于促进市场公平竞争维护市场正常秩序的若干意见（国发〔2014〕20号）》第十九条，公开市场监管执法信息。推行地方各级政府及其市场监管部门权力清单制度，依法公开权力运行流程。公示行政审批事项目录，公开审批依据、程序、申报条件等。（中央编办牵头负责）依法公开监测、抽检和监管执法的依据、内容、标准、程序和结果。除法律法规另有规定外，市场监管部门适用一般程序作出行政处罚决定或者处罚决定变更之日起20个工作日内，公开执法案件主体信息、案由、处罚依据及处罚结果，提高执法透明度和公信力。建立健全信息公开内部审核机制、档案管理等制度（各相关市场监管部门按职责分工分别负责）。

《行政处罚法》第五条规定，实施行政处罚，纠正违法行为，应当坚持处罚与教育相结合，教育公民、法人或者其他组织自觉守法。行政处罚决定书不说理，败诉者难以心服口服，行政机关也未必理直气壮，难以符合正义感要求的表达，无法体现处罚与教育相结合的目的，易导致行政复议和行政诉讼，浪费行政资源。此外，行政处罚决定书不说理不利于公众对行政执法人员行为的监督，容易成为滋生行政执法腐败的温床，客观上为极少数执法人员的枉法提供了便利。

为遏制行政机关及其执法人员滥用行政权或超越职权行使行政权，提高执法透明度和公信力，银监会应当推行说理式行政处罚决定书，加强对处罚案件来龙去脉及处罚理由的描述。当然，从另一个角度说，处罚决定书公开透明也有助于促进银监会推行说理式处罚决定书。

综上所述，为增加透明度、更好地起到教育作用，银监会在给予处罚决定时应当就事论事、分项处罚，并在不涉及商业秘密和个人隐私的前提下，推行说理式行政处罚决定书，在官网予以公示，提高依法行政水平。

高利转贷罪的认定及适用问题

——兼论小额贷款公司能否成为该罪被贷款方和犯罪主体

■ 肖梦涵*

摘要： 高利转贷罪增设于 1997 年，规定于我国现行《刑法》第一百七十五条。自增设该罪以来，学界与司法界对该罪的适用问题一直争议颇多。本文对从增设该罪至今收录于中国裁判文书网的高利转贷罪案件进行系统化统计和实证分析，并结合学界理论和司法实践，对高利转贷罪的犯罪主体、犯罪主观方面、犯罪客观方面进行梳理，以厘清该罪在司法适用中的疑难问题，总结该罪的构成要件和认定标准，并在此基础上对小额贷款公司能否成为本罪的被贷款方和犯罪主体予以回应。

关键词： 高利转贷罪 套取高利 小额贷款公司 金融机构

一、导言

《人民司法·案例》2008 年第 24 期刊登了一篇关于高利转贷罪的案例分析——姚凯高利转贷案，[1] 其中，最高人民法院的高洪江法官（以下简称高法官）对高利转贷罪中"高利"的认定标准作出了相关解释。关于高利转贷罪的适用，学界和司法界一直众说纷纭。其中，小额贷款公司作为专业放贷机构，除了用自有资金放贷之外，也可能从银行借入资金用于放贷，那小额贷款公司是否可能构成高利转贷罪？本文将对高利转贷罪出台以来，裁判文书网上所公布的高利转贷案件作一个实证分析，梳理高利转贷罪的适用方法和认定标准；最后对小额贷款公司是否能成为高利转贷罪的被贷款方和犯罪主体进行分析。

前述"姚凯高利转贷案"的主要案情如下：被告人姚凯是辽宁省鞍山市农垦局汤岗子畜牧厂工人，其同学鞍山市第六粮库主任林占山在得知鞍山市轧钢厂缺少生产资金急需融资时，找

---

* 北京大学法学院 2017 级电子商务法方向法律硕士（法学）。

① 该案案号为（2006）鞍千刑初字第 101 号，参见高洪江. 姚凯高利转贷案 [J]. 人民司法·案例，2008 (24).

到被告人姚凯商议，由姚凯出面办理营业执照，利用林占山与银行相关人员熟悉的便利条件，通过办理银行承兑汇票后借给鞍山轧钢厂以从中获利。之后姚凯于 1997 年 9 月承包了鞍山市农垦工贸公司，并分别于 1997 年 11 月和 1999 年 6 月以该公司名义编造虚假的贷款申请理由，出具虚假购销合同，向鞍山市农业发展银行办理承兑汇票人民币 500 万元和 490 万元。并与林占山一同将这共 990 万元银行承兑汇票借给鞍山市轧钢厂用于资金周转，共从中获利 75 万元。上述两笔银行承兑汇票承兑期到期后，本金人民币计 990 万元均由鞍山市农垦工贸公司返还给银行。

高法官从本案被告人的"套取"行为和"高利"标准对案件作出了以下评析。

首先，被告人编造虚假贷款理由并出具虚假购销合同，属于高利转贷罪中的"套取"行为。刑法关于高利转贷罪规定的套取，实际是一种骗取，行为人以虚假的贷款理由或者贷款条件，向金融机构申请贷款，获取通过正常程序无法获得的贷款。从主观上说，不需要行为人具有非法占有目的，否则构成的是贷款诈骗罪。本案被告人姚凯以农垦工贸公司的名义向银行申请办理承兑汇票，并编造了虚假的贷款申请理由、出具了虚假购销合同，采用了欺骗手段，这是一种利用承兑汇票套取银行资金的行为。此外，票据贴现也是贷款的一种表现形式，所以不能以被告人一方与银行、鞍山市轧钢厂之间具有票据关系而否认其实施了套取银行贷款的行为。

其次，正确理解和确定高利转贷罪中的高利标准。本案中，990 万元的贷款，按照银行当期利率计算，贷款利息应为 38 万元，被告人仅支付银行承兑手续费计 4950 元，而其非法转贷获得的利息是 75 万元。从数字分析看，姚凯转贷的利率尚不足银行正常利率的 2 倍，那么，被告人将银行信贷资金转贷他人时的利率是否属于"高利"？这将直接影响到对被告人行为的定性问题。有种意见认为，依照最高人民法院 1991 年发布的《关于人民法院审理借贷案件的若干意见》（以下简称《借贷意见》）第六条的规定，人民法院在审理民间借贷纠纷案件时，高于银行贷款利率 4 倍以上的利率才属于高利。因此本案的获利参照该意见则不属于高利，对被告人的行为不宜作犯罪追究。该问题涉及对高利转贷罪中的"高利"应作何理解，对此高法官认为，尽管刑法和司法解释均未对高利作出规定，但鉴于该罪是以转贷牟利为目的，因此，只要高于银行的利息就应当属于高利。

综上所述，高法官借本案对高利转贷罪中的"套取"和"高利"标准作出了认定。其实，自 1997 年《刑法》增设高利转贷罪以来，该罪的适用标准一直争议颇多。接下来笔者将对自该罪增设至今收录于中国裁判文书网的高利转贷罪案件进行系统化统计和实证分析，并结合学界理论和司法实践，对高利转贷罪的犯罪主体、犯罪主观方面、犯罪客观方面进行梳理，以此厘清高利转贷罪在司法适用中的疑难问题，总结该罪的构成要件和认定标准，并在此基础上对小额贷款公司能否成为本罪的被贷款方和犯罪主体作出回答。

二、 对高利转贷罪的实证研究及分析

高利转贷罪增设于 1997 年，规定于我国现行《刑法》第一百七十五条："高利转贷罪：以转贷牟利为目的，套取金融机构信贷资金高利转贷他人，违法所得数额较大的，处三年以下有期徒刑或者拘役，并处违法所得一倍以上五倍以下罚金；数额巨大的，处三年以上七年以下有期徒刑，并处违法所得一倍以上五倍以下罚金。单位犯前款罪的，对单位判处罚金，并对其直接负责的主管人员和其他直接责任人员，处三年以下有期徒刑或者拘役。"

本文研究的样本来源于中国裁判文书网，在时间的选择上，本文所涉研究样本的时间跨度为：从 1997 年设立本罪起到 2018 年 9 月止。笔者在中国裁判文书网通过输入"高利转贷"关键词获得的有效刑事判决共 220 份，[①] 筛选剔除虽涉高利转贷但最终以其他罪名定罪的案件后，与"高利转贷罪"直接相关的案件共 57 件。由于在案件的审理中存在一审、二审、再审及裁定驳回等情形，因此需要对该类案件进一步筛选，再剔除掉裁定驳回及一审二审重复案件后，最终得到较为可靠的案件样本数为 48 件。其中一审审结的案件有 40 件，二审审结的案件有 8 件。

由于整体样本数较少，似乎给人一种未能穷尽之感，但本样本数量已经是自刑法设立高利转贷罪以来中国裁判文书网上关于本罪的全部有效判决。虽然由于裁判文书网设立较晚，以及可能有些地区的文书并未上网等情况造成样本数据并不绝对全面，但本文的研究主要是基于比例关系的考察，且在时间跨度上涵盖了本罪设立至 2018 年 9 月，所以研究样本仍然具有典型性、可靠性以及可信性。基于本次实证研究，笔者对高利转贷罪作出以下分析。

（一）犯罪主体

根据《刑法》第一百七十五条的规定，本罪的犯罪主体是一般主体，既可以是个人，也可以是单位。在笔者统计的 48 个有效案例中，仅是个人犯罪的达 44 例，单位和个人共同犯罪的仅有 4 例。可以看出，高利转贷罪的犯罪主体以个人居多。

（二）犯罪主观方面——转贷目的产生的时间是否影响本罪构成

根据《刑法》第一百七十五条规定，行为人实行高利转贷行为，必须以转贷牟利为目的，也即是说本罪是目的犯，且行为人的主观方面必须表现为"直接故意"，间接故意和过失都不能构成本罪。而司法实践和学界对于行为人转贷牟利目的应该产生于何时才算构成本罪，尚存在一定争议。

学界对于该问题主要存在两种对立观点。一种观点认为，要想构成高利转贷罪，必须在从金融机构套取贷款时就具有明确的转贷牟利目的，之后再产生的都不算；因为实施高利转贷行为应包括实施套取信贷资金和高利贷出两部分，因此行为人的故意也应当包括两部分，所以在最

---

① 案件统计数量截止到作者于 2018 年 10 月 10 日最后访问时。

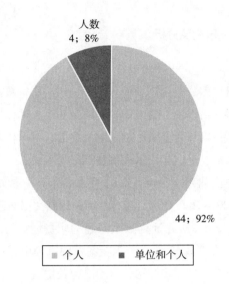

资料来源：作者统计。

图1 样本案例中犯罪主体统计

开始套取信贷资金时，行为人必须已经具有转贷牟利的目的，否则，不符合本罪主观方面的要求。① 对于这种观点及论据，有学者从以下角度进行了反驳：本罪在主观方面要求具有转贷牟利的目的，在客观方面虽然表现为"套取"和"转贷"两个行为，但二者紧密结合才构成高利转贷的犯罪行为方式，缺一不可。一笔信贷资金，从向金融机构申请到进入单位账户，再到转贷出去，虽然有一个过程，但这个过程是整体不可割裂的，因此在这个过程中任何时间产生转贷牟利的故意都对本罪的定性产生影响。从这点来看，转贷牟利的目的即使产生于"套取"之后"转贷"之前，仍属于本罪主观方面要求中的"故意"。②

由于司法实践中很难准确判断犯罪嫌疑人的转贷目的产生于何时，大多法院在判决中并未对此作出明确认定，因此笔者不针对此问题对具体案件数量作出统计。而法院对此的处理态度简单直接：不管转贷目的产生于何时，不影响高利转贷罪的成立。背后可能的原因包括：（1）在实践中很难认定行为人产生转贷牟利目的产生的时间。目的是存在于行为人内心的思想，很难有确切的证据可以证明行为人的转贷目的产生于何时。对此进行认定不仅将耗费大量司法成本，还很有可能根本无法实现。③ 而且如果以转贷目的产生的时间先后作为认定该罪的标准，恐怕所有的嫌疑人都会坚持辩称自己是在获得信贷资金后才产生的转贷目的，那么法院将无法对其定罪；根据疑罪从无原则，犯罪分子将无法得到应有的惩治，这显然不符合高利转贷罪的立

---

① 薛瑞麟. 金融犯罪研究［M］. 北京：中国政法大学出版社，2000：101 – 102.
② 崔晓丽. 高利转贷罪司法认定中的疑难争议问题［J］. 中国刑法杂志，2009（4）.
③ 刘宪权. 高利转贷罪疑难问题的司法认定［J］. 华东政法大学学报，2008（3）.

法原意。（2）司法实践中要对高利转贷行为进行规制的原因是该行为侵犯了我国对信贷资金发放的管理制度和利率管理秩序，因此法院在对该罪进行定性时关注的焦点应当是行为人是否从金融机构套取了信贷资金，以及是否将信贷资金高利转贷给了他人。而转贷目的产生的时间并不会对这两个行为的性质产生影响，因此法院没有必要专门对此进行认定。

对以上观点论据进行分析比较后，笔者也认为转贷目的产生的时间不应成为决定本罪构成的关键因素。实际上，不管转贷目的产生于本罪发展过程中的何时，只要产生，其后的行为就一定是"直接故意"；且只要行为人在获得贷款后实施了高利贷出行为，就一定是非法使用了贷款，也即是向金融机构提供了虚假的贷款理由，是"套取"金融机构信贷资金的行为，符合本罪"套取信贷资金"再"高利贷出"的犯罪构成，不受转贷目的产生时间的影响。综上所述，本罪的犯罪主观方面要求行为人必须具有直接故意，且必须具有转贷牟利目的；至于转贷目的产生的时间，则不影响本罪的犯罪构成。

（三）犯罪客观方面——何为"套取"、何为"高利"、何为"数额较大"

根据《刑法》第一百七十五条的规定，高利转贷罪的客观方面分为三个部分：套取金融机构信贷资金、高利转贷他人、违法所得数额较大。接下来对这三个方面分别论述。

1. 行为人必须实施了套取金融机构信贷资金的行为——如何定义"套取"行为。笔者查阅所有案例，发现法院在认定套取时采取的标准是"虚构贷款理由，编造虚假贷款用途"，即只要行为人向金融机构提出的贷款理由和贷款用途是虚假的，或者行为人实际上未按提出的理由和用途使用贷款而是将贷款高利贷出，都可认定为"套取"。

学界对此意见如下：大多数学者认为根据文字含义，套取金融机构信贷资金应理解为行为人本身不符合贷款条件，但虚构事实，伪造理由（如谎报借款用途）向金融机构申请贷款，并且获得由正常程序无法得到的贷款。[①] 也就是说，行为人以自己的名义编造借款理由向金融机构申请贷款，但原本就不打算或者在获得贷款后不打算将贷款用于借款合同上所载明的用途，而是非法高利转贷给他人，表现出行为人贷款理由的虚假性和贷款行为的欺骗性。[②]

我国1996年《贷款通则》规定，借款人应当：（1）如实提供贷款人要求的资料；（2）接受贷款人对其使用信贷资金的情况和有关生产经营、财务活动的监督；（3）按借款合同约定用途使用贷款。可见，借款人从金融机构贷款时，应当向金融机构提供合理的贷款理由，并约定贷款的实际用途，在获得贷款后应当按照该用途使用贷款，并接受放贷机构的监督。

因此，笔者认为，从金融机构贷款应当符合两个基本条件：一是提供真实理由，以合法手段取得；二是取得后按照规定用途使用。而违反其中任一条件都可以定义为"套取"。综上所述，

---

① 王新. 金融刑法导论 [M]. 北京：北京大学出版社，1998：126.
② 张惠芳. 高利转贷罪有关问题浅析 [J]. 河北法学，2000（1）.

笔者认为，"套取"可以定义为：（1）行为人在不符合金融机构贷款条件的前提下，以虚假的贷款理由或贷款用途，获得正常程序下不可能获得的贷款；（2）行为人以真实理由合法手段获得贷款后，未按照贷款时提出的贷款用途使用贷款，而是将贷款用于高利转贷。

2. 行为人向他人高利转贷——"高利"的标准如何判断。这是本罪客观方面中争议最大之处。首先，行为人必须实行了高利转贷行为，即将其获得的信贷资金高利转贷给了他人。行为人只有实施了该行为，才会侵犯到本罪所保护的客体，才有构成本罪的可能。仅有套取行为尚不能构成本罪，高利贷出才是本罪定罪的落脚点。其次，从本罪罪名中也可以看出，行为人将信贷资金转贷给他人，必须是"高利"转贷，满足了"高利"标准才能构成本罪。那么究竟如何认定"高利"呢？

学界对于"高利"提出过很多认定标准：第一种标准是，"高利"是指以高出金融机构贷款利率的较大比例转贷给他人；第二种标准是，"高利"应参照民间借款合同中所约定的最高不得超过银行同类贷款利率的4倍；第三种标准是，"高利"是高于"金融机构依据中国人民银行的利率规定而确定的同期同种贷款的利率幅度"；[①] 第四种标准是，"高利"是指将银行信贷资金以高于行为人从银行贷款时的利率转贷给他人。具体高出银行贷款利率多少，不影响本罪的成立。[②]

结合本罪的立法目的和其他构成要件来看，显然第四种标准最为合理，弥补了前三种标准存在的漏洞，将行为人低于银行同期利率转贷的情况也纳入其中。即只要行为人以高于自己从金融机构获取贷款时的利率进行转贷，只要行为人转贷时有利可图，都应当认定为"高利"，可构成该罪。

关于此争议点，笔者对样本案例按照利率不同作出了统计（见图2）。

可以看出，在司法实践中，并非所有的犯罪嫌疑人都是以高于银行同期贷款利率4倍的标准放贷，还有的法院并未对利率作出具体认定，或者当事人之间以其他方式支付了利息。因此如果以民间高利贷的标准作为衡量本罪的"高利"标准，就势必导致出现对部分转贷行为无法追究刑事责任的情况。[③]

因此，法院对"高利"也是采取上述第四种标准进行认定，在本文第一部分提到的"姚凯高利转贷案"中，[④] 判决就认为只要高于银行的利息就应当属于高利，理由如下：首先，高利的认定不应适用《借贷意见》中高于银行贷款利率4倍的规定，因为该意见是就民间借贷而言，

---

① 王继鹏，陆涛忠. 论高利转贷罪的特征及其认定 [J]. 石家庄经济学院学报，1999（1）.
② 周道鸾，张军. 刑法罪名精释 [M]. 北京：人民法院出版社，1998：265.
③ 刘宪权. 高利转贷罪疑难问题的司法认定 [J]. 华东政法大学学报，2008（3）.
④ 该案案号为（2006）鞍千刑初字第101号，参见高洪江. 姚凯高利转贷案 [J]. 人民司法·案例，2008（24）.

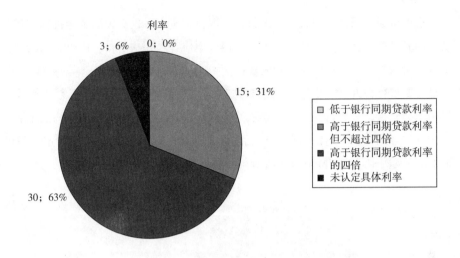

利率

3；6%　　　0；0%

15；31%

30；63%

- 低于银行同期贷款利率
- 高于银行同期贷款利率但不超过四倍
- 高于银行同期贷款利率的四倍
- 未认定具体利率

资料来源：作者统计。

图2　样本案例中贷款利率统计

但高利转贷行为是一种扰乱金融秩序的行为，危害了金融安全。二者之间有性质上的区别，因而对高利的认定不必达到银行贷款利率的4倍。其次，《刑法》第一百七十五条中的高利需要与违法所得联系起来理解和认定，违法所得越多，对高利的要求就越低；反之，如果违法所得越少，则高利的要求越高。如果行为人套取银行贷款几十亿元，但转贷利率只是略高于银行，由于违法所得多，应认定为本罪；反之，如果行为人套取银行贷款几十万元或者十几万元，但转贷利率特别高，由于违法所得多，也应认定为本罪。也就是说，认定高利转贷罪时，应将重点放在违法所得上。只要违法所得较大，且转贷利率高于银行贷款利率，就应认定为高利转贷罪。本罪对于高利没有特别限制，只是对违法所得数额有具体规定。

综上所述，行为人向他人高利转贷时，只要高于其从金融机构贷款时的利率，均可认定为"高利"，具体高出多少不影响本罪的犯罪构成。

3. 违法所得数额较大。这是高利转贷罪客观方面的最后一项内容，也是构成本罪最终的落脚点。行为人在套取金融机构的信贷资金后，高利转贷给他人，还不能最终成立本罪，要达到违法所得数额较大的标准，才可认定为成立高利转贷罪。最高人民检察院、公安部《关于经济犯罪案件追诉标准的规定》第二十三条规定了本罪认定违法所得数额的标准："个人高利转贷，违法所得数额在五万元以上的""单位高利转贷，违法所得在十万元以上的"，应予追诉。

此外，在本罪中，"违法所得"不是指行为人套取的金融机构的信贷资金，而是指其从事高利转贷犯罪所获得的实际收益及孳息。关于违法所得数额的认定，理论上还存在三个问题：

首先，是否要从行为人高利转贷获得的利息中扣除其支付给金融机构的贷款利息。根据笔者对司法实践中案例的研究，法院在判断行为人的违法所得数额时采取了利息差的观点。理论上，这个观点也说得通，因为行为人从金融机构获取信贷资金，也必须向金融机构支付利息，这部分必须支付的利息并不在行为人的牟利范围之内，不应计入违法所得。所以，判断行为人最终的违法所得数额时应当将这一部分予以扣除。

其次，是否要求行为人已经实际取得了违法所得。理论界多数学者都认为高利转贷的违法所得应当仅指实际取得，只有行为人实际获取的违法所得达到了数额较大，才构成犯罪。但也有学者提出了相反的意见，认为违法所得既包括实际取得的非法利益，也包括约定取得的非法利益。① 笔者对样本案例中是否实际取得违法所得的案件数统计如图3所示。

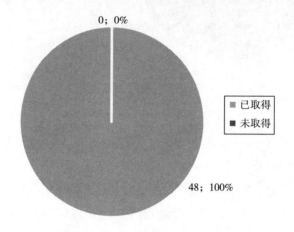

资料来源：作者统计。

图3 样本案例中实际取得违法所得案件数量统计

可以看出，在样本所统计的案例中，犯罪嫌疑人都已经实际取得违法所得。但由于裁判文书网收集的案例未必全面，也不排除有未实际取得的情况。对此，法院的处理是：无论嫌疑人是否实际取得违法所得，只要其预计可取得的违法所得数额达到"较大数额"标准，则成立高利转贷罪。

笔者认为，此种处理具有合理性，高利转贷罪保护的是国家对信贷资金发放的管理权和对利率的管理秩序，行为人以高利将信贷资金转贷后，预期可取得较大的违法所得，已经满足了该罪的构成要件，不应以违法所得尚未实际取得来影响该罪的定罪。在行为人将信贷资金高利贷出并预计可获得达到"较大数额"标准的违法所得的那一刻，就已经构成了高利转贷罪。至于违法所得是否实际取得，影响的是该罪是否已经既遂。因此本罪的犯罪构成中不应要求行为人已实际取得违法所得。

---

① 张惠芳. 高利转贷罪有关问题浅析 [J]. 河北法学，2000 (1) .

最后，归还银行本息是否影响本罪成立。笔者在分析样本案例时发现，部分行为人会以自己已经归还银行借贷的本息，没有给银行造成实际损失作为抗辩事由，认为自己不构成高利转贷。笔者对行为人是否归还银行本息作出数量统计如图4所示。

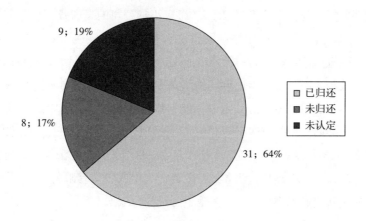

资料来源：作者统计。

图4　样本案例中是否归还银行本息数量统计

对此，法院的处理标准是：虽然被告人的行为没有给金融机构造成损失，但是高利转贷罪侵犯的客体是国家对信贷资金发放的管理权及对利率的管理秩序，被告人为了谋取利息差，违反贷款资金用途的约定，高利转贷，违法所得数额较大，其行为依法已经构成高利转贷罪。转贷款项的归还与否不是本罪的构成要件，不影响其高利转贷过程中犯罪行为的定性。

因此，本罪的客观方面即是行为人以虚假的贷款理由或虚假的贷款用途套取金融机构信贷资金，或者获得信贷资金后不按照提出的用途使用，将信贷资金以高于其自身从金融机构贷款时的利率转贷给他人，获得或者预期可获得达到"较大数额"标准的违法所得。

综上所述，高利转贷罪即个人或单位，以转贷牟利为目的，以虚假的贷款理由或虚假的贷款用途套取金融机构信贷资金，或者获得信贷资金后不按照提出的用途使用，将信贷资金以高于其自身从金融机构贷款时的利率转贷给他人，获得或者预期可获得达到"较大数额"标准的违法所得。

三、 小额贷款公司能否成为本罪被贷款方及犯罪主体

本文之所以想讨论这个问题，是因为笔者在对高利转贷罪案件作实证分析时注意到一个颇具特殊性的案例。在这个案例中，被"套取"资金的主体不再是常见的银行，而是小额贷款公司。被贷款方的特殊性使得本案相较于其他高利转贷案件来说多出一个争议问题；且对此问题犯罪嫌疑人和法院持截然不同的观点。下面我们具体分析本案例。

2017 年 12 月 28 日，江苏省苏州市中级人民法院就"高某某高利转贷、合同诈骗、非法吸收公众存款案"作出终审判决，① 本案原审法院查明：被告人高某某先后通过他人及由高某某控制的公司作为借款人，多次取得海虞小贷公司贷款累计 30700 万元，后被告人高某某以转贷牟利为目的，将上述部分贷款资金中的 7216 万元（海虞小贷公司的贷款月利率为 1.25～1.6 分）以 2～3 分的月息高利转贷给孙某，从中赚取利息差 3876478 元。法院认定，被告人符合以转贷牟利为目的，套取金融机构信贷资金高利转贷给他人，数额较大，其行为已构成高利转贷罪。

原审宣判后，被告人高某某提出上诉，称海虞小贷公司不属《刑法》第一百七十五条规定的金融机构，法院不应适用该条文对其定罪量刑。其辩护人称，小额贷款公司是国务院在 2006 年授权银监会牵头、会同人民银行等部门研究制定管理办法的新生事物，银监会和人民银行在《关于小贷公司试点的指导意见》中仅将其定义为"由自然人、企业法人与其他社会组织投资设立，不吸收公众存款，经营小额贷款业务的有限责任公司或股份有限公司"，并未明确其系金融机构，因此原审判决认定海虞小贷公司系其他金融机构的依据不足。

在样本案例中，本案是唯一的小额贷款公司被套取资金的案件。本案的关键点就在于小额贷款公司能否作为高利转贷罪的"被贷款方"，也即小额贷款公司是否属于《刑法》高利转贷罪条文中规定的"金融机构"。

关于该问题，江苏省苏州市中级人民法院从以下角度对被告的上诉作出了回应，法院提出："海虞小贷公司在性质上是否属于金融机构可从以下几个方面分析：第一，海虞小贷公司是经江苏省人民政府金融工作办公室批准设立的机构，江苏省人民政府金融工作办公室是经中国人民银行和银行业监督管理委员会授权的省级政府主管部门。第二，海虞小贷公司系经许可从事面向"三农"发放贷款等业务的机构，根据相关法律、法规的规定，农村小额贷款公司从事的放贷业务系金融业务。第三，中国人民银行的相关规定已经明确认可小额贷款公司为金融机构，中国人民银行颁布的《金融机构编码规范》及中国人民银行、银监会、保监会、证监会、国家统计局经国务院同意颁布的《金融业企业划型标准规定》等规范性文件均将农村小额贷款公司归入金融机构。第四，海虞小贷公司设立后不久即按照有关规定向中国人民银行苏州市中心支行进行新增法人金融机构信息申报，并经中国人民银行苏州市中心支行审核同意后取得金融机构编码。第五，作为农村小额贷款公司的授权主管机关江苏省人民政府金融工作办公室于 2017 年 11 月 16 日印发了《关于促进小额贷款公司持续健康发展的指导意见》，该意见明确小额贷款公司的行业分类属于非货币银行服务类金融机构。综上所述，本院认为，不管从分类形式上还是从业务实质上均应认定海虞小贷公司属于金融机构。"

法院从海虞小贷公司的批准设立机构、业务性质、是否取得金融机构编码及行业分类方面

---

① 江苏省苏州市中级人民法院（2017）苏 05 刑终 205 号。

认定海虞小贷公司属于法律定义的金融机构，因此其可以成为高利转贷罪的"被贷款方"。这就向我们提出了一些值得思考的问题：《刑法》高利转贷罪条文中的"金融机构"应该作何解释？江苏省苏州市中级人民法院认定海虞小贷公司属于金融机构的标准与《刑法》中的标准是否一致？关于小额贷款公司，其究竟能否作为高利转贷罪的"被贷款方"？对于这些问题，笔者分析如下。

（一）如何解释《刑法》高利转贷罪条文中的"金融机构"

要想准确界定条文中的"金融机构"，首先要明白高利转贷罪的设立究竟是为了保护什么法益，谁的法益。对此笔者追溯了高利转贷罪的立法原意。

高利转贷罪是 1997 年《刑法》增设的罪名，在此之前 1979 年《刑法》中并无此罪。究其原因，可以发现，1997 年《刑法》出台时，中国的信贷领域在执行严格的计划经济体制。如易秋霖教授分析所指出，1979—1997 年，中国的信贷市场本质上是由计划管理的市场，当时的信贷市场以单一国有金融为主，信贷资金总量由计划部门控制，[①] 利率完全由政府管理部门控制；而且信贷资源由政府控制，配置方式以计划为主，信贷的主要功能是服务国有经济。[②] 在这种历史背景下，1997 年《刑法》增加"高利转贷罪"显然是为了确保计划经济体制下的信贷资金（即当时的国有资金）绝对安全，确保信贷市场的利率始终处于计划调控之下，确保国有银行在信贷市场上的唯一垄断地位不受侵犯。

这种计划保护的思想在 1996 年 8 月 1 日中国人民银行颁布的《贷款通则》里已经表现得非常彻底。《贷款通则》第六十一条规定："各级行政部门和企事业单位、供销合作社等合作经济组织、农村合作基金会和其他基金会不得经营存贷款等金融业务。企业之间不得违反国家规定办理借贷或者变相借贷融资业务。"可以看出，在 1997 年《刑法》设立高利转贷罪之前，我国的存贷款等金融信贷业务百分之百由国家控制，信贷资金来自国家，其他任何机构、组织等均不能从事存贷款业务。在如此强大的垄断背景下，1997 年《刑法》规定高利转贷罪便不足为奇，国有资金和政府严格控制的贷款利率必须得到强有力的保护，不容任何犯罪分子套取国有资金高利转贷牟利，侵犯国家对信贷市场的控制权。这是 1997 年《刑法》设立高利转贷罪的立法原意。因此，在 1997 年《刑法》规定高利转贷罪时，条文中的"金融机构"仅是指国有银行（在 1996 年以前，我国所有的银行都是国有的）。

---

① 社会主义国家的金融机构用于发放贷款的资金。信贷资金的筹集和运用，采取有偿的存款和贷款的方式，其特点是有借有还和按期支付利息。

② 易秋霖. 中国信贷市场的变迁与趋势 [J]. 金融理论与实践，2005（10）.

然而，在《刑法》增设高利转贷罪仅一年后，也即 1998 年，中国经济转型基本完成。① 信贷市场受经济转型的影响，也开始发生实质性的改变，由计划管理向市场化管理转型。最明显的表现是，中央银行取消了对国有独资商业银行贷款限额的控制，企业融资渠道开始多元化，并且开始了信贷利率的市场化改革，② 信贷市场由计划管理向市场管理转变。

在随后的发展中，国家不再将放贷经营权仅赋予国有银行，根据国务院的批准和依照《中华人民共和国商业银行法》（以下简称《商业银行法》）设立的商业银行均有国家核准的放贷经营权。因此，高利转贷罪所保护的"金融机构"也不应该再局限解释为"国有银行"，而是应该根据其立法原意作出适当的类推解释。

根据《商业银行法》第十一条的规定：设立商业银行，应当经国务院银行业监督管理机构审查批准。未经国务院银行业监督管理机构批准，任何单位和个人不得从事吸收公众存款等商业银行业务，任何单位不得在名称中使用"银行"字样。可以看出，我国的商业银行均是经国务院或国务院银行业监督管理机构审查批准设立的。根据《商业银行法》第三十四条的规定：商业银行根据国民经济和社会发展的需要，在国家产业政策指导下开展贷款业务。据此可以看出，我国商业银行的贷款业务，也即放贷经营权受国家管控，在国家的产业政策指导下开展。此外，根据《商业银行法》附则的规定：外资商业银行、中外合资商业银行、外国商业银行分行适用本法规定，法律、行政法规另有规定的，依照其规定；城市信用合作社、农村信用合作社办理存款、贷款和结算等业务，适用本法有关规定；邮政企业办理商业银行的有关业务，适用本法有关规定。因此，上述主体在涉及贷款业务时，其放贷经营权也是受国家管控，在国家政策的指导下开展的。可以看出，商业银行、信用合作社、邮政企业等金融机构均有国家赋予的放贷经营权。

综上所述，笔者认为，高利转贷罪中的"金融机构"指的即是受国家管控、在国家的产业

---

① 中国经济体制转轨的历史起点是传统高度集中统一的指令性计划经济体制。这一体制的基本特征归结到一点，就是采用纯粹的指令性计划手段动员和配置资源，排斥市场机制的能动作用。经过 1979—1998 年近 20 年的改革，这一体制已经发生根本性的变化，经济体制改革与经济体制转轨已经取得重大阶段性成果。到 90 年代中期，中国经济体制已经成为典型的计划与市场在资源配置过程中并存的"双轨型"经济体制。计划手段的作用范围与力度缩减，市场手段的作用范围与力度增强。计划手段在宏观经济运行与中长期经济运行与调节中发挥主导作用，市场手段在微观经济运行与即时经济调节中发挥基础性作用。从整体上判断，市场因素的成长与作用已经达到了成为资源配置主体机制的临界点，其标志是：（1）作为传统计划经济存在的重要依据和特征的短缺现象已基本消失，作为市场经济体制重要运作基础的买方市场格局已初见端倪。中国经济开始由供给约束型向市场约束型转变。短缺现象的消失既是市场经济体制存在和作用的前提与基础条件，也是市场体制因素的成长和作用已达到相当程度的标志。（2）市场性价格机制已成为占支配地位的价格形式。在资源配置的直接手段中，市场价格机制已占支配地位。就生产资料的配置来看，1997 年，我国实行计划价格的生产资料有 11 种，到 1998 年下降为 5 种。劳动力、资本等要素配置的市场化程度也不断提高。

② 易秋霖. 中国信贷市场的变迁与趋势 [J]. 金融理论与实践，2005（10）.

政策指导下开展贷款业务的、适用《商业银行法》规定的，具有放贷经营权的商业银行、城市及农村信用合作社、邮政企业等金融机构。从这些机构"套取"贷款后再高利转贷给他人，侵犯了国家对其管控的信贷资金发放的管理权和对利率的控制权。因此，高利转贷罪本质上还是为了确保国家所管控的信贷资金的安全，确保国家对其所管控的信贷资金具有直接控制权和放贷管理权。

（二）小额贷款公司能否成为本罪的"被贷款方"

要明确该争议点，即要明确小额贷款公司是否是高利转贷罪条文所要保护的"金融机构"，那么首先需明确小额贷款公司的性质。

小额贷款公司在我国是从 2005 年开始发展起来的，开设目的是引导民间资本，转移和分散金融机构的信贷风险，规范和引导社会资本，解决贫困人口和小微企业的资金短缺问题，弥补传统银行在小额信贷领域的不足。[1] 根据《关于小额贷款公司试点的指导意见》（以下简称《指导意见》）规定："小额贷款公司是由自然人、企业法人与其他社会组织投资设立，不吸收公众存款，经营小额贷款业务的有限责任公司或股份有限公司；小额贷款公司是企业法人，有独立的法人财产，享有法人财产权，以全部财产对其债务承担民事责任；小额贷款公司应执行国家金融方针和政策，在法律、法规规定的范围内开展业务，自主经营，自负盈亏，自我约束，自担风险，其合法的经营活动受法律保护，不受任何单位和个人的干涉。"可以看出，小额贷款公司本质上是由自然人、企业法人与其他社会组织投资设立的普通公司。

根据《指导意见》规定，小额贷款公司的组织形式为有限责任公司或股份有限公司，申请设立小额贷款公司，应向省级政府主管部门提出正式申请，经批准后，到当地工商行政管理部门申请办理注册登记手续并领取营业执照。此外，还应在五个工作日内向当地公安机关、中国银行业监督管理委员会派出机构和中国人民银行分支机构报送相关资料。因此，小额贷款公司本质上其实是民间借贷机构，其设立不需要银监会审批，也不受国务院直接管控。

小额贷款公司的主要资金来源为股东缴纳的资本金、捐赠资金，以及来自不超过两个银行业金融机构的融入资金，融入资金的余额不得超过其资本净额的 50%。且小额贷款公司在发放贷款时可自主选择贷款对象；按照市场化原则进行经营，贷款利率上限放开，但不得超过司法部门规定的上限，下限为人民银行公布的贷款基准利率的 0.9 倍，具体浮动幅度按照市场原则自主确定。有关贷款期限和贷款偿还条款等合同内容，均由借贷双方在公平自愿的原则下依法协商确定。因此可以看出，小额贷款公司的借贷资金本质上是民间资本，并不是国家所控制的信贷资金；而且其借贷形式本质上是民间借贷，其借贷合同的订立以自愿协商为基本原则，并不受国家

① 王向圆. 我国小额贷款公司运营机制研究——基于美国 Kabbage 小贷公司的启示 [D]. 河北大学会计学硕士学位论文，2017.

严格管控。

结合上文分析的高利转贷罪条文中"金融机构"的定义，可以看出：小额贷款公司显然不属于"金融机构"，行为人从小额贷款公司借贷后再高利贷出也并未侵犯国家对信贷资金发放的管理权和对利率的管理秩序。也就是说，小额贷款公司不能成为本罪的"被贷款方"。

在明确该问题的过程中，有个小细节引起了笔者的注意。按照我们对小额贷款公司性质的分析，其本质上其实是民间借贷机构，与普通的企业法人无异。而小额贷款公司的借贷资金来源中有一部分是从银行业金融机构融入的资金，即小额贷款公司先从金融机构借得资金，然后再高利贷出。这一过程似乎与高利转贷罪的犯罪行为相重合，因此笔者产生了一个疑问：小额贷款公司是否像一般的企业法人一样，可能触犯高利转贷罪呢？下面对该问题作出讨论。

（三）小额贷款公司能否成为高利转贷罪的犯罪主体

在组织形式上，小额贷款公司与一般的企业法人无异，符合高利转贷罪主体的规定。因此要想回答该问题，就要判断小额贷款公司从金融机构融入资金再贷出的行为是否会触犯高利转贷罪。对此，笔者从两个方面进行分析：其一，小贷公司能否成为从金融机构借贷的主体？其二，小贷公司借贷后再高利贷出是否侵犯高利转贷罪所要保护的法益？

1. 小贷公司能否成为从金融机构借贷的主体。小额贷款公司设立的主要业务就是发放贷款，根据银监会的规定，小贷公司的资金来源有三条途径：股东缴纳的资本金、捐赠资金，以及来自不超过两个银行业金融机构的融入资金。按照监管部门规定，符合条件的小额贷款公司可从商业银行获得最多不超过资本金 0.5 倍的批发贷款。因此，小额贷款公司可以成为从"金融机构"获取信贷的借贷主体。

2. 小贷公司借贷后再高利贷出是否侵犯高利转贷罪所要保护的法益。如前所述，高利转贷罪所要保护的法益是国家对信贷资金的发放管理权和对利率的管理秩序；触犯高利转贷罪的犯罪客观方面是从金融机构套取信贷资金再高利转贷给他人，并取得较大违法数额。而小额贷款公司虽然从金融机构融入资金再借贷，但并没有侵犯国家对信贷资金的发放管理权。因为小额贷款公司设立的目的即是发放贷款，是经国家有关部门允许的；且其向银行申领贷款时，借贷理由和用途即是"向他人发放贷款"，因此其获得银行贷款后再转贷给他人的行为本身就属于其业务范畴，不构成从金融机构"套取"贷款。

此外，根据《指导意见》规定，小额贷款公司本身即是民间借贷机构，其贷款利率为中国人民银行公布的贷款基准利率的 0.9 ~ 4 倍，具体浮动幅度按照市场原则自主确定。即其本身就可按照规定将从银行获得的贷款以更高的利率贷出，只要不超过基准利率的 4 倍，都属于其正常业务范畴，显然不构成"高利"转贷。而超过基准利率 4 倍的情况，则应依其"民间借贷机构"的性质由民间借贷的相关规定管制。

不仅如此，《指导意见》还规定："向小额贷款公司提供融资的银行业金融机构，应将融资信息及时报送所在地中国人民银行分支机构和中国银行业监督管理委员会派出机构，并应跟踪监督小额贷款公司融资的使用情况；中国人民银行对小额贷款公司的利率、资金流向进行跟踪监测，并将小额贷款公司纳入信贷征信系统。"因此，向小额贷款公司提供融资的金融机构应对小贷公司的融资情况跟踪监督，中国人民银行也应跟踪监测小贷公司的利率等情况。这也更进一步说明，小贷公司从金融机构获得贷款后转贷的行为是经国家允许的，而金融机构对此所负的审查和监管责任也类似于对金融机构之间同业拆借的管理规定，并不适用《刑法》高利转贷罪的规定进行管制。

因此，笔者认为，基于小额贷款公司的资金来源、业务领域和转贷利率规定，其可以成为从"金融机构"获得贷款的借贷主体；但显然无法构成从金融机构"套取"信贷资金；也不能构成"高利"转贷。因此，小额贷款公司无法成为高利转贷罪的犯罪主体。

综上所述，高利转贷罪中的"金融机构"指的是受国家管控、在国家的产业政策指导下开展贷款业务的、适用《商业银行法》规定的，具有放贷经营权的商业银行、城市及农村信用合作社、邮政企业等金融机构。而小额贷款公司从性质上看并不属于高利转贷罪中的金融机构，因此其不能作为高利转贷罪的"被贷款方"；且由于小额贷款公司本身的业务范畴，其从金融机构融得资金再贷出的行为也不符合高利转贷罪的犯罪构成，因此小额贷款公司也不能成为高利转贷罪的犯罪主体。

四、 结语

本文以《人民司法·案例》2008 年第 24 期所刊的姚凯高利转贷案为指引，[①] 通过对自 1997 年《刑法》新增高利转贷罪以来，中国裁判文书网收录的全部高利转贷罪案件进行实证研究，在结合学界理论和司法实践的基础上，对高利转贷罪的构成要件和适用标准作出分析认定。最终得出结论：高利转贷罪即是个人或单位，以转贷牟利为目的，以虚假的贷款理由或虚假的贷款用途套取金融机构信贷资金，或者获得信贷资金后不按照提出的用途使用，将信贷资金以高于其自身从金融机构贷款时的利率转贷给他人，获得或者预期可获得达到"较大数额"标准的违法所得。

在明确高利转贷罪适用标准的基础之上，笔者以江苏省苏州市中级人民法院"高某某高利转贷、合同诈骗、非法吸收公众存款案"为特例，[②] 引入分析了小额贷款公司能否作为高利转贷罪的"被贷款方"。在分析了高利转贷罪的立法原意及小额贷款公司的性质之后，得出以下结

---

① 该案案号为（2006）鞍千刑初字第 101 号，参见高洪江. 姚凯高利转贷案［J］. 人民司法·案例，2008（24）.

② 江苏省苏州市中级人民法院（2017）苏 05 刑终 205 号。

论：高利转贷罪中的"金融机构"指的即是受国家管控、在国家的产业政策指导下开展贷款业务的、适用《商业银行法》规定的、具有放贷经营权的商业银行、城市及农村信用合作社、邮政企业等金融机构。而小额贷款公司从性质上看属于民间借贷机构，其设立不需要银监会审批，也不受国务院直接管控；其借贷资金本质上是民间资本，并不是国家所控制的信贷资金；其借贷形式本质上是民间借贷，借贷合同的订立以自愿协商为基本原则，并不受国家严格管控。因此小额贷款公司并不属于高利转贷罪中的金融机构，不能作为高利转贷罪的"被贷款方"。

在认定上一个问题的过程中，笔者注意到小额贷款公司的经营方式是从金融机构融入资金，再以高于融入利率的贷款利率贷出。这似乎与高利转贷罪所规制的行为相重合，对此笔者从小额贷款公司的经营行为是否符合高利转贷罪的构成要件方面进行了分析，最终得出结论：基于小额贷款公司的资金来源、业务领域和转贷利率规定，其可以成为从金融机构获得贷款的借贷主体；但其借贷时的借贷理由和用途即是"向他人发放贷款"，所以其获得贷款后再转贷给他人的行为本身就属于其业务范畴，显然无法成立从金融机构"套取"信贷资金；而且根据《指导意见》的规定，其转贷的利率标准即是银行同期贷款利率的0.9～4倍，所以其将融入资金以高于融入利率的贷款利率转贷给他人的行为也不构成"高利"转贷。因此，小额贷款公司无法成为高利转贷罪的犯罪主体。

支付结算视角下的电信诈骗预防

——延迟到账与紧急止付的重构

■ 刘进一*

摘要： 防范电信诈骗的文献颇丰，但鲜有论者从支付结算角度切入。支付结算是客观阻却型措施的重要内容，其有助于减少电信诈骗造成的损失。最佳的支付结算体系能够平衡安全与效率，使社会总成本最小化。建立在上述逻辑的基础上，应重新建构我国的延迟到账与紧急止付制度。对于延迟到账规则，建议设置必要的约束，科学设置延迟到账冷静期，适度扩展延迟到账规则的支付场景，注重主体和金额的差异性，对延迟到账时间、支付方式和金额进行动态调整。针对紧急止付制度，建议补足流程、延续流程和简化流程。实现"支付科技"，应是我国未来着力发展的方向。

关键词： 支付结算 电信诈骗 延迟到账 紧急止付

一、问题的提出

2016 年 7 月，广东省惠来县高考录取新生蔡淑妍接到虚假中奖短信，被骗 9800 元后被警方发现溺亡于海边；2016 年 8 月，山东理工大学学生宋振宁到公安机关报案称被电话诈骗 1996 元，十日后宋振宁猝死于家中；2016 年 8 月，七名犯罪嫌疑人电话冒充教育局工作人员，以发放助学金的名义诈骗徐玉玉 9900 元，徐玉玉与父亲到公安机关报案后，徐玉玉在回家途中心脏骤停。[①]

三桩命案仅是电信诈骗给社会造成巨大伤痛的一个缩影。2014 年全国电信诈骗发案 40 余万起，造成经济损失 107 亿元；2015 年，全国公安机关共立案电信诈骗案件 59 万起，造成经济损失 222 亿元。2016—2017 年，全国电信诈骗案件量继续呈上升趋势。2017 年，全国已结一审电信网络诈骗案件量较 2016 年上升 70.34%。[②] 除对生命和财产的危害以外，电信诈骗还损害了社

---

* 北京大学法学院 2016 级经济法学博士研究生。

① 王梦遥. 电信诈骗致人死亡将重罚诈骗电话超 500 人可定罪 [N]. 新京报，2016 - 12 - 21（A09）.

② 参见最高人民法院网《司法大数据专题报告之电信网络诈骗》，http://www.court.gov.cn/zixun - xiangqing - 115701.html. 上传日期 2018 年 9 月 3 日，最后访问日期 2018 年 12 月 27 日。

会信任，从根本上动摇乃至破坏人们合作和交易的社会基础。

作为社会问题的学术回应，关于电信诈骗的文献颇丰。目前的研究具有较强的刑事规制色彩，即主要集中于刑事立法、侦查对策、证据规则、国际合作等研究。① 从遏制犯罪的机理上看，上述研究属于"主观引导型"研究，即强调通过提高侦破率、严格刑事法网等措施，使犯罪分子不敢以身试法，从而将电信诈骗消灭在摇篮之中。应该看到，无论惩罚多么严厉，基于行为人的机会主义和受害人的有限理性，电信诈骗无法被根除，仅仅依靠"主观引导型"措施不足以遏制电信诈骗。② 支付结算，作为"客观阻却型"措施的核心环节，③ 虽然只是事后的补救措施，但在电信诈骗行为不可避免的情况下，它有助于降低电信诈骗成功的可能，减少其给社会造成的危害。然而，目前国内外从支付结算角度研究电信诈骗的文献较少。基于此，笔者拟以支付结算作为切入点，研究电信诈骗的预防。下文的结构安排为：第二部分分析支付结算对防范电信诈骗的意义及面临的挑战，进而提出最优支付结算的法经济学框架。第三部分和第四部分是在上述分析框架的基础上，分别评析我国近年来建立的两项重要支付结算制度——延迟到账规则和紧急止付流程，并提出完善的方法和路径。第五部分是对未来发展的展望。

二、 分析框架： 支付结算与电信诈骗

（一） 支付结算对防范电信诈骗的意义及面临的挑战

电信诈骗，是指不法分子以非法占有为目的，利用电信、互联网等技术，通过发送短信、拨打电话等手段，在信息网络空间传播虚假信息，使被害人陷入认识错误而向其指定账户汇款，从而骗取公私财物的行为。④ 电信诈骗高科技化⑤、非接触性⑥、广泛性⑦、低成本性⑧等特点，决

---

① 庄华. 我国电信诈骗犯罪的特点与侦查策略思考 [J]. 北京人民警察学院学报，2010 (4)；葛磊. 电信诈骗罪立法问题研究 [J]. 河北法学，2012 (2)；王小洪，陈鸿. 浅论跨境电信诈骗案件证据体系的构建 [J]. 公安研究，2012 (12)；张建，俞小海. 电信诈骗犯罪中帮助取款人的刑事责任分析 [J]. 法学，2016 (6)；黎宏. 电信诈骗中的若干难点问题解析 [J]. 法学，2017 (5).

② 电信诈骗从其诞生那天起就在不断演进变化，个人有限的认知能力无法完全防范电信诈骗。详见任文华. 通信网络诈骗案件的分析与侦查 [M]. 北京：中国人民公安大学出版社，2015：20 – 113.

③ 客观阻却型措施，即通过电信屏蔽技术，使群众接触不到诈骗信息，或赋予汇款人转账撤销权，建立紧急止付和快速冻结机制等，使受害人即使基于错误认识向不法分子汇款，不法分子也无法取得资金。

④ 根据受害人是否有处分行为，电信诈骗可能最终构成诈骗罪或者盗窃罪。详见赵金伟. 诈骗罪处分意识的问题研究 [J]. 新疆大学学报（哲学·人文科学版），2017 (5)：58 – 59.

⑤ 黄欣荣. 大数据时代的精准诈骗及其治理 [J]. 新疆师范大学学报（哲学社会科学版），2017 (4).

⑥ 吴照美，许昆. 两岸跨境电信诈骗犯罪的演变规律与打击机制的完善 [J]. 青海社会科学，2014 (4).

⑦ 熊琼，章瑛. 基于不完全契约理论下两岸刑事司法互助新探索 [J]. 云南社会科学，2018 (3)；See Sara M. Smyth, Rebecca Carleton. Measuring the Extent of Cyber – Fraud: A Discussion Paper on Potential Methods and Data Sources, *Public Safety Canada Working Paper*, 2012, pp. 1 – 64.

⑧ 陈正云. 罪犯的犯罪决策的经济分析 [J]. 法律科学，1996 (6).

定了一个完整的电信诈骗需要四个步骤：首先，行为人通过拨打电话、发送短信等方式散布虚假信息；其次，受害人因虚假信息陷入认识错误；再次，受害人在错误的认知下，通过支付结算系统，向行为人账户支付资金；最后，行为人从其账户取得资金，致使受害人遭受损失。[1] 可见，支付结算是电信诈骗的必经环节，在受害人已经陷入认识错误向行为人支付资金的情况下，如果能在支付结算环节阻却资金的流转，受害人即可免于遭受损失，行为人的违法目的将无法实现。毋庸置疑，构建完善的支付结算系统对于防范电信诈骗具有重要意义。

但是，通过支付结算系统防范电信诈骗却面临挑战。支付结算在科技的驱动下不断发展变化，科技进步使支付结算从现金交割、支票清算和结算系统，发展为借记卡和信用卡网络、ATM、电子转账服务、基于互联网和移动通信技术的远程支付和近场支付以及支付宝等各种第三方支付平台。这样的转变为消费者和商家都带来了便利，但同时也让使用者暴露在欺诈和身份信息被窃取的危险之下。基于此，当我们对支付结算系统进行改造和完善的时候，我们面临着既保证安全，又不损害效率的挑战。对于支付系统提供者和监管者而言，在效率和安全之间取得平衡，一直都是重要而艰难的工作。

质言之，在支付结算制度的建构上，我们面临安全与效率的权衡取舍关系：支付结算体系越宽松，则安全性越差，但支付效率越高；支付结算体系越严格，则安全性越好，但支付效率越低。由于"电子支付与人均实际 GDP 之间存在显著的正相关关系"，当采取更加严厉的保护措施时，会带来成本增加并阻碍经济发展，故"在欺诈防范方面应平衡收益与风险"。正如波斯纳所言，我们必须"通过衡量安全的细微增长的成本和收益，从而在再花 1 美元只能得到 1 美元或更少的安全增长时停止为更安全投资"。

（二）最优支付结算的法经济学框架

根据经济学的一般原理，随着人们对支付结算制度投入的增加，包括建立严格的延迟到账规则和紧急止付流程，给资金保管机构和电信机构施加严格的责任等，电信诈骗成功的概率将不断减少，其给社会造成的损失也将不断减少，但减少的幅度呈边际递减趋势，如图 1 中 F 曲线所示。与此同时，随着支付结算制度本身投入的增加，制度建构的成本将不断增加，即因支付结算制度更严格而导致的时间滞后、效率降低等问题将越发突出，且成本的增长呈边际递增趋势，如图 1 中 M 曲线所示。[2] 上

① 张明楷. 论诈骗罪中的财产损失 [J]. 中国法学, 2005 (5).
② 有关边际成本和边际收益, 参见 [美] 保罗·萨缪尔森, 威廉·诺德豪斯著, 萧琛主译. 经济学 (第十七版) [M]. 北京: 人民邮电出版社, 2007: 140－141; [美] 约瑟夫·E. 斯蒂格利茨, 卡尔·E. 沃尔什著, 黄险峰, 张帆译. 经济学上册 (第三版) [M]. 北京: 中国人民大学出版社, 2006: 41－42; [美] 曼昆著, 梁小民译. 经济学原理 (第三版) [M]. 北京: 机械工业出版社, 2006: 243－245; 高鸿业. 西方经济学第二版 (微观部分) [M]. 北京: 中国人民大学出版社, 2004: 172－180; [美] 罗伯特·D. 考特, 托马斯·S. 尤伦著, 施少华, 姜建强译. 法和经济学 (第三版) [M]. 上海: 上海财经大学出版社, 2003: 266－269.

述两项因素叠加的结果是：电信诈骗损失与制度建构成本之和（社会总成本）呈现出先减后增的"U"形态势（见图1）。

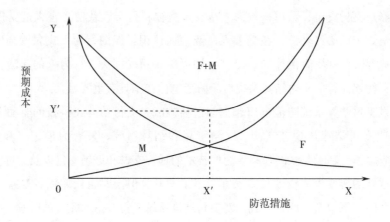

资料来源：作者自制。

图1　电信诈骗的社会总成本曲线

由图1可知，当我们对支付结算的投入使社会总成本正好处于"U"形的最下端 X′ 时，支付结算体系最优，此时社会总成本为最小值 Y′。[①] 也就是说，最优的支付结算体系是能够实现社会总成本最小化的制度。

为建构有效的支付结算体制，需要注意以下三个问题：第一，应建立差异化思维。因为市场主体和调整对象之间以及它们相互之间具有普遍的差异性，故我们在制度设计时应注重个人与机构的差异、小额与大额的差异、生人与熟人的差异等。差异化思维应当贯穿于支付结算制度设计的各个方面。第二，应注重法律实证分析。所谓法律实证分析，是指按照一定程序规范对一切可进行标准化处理的法律信息进行经验研究、量化分析的研究方法。不同支付方式下赃款转移的时间特点、电信诈骗中各种支付方式所占的比例、单笔诈骗金额的分布情况等，都值得量化研究，从而对症下药。第三，应重视流程设计。根据风险管理的基本原则，风险源于事物运动过程中的各种不确定性因素；欲有效控制风险，就必须在流程中去识别和防范风险。[②] 支付结算本身具有流程化的特点，欲通过支付结算有效防范电信诈骗，就必须建立完整、清晰、高效的流程。

---

① 该模型与利尔德·汉德法官的过失公式（the Negligence Formula of Judge Learned Hand）所蕴含的法理具有内在一致性。参见［美］理查德·A. 波斯纳著，蒋兆康译. 法律的经济分析［M］. 北京：中国大百科全书出版社，1997：211－215；［美］罗伯特·D. 考特，托马斯·S. 尤伦著，施少华，姜建强译. 法和经济学（第三版）［M］. 上海：上海财经大学出版社，2003：266－269.

② 有关流程对于风险管理的重要意义，参见刘新立. 风险管理［M］. 北京：北京大学出版社，2006：35－41；Chris Chapman. Project Risk Analysis and Management—PRAM the Generic Process, *International Journal of Project Management*, 1997, pp. 273－281.

建立在上述逻辑的基础上，笔者拟评析我国近年来建立的两项支付结算制度——延迟到账规则和紧急止付流程存在的问题，并提出完善路径建议。

三、 重塑延迟到账规则

2016 年 9 月 30 日，中国人民银行颁布《关于加强支付结算管理防范电信网络新型违法犯罪有关事项的通知》（以下简称《加强支付结算通知》），新增延迟到账规则，即"除向本人同行账户转账外，个人通过自助柜员机（含其他具有存取款功能的自助设备，下同）转账的，发卡行在受理 24 小时后办理资金转账。在发卡行受理后 24 小时内，个人可以向发卡行申请撤销转账。受理行应当在受理结果界面对转账业务办理时间和可撤销规定作出明确提示。"

延迟到账规则通过赋予转账人对转账的撤销权，使民众在被骗后有机会反悔，在一定程度上发挥了保障人民群众资金安全的功效。但是，目前的延迟到账规则存在诸多瑕疵。首先，在初始的质量维度，没有考虑到不法分子对该规则的运用而可能带来的新问题；其次，在静态的数量维度，没有对冷静期的长短、适用场景的多寡、转账金额的大小进行周密的设计；最后，在动态的发展维度，没有考虑到经济社会的发展变化对效率和安全因素的影响。为此，笔者针对上述问题，提出如下完善意见。

（一）为转账撤销权设置必要的约束

根据《加强支付结算通知》的规定，转账人通过 ATM 转出款项后，只要单方提出撤销，无须通知收款人，即可完成撤销行为。针对这一特点，新的骗局已经出现：犯罪分子谎称自己的银行卡当日取现额度已经用完，眼前又着急用钱，故希望自己转账给好心人，让好心人再取现给他，犯罪分子得手之后，再偷偷通过银行撤销其转账操作。可见，隐秘的、单方即可发起的、没有任何制约的撤销权，反而成为不法分子进行诈骗的绝佳工具。为避免新的安全隐患，应当对撤销权的行使施加必要的限制。

可以考虑的措施是：增加转账撤销的通知功能，即如果转账人发起撤销，银行或支付机构应当通过向收款人预留手机号发送短信或拨打电话等方式通知收款人。如果收款人认为涉嫌电信诈骗，可以向公安机关举报，采取资金冻结等措施；如果收款人没有异议，或者接到通知后 24 小时内未作答复，则银行和支付机构可以执行转账人的撤销申请。

让收款人知悉转账拟撤销并不会不适当地增大制度投入成本，相反，效果却很明显：如果收款人是不法分子，则其通常不敢暴露身份，撤销权的行使将使转账人免受不法侵害；如果收款人是诈骗的目标对象，则收款人必然会积极主张权利，争取挽回损失。信息沟通机制有利于将电信诈骗的行为暴露于阳光之下。

（二）科学设置延迟到账冷静期

目前，转账冷静期统一设置为 24 小时，即发卡行在受理 24 小时后才办理资金转账，在此之前，资金将冻结在转账人的账户中。笔者认为，该冷静期的长短值得商榷。中国人民银行有关负责人在答记者问中称："受害人大多在完成转账后的较短时间内会意识到上当受骗。"既然受害人意识到上当受骗的时间较短，是否有必要统一将延迟到账时间设置为 24 小时值得考虑，毕竟延迟到账的时间越长，资金支付的效率越低。

为使延迟到账时间的设置更加科学合理，有必要对近年发生的电信诈骗的支付方式及对应的支付时间和报案时间进行统计，测算出在各种支付方式下，受害人发出支付指令到发现被骗的时间间隔之分布情况；进而根据该分布情况，针对不同的支付方式分别设定一个能够使绝大多数受害人有机会挽回损失的冷静期。[①] 在能够保障绝大多数受害人有机会行使转账撤销权的前提下，应尽可能缩短冷静期，提高资金支付效率。

（三）适度扩展延迟到账规则的支付场景

根据《加强支付结算通知》的规定，只有通过 ATM 转账，才可行使转账撤销权，而其他转账方式，如网上银行转账、手机银行充值，则有约定从约定（实时到账、普通到账或次日到账等），无约定则一般实时到账。

《北京晚报》报道了不法分子在 QQ 上冒充熟人，仗义同学通过网银转账，被骗 39800 元机票款的事件。[②] 受害人遭受损失的重要原因在于：资金延迟到账规则仅适用于 ATM 转账，而不适用于其他支付场景。针对电信诈骗愈演愈烈的趋势，监管机关应该详尽分析民众的支付习惯和电信诈骗通常发生的支付场景，考虑将延迟到账规则适度扩展到其他高危方式。数据显示，让受害人充值或刷单，在全部电信诈骗案件中比例显著上升，从 2016 年的 6.22% 上升到 2017 年的 11.78%。[③] 为此，可考虑将延迟到账规则扩张至充值和刷单的支付场景，以更好地保护民众的资金安全。

（四）注重主体和金额的差异性

目前的制度设计是：除向本人（本机构）同行账户转账外，只要是通过自助柜员机转账，无论转账人是个人还是机构，无论金额大小，发卡行皆在受理 24 小时后办理资金转账。这种"一刀切"的做法没有考虑到机构与个人在风险识别和承受能力方面的差异，也没有考虑到不同金额及转账对象所蕴含的风险大小的不同。

为更好地平衡安全与效率，首先，应区分机构和个人。机构在财务管理上具有明显的优势，

---

① 对电信诈骗数据的收集、存储和分析能力，决定监管决策的科学性。See Sara M. Smyth, Rebecca Carleton. Measuring the Extent of Cyber – Fraud: A Discussion Paper on Potential Methods and Data Sources, *Public Safety Canada Working Paper*, 2012, pp. 1 – 64.

② 陈圣禹. 骗子在 QQ 上冒充熟人仗义同学被骗机票款 [N]. 北京晚报, 2017 – 04 – 28（6）.

③ 参见最高人民法院网《司法大数据专题报告之电信网络诈骗》, http://www.court.gov.cn/zixun – xiangqing – 115701. html. 上传日期 2018 年 9 月 3 日，最后访问日期 2018 年 12 月 27 日。

其识别风险和承受风险的能力均较强。与此同时，在日常经营活动中，机构对外支付资金一般比较急迫。故对机构而言，可以考虑不适用延迟到账规则，以提高支付效率。[1]

其次，针对个人转账，应设置单笔延迟到账的起点金额，即单笔起点金额以下的转账行为，银行和支付机构可提供实时到账服务；超过起点金额的转账行为，应适用延迟到账规则。有人可能会质疑：此种情形下，受害人存在小额多笔汇款被骗的风险。笔者认为上述风险整体可控：第一，通过宣传，多数人知道资金延迟到账是保护汇款人的制度设计，在被要求通过多笔汇款实质突破上限金额的时候，会产生警觉；第二，受害人每完成一次支付，都会面临一个间隔期，相当于多了一次冷静的机会，识破骗局的几率也相应提高。此外，银行一般设置有单日转账限额，这如同构筑起防范电信诈骗的第二道屏障。

最后，允许个人预先设置转账白名单，向白名单成员汇款可实时到账。白名单制度的合理性在于：转账人在无外界干扰的情况下可推定其具备完备的理性，此时纳入白名单的成员可以视为转账人真实信赖的收款人。同时，为避免不法分子引诱被害人现场将其添加为白名单成员，白名单应当在设置24小时后生效，以确保白名单真正体现转账人的真实意思表示。

（五）对延迟到账时间、方式和金额进行动态调整

防范电信诈骗应具有动态思维：随着民众防范意识的提高，某些支付方式下的延迟到账时间完全可以进一步缩短；而对于那些民众"反应迟钝"的电信诈骗方式，其延迟到账时间可以考虑适当延长。同样，如果已经纳入延迟到账规则的某类支付方式随着时间的推移，案发比例不断减小，则可以考虑将其移出延迟到账适用范围。

有关单笔延迟到账起点金额的设置，应考虑到经济发展而带来的收入提高和通货膨胀因素的影响。我们可以借鉴小额诉讼程序有关标的额动态调整的立法技术，规定动态调整的延迟到账起点金额，例如，单笔延迟到账的起点金额为各省、自治区、直辖市上年度就业人员月平均工资的百分之三十。[2]

上述时间、方式和金额的调整频率，应把握适度原则。过于频繁的调整，不利于形成科学的决策；过于滞后的调整，又无法适应不断变化的外部环境。监管机关可根据每年的统计数据，一年调整一次。

---

[1] 有论者通过实证研究得出结论，青年人和中年人，随着年龄的增长，防御能力增强，40~49岁达到顶峰，50岁之后年龄越大，防御能力反而越差，这与笔者提出的主体差异性观点不谋而合。从操作可行性的角度，延迟到账规则不必细化到不同年龄阶段，但可以在机构与个人之间区别对待。相关论述可参见侯佳伟，张银锋. 北京市民众关于电信诈骗防御能力研究［J］. 北京社会科学，2010（2）.

[2] 《中华人民共和国民事诉讼法》第一百六十二条规定："基层人民法院和它派出的法庭审理符合本法第一百五十七条第一款规定的简单的民事案件，标的额为各省、自治区、直辖市上年度就业人员年平均工资百分之三十以下的，实行一审终审。"

四、 再造紧急止付流程

2016 年 3 月 18 日,中国人民银行、工业和信息化部、公安部、国家工商行政管理总局联合颁布《关于建立电信网络新型违法犯罪涉案账户紧急止付和快速冻结机制的通知》(以下简称《紧急止付和快速冻结通知》),建立了紧急止付制度。紧急止付是指汇款人因不法分子的诈骗行为陷入认识错误,已经向银行或支付机构发出支付指令后,通过拨打报警电话或联系银行或支付机构,使收款人账户开户行或支付机构进行止付操作,从而阻止收款人提款或转款的制度。在被害人基于错误的意思表示已经向不法分子汇款,又无法行使转账撤销权的情况下,高效的紧急止付流程,有助于冻结已经支付到不法分子账户中的资金,避免资金损失。①

《紧急止付和快速冻结通知》第二条规定了紧急止付流程,并区分了银行账户与支付账户两种情形:银行账户,是指商业银行、信用合作社等银行业金融机构,为客户开立的办理资金收付结算的实体账户;而支付账户,根据《非银行支付机构网络支付业务管理办法》第三条第二款的规定,是指获得互联网支付业务许可的支付机构,根据客户的真实意愿为其开立的,用于记录预付交易资金余额、客户凭以发起支付指令、反映交易明细信息的电子簿记。《紧急止付和快速冻结通知》设置了转账人向公安机关举报和向银行举报的两条路径(见图 2)。

上述流程看似完整,实则具有如下缺陷:第一,程序缺位。在银行账户被骗的情况下,至少有一条完整的路径指向是否止付的结果,但是,如支付账户被骗,却没有一条完整的操作路径,导致程序缺位。第二,程序断裂。无论银行账户被骗,还是支付账户被骗,被害人都可以向 110 报案。然而,《紧急止付和快速冻结通知》并没有明确 110 在接到被害人报案后,如何进行下一步的操作。第三,程序烦琐。无论是向银行举报,还是向公安机关控告,被害人均不能实现"一站式"报案,转账人需要填写"紧急止付申请表",详细说明资金汇出账户、汇出时间、汇出渠道、疑似诈骗电话或短信内容等信息,且承诺承担相关的法律责任并签名确认后,才能推进止付流程,容易延误宝贵时间,导致止付失败。

为解决目前紧急止付流程存在的程序断裂、程序缺位和程序烦琐问题,笔者建议以删繁就简为原则,进行流程再造:第一,补足流程。将汇款人开户行和支付机构统一为资金支出机构,将收款人开户行和支付机构统一为资金接收机构。在流程设计上,同时考虑银行和支付机构两种情形,避免仅规定银行账户被骗的处理流程,从而解决程序缺位问题。第二,延续流程。如被害人选择拨打 110,则公安机关应告知被害人谎报应承担的法律责任,进而立即指定辖区内的公安机关受理并告知资金支出机构,由资金支出机构进行后续操作,解决程序断裂问题。第三,简

---

① 快速止付有利于防范电信诈骗已经成为学界共识。参见董邦俊,王法."互联网+"背景下电信诈骗侦防对策研究 [J]. 法政探索,2016 (8).

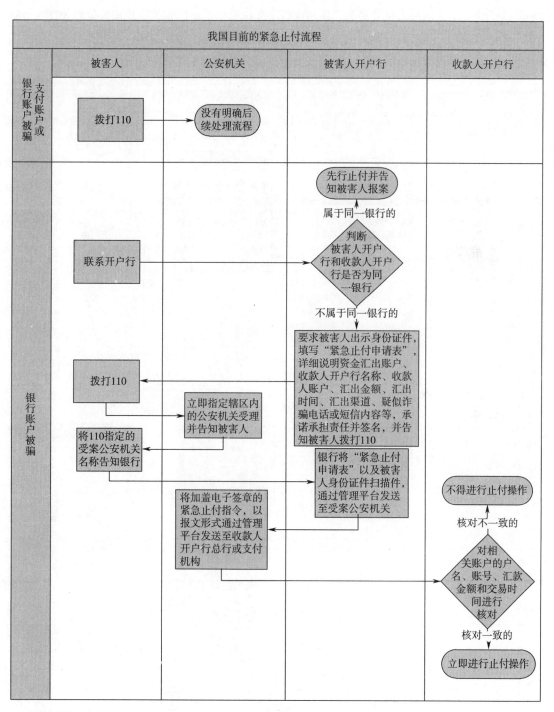

资料来源：作者自制。

图2　我国目前的紧急止付流程

化流程。无论被害人向公安机关报案，还是向资金支出机构报案，相关机构均可以作为统一对接被害人的信息窗口，通过内部协调机制，将止付程序进行到底，而不必再由被害人多头沟通、辗转反侧，从而解决程序烦琐问题。完善后的紧急止付流程如图 3 所示。

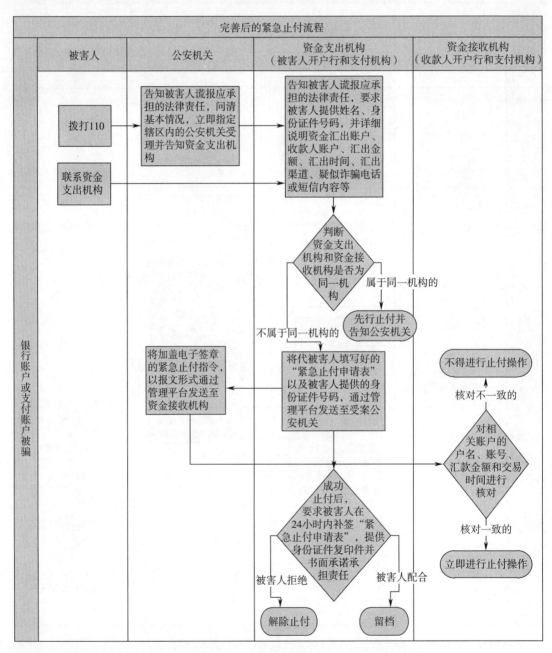

资料来源：作者自制。

图 3　完善后的紧急止付流程

如果将一个主体向另一个主体传递信息视为一个步骤，那么原流程需要 7 个步骤才能完成，而完善后的流程仅需 4 个步骤，大大提高了止付效率。

与此同时，为避免因效率提高而带来的道德风险、诚信缺失等问题，笔者建议：首先，建立责任提醒和追究制度。无论是公安机关还是资金支出机构，在接到申请后均应以口头方式向申请人严正声明谎报应当承担的法律责任，如损失赔偿、不良征信记录、行政处罚等。其次，建立全程录音制度。无论是公安机关、银行还是支付机构，均应在第一时间对被害人止付申请进行全程录音并告知被害人，以便更好地约束被害人行为。再次，建立"无纸先行、后续补交"制度。被害人在申请止付时，不必提交书面止付申请，但在成功止付后，被害人应根据资金支出机构的要求，在 24 小时内补签"紧急止付申请表"并提供身份证件复印件和承诺书；否则，资金支出机构有权解除止付。需要说明的是，不强求被害人在申请止付时立即提供书面"紧急止付申请表"是为了争取宝贵时间，这并不意味着书面申请不重要。录音作为视听资料，在民事诉讼中仅为"补强证据"，不能单独证明案件事实，要求被害人在成功止付后尽快补足书面申请，有利于银行和支付机构及时留档，避免未来发生不必要的纠纷。最后，利用征信数据，识别止付申请人的信用，以防止可能带来的风险。对于征信记录不良的申请人，不适用"无纸先行、后续补交"的制度，而应要求其先行提交书面"紧急止付申请表"和自愿承担法律责任的承诺书，以免错误止付而给他人和社会造成损失。

总之，建立在平衡效率和安全的分析框架基础之上，我们可以优化目前的延迟到账规则和紧急止付流程，让支付结算制度带来更优的社会效果。

五、 对未来发展的展望

电信诈骗天生与科技相伴。互联网的无所不在与移动设备的普及推广，使人们在任何时间、任何地点都可以发起支付，[1] 也为电信诈骗的成功实施创造了条件。有学者研究发现："在控制城市化水平、收入差距等一系列社会经济因素后，移动电话普及率每提高 1% 将导致财产诈骗犯罪率平均上升约 0.76%，而互联网普及率每提高 1% 将导致财产诈骗犯罪率平均上升约 1.37%。"因此，欲有效遏制电信诈骗，须以更强大的科技来对抗被邪恶所利用的科技，做到"魔高一尺，道高一丈"。

在科技运用方面，美国和日本走在前列。2005 年，VISA 即宣称已经实施可以从两个主要维度监测银行卡使用的先进自动系统，该系统可以比对该卡新近使用和历史使用情况，也可以比

---

[1] Lawrence J. Trautman. E – Commerce, Cyber, and Electronic Payment System Risks: Lessons from PayPal, *UC Davis Business Law Journal*, 2016, p. 279.

较在相近时间本卡与他卡的使用情况，寻找可能导致电信欺诈的诸多指标。[①] 美国还采取同伴团体（Peer Group）分析法，即根据持卡人财富、消费习惯等指标将持卡人分成不同的同伴团体，目标账户的未来行为将与将来同时发生的同伴团体成员的行为进行比对，以判断是否出现了异常消费。[②] 日本近期推出反诈骗 ATM，一旦发现使用者汇款时用手机通话，ATM 就会发出警告，提示停止交易；如果发现使用者取款时戴着口罩或墨镜，则会要求其摘下，否则将直接终止交易。总之，数据可视化、模糊逻辑、社交网络分析、数据挖掘、加密、动态账户建模等技术的发展，为银行和支付机构准确、及时地发现可疑交易提供了条件，使银行和支付机构有可能实现"自动止付"，从而起到"杜渐防萌"的效果。促进科技与支付结算的深度融合，实现"支付科技"，应是我国未来着力发展的方向。

应该看到，支付结算虽然重要，但其仅是防范电信诈骗的一个环节。欲有效防范电信诈骗，还需前、中、后端相互配合：在前端，强化对民众的宣传教育，防止个人信息泄露；在中端，促进可疑交易监测技术的研发与运用；在后端，拓宽举报渠道、落实责任追究机制。[③] 通过综合施治、多措并举，我们一定能够战胜电信诈骗这一社会顽疾，让民众的生活更加幸福、安康。

---

① Richard A. Epstein, Thomas P. Brown. Cybersecurity in the Payment Card Industry, *The University of Chicago Law Review*, 2008, pp. 214 – 215.

② David J. Hand, Detection in Telecommunications and Banking: Discussion of Becker, *Volinsky and Wilk* (2010) *and Sudjianto et al.* (2010), *Technometrics*, 2010, p. 37.

③ 胡向阳，刘祥伟，彭魏. 电信诈骗犯罪防控对策研究 [J]. 中国人民公安大学学报（社会科学版），2010 (5).

支付宝年度账单反思录

■ 季　旭[*]

摘要：支付宝自动勾选《芝麻信用协议》的行为违反了"告知—同意"的个人信息收集规则。但有网友表示支付宝的行为并无苛责之处，因为本身也没有人阅读协议。本文就此反思了"告知—同意"规则，认为面对复杂的隐私条款，用户没有能力作出适当判断。就算用户有能力，不计其数的隐私条款与信息的"聚合效应"使用户无法在全面评估信息透露风险的基础上进行决策。遗憾的是，无论是将隐私条款简单化，还是利用技术手段，都无法避免"告知—同意"的弊端。因此，本文认为，政府应当介入线上消费者信息安全保护，加强对隐私条款的监管，同时重视个人信息的后续使用和分析监管。

关键词："告知—同意"规则　隐私条款　政府监管

伴随着 2018 年钟声的敲响，支付宝推出的个性化年度账单迅速占领了微信朋友圈。一时间，晒清单、晒预测成为新年刮起的第一股时尚之风。遗憾的是，这股时尚之风似乎以"迅雷不及掩耳之势"逆转为新年第一股"侵权之风"即芝麻信用官方道歉，年度账单负责人被有关部门约谈。

一、 支付宝年度账单事件

（一）风风火火晒账单

"时间总是偷偷流逝，打开账单，这一年是不是过得不太一样。"动人的文案，加上流行的焦糖色作为主调的文艺配图，支付宝于 2018 年 1 月 3 日推出支付宝年度账单。独特的创意使其在一系列的年底账单大战中脱颖而出。

小王也被这样动人的文案吸引，迅速整理了自己一年波澜壮阔的内心，颤抖着在焦糖色的背景图上滑开了自己的账单。年账单上，2017 年 12 月 30 日的日历纸像落叶一样飘下，日期转向了 2017 年的最后一天，网购、缴费充值、全年出行、线下支付、信用守约等页面慢慢滑过。视

---

* 北京大学法学院 2017 级金融法方向法律硕士（法学）。

角也逐渐从客厅中的一角向外扩展至街道、城市，乃至地球，汇聚成了一张全年总消费扇形图，显示一年里你到底剁了多少次手。小王一边肉疼，一边感慨着自己居然花了这么多钱。最终，一张由蚂蚁智能助理总结的年度关键词图片显示出来，小王定睛一看，"颜值正义"；小王内心甚喜，顺手转发至微信朋友圈。小王心想，只有这样高端的消费水准，如此精准的年度关键词，才符合自己低调奢华的人设，就等着别人点赞了。

显然，英雄所见略同，支付宝年度账单迅速成为年度首个爆款，湮没了你我他的微信朋友圈，朋友圈里一派喜气洋洋。

（二）隐隐约约有风险

在晒账单、互相点赞的温情中，突然出现了不同的声音。当天下午，一名叫岳屾山的律师发微博称支付宝侵犯了消费者的选择权。据他描述，在支付宝年度账单首页有一行特别小，并且已经被自动勾选的选项："我同意《芝麻服务协议》。"账单的查看与《芝麻服务协议》没有关联性，就算"取消同意"，也依旧可以看到年度账单。但如果没有注意到这个选项，就会视为直接同意这个协议。此外，首次勾选后，再次点进账单页面，这个选项就会消失。同时，这名律师晒出了《芝麻服务协议》的具体内容。[①]

一石激起千层浪，这件事情很快引起了大家的关注，不少人惊诧，支付宝账单首页竟然有这个选项？我怎么没看到？小王也十分诧异，急忙点开了岳律师晒出的账单首页。原来，在文案的下方，有一行极小的蓝色字，悄悄地藏在了棕色的背景下，几乎与背景融为一体。"一定只有处女座才能看见这行字，"小王心想，"不过《芝麻信用协议》的内容究竟是什么呢？为什么账单要自动勾选同意该协议呢？其中到底有什么不能言说之事呢。"支付宝年度账单竟然偷偷帮我们勾选了协议，小王隐隐约约觉得这件事情并不简单。

（三）叽叽喳喳来讨论

《中国消费者报》立刻针对事件编发《紧急！查看支付宝年度账单前，请先看看这个》的文章。文章迅速取代之前的支付宝年度账单，引爆了微信朋友圈。无论是在微博上，还是在微信朋友圈中，关于支付宝年度账单的讨论迅速升级。

网友的评论主要分为三派：一派痛斥支付宝"店大欺客"，侵犯消费者的选择权与隐私，决定再也不用支付宝了；另一派坚定支持支付宝，认为支付宝账单根本不是事儿，美其名曰"反正自己的信息不值钱""就算没有自动勾选，也没有人会去看协议内容"，觉得支付宝自动勾选反而帮自己省事儿；还有一派则不动声色，只是含糊提及支付宝侵犯消费者的选择权，呼吁大家赶快去取消授权。其中，第三派的意见居多。

---

① 岳屾山. 查看支付宝年度账单前，请先看看这个［OL］. https：//m.weibo.cn/status/4192093063120566？wm＝3333_2001&from＝1084193010&sourcetype＝weixin&featurecode＝newtitle，2018 年 4 月 10 日最后访问.

同时，有人对支付宝账单的舆情作出报告，发现舆情最激烈的地方恰好位于腾讯的总部——广东。支付宝年度账单事件马上被阴谋化，事件变得更加扑朔迷离。

小王看着大家的评论，一方面，觉得支付宝问都不问自己，就勾选同意的行为着实气人；另一方面，也觉得就算是让自己选，自己也会在不阅读协议具体内容的情形下，选择同意协议，似乎也没有什么差别。小王想了想，摸不着头脑，便跟风前往支付宝取消了信息授权。

（四）模模糊糊道了歉

1月3日晚23时34分，"芝麻信用"官方微博针对《中国消费者报》报道所质疑的侵犯消费者知情权及选择权问题作出回应，称默认勾选"我同意"协议这件事"肯定是错了"，并就此事给大家带来的恐慌和误解表示歉意。1月4日零点7分支付宝官方微博转发芝麻信用认错微博，表示"我也不知道该说什么，一起承担吧"，也算是模模糊糊地表达了歉意。

年度账单方面也紧急作出调整，取消2017年账单默认同意选项，并于随后，支付宝账单上的《芝麻服务协议》变更为《在年账单中查询并展示你的信用信息》，明确提示"为了供你了解这一年的信用成就，你授权支付宝查询你的芝麻分及信用履约记录等信息，以用于在年度账单中向你展示"；并提示"在你完成授权后，如你想关闭对支付宝的授权，可在支付宝App里取消授权"。

芝麻信用、支付宝回应后，很快小王便忘记了这件事情。一个月后，小王为了使用芝麻信用，重新勾选了"同意《芝麻信用协议》"。当然，小王没有点开协议，也不知道协议里面到底说了什么。

（五）悲悲凉凉被约谈

"支付宝年度账单事件"作为2018年年初消费者最为关注的热点新闻事件之一，自然也引起了监管部门的关注。1月6日，国家互联网信息办公室约谈了支付宝与芝麻信用的有关负责人，要求其采取有效措施，防止类似事件再次发生。网络安全协调局负责人指出，支付宝、芝麻信用收集使用个人信息的方式，不符合刚刚发布的《个人信息安全规范》国家标准的精神，违背了其前不久签署的《个人信息保护倡议》的承诺；应严格按照《网络安全法》的要求，加强对平台的全面排查，进行专项整顿。[①]

（六）有喜有忧来总结

支付宝账单事件中，令人欣喜的是，我国公民法律意识提升，越发关注个人信息保护。但遗憾的是，广大网友们尽管有了个人信息意识，但对其安全保护关注不够，更多的是一时兴起，来得快去得也快。此外，尽管《芝麻信用协议》内容暂时引起了大家的关注，但面对各个App中

---

① 田珍祥. 事件篇：默认勾选侵犯知情权强力监督刷爆朋友圈［OL］. http：//www.ccn.com.cn/html/news/xiaofeiyaowen/2018/0315/343561.html，2016年3月26日最后访问.

纷繁复杂的隐私条款，绝大多数人仍然是束手无策，只能轻松而欢快地"click"一下。

针对支付宝年度账单事件的新闻铺天盖地，但是相关法律文章寥寥无几。因此，本文试图从个人信息收集角度对事件进行分析，作出反思。

二、 支付宝做错了什么？

网络安全协调局负责人指出，支付宝、芝麻信用收集使用个人信息的方式，不符合刚刚发布的《个人信息安全规范》国家标准的精神，违背了其前不久签署的《个人信息保护倡议》的承诺。那网络运营商在收集使用个人信息时应该怎么做呢？支付宝收集使用个人信息的方式哪里有问题呢？

（一）我国个人信息收集的原则

根据《网络安全法》第四十一条规定，网络运营者在收集、使用个人信息时，应当明确告知被收集者收集、使用信息的原因、方式、范围以及用途，并且要征得被收集者的同意。《征信业管理条例》第十三条也有类似规定，即在未经被收集人同意的情形下，不得收集个人信息。《个人信息安全规范》中则对该规定进行细化，要求网络经营者在收集个人敏感信息时还必须征得被收集人的明示同意。由此可知，我国个人信息收集的原则是"告知—同意"规则，要求信息控制者和信息处理者在收集、处理数据前事先告知用户，并得到用户明示或默示的许可同意。[1]

（二）"告知—同意"规则为何？

"告知—同意"规则源于美国，被美国联邦贸易委员会（FTC）认定为线上隐私保护的"最为重要的原则"。[2]"告知—同意"规则包含两方面的内容。"告知"强调的是信息的透明度。美国FTC认为在个人隐私方面信息的告知包括：（1）明确的收集方；（2）明确的个人数据用途；（3）明确的任何潜在的数据使用者；（4）收集的数据的性质与收集信息的方式；（5）为确保数据的秘密性、完整性与高质量，收集者采取的措施。[3]"同意"则是个人选择权的体现，其依赖于充分有效的告知。[4] FTC认为，简单来说，"同意"意味着给予消费者选择，消费者可以选择

---

① 李媛. 大数据时代个人信息保护研究［D］. 西南政法大学经济法学院博士论文，2016.

② The Sectray's Advisory Committee On Automated Personal Data Systems, U. S. Department of Health, Education & Welfare, Records, Computers, and the Rights of Citizien, 1973, pp. 41 - 42.

③ Federal Trade Commission, "Privacy Online: A Report to Congress", 1998, p. 7. available at http://www. ftc. gov/sites/default/files/documents/public _ events/exploring – privacy – roundtable – series/priv – 23a _ 0. pdf, March 26, 2018.

④ Reidenberg J. R., Breaux T. Cranor L. F., et al. Disagreeable Privacy Policies: Mismatches Between Meaning and Users' Understanding, *Berkeley Technology Law Journal* 30, issue. 1, 2015, p. 44.

被收集的个人数据以什么方式被使用①。

美国选择"告知—同意"规则作为线上消费者隐私权保护的机制主要基于三点理由：第一，从信息收集者角度来说，告知的成本低廉，收集者只需要统一的发布信息收集通知。并且，告知一般都以线上隐私条款的面貌出现，采用格式条款的形式，再由用户进行选择，避免了逐一磋商的高成本。② 第二，站在用户的立场，"告知—同意"规则充分尊重了个人的意愿。个人信息由个人控制，"告知—同意"给予用户根据自己的偏好选择是否向信息收集者提供自己的信息，充分尊重了意思自治。③ 第三，监管者也十分偏爱这种省事的监管模式。"告知—同意"规则只要求网络经营者对相关隐私条款进行披露，是一种轻微的监管，不需要繁冗的官僚机构与复杂的监管措施，相对容易制定。这种温和的特性也不容易引起强烈的政治反对。④

正因为"告知—同意"规则的上述优点，1980 年，经济合作与发展组织（OECD）颁布的《隐私保护与个人信息跨国流通指南》也确立了类似的规则。自此，"告知—同意"规则作为首选的个人信息收集原则影响了全世界的消费者线上隐私保护机制。⑤ 我国线上隐私保护也选择了该模式。

（三）支付宝自动勾选协议的违规性

如前所述，我国采取"告知—同意"的个人信息收集的原则。根据该原则，网络运营者在进行信息搜集时，需要获得被收集者的同意。

1. 支付宝是否进行了告知？用户在查询自己的年度账单时，那一行小小的、几乎与背景融为一体的字，真的能被用户发现吗？从正常理性人的角度来看，很难尽如此高的注意义务，而事实也证明看见那一行"我同意《芝麻信用协议》"的用户寥寥无几。在这种情况下，支付宝真的尽到了告知义务吗？

回到我国成文法中，《网络安全法》第四十一条要求网络运营者应当明确告知被收集者收集、使用信息的原因、方式、范围以及用途。何谓"明确告知"呢？《网络安全法》中没有进一

---

① Federal Trade Commission, "Privacy Online: A Report to Congress", 1998, p. 7. available at http://www.ftc.gov/sites/default/files/documents/public _ events/exploring – privacy – roundtable – series/priv – 23a _ 0. pdf, March 26, 2018.

② Gindin S. E., Nobody Reads Your Privacy Policy or Online Contract: Lessons: Learned and Questions Raised by the FTC's Action against Sears, *Northwestern Journal of Technology and Intellectual Property* 8, 2009, pp. 1 – 37.

③ Maccarthy M., New Directions in Privacy: Disclosure, Unfairness and Externalities, *A Journal of Law and Policy for the Information Society* 6, 2011, p. 427.

④ ［美］欧姆拉·本·沙哈尔，卡尔·E. 施耐德著，陈晓芳译. 过犹不及：强制披露的失败 ［M］. 北京：法律出版社，2015：5 – 6.

⑤ Cranor L. F., Necessary but not Sufficient: Standardized Mechanisms for Privacy Notice and Choice, *Journal on Telecommunications and High Technology Law* 10, 2012, p. 278.

步的解释。《网络安全法》中大多只是原则性规定，《个人信息安全规范》（以下简称《规范》）则对这些规定进行了细化。尽管《规范》是国家推荐性标准，不属于强制性标准，由企业自愿采用。但《规范》为《网络安全法》提供了一套标准，可以作为判断合规性的一个模板，辅助判断支付宝是否有违规行为。

《规范》附录 C——保障个人信息主体选择同意权的方法中给出了两个模板设计功能界面，尽管其内容是针对个人敏感信息而言，但可以为我们理解何谓"明确告知"提供参照。两个模板都是直接清晰展示隐私条款的内容，重点内容用黑色加粗的字体标识，一个是要求用户逐一填写自己的敏感信息；另一个虽然不要求用户直接填写，但要求用户逐一对自己的敏感信息进行同意与否的确认。由此可见，"明确告知"说明告知的方式必须是直接清晰的，以足够引起用户注意的方式告知。

而支付宝的"别具一格"的告知方式，那一行小小的字难以与背景相区别，似乎就根本不想让用户看见，也无法引起用户的注意。因此，本文认为，支付宝没有尽到告知的义务。

2. 用户是否表示了同意？即使我们认为那一行小小的字可以视为支付宝对《芝麻信用协议》进行了告知，支付宝自动默认勾选的行为也难以解释为用户的同意。

《规范》第 5.5 条写明，收集个人敏感信息应取得主体的明示同意，且这种明示同意是在完全知情的基础上给出的。个人敏感信息在《规范》中的定义包含"财产信息、征信信息"，明示同意则要求个人信息主体作出"书面声明"或者作出"主动勾选""主动点击"等肯定性动作。根据《芝麻信用协议》，"收集的信息包括您的个人信息、行为信息、交易信息、资产信息、设备信息等",[①] 其中资产信息无疑属于财产信息，所以《芝麻信用协议》中收集的包括个人敏感信息，需要信息主体的明示同意。支付宝年度账单自动默认协议的行为违反了《规范》的要求。

因此，本文认为，自动默认的同意协议不能视为个人信息主体的同意，支付宝、芝麻信用在收集用户信息时违反了《网络安全法》中的"告知—同意"规则。

三、 完美的 "告知—同意" 规则？

如前所述，尽管支付宝自动勾选同意显然违反了"告知—同意"的个人信息收集原则，但是广大网友却众说纷纭。网友们的言论反映了当下人们对个人信息保护的不同态度，有的人关注，有的人无视。同样的事情也发生在最近网友对李彦宏在中国发展高层论坛上的两极化评价上。3 月 26 日，李彦宏在论坛上表示，中国用户在个人隐私方面更加开放，一定程度上愿用隐

---

① 岳岫山. 查看支付宝年度账单前，请先看看这个 ［OL］. https：//m. weibo. cn/status/4192093063120566? wm = 3333 _ 2001&from = 1084193010&sourcetype = weixin&featurecode = newtitle，2018 年 4 月 10 日最后访问.

私换方便和效率。① 该言论迅速引起网友们的关注，根据知微传播分析的数据显示，网友评论的最高频词有"傻""愿意""不要脸""不愿意"。显然，我国网民对个人信息保护方面的态度呈现两极化分布态势。

对于不在意自己个人信息安全的人们，"告知—同意"规则成为一纸空文，他们既不在乎告知的内容，也不在乎同意之后的后果。权利固然可以放弃，但个人信息具有社会性，不只是一个人的私事。信息资源是重要的生产要素、无形资产和社会财富，推动着全球产业分工深化和经济结构调整，重塑着全球经济竞争格局。② 因此，即使个人不在意自己的个人信息，也不能说明其个人信息失去了保护的价值。而那些在意自己个人信息的人们，即使有"告知—同意"规则，发现自己也很难对个人信息形成有效管理。他们需要花费大量的时间阅读隐私条款，即使如此，晦涩的语言、复杂的信息使用也让他们发现自己很难作出有效的决定。

尽管"告知—同意"是规制线上隐私保护的"最为重要的原则"，但本文认为该规则并不能促使用户基于隐私条款作出理性的决定，完美起到保护消费者隐私的作用。

（一）主观角度：用户无法依据公开的信息作出适当决定

"告知—同意"规则的假设前提是用户阅读隐私条款后，凭借自身的理性作出适当的决定。遗憾的是，实践与研究都表明，在个人信息保护方面，人们缺乏作出理性决定的能力。③

1. 用户不阅读隐私条款。根据研究，很少有用户阅读隐私条款。④ FTC 主席 John Leibowitz 这样评价"告知—同意"规则："最初，这似乎是一个好主意。但实际在很多情况下，消费者不会注意、阅读或理解隐私政策。"⑤

用户怠于阅读隐私条款往往与其过于冗长有关。以《芝麻信用协议》为例，全文长达约2500 字，正常人的普遍阅读速度是 500 字/分钟，这意味着用户要花费至少 5 分钟的时间完成隐私条款的阅读。这无疑增加了用户负担。谁愿意在使用一个 App 之前阅读 5 分钟枯燥的隐私条款？笔者作为一个受过近 5 年法学教育的法律系学生，非常负责地告诉大家：我，从来不读这些

---

① 搜狐网．李彦宏观点"中国用户愿意用隐私换效率"惹争议，网友纷纷吐槽［OL］．http://www.sohu.com/a/226420311_363549，2018 年 4 月 2 日最后访问．

② 中共中央办公厅、国务院办公厅《2006—2020 国家信息化发展战略》，载中国政府网：http://www.gov.cn/test/2009-09/24/content_1425447.htm，2018 年 4 月 2 日最后访问．

③ Solove D. J. "Introduction: Privacy Self - Management and the Consent Dilemma", *Harvard Law Review* 126, 2013, p. 1885.

④ Omri Ben - Shahar & Carl E. Schneider, The Failure of Mandated Disclosure, *University of Pennsylvnia Law Review* 159, 2011, pp. 665 – 678.

⑤ Jon Leibowitz. Fedral Trade Commission, So Private, So Public: Individuals, the Internet & the Paradox of Behavioral Marketing, Remarks at the FTC Town Hall Meeting on Behavioral Advertising: Tracking, Targeting, & Technology, 2007.

隐私条款。

2. 用户不理解隐私条款。就算用户阅读了冗长的隐私条款，也很难理解条款中复杂的法律术语，也就无法准确理解隐私条款的含义。隐私条款一般是由专业的法律人花费大量时间撰写的。要求普通公民在极短的时间内迅速、准确理解条款的含义无疑是难于上青天。

仍然以《芝麻信用协议》为例，协议中提及"敏感信息"。何谓敏感信息？且不说这是一个在法学界仍有争议的问题。即使进行法教义学解释，也需要翻看其他法律法规。一个用户花了5分钟阅读协议不说，还需要再去查询法律法规，我想大多数人的选择应该就是跳过，直接按下同意键吧。因此，用户缺少相关的专业背景以充分、准确理解隐私条款的含义。

3. 用户无法基于隐私条款作出理性判断。人本身就是感性动物，面对纷繁复杂的世界，很难作出理性的判断。即使某个用户仔细阅读了隐私条款，经过复杂的法律法规研究，准确理解了隐私条款，也很难作出理性的决定。心理学和实证研究指出，用户的决定并非基于深思熟虑的理性。Richard Thaler 教授和 Cass Sunstein 教授指出"错误的假设是，几乎所有的人几乎都会做出对他们最有利的选择，或者至少比其他人做出的选择更好。"[1] 由此可见，人们不阅读隐私条款，就算阅读隐私条款也无法理解条款，就算阅读并且理解了隐私条款，也很难作出明智的、理性的决策。

（二）客观角度："告知—同意"规则本身的缺陷

即使（一）中的情形不存在，用户具有足够的耐心、专业的知识，能够作出理性的判断，"告知—同意"规则本身的设计也给用户对个人信息被收集、使用的成本评估造成了阻碍，无法实现高质量的个人信息管理。

1. 堆积如山的隐私条款使用户负担过重。随着互联网的发展，收集、使用个人信息的网络运营商越来越多，每个运营商都提供自己的隐私条款。当这些隐私条款堆积起来，给用户造成极大的阅读负担。堆积如山的隐私条款使用户难以管理自己的个人信息。面对各个公司的隐私条款，普通人没有足够的时间与精力进行阅读与研究。研究估计，如果每个人都阅读他们在一年内访问过的网站的每项隐私政策，那么生产力就会损失7810亿美元，[2] 更遑论各个网站的隐私政策还经常修改。因此，在众多网络运营者隐私条款的轰炸下，仅仅依靠个人力量，用户难以管理自己的个人信息。

---

① Daniel Kahneman. Thinking, Fast and Slow, Canada, *Doubleday Canada*, 2011, p. 41. Daniel Kahneman and Amos Tversky, etds. Choices, Values, and Frames, *American Psychologist* 39, 1984, pp. 341 – 350. Daniel Kahneman, Paul Slovic and Amos Tversky. Judgement under Uncertainty: Heuristics and Bias, *Science*, *New Series* 185, 1982, pp. 1124 – 1131.

② Aleecia M. Mc Donald and Lorrie Faith Cranor. The Cost of Reading Privacy Policies, *I/S: A Journal of Law and Policy for the Information Society*, 2008, pp. 543, 564.

2. 单独、孤立的隐私条款使用户无法评估信息透露的成本。如前所述，用户很难面对个人信息的收集作出理性的决定。就算用户就每次的信息分享作出理性的决定，其也无法预见未来这些数据的汇总与分析。

大数据时代背景下可以对用户的个人信息进行挖掘与分析。这便可能出现一个时间点用户透露了一项非敏感信息，在其他时间点与该用户之前透露的同样是非敏感的信息汇合，分析出了该用户的敏感信息。而该用户从未透露，也没有预见到该敏感信息的透露。[1] 同样的道理，随着数据的汇总，无法识别的信息也可能会被识别出来。这也可以被称为信息的"聚合效应"。[2]

信息的"聚合效应"表明，评估个人信息透露的成本与风险应当与下游信息的使用与分析挂钩。而"告知—同意"规则要求用户在信息最初的收集阶段评估信息透露给自己带来的风险，从而单独、提前地作出同意与否的决定。这确实强人所难。因此，"告知—同意"规则使用户无法了解在单个网络经营商披露的信息在后续数据分析中潜在的风险。在此情形下，要求用户权衡透露信息的成本与收益，对自己的个人信息进行有效管理是不可能实现的。

四、令人失望的"告知—同意"规则的改进及局限

学者们察觉到"告知—同意"规则在个人信息保护上的局限性，并试图提出各种各样的方法来解决这些问题。但这些方法真的有效吗？本文认为这些方法在实践中收效甚微。学者们提出的改进措施主要可以分为两类：一是尽可能简化隐私条款；二是利用技术手段帮助人们理解隐私条款。

（一）简化条款的局限性

隐私条款的复杂性的确影响了用户的阅读与理解，因此，简化条款似乎成了极妙的选择，成为挽救"告知—同意"规则的良药。[3] 有的学者主张隐私条款应当运用更加简明易懂的语言；[4] 有的学者主张隐私条款应当分层通知，分为简单的、完整的两种类型的隐私条款以供用户选

---

① Solove D. J. Introduction：Privacy Self - Management and the Consent Dilemma, *Harvard Law Review* 126, 2013, p. 1880.

② Joseph Turow and Lauren Feldman & Kimberly Meltzer. Open to Exploitation：American Shoppers Online and Offline, *Annenberg Public Policy Center of the University of Pennsylvania*, 2005.

③ ［美］欧姆拉·本·沙哈尔，卡尔·E. 施耐德著，陈晓芳译. 过犹不及：强制披露的失败 [M]. 北京：法律出版社，2015：113.

④ Mike Yang. Trimming Our Privacy Policies, Official Google Blog, http：//googleblog. blogspot. com/2010/09/trimming - our - privacy - pol - icies. html, 2018 年 4 月 2 日最后访问.

择;① 有的学者提出应当设置"标准的信息披露合同";② 还有的学者提出应当将信息放在一个表格中,增强信息的可读性。③ 比较特别的是,Calo 教授建议,可使用"体验式的通知"(visceral notice)以更加感性的方式让人们注意到隐私条款,如香烟盒上的图形警告。这些学者无不努力使隐私条款简单化,更容易让人们理解。

遗憾的是,简化的效果微乎其微。其主要是出于两个原因。一方面,隐私条款具有高度的专业性,是极其复杂的,本身便不容易被简化。简单的语言意味着更长的词语。④ 举例说明,"不可抗力"是一个专业的法律术语,若用简单的语言表达,则需要解释为"合同订立时不能预见、不能避免并不能克服的客观情况。包括自然灾害、如台风、地震、洪水、冰雹;政府行为,如征收、征用;社会异常事件,如罢工、骚乱三方面"。另一方面,简化与充分的信息披露之间存在着天然的矛盾。简化意味着信息收集者必须对隐私条款中的内容进行取舍,将一些本该披露的信息删除。也许有人会指出可以删除隐私条款中"不重要的内容",但如何判断"不重要"也容易引起争议。将信息格式化、标准化或者加以概述,意味着某些信息被忽略或者扭曲。⑤ 因此,将复杂的事物简单化本身便不简单;在要求充分披露与简明易懂的基础上,隐私条款的简化是难以实现的。

(二)技术手段的失败

消费者线上隐私保护是随着互联网的发展而产生的问题,以技术对抗技术,因此用技术手段保护个人信息被提出。以针对性广告投放(behavioral advertising)为例,网站根据用户的访问记录进行分析,有针对性地向用户推销,这其中显然涉及个人信息收集的问题。为此,技术人员发明了不少技术手段用于保护个人信息。如万维网开发了隐私偏好平台(Platform for Privacy Preferences,P3P),网站浏览器可以自动阅读网站的隐私条款,与用户的个人信息保护习惯作比

---

① Center for Information Policy Leadership, Hunton & Williams LLP, "*Ten Steps to Develop a Multilayered Privacy Notice* 1", 2007, http://www. informationpolicycentre. com/files/Uploads/Documents/Centre/Ten _ Steps _ w hitepaper. pdf, April 2, 2018.

② Lauren Willis argues for, inter alia, a simplified "Loan Price Tag" in the lending context. See Lauren E. Willis, "Decisionmaking and the Limits of Disclosure:The Problem of Predatory Lending:Price", 65 *Maryland Law Review* 707, 2006, pp. 820 – 821.

③ Alan Levy and Manoj Hastak. Consumer Comprehension of Financial Privacy Notices, a report prepared for seven federal agencies suggesting the use of tables in financial privacy disclosure, 2008, https://www. federalregister. gov/documents/2000/05/24/00 – 12755/privacy – of – consumer – financial – information, April 2, 2018.

④ [美]欧姆拉·本·沙哈尔,卡尔·E. 施耐德著,陈晓芳译. 过犹不及:强制披露的失败 [M]. 北京:法律出版社,2015:135.

⑤ [美]欧姆拉·本·沙哈尔,卡尔·E. 施耐德著,陈晓芳译. 过犹不及:强制披露的失败 [M]. 北京:法律出版社,2015:123.

较，自动排除那些用户可能拒绝其条款的网站。① 但讽刺的是，P3P 本身也在收集用户的信息，其隐私条款也晦涩难懂。还有一种防止网站跟踪的技术，这种技术类似于手机中的垃圾电话过滤系统。② 但遗憾的是，在现实中很少有网站对该技术表明态度，有些网站甚至拒绝使用这种技术的用户访问。因此，用技术手段保护用户的个人信息的思路虽然具有创新性，但是在目前的技术背景下很难实现。

五、 "告知—同意" 规则路在何方？

"告知—同意"规则并不能真正起到保护消费者个人信息的作用，而简化与技术手段都很难避免其不足，那我们是否还需要该规则呢？如果需要，该规则又需要作出怎样的调整呢？

（一）是否应该摒弃"告知—同意"规则？

"告知—同意"规则的前提是强制要求信息收集者披露自己的隐私条款。有学者认为应当摒弃强制披露规则。其认为既然强制披露广泛的失败，又无法被改进，即使信息的披露是有一定作用的，也应当抛弃强制披露以促使立法者寻找真正适用于问题的对策。③

本文不同意这种观点，主要有两方面的理由：第一，人们有权知道自己的信息被用于何处，并决定是否允许这样使用。同时，"告知—同意"规则先天体现了民法上的重要原则——意思自治。个人信息是否透露的选择权应当交由个体决定，而个体的决定必然建立在信息披露的前提之下。只有充分的信息披露，人们的决定才会变得真正有价值。第二，"告知—同意"规则促进信息收集者改进和完善信息收集、使用的行为。该规则能够给信息收集者施压，让他们意识到自己处在相关机构与舆论的监督之下，从而尽可能地使信息收集、使用的过程合规。"告知—同意"规则降低了市场获取信息的成本，使信息收集者的相关规则暴露在公众视野中，方便了公众和舆论的监督。以芝麻信用为例，支付宝年度账单事件引起争议之后，2018 年 2 月 19 日芝麻信用便参照《规范》出台了新的协议。因此，本文认为尽管"告知—同意"规则有诸多弊端，但不应该被废止。

---

① Kimberly Rose Goldberg, Note, Platform for Privacy Preferences（"P3P"）：Finding Consumer Assent to Electronic Privacy Policies, https：//ir. lawnet. fordham. edu/cgi/viewcontent. cgi? referer = http：//xueshu. baidu. com/s? wd = paperuri%3A%287adf26a35c0498979ed73f1eb0d7e022%29&filter = sc_long_sign&sc_ks_para = q%3DPlatform%20for%20Privacy%20Preferences%20%28%E2%80%9CP3P%E2%80%9D%29%3A%20Finding%20Consumer%20Assent%20to%20Electronic%20Privacy%20Policies&sc_us = 12030649393785810294&tn = SE_baiduxueshu_c1gjeupa&ie = utf - 8&httpsredir = 1&article = 1302&context = iplj, April 2, 2018.
② Christopher Soghoian, The History of the Do Not Track Header, Slight Paranoia, http：//paranoia. dubfire. net/2011/01/history - of - do - not - track - header. html, April 2, 2018.
③ ［美］欧姆拉·本·沙哈尔，卡尔·E. 施耐德著，陈晓芳译. 过犹不及：强制披露的失败 ［M］. 北京：法律出版社，2015：123.

（二）完善"告知—同意"规则的建议

在前述分析中，本文认为用户无法通过"告知—同意"规则作出适当的决定，单凭该规则无法实现信息管理的目标。正如监管机构对上市公司信息披露的监管一样，本文认为政府应当介入线上消费者信息安全保护。值得注意的是，政府的监管应当是适当的。政府的介入有时候很容易成为"家长式"监管，这是需要避免的。一方面，个体对个人信息有自决权，政府过度的干涉可能会限制人们的自主选择权；另一方面，个人信息的收集、利用可以促进企业、社会经济发展。政府过度的监管可能导致企业缩手缩脚，使个人信息无法发挥社会效用，限制企业的发展。因此，在监管层面，本文主要提出两点建议。

1. 加强对隐私条款的监管。在征得用户同意的情况下，网络运营商便可以收集、使用个人信息。在这种倾向下，政府只需要对用户是否作出同意的意思表示进行形式审查。但由于用户无法做出适当的选择，这种形式审查很难保护消费者的个人信息安全。因此，笔者认为政府必须改变监管态度，对隐私条款进行监管。当然，对隐私条款的监管也不是毫无边界的，要防止其落入"家长式监管"的境地。本文认为具体可以有两种手段。

一是以法律的形式明确基本的隐私条款规范。这种规范编纂的方式可以参照《美国统一商法典》的形式，各条款的效力可以通过当事方的协商变更，但当事人的基本义务不得通过协议加以排除，可以通过协议确定履行这些义务的标准，但确定的标准不得明显不合理。[①] 尽管我国目前虽然有《规范》，但其只是国家推荐性标准，违法成本极低。

二是建立隐私条款备案审查制度。面对堆积如山的隐私条款，备案审查制度让国家机关、社会团体、企业事业组织以及公民都参与到对隐私条款的审查中，可以减轻人们的负担。当然，备案审查绝不是替代消费者作出选择。从我国《立法法》来看，我国备案审查制度实际上确立了"备""审"有限结合的原则，即以备案为主、以审查为辅的原则。在审查方面，主动审查与被动审查并用。[②] 在隐私条款方的备案审查方面，也应当采用相同的原则。一方面，隐私条款数量巨大，被动审查有助于减少监管部门的工作量，从而提高工作效率；另一方面，由相关机关、组织和个人提请有针对性的审查更有助于审查机关在审查中有的放矢，从而提升审查的效果。[③] 因此，网络运营商的隐私条款应当统一到监管部门备案；监管部门既可以在隐私条款权利义务明显失衡的情况下自行对隐私条款进行审查，也可以根据其他国家机关，社会团体（如消费者协会）、企业事业组织（如网络运营商的竞争者）以及公民（如律师）的要求与建议，对相关隐私

---

① 百度文库：《美国商法典》，https://wenku.baidu.com/view/b82cb35bf78a6529657d532d.html，载百度文库，2018 年 3 月 28 日最后访问。

② 温辉. 政府规范性文件备案审查制度研究 [J]. 法学杂志，2015（1）.

③ 陈道英. 全国人大常委会法规备案审查制度研究 [J]. 政治与法律，2012（7）.

条款进行审查。

2. 重视个人信息的后续使用、分析监管。在关注个人信息保护方面，大多数的关注焦点都在信息收集上。但如前所述，信息的"聚合效应"使个人信息安全风险极易发生在后续信息的使用与分析中。用户个人在这方面是无能为力的，需要政府干预。在信息后续使用的监管上，本文的建议如下：

第一，要求信息收集者对后续信息的使用进行披露。在不少隐私条款中都有这样的表述："您授权我们在必要的时候将您的信息提供给第三方"。什么是必要的时候，第三方是谁，这些信息都是不明确的。尽管在隐私协议签订时提供信息的对象与时间不确定，但可以要求信息收集者在后续过程中对此进行披露。

第二，由于信息安全在后续信息的使用与分析过程中面临着极大的挑战，即使已经征得事前同意，在涉及用户重大敏感信息时，信息的具体使用方式仍然应再次得到用户的同意。个人信息的使用在事前是不可评估的，自然而然，个人也就无法提前就这些不可预见的使用方式作出决定。对于后续信息的使用是否需要用户新的同意，这依赖于信息收集者对后续信息使用的披露。政府可以通过"概括＋列举"的形式预设一些需要重新征求用户同意的情形。在符合相关情形的条件下，督促信息收集者再次征求用户意见。

六、 结语

互联网的发展之下，个人信息的收集、使用、分析更加受到人们的关注。"告知—同意"规则尽管有诸多弊端，无法切实起到保护消费者信息安全的作用。但不可否认"告知—同意"规则有其自身的价值，它体现了个体对自身信息的控制权与民法上的"意思自治"的原则。因此，该规则不应当被抛弃。在个人无法实现对自己信息安全管理的情形下，政府应当介入，弥补"告知—同意"规则的不足。当然，政府的监管应当是适度且谨慎的，以防落入"家长式"监管方式中。这一方面是因为政府的监管不能替代个人的选择，是否透露个人信息仍然应交由个人选择；另一方面是因为个人信息具有社会性色彩，政府的过度监管会影响企业与社会的发展。在大数据的背景下，个人的信息安全管理是脆弱的，只有与政府一同携手，才能真正实现个人信息安全与社会发展之间的平衡。

从点融网谈 P2P 风险准备金变装秀

■ 张心雨[*]

摘要： 随着 P2P 平台"去担保化"呼声日益加强，风险准备金的存废一直受到热议。2017 年底"57 号文"对风险准备金明令禁止，至此合规性之争有了定论。然而，有些平台碍于风险准备金的尴尬地位，选择易名规避风险。点融网在此基础上更进一步，对准备金的资金来源进行变更，希望靠拢互助计划或一般民事担保，但仍难逃风险准备金实质，无法从合规性上获得突破。P2P 平台取消风险准备金是大势所趋，绝不会是"换壳即合规"那么简单，平台应谨守信息中介定位，提高贷前审查、贷后管理能力，加强投资者教育，真正做到对投资者负责，促进 P2P 行业长远健康发展。

关键词： 点融网 风险准备金 信息中介 去担保化

如果一个普通投资者小王要在 P2P 平台投资，他会看重什么？资金站岗[①]、逾期率还是银行托管？恐怕没法这么细致，小王最关心的是投资收益多大、是否保本保息。这时，平台宣传栏"风险准备金"五个大字映入眼中，接着讲了一通准备金用于弥补本息亏损的道理，于是小王安心把钱投入了这家平台，畅想起躺着数钱的生活。然而，风险准备金不一定能保障风险，在监管规定的明令禁止下，"风险准备金"五个字再也不会出现在 P2P 网站上。于是，诸如"质保服务专款""互助备用金""公益维权基金"等多种保障投资者的措施如雨后春笋般出现。本文将以点融网的发明路径为线索，一起探究这些"新事物"背后的奥妙。

一、"夹缝求生"的准备金

（一）存废之争

风险准备金，顾名思义，就是用于应对未来不确定风险的专门资金。风险准备金主要见于金

---

[*] 北京大学法学院 2017 级金融法方向法律硕士（法学）。

[①] "资金站岗"指投入资金后不能立刻匹配借款项目并计息，需要等待匹配，来源：贷罗盘，http://www.dailuopan.com/MParticle/detail？aid＝14751，最后访问时间 2018 年 5 月 17 日。

融机构，比如银行建立存款保证金制度以保障存款人风险，保险公司设立保险保障基金以应对可能发生的巨额赔款；这些机构建立风险保障制度，从而确保在发生意外时有充足的资金应对。该制度作为保护投资人利益的重要手段，对于经历了迅猛发展但伴有较高风险的 P2P 行业来说，无疑是打消投资者疑虑的一大利器。

撇开平台自身的跑路问题不谈，由于到 P2P 平台上借款的主体中，有一部分财务能力、信用状况较差，出借人（投资人）更多担忧借款项目能否如约偿还，因此，风险保障因素成为投资人选择 P2P 平台的重要参考。近几年来，各平台为吸引资金纷纷打出"本金保障"这一金字招牌，以保障投资人的本金安全及利息收益，而风险准备金正是 P2P 平台普遍的本息保障方式。当借款人发生拖欠和违约时，平台用风险备用金对投资人进行偿还，风险备用金账户的资金总额是对出借人逾期债权偿付的最大限额。①

不过，P2P 平台毕竟不是金融机构，其设立风险准备金看似对投资者有利，合规性却一直存疑。争议的焦点在于风险备用金是否意味着平台提供了增信服务，不符合监管的精神和要求，应当予以禁止。对此，业界存在两种观点：一种认为风险备付金本质上就是平台自担保的一种形式，背离信息中介的平台定位；另一种则认为有一些风险备付金是类似保险或互助性质，能够获得合规性解释。②

总体来说，风险备用金的设立弊大于利，如果借款项目大量违约，风险由平台承担，平台实力不济将加速自身崩溃。③ 但从监管上看，如果将风险准备金认定为自担保的一种方式，则平台变相成为金融中介，却没有按照金融中介进行监管，实际在进行制度套利，也应对其予以禁止。

（二）监管禁止

随着监管者要求 P2P 行业"去担保化"趋势日盛，大家翘首以待监管者对风险准备金的存废进行最终拍板。自《网络借贷信息中介机构业务活动管理暂行办法》公布后，各地监管部门开始结合本地情况起草实施细则，对风险准备金或不予规定或明令禁止，但没有达成一致意见。直至 2017 年年底，监管者才对风险准备金的合规性一锤定音。

2017 年 12 月 13 日，P2P 网贷风险专项整治工作领导小组办公室下发的《关于做好 P2P 网络借贷风险专项整治整改验收工作的通知》（57 号文）附件"关于整改验收过程中部分具体问题的解释说明"中，监管者认定风险备付金这一经营模式与网贷机构的信息中介定位不符，应当

---

① 《北京下发最严网贷整改要求：148 条细化分解》，载网贷天眼：http://news. p2peye. com/article - 493942 - 1. html，2017 年 12 月 20 日最后访问。

② 刘进一，徐卓. 逐条深度解读：关于做好 P2P 网络借贷风险专项整治整改验收工作的通知 [OL]. 微信公众平台"进一律师"，https://mp. weixin. qq. com/s/v - dFNzdXF7pS89OescYt0A，2017 年 12 月 26 日最后访问.

③ 秦玮. P2P 平台"去自担保"仍存不彻底性验收倒计时还不赶快上车？[OL]. 凤凰网财经，http://finance. ifeng. com/a/20171221/15882776 _0. shtml，2017 年 12 月 26 日最后访问.

禁止继续提取、新增风险备付金，逐步消化已经提取的风险备付金，严格禁止网贷机构以风险备付金进行宣传。

（三）行业变装

监管新规颁布后，网贷机构应尽早取消风险准备金制度以满足监管要求，但本金保障这一金字招牌难以舍弃，各家 P2P 平台开始寻求变通改良，设立其他形式的本金保障资金账户，掀起变装浪潮。其中，团贷网将"风险备用金"更名为"质保服务专款"；拍拍贷将"风险备用金规则"升级为赔标的质量保障服务，"风险备用金账户"变更为"质保服务专款账户"；团贷网将"风险备用金"更名为"质保服务专款"，后又将"质保服务专款"变更为"第三方担保专款"；你我贷将质保服务管理方变更为上海财殷资产管理公司，并由该公司进行风险保证金的相关管理。①

在其他平台改头换面的同时，点融网作为中国 P2P 行业创新者也不甘落后，在监管新规和投资者需求的驱动下，其本金保障资金账户经历了从"风险互助备用金"到"风险保障费"再到"第三方风险保障计划"的变化。互助备用金因类似互助计划，合规性受到热议；作为替代的风险保障费也仅存在三个月就仓促下线，时隔一个月又以"第三方风险保障计划"面目再度出现。这背后蕴藏着平台的何种考量，如何代表了整个网贷行业的合规化努力，最终结果怎样，我们将在下文一一道来。

二、 高端洋气的点融网

点融全称为上海点荣金融信息服务有限责任公司，是一家于 2012 年创立的互联网借贷信息服务中介平台（P2P），属于中国互联网金融协会的 48 家常务理事单位之一。由于点融网创立人之一为美国知名 P2P 平台 Lending Club 的联合创始人、前技术总裁苏海德，因此该平台是含着金钥匙出生的，先后获得渣打直接投资有限公司、新加坡政府投资公司融资，D 轮融资获 2.2 亿美元。②

点融网在技术上借鉴了 Lending Club 的自动分散投标工具，将散标按风险进行分类评级。当投资人选择一个投资产品后，系统会根据预先说明的投资策略（风险、收益、期限等），自动为该笔投资匹配项目组合中的 55 个以上 400 个以下的借款项目；投资金额越高，自动匹配的借款数量越多；每个匹配的借款项目可从中获得几元到几十元钱的借款，这样即使一两个借款人违

---

① 多家 P2P 平台纷纷宣布取消风险备付金 [OL]. https://p2p.cngold.org/c/2017 - 12 - 27/c5569951_6.html, 2018 年 3 月 7 日最后访问.

② 尽管点融网常被称为"中国版 Lending Club"，但两者在本金保障、风险控制、线上运营等方面存在差异，而根本的不同在于，Lending Club 在 SEC 登记注册，其业务实质为发行证券。因此，说点融网是 Lending Club 的中国化并不恰当，两者只是有一个共同的创始人，而点融网在某些技术手段上对 Lending Club 有所借鉴。

约，其他借款人如期还款付息后，投资人也不会遭受太大的投资损失。这种自动投标工具把投资人的资金按照比例分散匹配到不同的借款项目中，通过构建投资组合降低非系统性风险(见图1)。

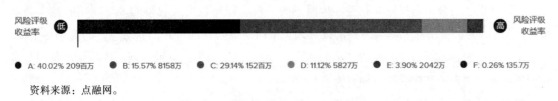

项目组成(共18077标)

点融根据风险定价原则，将散标按从低到高分为 A~F 6个风险评级，每个风险评级又分为1~5个等级，每个等级的利率各不相同

风险评级
收益率　低　　　　　　　　　　　　　　　　　　　　　　　　　　　　高　风险评级
　　　　　　　　　　　　　　　　　　　　　　　　　　　　　　　　　　　收益率

● A: 40.02% 209百万　● B: 15.57% 8158万　● C: 29.14% 152百万　● D: 11.12% 5827万　● E: 3.90% 2042万　● F: 0.26% 135.7万

资料来源：点融网。

图1　产品项目组成（以甜栗为例）①

由于点融网的自动分散投标策略，出借人一笔资金对应着一个借款项目集合，因此，在风险互助备用金和风险保障费制度中，资金的收取及使用与集合概念紧密联系。在风险互助备用金中，平台以借款项目集合为一个单位，开设互助备用金账户，用于弥补该集合内投资人的损失；在风险保障费中，平台向部分借款人收取保障费，当该借款违约时，平台会找到项目集合包括该借款人项目的投资人，向这些投资人支付该借款人造成的潜在回款损失。至于两者各自的运营模式、法律合规、主要风险究竟如何，下文将按照时间先后逐一讲解。

三、 阶段一： 风险互助备用金

（一） 运营模式

在2018年产品升级之前，点融网的风险互助备用金账户备受关注，成为平台"多重保障"一栏的主要宣传点。出借人在购买产品时需点击同意《出借人风险互助备用金规则》，同意在每个自主选择并决定出借条件的借款项目的集合（以下简称项目集合）中开设一个出借人风险互助备用金账户，当该项目集合中的借款项目发生逾期且满足一定条件时，平台将提取部分风险互助备用金，用于偿付出借人可能发生的本金及利息损失。管理人有权自由酌情决定使用备用金的具体金额及先后顺序等。当一个项目集合因不再包含尚未清偿的借款项目而终止时，出借人风险互助备用金的余额在终止当时，将按照出借人持有的在这个项目集合里的债权金额的比例予以分配。

以上似乎与之前众多P2P平台的风险准备金如出一辙，但不同点在于资金来源。区别于平

---

① "甜栗"是点融网的一个产品，曾列于点融网产品页面，现已下线。产品页面来源：点融网，https://www.dianrong.com/market，最后访问时间2018年3月15日。

台提供自有资金设立风险准备金，点融网的风险互助备用金来源于投资人的利息收益。具体来说，投资人投资项目集合获得的利息收益，如果超出了其之前确认的约定分配年化收益，则该超出部分收益自动划入风险互助备用金账户，用来保障未来投资者们的潜在本息损失，可谓是"羊毛出在羊身上"。

（二）是否构成互助计划？

风险互助备用金是对投资人收益和风险的再分配，即将投资人获得的多出预期收益率的部分收归备用金账户，分配给其他亏损的投资人。根据"风险互助"提法及对风险的再调整手段，我们很容易联想到最近备受关注的"e 互助""夸克联盟"等网络互助计划。风险互助备用金是否归属此列，决定了其应受到何种监管。

需要先了解网络互助计划的运营模式，即平台用户向平台缴纳小额费用，形成共同抵御特定风险的联盟。联盟中的每位会员既是贡献者，又是受保障者。当联盟中有人发生约定风险并满足一定条件时，其他会员将用缴纳的费用分摊这位不幸者的损失。这种互助计划类似于相互保险，区别在于前者的运营平台不具备相互保险经营资质，没有精算进行风险定价和费率厘定。[①]点融网的风险互助备用金有许多地方与互助计划相类似，如投资人将超出约定的收益缴纳到互助备用金账户，以特定项目集合的全部出借人为共同体，约定将项目逾期及投资人损失作为风险事件，由账户资金对该发生风险的投资人进行补偿。

但风险互助备用金与互助计划又有显著不同，参与互助计划的前提是缴纳一定费用成为会员，而互助备用金的参与者是特定项目集合的全部出借人，且仅有获得超额利益的投资人需划扣资金到备用金账户。如果张三投资 100 万元，购买一个约定分配年化收益为 7% 的产品，该产品特定集合最终获得了 8% 的利息收益，则超出 7% 的收益为 1 万元，该 1 万元归入互助备用金账户。之后，李四也投资 100 万元购买了同样项目集合的产品，项目不幸逾期，那么备用金账户的这 1 万元就有可能被用来先行赔付李四的逾期款项（仅仅是有可能）。由此可以看出，在张三的 1 万元被归入备用金账户时，其本轮投资已安全着陆，不存在未来不确定风险。除非张三之后继续购买该集合产品并遭遇逾期，否则该笔备用金并不能用于保障自己的风险，即使前述情况发生，张三的第二笔投资和李四的投资都遭遇逾期，点融网作为管理人也有权酌情决定偿付李四而非张三。因此，在风险互助备用金下，特定集合的投资人可能成为纯粹的贡献者，也可能成为纯粹的被保障者，这一点不符合互助计划的主要特征，不构成互助计划。

（三）是否构成风险准备金？

点融网设立互助备用金的背景是监管要求去担保化，各平台陆续取消风险准备金制度。互

---

① 网络"互助计划"：创新 or 陷阱［OL］. http：//tech. hexun. com/2016 – 05 – 09/183749531. html，2018 年 1 月 10 日最后访问.

助备用金作为风险准备金的替代，实现了赔付资金从源于平台到源于投资人的改变，从而在外观上表明，互助备用金不是平台自担保，而是投资者基于一定规则、自愿达成的特殊风险互助安排，至于平台有无划扣收益的资格暂且不论。

不过，根据上文分析，所谓的风险互助备用金名不副实，互助备用金不能互助、缴纳备用金的投资人也无面向未来的风险。如何正确对其进行定位，应从备用金的来源到流向进行考虑。从资金来源看，判断备用金是平台出钱还是投资人出钱，应根据该账户资金兑付前的所有权判断。所有权包括占有、使用、收益、处分权，互助备用金虽从投资者的超预期收益中扣除，但在被平台自动划扣后，这笔资金便不能提现或取回，投资者不再享有所有权或债权项下的任何权利，算是和投资人永远说再见了。从资金使用看，虽然平台声称备用金账户资金将专款专用于兑付逾期债权，但根据规则，平台作为管理人有权自由酌情决定使用备用金的时间、方式、偿付的具体金额以及先后顺序，对账户资金有完全的支配权，默认对该部分资金享有实际所有权。①

平台自动划扣的投资人超出约定收益的部分，更类似于银行赚取的利差，归属于平台所有和使用，只不过该笔资金没有被直接计入平台收益，而是用其设立了互助备用金账户，其实质不是投资人之间的"互助"，仍是平台投入自己的钱垫付逾期项目。至于所谓的"约定分配年化收益"是什么，平台没有给出明确解释，投资人的收益本应根据借款人实际还款情况确定，在购买产品时关注的某类产品"年化利率"，也是结合历史表现或市场活动给出一个利率范围，投资人都不知道是在什么时候约定了收益，即使在条款某一角落有所约定，大概也难以察觉，又从何谈起"约定"呢？另外，即使投资人与平台对年化收益的分配作了明确约定，平台拿走约定收益以上部分，相当于向投资者发布了固定收益的投资产品，也不符合P2P平台运营规范。

因此，点融网的风险互助备用金只是换了一层皮，多"剥削"了一些投资者，实质仍是风险准备金，继续为吸引投资者而存在。不能仅因该账户的资金是从投资人收益里扣除，而认定该种备用金模式与之前的风险准备金存在本质差异。

（四）主要风险

由于点融网的互助备用金制度尚不完善，信息披露不足，投资人更易面临以下风险。

首先，点融网平台仅在"多重保障"板块列明有风险互助备用金这种保障方式，需要投资人点击同意的《出借人风险互助备用金规则》内容也极为简洁。其未说明该资金是否进行了托

---

① 为方便理解，这里所说的所有权并非是考虑"现金占有即所有"这一传统民法层面上的，而是从抽象上判断备用金的归属问题。所谓平台默认的实际所有权，是指平台对存在银行的备用金有完全的支配权，除了因存管而被银行暂时占有外，其显然享有使用、处分权，并有能力就备用金获得收益。

管，很可能只有存管而无托管；另外，备用金的具体来源、使用情况及账户余额均无披露，远不及宜人贷、拍拍贷一样每月公示自己的风险备付金情况。由此可猜测点融网的备用金偿付能力缺乏竞争力，否则早就主动披露备用金规模，与其他平台一较高下了。

其次，在披露不足的情况下，投资者无从得知账户余额能否覆盖逾期项目，此时点融网却将互助备用金作为平台宣传亮点，显然不是为了更好地保障投资人，而是作为营销手段吸引资金，诱导投资者对投资风险作出乐观判断。但点融网只是说明设立了备用金账户，并未承诺账户内余额充足，仅凭投资者可能产生错误预期这一点，无法轻易认定其为虚假宣传。

最后，管理人有权自由决定使用资金的时间、方式、偿付金额及先后顺序，没有具体的赔付标准进行约束。在平台对备用金有完全支配权的情况下，风险备用金相当于以资金池的存储方式，平台难以真正做到专款专用；加之，信息披露不足，缺乏外部监督，容易导致暗箱操作，笔者有理由怀疑风险备用金制度流于形式。

四、 阶段二：风险保障金

据上文分析，点融网的风险互助备用金合规性存疑，投资人缴纳备用金的做法既欠缺道理，也不利于挽留投资人。为提升合规水平及让投资人放心，点融网自 2017 年 12 月 29 日起发布了最新的《风险保障计划标准条款》，相应替代风险互助备用金。

（一）运作原理

根据条款内容，该计划的具体操作是：（1）借款人在点融网平台申请借款时可申请参与风险保障计划；（2）借款人按约向风险保障金专项账户缴纳风险保障费；（3）由中合担保在上海银行以"风险保障计划"名义单独开立一个用于专门存管风险保障费用的专项账户，账户款项专款专项，仅可用于按照本计划约定范围，补偿参加本计划的借款人向所对应的出借人支付潜在回款的损失；（4）如借款人未按约定期限足额履行偿付义务，且逾期超过 1 日（含 1 日）的，按照保障计划规定，使用风险保障金专项账户资金赔付借款人当期应偿未偿本金、利息、罚息/逾期利息、复息、违约金。

在风险保障金专项账户余额足以赔付所有参加本计划借款人的当期逾期本息时，由风险保障金专项账户将所有参加本计划的违约借款人的当期逾期本息赔付给出借人，借款人随后所偿还的逾期本息、罚息/逾期利息、复息、违约金等相关权益归属风险保障金专项账户。在风险保障金专项账户当期余额不足时，则按照当期所有参加本计划的借款人逾期本息比例赔付出借人。

（二）合规判断

根据上文描述的运作原理，我们对点融网的风险保障费与互助备用金进行比较（见表1）。

表1　点融网互助备用金与风险保障金比较

	风险互助备用金	风险保障金
资金来源	从出借人收益中扣除	借款人缴纳
加入计划的强制性	投资人（出借人）需同意《风险互助备用金规则》才能继续购买产品	借款人在申请借款时可申请参与本计划，自愿决定是否加入
是否托管	未披露，有挪用风险	存管在上海银行，非托管
担保公司	无担保公司参与	中合担保（无实质作用）
赔付规则	平台酌情决定赔付的对象、金额、先后	同等赔付参与保障计划的违约借款人所对应的出借人
作用	保障投资人本息安全	保障投资人本息安全
偿付能力	有限	有限

资料来源：作者整理。

通过比较，点融网的风险保障金制度在信息披露和赔付遵循客观标准上有所进步，其最关键的变化则是资金来源，不再从出借人收益中扣除，而是由自愿参加风险保障计划的借款人缴纳保障费，计划自借款人缴纳保障费时生效。缴纳资金归入风险保障金专项账户，当借款人不履行债务时，保障金账户资金将用于同等赔付参与计划的违约借款人所对应的出借人。从风险保障金的名称及发挥作用来看，其实质上仍然属于风险准备金。但有观点认为，此类操作属于典型的"借款人提供保证金担保"模式，不违反《网贷暂行办法》，借款人提供保证金属于法律允许的担保形式。[①]

在点融网的风险保障费制度下，借款人缴纳保障费，用于为其债务进行担保，出借人在借款人违约时可实现金钱担保获得受偿，形式上看，点融网的风险保障金制度符合担保的性质及作用，只是比一般民事担保多了层担保实现的执行者（中合担保），似乎可以在《担保法》范围获得合法性依据。

然而，并非符合《担保法》规范，就可以认定合法合规，持上述观点的人显然忽略了监管禁止平台自担保这一要求。所谓平台自担保，就是平台作为担保人，为出借人的资金安全提供担保，若无法按期收回借款，平台可通过受让债权等方式，先行垫付本金给出借人。这种情形显然也符合担保的一般规范，但同样为监管所禁止，可见监管者也不会因为风险准备金符合担保特征就为其大开绿灯。多年来，监管者一直强调P2P是信息中介，而非信用中介，如果平台设立

① 律师解读网贷风险准备金模式：哪些违规，哪些合规？［OL］. http：//toutiao. manqian. cn/wz _ 6YtB6Y eLpB. html，2018 年 3 月 1 日最后访问.

了风险准备金，必然会触碰到这一红线，即使资金来源于平台外其他主体，但仍存在被认定为间接接受、归集出借人资金的可能，由平台制定归集资金和赔付规则，发挥着保障投资人本息安全的作用，间接为投资承诺刚性兑付，按照现有规定也应当予以禁止，至于实际有无兑付能力，那又是另一回事了。

因此，点融网从互助备用金到风险保障金，资金上虽实现了来源于出借人到来源于借款人的变化，但都是从某些参与者那里收取准备金，用于赔付未来某些遭受逾期的投资者，未脱离风险准备金实质，即使靠近《担保法》规范也弥补不了合规上的缺憾。

（三）主要风险

风险保障金制度除了未脱离风险准备金性质、违反监管规定外，在某些具体设计上也存在问题，可能导致投资者陷入风险。

首先，点融网对风险保障金的信息披露没有显著进步，保障金具体账户余额、赔付情况依然无从得知，但资金的存放情况在计划条款中进行了说明，即由中合担保在上海银行以"风险保障计划"名义单独开立一个用于专门存管风险保障费用的专项账户。由此可知，风险保障金在银行只有存管而非托管，也可推断先前的互助备用金很可能也是如此，不符合 P2P 平台资金应当托管的监管要求。在资金托管模式下，托管方有义务监控资金流向；如果仅是存管，存管方不负有监控资金是否被挪用的义务，无法起到保护投资者的目的。

其次，风险保障金发挥保障投资者本息安全的作用，关键点在于偿付能力。点融网的风险保障金来源于借款人的自愿缴纳，借款人加入计划需经自愿申请，但计划条款中并未说明加入计划会有利率或还款期限上的优惠。并且，借款人如果缴纳了保障费，那就再也拿不回来这笔钱了；因为条款规定，平台退还保障金需同时满足三个条件：保障计划结束、所有参加本计划的借款人均履行完还款义务、账户仍有剩余资金。这些条件即使达成，平台也是将剩余资金按比例分配给参加本计划借款人对应的出借人，而不是借款人。在此情况下，借款人缺乏动机主动缴纳保障费以保护出借人的利益，若风险保障金账户仍能积累起资金，那只有一种解释，即所谓的"自愿申请"是被迫的自愿。

最后，风险保障金制度引入担保公司（中合担保）参与，看似对投资者更有保障，但根据条款内容，中合担保只负责三项事务：把钱存进银行、执行赔付、形式审核相关信息；作用是不让平台随意划转资金，而不为参与计划的出借人提供担保。担保公司收了服务费不进行担保，却多次在条款中刷存在感，让人怀疑有诱导投资者之嫌。

（四）悄然隐身

点融网的"风险保障计划"在 2017 年 12 月 29 日才签署公布，然而仅过了不到三个月，该计划又在平台上销声匿迹了。平台在"风险保障"一栏过去的描述是与担保公司合作，借款项目标的有各种形式担保，设立互助备用金或风险保障计划，然而现在的描述仅有"点融获得

iTrust 互联网信用评价中心颁发的 AAA 级优秀企业信用等级证书，体现点融在履行商业协议、兑现服务许诺、确保网站信息真实性和安全性等方面获得权威认定"，只强调有个证书，其实与风险保障没有太大关系。过几天再看，整个"风险保障"一栏都搬离了平台网站，没有留下任何痕迹。

就"风险保障"一栏原先陈述的担保是否还存在，经咨询客服没有得到正面回答，只说目前点融网与多家第三方公司进行合作，会对逾期坏账进行妥善处置，包括内部催收及外部催收。由此推断这里说的第三方公司是催债服务商，不再与担保公司的担保业务合作。而关于风险保障计划，虽然在"风险保障"一栏的宣传中已经不存在了，但客服仍然承认目前点融网会根据对借款人的审核情况，要求其提供参与保障计划的相关证明，说明保障计划仍然在借款人方面运行，只是不再将其向投资者宣传，而是作为本平台处理逾期款项的资金后盾。

五、 阶段三： 第三方风险保障计划

本以为随着风险保障费的悄然隐身，故事就走到了结局，点融网将逐渐取消风险准备金的做法，或者在平台后方继续悄悄运行。不过，就在 2018 年 3 月 29 日下午，点融网宣布与中合担保正式达成合作，由中合担保发起设立"风险保障计划"，为点融网平台上撮合完成的交易提供定制化的风险保障服务。在点融网论坛上，官方发帖声称该计划为"第三方风险保障计划"，通过引入中合担保作为第三方融资担保机构，合作推出风险保障计划产品，为出借人和借款人提供独立和专属性的保障。

关于最新的"第三方风险保障计划"如何运作，企业公告中没有详细说明，只是透露了点融网的借款人可申请加入该风险保障计划，当借款人无法履行还款义务时，将由中合担保以风险保障金专项账户资金向对应的出借人进行本息赔付，赔付规则遵循《风险保障计划标准条款》规定（无查看链接）。赔付后中合担保将向借款人进行追偿，追偿所得款项在扣除追偿费用后归入风险保障金专项账户。

到这里就能发现，从借款人缴费、中合担保执行赔付、赔付资金来源于风险保障金专项账户等方面，公告中所谓的"第三方风险保障计划"与阶段二中的"风险保障计划"或"风险保障费"毫无二致，甚至连官方叫法也没有变更。中合担保仍然只负责三项事务：把钱存进银行、执行赔付、形式审核相关信息，引入的担保公司不提供担保服务。

阶段二的计划持续不过三月就悄然隐身，不是为了顺应监管，而是结束试运行，为正式推出阶段三作准备。在上文对风险保障费的风险分析中，就提到了担保公司多次在条款中刷存在感，有诱导投资者之嫌，现今大肆以第三方担保作宣传，又让投资者无从查看《风险保障计划标准条款》，表面上符合监管者鼓励引入第三方担保的要求，实际上复制着阶段二的所有步骤。本文不再对"阶段三"进行阐述，在此只列上标题以示对平台大力宣传的回应，请各位看官再次回

顾"阶段二"的有关分析。

值得一提的是，拍拍贷于 2018 年 2 月 15 日也在网站上发布了关于调整"质量保障服务"的通知，引入中合担保提供的"风险保障计划"，取代原"质量保障服务"，规则适用"风险保障计划标准条款"，其他描述也与点融网新推出的计划一致。① 看来中合担保从事此类业务熟能生巧，此时点融网出现的"第三方风险保障计划"既不是点融网的专利，也不是中合担保的首创。

六、 本金保障再反思

（一）殊途同归

点融网对风险准备金改造的核心在于资金来源，由此可总结出 P2P 风险引入风险准备金的三种模式：平台自有资金作为风险准备金模式、出借人提供保证金模式、借款人提供保障金模式。

在第一种模式下，平台以自有资金设立风险准备金，涉嫌扮演信用中介、提供自担保，违反了"网络借贷信息中介机构不得提供增信服务"这一规定，不符合 P2P 平台作为信息中介的定位，被监管者确定为不合规。

在第二种模式下，风险准备金来源于出借人，平台从出借人收益中扣除小部分资金归入风险准备金账户，用于弥补未来某些投资人的资金损失。点融网的风险互助备用金即为该种模式，前文已分析，所谓"互助"名不副实，平台扣除投资人收益的做法欠缺道理，更类似于将平台赚取的利差收入投入备用金账户，与第一种模式下平台以自有资金设立风险准备金无本质差异。

在第三种模式下，风险准备金来源于借款人，可以由 P2P 平台按照一定比例从借款人所获借款中提取，也可依赖借款人主动缴纳，点融网的风险保障金即为该种模式。即使借款人提供资金以偿付出借人回款损失具有一般民事担保的特征，但风险准备金被禁并非因为不符合担保，而是平台在此过程中归集、分配风险收益，介入借款项目信用风险，发挥了信用中介的作用。

综上所述，风险准备金的三种模式按照资金来源进行区分。在平台提供自有资金的模式下，平台用运营利润承担信用风险，实力不济将加大倒闭风险；在出借人提供准备金的情况下，相当于平台将赚取的利差收入投入备用金账户，与平台以自有资金设立风险准备金无本质差异；在借款人提供准备金的情况下，借款人作为资金短缺方却仍被抽取风险准备金，大大提高了借款成本，风险准备金不仅难以覆盖风险，反而抬高了借款人的违约风险。但无论三种模式资金来源如何不同，被归入准备金账户的平台资金和出借人收益最终都会反映在借款人成本上，最终来源于借款人，本质上都属于风险准备金，应当依照监管规定予以禁止。

---

① 关于调整质量保障服务的通知 ［OL］. https：//group. ppdai. com/forum. php? mod = viewthread&tid = 864944，2018 年 3 月 30 日最后访问.

（二）合规空间

当借款项目发生逾期，P2P平台主要采取两种本金措施以弥补投资人（出借人）损失：一是提取风险准备金，二是实现担保。如今风险准备金已被全线禁止，实现担保尚有一丝合规空间。

在风险准备金存在之前或同时，基本所有的P2P平台都有担保制度，为投资人潜在的本金（或本息）损失先行垫付，再向违约借款人求偿。随着P2P平台作为信息中介身份的明确，银监会开始对P2P行业资金托管、担保制度、信息披露等问题进行全方位的监管，平台兜底行为被视为违规，与风险准备金被禁理由一致。

在要求平台去担保、破刚兑的同时，监管者还是为本金保障留下了一扇窗，鼓励网贷机构采取引入第三方担保等其他方式对出借人进行保障。第三方担保机构主要是保险公司和担保公司，在吸引投资与监管合规的平衡下，引入第三方担保无疑是P2P平台的最优选择。目前已进入网贷平台备案登记前的最后冲刺期，几乎整个P2P行业都在与担保公司洽谈合作，增强对平台投资者的保障，也有一些平台考虑引入保险公司的履约险产品。虽然第三方担保与平台自担保、风险准备金都属于担保，但由于担保主体不同，由外部第三方独立承担信用风险，平台自身不对投资人本息安全提供保障，并未超越信息中介定位，因此监管者在此为本金保障留下了合规空间。

点融网在2018年后实施的"第三方风险保障计划"，大力宣传中合担保的参与，以期为平台造势和彰显合规，但只要阅读保障计划条款就能发现，中合担保在整个计划中并不提供任何担保，只是为点融网和第三方担保概念站台。这又是一个文字游戏，监管者鼓励引入第三方担保，但没有明确指出是第三方担保公司，还是第三方提供担保业务，但显然第二个解释更为符合监管态度和平台定位。可一些平台故作天真，大力宣扬无实质作用的担保公司参与，私底下做着风险准备金的勾当，辜负了监管者创设合规空间的一番苦心，也与平台创设初心渐行渐远。

七、P2P平台的未来之路

（一）全球难题

P2P平台能否设立风险准备金，这不仅在我国引起热议，也是全球P2P面临的难题。P2P平台引入风险准备金并非是我国的独创，Zopa、Assetz Capital等P2P行业领头羊也曾是风险准备金模式的追捧者。当然，这些P2P平台在风险准备金运营上做得更好，比如采取另设公司的方式独立运作风险准备金、设置准备金使用场景限制等。

可即便如此，国外P2P平台与我国同样面临质疑的声音，如英国第一家P2P杂志《P2P金融报道》认为，风险准备金只是给出借人一种资金保护的幻觉，是平台吸引出借人的手段。如果准备金充裕，说明计提比例不合理，侵蚀了投资人的部分回报；如果准备金不足，投资人的风险保护无从谈起，一旦发生损失就是既成事实。①

从为平台着想的角度来看，设置风险准备金，无论计提来自借款人、投资人还是平台自有利润，都会相应导致借款人融资成本、投资人回报、平台利润下降的不利后果，也增加了平台的运营成本和合规风险。不如大家都停止风险准备金的恶性竞争，帮借款人降低成本、给投资人更高回报、为平台增加利润，从而更有效发挥 P2P 市场对资金融通的作用。

鉴于风险准备金的设立让 P2P 平台饱受质疑，P2P 的创世鼻祖 Zopa 在官网上宣布，其在 2017 年就启动了终止风险准备金机制，随着准备金覆盖的贷款逐渐到期，将于 2022 年 12 月完全关闭风险准备金。② 鼻祖都这样做了，我国的 P2P 平台还不快学习一二。

（二）顺应监管

前文探讨了点融网为了将风险保障措施纳入监管框架而做的不懈努力，但不论资金来源、赔付规则如何变化，都不过是换装易名，其作为风险准备金的实质并未改变，属于规避监管、变相提供增信服务行为。这些新花样虽未被明确认定为违规，但监管者一定不是按照对方"叫什么"进行形式监管，而是以"是什么"进行实质监管。

当监管政策不允许设立资金池的时候，P2P 平台引入了担保；当监管政策不允许自担保的时候，P2P 引入了风险准备金。③ 当风险准备金也被认定违规时，各平台又纷纷改名变装，希望摆脱本金保障被禁的命运。总之，P2P 总是在"变着法"应对收紧的监管政策，也"变着法"希望让用户感受到 P2P 理财的安全。

随着平台准备金变装做法陆续被扒出，一些平台仍存在准备金做法，但不会作为宣传点在网站上向投资人提示，实质上保留了兜底做法；另一些平台已经悄悄取消或正在取消风险准备金，只是担心引起投资人恐慌而对此事不予公告。在去担保的大趋势下，未来将有更多平台加入取消风险准备金的行列，不仅仅是改个装扮，彻底取消准备金做法才是正途。

（三）未来之路

取消风险准备金已是大势所趋，未来 P2P 平台要想提高竞争力，可以从两个方面入手保障投资安全。第一，监管规定虽不允许平台提供自担保，但允许平台引入第三方担保或由保险公司承保，两种风控模式各有优势和弊端，哪种更优还需时间的检验，但引入外部保障难成规模化，无法作为平台的第一后盾。第二，设立风险准备金等本金保障都是吸引投资者的重要手段，但完善大数据风控、依靠金融科技才是 P2P 平台的核心竞争力。与其等待发生坏账后赔付资金，不

---

① 英国 P2P 巨头撤销风险准备金的背后逻辑：刚兑是场幻觉［OL］. http：//www. ikanchai. com/20170720/146160. shtml，2018 年 3 月 7 日最后访问.

② 参见 http：//www. zopa. com/lending/safeguard，另参见：2017 年全球 P2P 网贷行业十大事件盘点［OL］. http：//bank. jrj. com. cn/2018/01/23095823990008. shtml，2018 年 3 月 13 日最后访问.

③ 钱瑾. P2P 平台风险准备金的法律问题研究［J］. 金融与法律，2016（8）.

如预先做好借款人信用审核，接入优质征信系统，更精准判断借款人违约率和提高风险定价能力，从资产端源头提升项目质量，当发生逾期坏账时采取合法有效的催收策略，那么也就不用涉及后续一系列有违监管精神的"垫付"和"担保"了。

另外，保护投资者不等于为其弥补损失，平台应当加强投资者教育。由于投资者很难正确理解风险准备金的定位，容易被误导认为平台投资与存款一样可免于损失，对投资风险评估错误。真正的问题不在于投资者过于轻信，也不是平台不履行承诺，而是平台的风险准备金难以抵抗突发风险，即使想赔付投资者损失也无能为力。既然无能为力，就不该给人幻想，P2P是投资不是聚宝盆，投资者梦醒后终要明白"投资有风险，借钱需谨慎"。

八、结语

本文以点融网为例，讲述了在风险准备金经历存废之争到明令禁止前后，P2P平台为将风险准备金改造成合规的艰难挣扎过程。所谓的"互助备用金"与"风险保障费"分别从资金来源上进行改变，希望摆脱风险准备金标签，向互助计划或一般民事担保靠拢；但剥下华丽的外衣，会发现实质还是风险准备金罢了。鱼与熊掌难以兼得，P2P平台取消风险准备金是大势所趋，改个叫法或穿上外壳都不过是自欺欺人。目前，点融网关于风险准备金或风险保障计划等的字眼都已不见，公告栏也已全部清空，我们可以理解为，这是点融网为谋求合规化通过备案的努力，由表及里与准备金说再见；但也无法排除后台仍有这种操作的可能。未来的P2P行业竞争力不在于保本保息，而是当好信息中介，提高信息的搜集、鉴别和筛选能力，加强投资者教育，真正促进P2P行业长远健康发展。

他山之石

算法与受托人： 对人工智能理财规划师现有和拟议的监管方法[*]

■约翰·莱特伯恩 （**John Lightbourne**）

译者：李诗鸿[**]

校对：缪因知[***]

摘要：人工智能不再局限于科幻小说领域。如今，各种各样的公司都在使用机器学习算法的基本形式。此外，先进的机器学习形式越来越多地进入消费领域并承诺优化现有市场。在财务咨询（financial advising）方面，机器学习算法承诺提供每周 7 天、每天 24 小时的不间断建议，并显著降低成本，从而为低收入者打开财务咨询市场。然而，机器学习算法的使用也引起了人们的关注。其中，这些机器学习算法是否能够满足现有的对人类财务顾问的受托标准，以及当一个自治算法不能达到受托标准并损害客户的时候，应如何划分义务（responsibility）和责任（liability）。在总结了有关投资顾问的适用法律和机器人咨询的现状后，该报告评估了机器人顾问是否能够达到受托标准，并提出了应对日益复杂的机器学习算法的替代责任方案。

我们认为在 1956 年夏天进行为期 2 个月，10 人规模的人工智能研究……这项研究的基础是基于这样一种猜想，即学习活动的每个方面或任何其他智力特征原则都可以如此精确地描述，以便机器可以模拟它。[①]

---

[*] John Lightbourne, Algorithms & Fiduciaries：Existing and Proposed Regulatory Approaches to Artificially Intelligent Financial Planners, 67 Duke Law Journal 651 (2017).

[**] 李诗鸿，华东政法大学国际金融法律学院讲师，本文系 2015 年度国家法治与法学理论研究项目：《股东权利延展性的法理研究》（15SFB3022）；2016 年度国家社科基金项目：《股东权利延展性的法律问题研究》（16CFX056）；华东政法大学校级课题《股东权利延展性的法律问题研究》阶段性成果。

[***] 缪因知，中央财经大学法学院副教授。

[①] John McCarthy, Marvin L. Minsky, *Nathaniel Rochester & Claude E. Shannon, A Proposal for the Dartmouth Summer Research Project on Artificial Intelligence*, AI MAG., Winter 2006, at 12, 12（复制达特茅斯研究人员在 1955 年 8 月 31 日起草的提案）。

导论

想象一下，这是一个星期五下午，在审查了他的投资组合之后，亚历克斯（Alex）意识到他想要作出一些改变。他打电话给他的财务顾问，直接被转接到语音信箱。他只有一个小账户，而他的顾问则有多位客户。现在是美国东部时间下午 3 点 24 分。今天发生任何变化的可能性很小。亚历克斯可能非常喜欢他的财务顾问，但他只是普通人类，在需要的时候可能并不总是有空的。作为一个小账户持有人，与那些高净值客户或家人相比，亚历克斯在他的顾问那里的优先级可能较低。这位顾问可能拥有一个年轻的小家庭。为了平衡高净值客户、亚历克斯和家中幼子的需求可能会导致亚历克斯在相应等级上的优先级下降。亚历克斯很可能直到星期一才收到他的顾问的回复，这并非灾难性的延迟，但在这个轻触智能手表就可以支付晚餐费用的现代化世界中，这是一个不必要的延迟。

智能投顾（robot – advisers）登场了。其提供的这些服务通常使用复杂的机器学习算法来提供每周 7 天、每天 24 小时的个性化的投资建议和监控措施。虽然智能投顾的第一次迭代只提供了建议的投资组合分配，[①] 但今天的智能投顾已经变得越来越复杂。他们使用算法来构建和管理投资组合以"满足预定义的投资策略"，而人力投资顾问只是监督这些算法。[②] 此外，智能投顾通常会提供比人类替代品更低的费率，可能会鼓励低收入投资者进入市场并鼓励现有投资者转换平台。随着智能投顾越来越受欢迎，五家较大的财富管理机构开始关注并开发自己的智能投顾服务。

智能投顾在一个法律体系中运作，这个体系的核心是为客户提供受托人责任。[③] 很少有法律概念能像以他人的最佳利益行事受信任的受托人那样有独特的"人味"。可信赖的家庭理财规划师与冷冰冰的计算机算法之间的差异引发了一场关于智能投顾是否能够达到最高标准的受托人义务的激烈辩论，这一最高标准适用于持续为客户提供最佳利益服务的人力投资顾问。

本文探讨了智能投顾是否能达到注册投资顾问的受托人标准，并探讨了当智能投顾达不到标准时，由谁来承担相应的成本。这一分析希望通过进一步考虑在不久的将来可能变得必要的

---

① *The Expansion of Robo – Advisory in Wealth Management*，DELOITTE 2 – 4（Aug. 2016），https：// www2. deloitte. com/content/dam/Deloitte/de/Documents/financial – services/Deloitte – Robo – safe. pdf［https：//per-ma. cc/49S3 – 52Y2］.

② *Id.* at 2 – 3.

③ 由于智能投顾为了获得报酬而提供投资建议，因此，除了某些例外情况外，根据 1940 年的《投资顾问法案》（*Investment Advisers Act*），智能投顾必须注册为投资顾问，15 U. S. C. §§ 80b – 1 – 80b – 21（2012）.

额外责任安排来增加关于这一主题①的研究。随着算法在金融服务中变得更加自主和普遍，本文认为，增加额外的责任计划是合适的。毫无疑问，这次讨论涉及法律应该如何普遍对待人工智能（AI）的问题。因为智能投顾将继续朝着"更强大"的人工智能发展，② 对未来法律方案的预览不仅是适当的，而且是必要的。③

第一部分总结了投资顾问受托人责任的相关法律。第二部分提供了一个关于机器学习和智能投顾发展的简短历史，展示了一个按时间顺序排列的研究背景，旨在强调这些发展的速度之快。第三部分将现行法律应用于智能投顾，并得出结论，智能投顾工具可以履行受托人的义务。第四部分展示了现行法律中适用于日益先进的算法的差距，并提出了一个可供利用的责任框架。

一、联邦层面的受托人责任

对投资顾问、公司和经纪自营商的相关基本法律义务的了解为评估智能投顾服务的受托能力奠定了基础。虽然许多金融专业人士受不同程度的受托人责任约束，但注册投资顾问的责任是最高的。这已经被充实为三个主要组成部分，要求顾问提供个性化的投资建议、披露利益冲突，并寻求执行最佳的交易。一些智能投顾被注册为投资顾问，因此受到最高受托人标准（highest fiduciary standard）的约束。但经纪自营商也使用智能投顾工具，虽然标准不那么严格。因此，智能投顾似乎受制于不同的标准，具体取决于谁提供这项服务。但是，如果智能投顾能够满足属于投资顾问的最高受托人义务，可以说不那么严格的受托人义务（fiduciary obligations）也会得到满足了。本文着重关注智能投顾是否能达到更高的标准，因此只有投资顾问的受托人义务才与此相关。投资顾问为（客户）投资的健全的管理提供个性化的，"称职的、公正的、持续的建议"。④ 通常，这些人把自己标榜为"理财规划师"，并就客户财务状况的各个方面提供建议。⑤ 如果个人受雇于一家公司，公司本身在联邦或州一级注册为投资顾问，并对其客户负有受

---

① *See generally*, *e. g.*, Megan Ji, Note, Are Robots Good Fiduciaries? Regulating Robo – Advisers Under the Investment Advisers Act of 1940, 117 COLUM. L. REV. 1543, 1545（认为"监管机构……专注于监管智能投顾的利益冲突"，而不是关注"智能投顾建议的质量"）.

② 强大或真正的人工智能（AI）是指与人类智能相似的人工智能状态。

③ 本文对于是否会达到"真正的"AI没有任何立场。它确实假设随着机器学习的进步，过程和确定将变得更加自主和独立，从而不需要人类对算法进行直接控制。一些机器人咨询服务在某种程度上已经是这样了。

④ U. S. SEC. & EXCH. COMM'N, Report of the SEC, Pursuant to § 30 of the Public Utility Holding Company Act of 1935, on Investment Counsel, Investment Management, Investment Supervisory, and Investment Advisory Services, H. R. Doc. No. 76 – 477, at 23 (1939)（省略内部引用）.

⑤ Investment Advisers: What You Need to Know before Choosing One, U. S. SEC. & EXCHANGE COMMISSION (Aug. 7, 2012), https: //www. sec. gov/investor/pubs/invadvisers. html［https: //perma. cc/9W26 – JRKQ］［hereinafter SEC, What You Need To Know］.

托人责任，而面对客户的雇员则注册为"投资顾问代表"。①投资顾问通常会考虑一系列广泛的投资策略，帮助个人在不同类别的证券之间进行选择，解释不同投资计划的税务影响。提供投资建议需要了解客户的个人需求（personal needs）、愿望（wants）和财务状况。例如，客户子女的数量和年龄可以成为顾问的推荐标准。例如，育有年幼子女的父母，与育有十几岁的青少年子女、需要在不久的将来为他们支付大学学费的父母相比，会拥有不同的投资视野。

当然，一些投资顾问并没有提供上述的所有服务，而是提供有关狭义证券的信息和分析。②一些顾问为他们的客户管理投资组合，而其他顾问则没有。③ 不幸的是，对于非专业投资者而言，与金融专业人士相关的许多定义——理财规划师、投资顾问、经纪人等可能无法清楚地表明个人提供了哪些服务或适用的注意标准。④ 但是，简单地说，投资顾问根据客户的个人情况提供投资分析和建议。

为了保持投资顾问与客户之间重要且可信赖的关系，国会根据美国证券交易委员会（SEC）的广泛调查，通过了1940年⑤《投资顾问法》。⑥ 根据该法，投资顾问被定义为"为了报酬，而从事为他人提供咨询服务的任何人……关于证券的价值或投资，购买或出售证券的适当性（advisability）"或"关于在日常业务过程中发布的证券分析或报告"。⑦ 美国证券交易委员会对此定义进行了广泛的解释。⑧ 任何符合这一定义的投资顾问必须在美国证券交易委员会注册，并遵守联邦信托标准。⑨ 该法还规定了一些例外情况，既包括投资顾问的定义，也包括某些投资顾问的

---

① 15 U. S. C. § 80b－3a (b) (1) (A) (2012)；17 C. F. R. § 275. 203A－3 (a) (1) (2017)；*see Investment Advisor Guide*, N. AM. SEC. ADMIN. ASS'N, http：//www. nasaa. org/industry－resources/investmentadvisers/ investment－adviser－guide [https：//perma. cc/63RL－EP62]（"重要的是要注意投资顾问公司持有注册/许可证但投资顾问代表是代表注册/许可投资顾问公司提供服务的个人。"）. 投资顾问代表在公司所在地的州注册，并可能受到"不同的州注册、许可或资格要求的约束"。U.S. SEC. & EXCH. COMM'N, Study on Investment Advisers and Broker－Dealers, at iv (2011), https：//www. sec. gov/news/studies/2011/913studyfinal. pdf [https：//perma. cc/3M9Q ZW9E] [hereinafter SEC STUDY].

② SEC, *What You Need to Know*.

③ *Id.*

④ 这是美国证券交易委员会（SEC）鼓励潜在投资者寻求和质疑他们正在考虑投资的理财规划师或顾问的原因之一。*Id.*；*see also* SEC STUDY, at i（"散户投资者（Retail investors）通常不了解这些差异或他们的法律影响。许多投资者还对适用于投资顾问和经纪自营商的不同标准感到困惑。投资者的困惑一直是监管机构和国会关注的焦点。"）.

⑤ Investment Advisers Act of 1940, 15 U. S. C. §§ 80b－1 － 80b－21 (2012).

⑥ SEC v. Capital Gains Research Bureau, Inc. , 375 U. S. 180, 187 (1963)（"委员会进行了详尽的研究和报告，其中包括审议投资顾问和投资咨询服务。"）.

⑦ 15 U. S. C. § 80b－2 (a) (11).

⑧ *See*, *e. g.* , The Maratta Advisory, Inc. , SEC No－Action Letter, Fed. Sec. L. Rep. p. 77, 035 (July 16, 1981)（确定在不提及任何有价证券名称的情况下"不时提供一般市场时机建议"，仍可根据该法成为投资顾问）.

⑨ 15 U. S. C. § 80b－3 (a).

注册要求。例如，提供"仅作为经纪人开展业务的附带意见"的经纪人以及未获得任何"特别报酬"的经纪人，不受投资顾问定义的约束。① 同样，只在同一州内执业和为客户提供服务的顾问可免于在 SEC 注册。② 值得注意的是，无论顾问是否必须或确实注册为投资顾问，该法的反欺诈条款适用于符合该法对投资顾问定义的任何人。③

如前所述，注册使顾问受制于"投资咨询关系微妙的受托人性质"。④ 联邦法定信托人标准源于一个有"几百年历史的信托法"⑤，并要求顾问遵守"最大诚信，充分和公平地披露所有重大事实"的积极义务（affirmative obligation），以及"'采取合理谨慎措施以避免误导'［他们的客户］的积极义务"。⑥ 国会通过了该法案，以阻止在大萧条之前和期间出现的咨询关系中的滥用行为⑦，但法规对受托人责任的定义足够灵活，可以达到涵盖其他未明确列出的行为，比如"利益冲突，可能会使投资顾问自觉或不自觉地提出一些并非无私的建议"。⑧ 作为符合联邦信托标准的回报，注册投资顾问在全国范围内运营时无须满足不同州的规定。⑨

---

① *Id.* § 80b‐2（a）（11）．然而，美国证券交易委员会将仔细审查任何投资建议是否真的与经纪服务有关．*See* Financial Planning and Advisory Services, SEC No‐Action Letter, 1979 WL 13190, at ＊1（Dec. 11, 1979）（定义"投资顾问"包括"向客户提供与其作为保险经纪人的主要活动有关的"财务规划"和"一般投资咨询服务"）．

② 15 U. S. C. § 80b‐3（b）（1）．由于互联网的出现，大多数投资顾问和当然的任何金融科技公司都会迎合某州以外的个人。因此，一家智能投顾公司可能需要在美国证券交易委员会注册，除非它管理的资产少于 1 亿美元．*Id.* § 80b‐3（a）（2）（B）．

③ *Id.* § 80b‐6；United States v. Miller, 833 F. 3d 274, 283（3d Cir. 2016）（"该法禁止'任何'投资顾问欺诈，无论其是否注册．"）．请注意，这会将反欺诈条款适用于免于注册但符合投资顾问定义的个人。它不会将反欺诈条款适用于特别豁免了投资顾问定义的个人．Miller, 833 F. 3d at 280‐84.

④ SEC v. Capital Gains Research Bureau, Inc. , 375 U. S. 180, 191（1963）（内部引用省略）．

⑤ Arthur B. Laby, *Fiduciary Obligations of Broker‐Dealers and Investment Advisers*, 55 VILL. L. REV. 701, 717（2010）．

⑥ *Capital Gains*, 375 U. S. at 194（Quoting William L. Prosser, Handbook of the Law of Torts 534‐35（1955）；then Quoting 1 Harper and James, The Law of Torts 541（1956））．

⑦ SEC v. Wall St. Transcript Corp. , 422 F. 2d 1371, 1376（2d Cir. 1970）（"该法 205 节、206 节和 207 节中所载的实质性条款旨在消除在该法颁布时被认为存在滥用行为的若干具体做法．"）．哈兰·斯通大法官（Harlan Stone）在 1934 年指出，大萧条时期出现的大多数问题"都归因于未能遵守受托人原则，即'一个人不能侍奉两个主人'这一古老的圣经信条"．Harlan F. Stone, *The Public Influence of the Bar*, 48 HARV. L. REV. 1, 8（1934）．

⑧ Capital Gains, 375 U. S. at 191‐92.

⑨ 15 U. S. C. § 80b‐18（b），（c）（2012）．州法规的一个共同点是保留资本的要求．*Compare Alabama*, N. AM. SEC. ADMIN. ASS'N. , http：//www. nasaa. org/industry‐resources/investment‐advisers/ia‐switch resources/state investment‐adviser‐registration‐information/alabama［https：//perma. cc/6P32‐R6S3］（stating an investment adviser must maintain ＄10000 or a surety bond for ＄50000 in Alabama）, with New York, N. AM. SEC. ADMIN. ASS'N, http：//www. nasaa. org/industry‐resources/investmentadvisers/ia‐switch‐resources/state‐investment‐adviser‐registration‐information/new‐york［https：//perma. cc/M3TU‐WWSU］（声明投资顾问不需要在纽约持有任何形式的债券）．

虽然联邦法定受托人标准可能未纳入普通法制定的全部受托人标准，[①] 但普通法的某些方面已被明确采纳。例如，顾问必须以客户的"最大利益"行事。[②] 这包括披露任何可能损害其建议的任何利益冲突，[③] 寻求最低成本执行证券交易，[④] 并提供具有客户特定财务状况合理基础的"适当"[⑤] 建议。[⑥] 总的来说，这些要求构成了顾问对客户的大部分责任。

二、 基于机器学习的金融科技的兴起

在制定法律框架以决定智能投顾的责任时，基础技术的快速发展使得在该框架中建立灵活性至关重要。创新，如人工神经网络的发展以及在生活的各个领域采用技术所激发的大规模数据收集和创造，使机器学习领域以指数级速度增长。期望指数级增长速度无限地持续下去可能是不合逻辑的，但是任何为人工智能开发的法律框架都应该预测未来的增长。下面重点介绍的技术发展历史说明了人工智能领域的增长速度有多快，以及这种增长将持续多久，特别是考虑到现代投资活动增加的情况下。在 20 世纪 50 年代，这不过是一种情节设计，如今却成了现实。

（一）机器学习的发展

1950 年，计算机科学家艾伦·图灵（Alan Turing）提出了机器具有思考能力的初步建议，但他的意见并没有受到重视。到 1955 年，一群研究人员聚集在达特茅斯，承诺要研究人工智能。四年后，其中一名研究人员马文·明斯基（Marvin Minsky）在麻省理工学院创建了第一个人工智能实验室。就在此之前，心理学家弗兰克·罗森布拉特（Frank Rosenblatt）于 1958 年创建了第一个以人脑为模型的人工神经网络。计算机科学家后来采用罗森布拉特的体系为机器学习算法提供结构。

就本文而言，没有必要去理解复杂的人工神经网络，但重要的一点是，神经网络已经开始达

---

① 联邦判例法支持联邦信托标准不是采用累积的州判例法的观点。*See, e. g.*, Laird v. Integrated Res., Inc., 897 F. 2d 826, 837 (5th Cir. 1990) （说明顾问的受托人责任是一个"发达的联邦标准"，"不要求参考……州信托关系法"）；Steadman v. SEC, 603 F. 2d 1126, 1142 (5th Cir. 1979) （认为尽管资本利得将受托人义务解释为否定了证明信义的必要性，但这并不意味着该法是"触及所有违反信义信托的行为的工具"）.

② SEC STUDY, at 22 （"顾问的忠诚义务要求顾问为其客户的最佳利益服务……"）.

③ Belmont v. MB Inv. Partners, Inc., 708 F. 3d 470, 503 (3d Cir. 2013) （"因此，联邦信托标准侧重于避免或披露投资顾问与咨询客户之间的利益冲突。"）；*see also Information for Newly – Registered Investment Advisers*, U. S. SEC. & EXCHANGE COMMISSION (Nov. 23, 2010), https://www.sec.gov/divisions/investment/advoverview.htm ［https://perma.cc/JFP5 – BCE8］（说明顾问有基本义务为客户的最佳利益行事，并为客户的最佳利益提供投资建议）.

④ 17 C. F. R. § 275.206 (3) –2 (c) (2017) （确认有责任"为特定交易寻求最佳价格和执行"）.

⑤ *See* George E. Brooks & Assocs., Inc., Investment Advisers Act Release No. 1746, 1998 WL 479756, at *4 (Aug. 17, 1998) （针对一位为厌恶风险的老年客户购买高风险证券的顾问而提起诉讼）.

⑥ *See* Alfred C. Rizzo, Investment Advisers Act Release No. 897, 1984 WL 470013, at *3 (Jan. 11, 1984) （"注册投资顾问…需要有一个合理的基础为他提供投资建议"）.

到复杂的程度，人类是否能够理解神经网络如何处理信息是值得怀疑的。随着深度神经网络的发展，这些工具在没有人类指导的情况下完成复杂任务的潜力呈指数级增长。

与经典代码不同，程序员为每种可能的场景提供精确的指令，机器学习以"训练"算法为核心。例如，可以通过连续显示癌细胞的程序图片训练人工神经网络识别癌细胞的图像，程序员持续训练算法，直到它不会对癌细胞和非癌细胞进行错误分类。这样做，程序员不需要重写算法；相反，提供额外的图片会增加算法进行未来分类时可参考的数据点目录。很有可能，每个人都在不知情的情况下帮助培训了其中的一种工具。对验证码的响应支持上述的机器学习——测试要求互联网用户通过选择指定类别中的所有图片来验证他们不是机器人，例如，所有汽车的图片。

机器学习的发展可以追溯到20世纪50年代，但由于"计算能力"和可用于此培训过程的数据的增加，深度学习最近才变得可信。最著名的深度学习的例子是IBM的沃森（Watson），它已经"在医疗保健、金融、娱乐和零售等领域工作"，2011年，当它在他们自己的比赛中，轻松击败了《危险边缘》（Jeopardy! 美国的电视智力竞赛节目）的两位冠军肯·詹宁斯（Ken Jennings）和布拉德·鲁特（Brad Rutter）时，它在数百万个电视屏幕上爆发了！随着IBM收购了可以说是最负盛名的金融监管咨询公司（Promontory Financial Group），沃森（Watson）继续应对新的挑战，在金融监管方面受到了培训。

投资者也注意到人工智能的进步。微软等技术公司在2016年"为人工智能初创公司推出了新基金"，谷歌在2014年以4亿美元的价格收购了人工智能创业公司DeepMind，似乎有望继续在该领域进行投资。就连传统上不被视为科技公司的福特（Ford）也同意向一家名为Argo AI的人工智能初创企业投资10亿美元。除美国公司外，预计中国风险投资公司也将继续对人工智能进行投资，从而推动自2016年开始形成的新趋势。① 由于对人工智能的兴趣日益浓厚，市场研究公司Forrester Research预测，2017年对人工智能的投资将增加两倍以上。

人工智能行业发展如此迅速，而且正准备以越来越惊人的速度继续发展，适用的法律制度可能难以跟上。考察人工智能行业的一个特定领域，比如智能投顾领域就提供了一个机会，通过一个具体的例子来评估相关的、更广泛的自治问题。尽管此次调查后提出的监管解决方案可能适用于智能投顾，但许多建议的解决方案适用于人工智能的其他用途。

（二）智能投顾的现状

智能投顾服务最近才开始引起公众的注意，尽管与IBM的沃森（Watson）等深度学习项目

---

① 2016年，"受到中央政府授权"鼓励对创业公司投资的刺激，中国风投公司对人工智能初创企业的投资增加了19%，比上年增加了310亿美元。Huileng Tan, *Artificial Intelligence to Drive China VC Investments in* 2017: *KPMG*, CNBC（Jan. 18, 2017, 11：57 PM），http：//www.cnbc.com/2017/01/18/artificialintelligence - to - drive - china - vc - investments - in - 2017 - kpmg. html［https：//perma. cc/K9WJ - 389W］.

的程度不同。因为第一批机器人顾问只提供建议的投资组合分配，然后客户必须自己实施，因此，流行起来的速度较慢，是有道理的。如今，智能投顾服务已经变得越来越复杂，值得公众更加关注。在常见的智能投顾模型中，客户提供相关信息，智能投顾使用该信息构建和管理"满足预定义投资策略"的投资组合。在这种情况下，人力投资顾问退居二线，无论如何，他们目前仍在监督算法。更复杂的智能投顾依靠机器学习算法来获得技能，使它们能够在没有人监督的情况下持续管理客户的投资组合。

无论智能投顾有多复杂，潜在客户在启动服务时都可以期待一个相当标准的流程。在开设智能投顾账户时，客户要回答一系列问题，以制定整体投资策略。[1] 因此，智能投顾的建议"受到它从客户端请求和接收的信息的限制"[2] 在该范围内，智能投顾建议进行投资证券组合，[3] 虽然许多智能投顾仅买卖交易所交易的基金（ETF）。这是许多相似之处的终结。不同的智能投顾已经表现出不同的回报和投资策略。智能投顾在人员参与程度、费用或提供其他相关服务（如"税收损失收割"—tax‐loss harvesting）方面也存在差异。智能投顾的这些差异，为适用一种对智能投顾和人工顾问采取"一刀切"的方法的法律制度提出了挑战。

三、 将现有法律适用于智能投顾

以电子方式提供金融咨询服务与传统顾问模式不同，但在许多方面，我们对智能投顾的评估与人工投资顾问没有什么不同。[4]

将现有法律应用于智能投顾服务需要回答两个问题。计算机算法是否符合通常适用于人类顾问的相同的受托标准，如果是，谁最终对智能投顾的行为负责？这两种询问，特别是后者，在真正自主的计算机算法的背景下，使我们对人格和责任的概念产生了质疑。无论如何，证券交易委员会（SEC）和金融业监管局（FINRA）的指导意见表明，智能投顾确实能够达到受托人标准。这就引出了一个更复杂的问题，即如何将责任归责。本部分评估了智能投顾满足信托标准的能力，并简要说明了智能投顾是否需要进一步注册为投资公司。

---

[1] U. S. SEC. & EXCH. COMM'N, Division of Investment Management, Guidance Update: Robo‐Advisers, No. 2017‐02（Feb. 2017）［Hereinafter SEC GUIDANCE UPDATE］.

[2] Office of Inv'r Educ. & Advocacy, Investor Bulletin: Robo‐Advisers, INVESTOR. GOV（Feb. 23, 2017）, https://www.investor.gov/additional‐resources/news‐alerts/alerts‐bulletins/investor‐bulletin‐robo‐advisers［https://perma.cc/9V3P‐GL9M］.

[3] Id.

[4] Mary Jo White, Chairman, SEC, Keynote Address at the SEC‐Rock Center on Corporate Governance Silicon Valley Initiative（Mar. 31, 2016）, https://www.sec.gov/news/speech/chair‐white‐silicon‐valley‐initiative‐3‐31‐16. html［https://perma.cc/8KZG‐APJR］.

（一）智能投顾能否满足受托人标准？

智能投顾能否达到受托人标准，是机器人顾问支持者和批评者争论的焦点。支持者，比如著名的智能投顾"改良"的创始人乔恩·斯坦（Jon Stein），认为智能投顾符合受托人的标准。① 美联储理事会前高级顾问梅兰妮·费恩（Melanie Fein）等批评人士批评智能投顾服务机构没有提供明显个性化的投资建议。②在审查了多个智能投顾使用条款之后，费恩（Fein）发现，作为投资顾问的低成本替代方案的智能投顾一贯提供免责声明，试图规避强加给人类同行的受托责任。这些免责声明的一些例子包括："客户理解并同意……客户尚未聘请智能投顾提供任何个人理财规划服务"；③ "客户负责确定投资符合客户的财务需求的最佳利益"；④ 以及"所有的经纪交易……将被送往智能投顾的经纪人关联公司执行，这可能并不总能获得与其他经纪自营商一样有利的价格。"⑤ 费恩发现了更多的免责声明，但这些例子充分印证了她的普遍批评，即智能投顾服务不提供传统上被认为是个性化的投资建议⑥，而且他们从事的是"自我交易"。⑦

然而，智能投顾和人类顾问同样面临需要合法执行受托义务的冲突，他们都使用类似的方法来克服这些冲突。因此，设计合理的智能投顾并不比人类顾问能更好地履行受托人责任。投资顾问受托人的三项具体职责——合理推荐适当证券的义务、⑧ 充分披露利益冲突的义务⑨以及寻求执行最佳交易的义务⑩——将作为例子来说明这一论断。

1. 智能投顾会提供个性化的投资建议吗？费恩可能是正确的，智能投顾无法提供与理想人类顾问相同水平的个性化投资建议。智能投顾只拥有他们要求的和客户提供的信息。客户可能不会提供一些外部投资信息，而人类顾问可能会考虑进一步询问这些信息是否存在，但不是每个人类顾问都是理想的顾问，而不理想并不意味着顾问不能满足最低的受托人标准。

此外，即使智能投顾可以自动重新调整投资组合，智能投顾也不会通过不断与客户接触来

① *Betterment's Public Comment to the DOL: No More Conflicted Advice*, BETTERMENT (Sept. 25, 2015), https://www.betterment.com/resources/inside-betterment/betterments-publiccomment-to-the-dol-no-more-conflicted-advice [https://perma.cc/VQ26-LXXE]（说明改进的"精确、一致和无冲突的算法会向客户推荐如何实现他们的目标，并根据每个客户的个人情况量身定制"）.

② Melanie L. Fein, Robo-Advisors: A Closer Look 8 (June 30, 2015)（未刊稿），https://papers.ssrn.com/sol3/papers.cfm? abstract_id=2658701 [https://perma.cc/75TF-3UF6].

③ *Id.* at 9.

④ *Id.*

⑤ *Id.* at 15.

⑥ *Id.* at 8.

⑦ *Id.* at 15.

⑧ Alfred C. Rizzo, Investment Advisers Act Release No. 897, 1984 WL 470013, at *3 (Jan11, 1984).

⑨ SEC v. Capital Gains Research Bureau, Inc., 375 U.S. 180, 187 (1963).

⑩ SEC STUDY, Melanie L. Fein, Robo-Advisors: A Closer Look 8 (June 30, 2015)（未刊稿），at 4, https://papers.ssrn.com/sol3/papers.cfm? abstract_id=2658701 [https://perma.cc/75TF-3UF6]., at 28.

持续审查客户的财务状况。根据费恩的说法，这些失败使得智能投顾无法提供个性化的投资建议，因此智能投顾违反了为客户的最佳利益而采取行动的受托责任。

费恩绝不是唯一提出这些论点的评论者。由于"实践中智能投顾的数字化管理软件工具未能全方位考虑投资者的财务状况和目标，"Oranj 公司的首席执行官戴维·里昂（David Lyon），同样认为智能投顾"实际上提供的是一种投资经纪服务，因为其无法满足更高的受托人标准"。① 罗格斯大学（Rutgers University）法学教授、美国证券交易委员会（SEC）前助理总法律顾问阿瑟·拉比（Arthur Laby）警告称，智能投顾无法"解决可能在谈话中出现的微妙之处"。② 例如，如果客户提及"我可能在未来 12 个月内继承资产"或"我可能需要照顾生病的父母"，智能投顾或许不会将这些一带而过的表述识别为"影响客户未来现金需求状况的信息"。③

作为回应，领先的智能投顾服务公司 Wealthfront 的首席执行官亚当·纳什（Adam LS. Nash）认为，尽管一些顾问为客户财务生活提供全方位指导，但并非所有顾问都必须这样做。④奇怪的是，美国证券交易委员会从未明确说明什么是"个性化投资建议"。⑤美国证券交易委员会在 2017 年初发布的一份指南更新中，似乎更侧重于确保智能投顾披露其局限性，而不是确保他们采用更全面的方法来评估客户的财务状况。⑥因此，仅仅考虑现有的监管界限，很清楚的是：顾问"必须合理地确定所提供的投资建议适合客户"，但目前尚不清楚的是：使用问卷调查来获取客户信息是否构成一种低于受托人标准的适用性的、不合理的确定方式。⑦

与人类顾问一样，智能投顾必须采取措施确保他们获得"足够的信息，以允许智能投顾"提出合理而适当的建议。⑧ 这可能包括让客户澄清任何相互矛盾的回应，或者如果他们选择无视顾问的建议，就提供反馈。⑨ 因此，尽管美国证券交易委员会还没有定义什么是个性化建议，但

---

① Melanie Waddell, Can Robo - Advisors Really Be Fiduciaries?, THINKADVISOR（Nov. 30, 2015），http：//www. thinkadvisor. com/2015/11/30/can - robo - advisors - really - be - fiduciaries［https：//perma. cc/EVQ2 - TA8F］. 然而，智能投顾不太可能只能以经纪人的身份注册。1985 年，美国证券交易委员会表示，使用考虑"投资者特殊情况"的统计工具提供"关于证券的一般或具体建议"的公司必须注册为投资顾问。Computer Research Language, Inc., SEC No - Action Letter, Fed. Sec. L. Rep. ¶78, 185, 1985 WL 55756, at ∗1（Nov. 26, 1985）.

② Tara Siegel Bernard, *The Pros and Cons of Using a Robot as an Investment Adviser*, N. Y. TIMES（Apr. 29, 2016）（内部引用省略），https：//www. nytimes. com/2016/04/30/your - money/the - pros - and - cons - of - using - a - robot - as - an - investment - adviser. html?＿r = 0［https：//perma. cc/AJ2W - UNQJ］.

③ *Id.*

④ *Id.*（引用 Adam Nash 的话说，作为"受托人不是关于你提供的服务类型，而是关于服务质量"）.

⑤ SEC STUDY, at vii（声明"委员会应参与规则制定和/或发布解释性指导，以解释提供'证券的个性化投资建议'的意义"）.

⑥ SEC GUIDANCE UPDATE, at 5.

⑦ *Id.* at 6.

⑧ *Id.* at 7.

⑨ *Id.*

通过问卷调查获取信息的智能投顾方法即便不能获得足够信息，也很可能不会违反顾问的受托人责任。

人类顾问在收集足够的客户信息方面也面临着挑战，他们需要通过问卷和访谈来获取这些信息。换句话说，就像智能投顾一样，人类顾问依赖于客户提供的信息。只要智能投顾或人工顾问提出正确的问题（这可能只需要提出所有投资顾问通常会问，并澄清相互矛盾的信息），人和机器都可以满足这一受托要求。此外，在不断更新的客户财务状况方面，人类顾问面临着与智能投顾相同的问题。客户与他们的人工顾问不会保持经常的联系，而使用被动投资策略的客户更不可能保持联系。更新客户偏好的程序为客户提供了更新其人工顾问或智能投顾的机会，并传达与其财务目标相关的任何变更。

2. 智能投顾是否充分披露了利益冲突？然而，智能投顾公司是否与人类顾问具有相同的潜在利益冲突值得怀疑。这些利益冲突通常发生在顾问建议客户购买金融产品或参与为顾问产生补偿的交易时。费恩言之有理地批评了智能投顾将他们的利益冲突披露在小字里。① 通常情况下，投资顾问会在他们的"ADV"表格中披露利益冲突，他们必须向美国证券交易委员会提交该表格，并将其提供给客户。② 对于普通客户来说，表格 ADV 的部分和其他小册子提醒客户注意顾问的冲突可能不会比小字印刷更具可读性，但它满足了投资顾问"要么消除冲突，要么完全披露……所有与冲突有关的重要事实"的要求。③ 因此，像人类顾问一样，智能投顾可以使用附属经纪人，只要它披露了这种关系，并在冲突发生变化时更新其 ADV 表格即可。④

或许是为了回应费恩的批评，美国证券交易委员会对智能投顾的指导意见强调，虽然智能投顾公司不需要"让客户可以透过投资咨询人员来强调和解释重要概念"，但披露的信息必须让用户看到并理解。⑤ 一些建议包括使用"交互式文本"或"弹出框"。⑥ 同样，正如智能投顾公司和人工顾问面临着同样的潜在利益冲突，通过充分的信息披露包括更新其 ADV 表格，两者都能履行各自的职责。有趣的是，智能投顾的界面可能会比人类顾问更清楚地披露信息。

---

① Melanie L. Fein, Robo - Advisors: A Closer Look 8 (June 30, 2015) (未刊稿), at 24 - 25, https://papers. ssrn. com/sol3/papers. cfm? abstract_ id = 2658701 [https://perma. cc/75TF - 3UF6].

② 17 C. F. R. § 275.204 - 3 (2017). 投资顾问在签订投资顾问合同之前向客户提供表格 ADV 的第 2A 部分和第 2B 部分。Id.; General Information on the Regulation of Investment Advisers, U. S. SEC. & EXCHANGE COMMISSION (Mar. 11, 2011), https://www. sec. gov/divisions/investment/iaregulation/memoia. htm [https://perma. cc/4J7A - ADYT].

③ SEC STUDY, at iii.

④ Id. at 29.

⑤ SEC GUIDANCE UPDATE, supra note 64, at 5 - 6. 披露的信息应该是"简明易懂"的。Id. at 3 n. 14. 认识到智能投顾将主要通过在线或通过电子邮件与客户沟通，美国证券交易委员会建议利用这一平台使披露更加凸显。See id. at 5 - 6.

⑥ Id. at 5 - 6.

3. 智能投顾能否满足最佳执行要求吗？最佳执行要求顾问在执行交易的情况下，为客户确定总成本最低的经纪服务。① 这是一项持续的职责，这意味着顾问应定期审查他们的政策，以确保他们为客户获得最好的交易。② 如前所述，这项义务并不意味着顾问不能使用附属或特定经纪人，尽管任何利益冲突都必须披露。③ 只要智能投顾服务部门定期审查其执行客户交易的方法（就像人类顾问一样），它就应该不违反这一义务。与上述两项具体职责一样，与最佳执行职责相关的问题既不是智能投顾所独有，也不是不可克服的。

（二）智能投顾应该注册为投资公司吗？

对智能投顾的一个常见批评是，他们可能以未注册的投资公司的身份运营。④ 虽然这与智能投顾是否能够达到受托人标准的讨论无关，但本文简短地参与了这一辩论。根据 1940 年的《投资公司法》，智能投顾显然需要注册并遵守投资顾问的规定，但智能投顾是否也需要注册为投资公司尚不清楚。⑤ 这种分析取决于智能投顾是否有资格获得规则 3a - 4 提供的安全港，而后者又取决于智能投顾如何管理其客户的账户。⑥ 规则 3a - 4 豁免了"根据客户的财务状况和投资目标单独管理客户账户的公司"。⑦ 鉴于投资公司通常将客户资产"集中"起来，⑧ 个人管理和集中资产管理之间的区别是很重要的。

当规则 3a - 4 公开征求公众意见时，美国证券交易委员会表示，未将客户资产集中起来的咨询公司不应被归类为投资公司。⑨如果"客户在其账户中保留证券所有权的所有标记"，资产就没有集中起来。⑩ 对于大多数智能投顾而言，这个标准很容易实现，因为客户账户是独立的，智能投顾服务为每个独立的账户提供个性化的建议。最终，规则 3a - 4 提供了一个非排他性的安全港，因此智能投顾表面上可以通过其他方式免去这些注册要求。⑪ 此外，美国证券交易委员会还

---

① *See* SEC STUDY，at 28.

② *Id.* at 29.

③ *Id.*

④ Robo - Advisors：A Closer Look 8（June 30，2015）（未刊稿），at 29 - 30（"智能投顾可能作为未注册的投资公司……"）https：//papers. ssrn. com/sol3/papers. cfm? abstract_id = 2658701［https：//perma. cc/75TF - 3UF6］.

⑤ Investment Company Act of 1940，15 U. S. C. §§ 80a - 1 - 80a - 64（2012）.

⑥ 17 C. F. R. § 270. 3a - 4（2017）.

⑦ *Id.*

⑧ 进一步讨论，Part I. B。

⑨ Status of Investment Advisory Programs，Investment Company Act Release No. 21，260，1995 WL 447507，at * 6（July 27，1995）（"咨询委员会发表了一份报告，一般认为不应要求投资咨询项目根据《投资公司法》进行登记，只要该项目的客户在其账户中保留所有证券的所有权，从而避免"汇集"客户资产。"）.

⑩ *Id.*

⑪ 美国证券交易委员会表示，即使不符合规则 3a - 4 要求的公司也"不必［必然］作为投资公司加以监管。*Id.* at 9. 这表明，美国证券交易委员会不希望《投资公司法》在监管共同基金、交易所交易基金、封闭式基金和单位投资信托基金之外，进一步扩大监管范围。

鼓励智能投顾公司"联系工作人员以获得进一步指导,"如果他们担心"独特"模式可能"不会被"规则 3a – 4 处理。"①

由于智能投顾服务的个性化特点以及规则 3a – 4 的历史,智能投顾不太可能被要求注册为投资公司。② 在第 3a – 4 条规则的制定期间,美国证券交易委员会回应说,它主要关注的是这些账户是否是真正分开的,而不是为了投资目的汇集在一起。在这篇报告中描述的智能投顾们显然没有汇总账户。

四、 继续推进的基本框架

如果智能投顾能够达到受托人标准,那么当智能投顾不符合该标准时,它就会引发谁应该承担责任的问题。人工智能的出现引发了许多关于法律准人格和相关责任理论的深刻问题,但智能投顾的存在仅仅为了一个目的,即为客户创造和实施财务战略。幸运的是,上面讨论的受托人标准提供了一个适当的责任方案。如果投资顾问代表在注册为投资顾问的公司工作,提供不适当的建议或从与客户的交易中获利,则该代表的行为违反了公司的受托人责任。该公司对违反受托人义务负有责任,因为联邦法下的责任施加在注册为投资顾问的公司身上。③

根据美国证券交易委员会的指导意见,智能投顾的糟糕设计——例如,未披露冲突或者算法不准确——可能同样会导致智能投顾的行为违反公司的受托人责任。由于人力投资顾问公司对其代表负有责任,因此智能投顾公司也应承担与其在创建和使用算法方面所起作用相对应的责任。因此,投资者有方法从注册为投资顾问的公司算法造成的伤害中获得赔偿。但是,随着智能投顾变得更加复杂,可能需要一个替代责任方案来填补当前责任框架的空白。本部分首先说明了可能出现这些空白出现的形式,然后探讨了可能的替代责任方案。

(一)列举需要跳出常规来思考的智能投顾责任

正如一种算法所学习到的那样,对于一家投资公司或任何人来说,其选择背后的推理可能都无法解释。如果无法解释这种算法的推理,会影响智能投顾代表客户的行为,很可能会违反公司的受托人义务。目前的智能投顾(robot – advisory)架构并不像用于图像识别等任务的人工神

① 17 C. F. R. § 270.3a – 4; SEC GUIDANCE UPDATE, at 2.
② 规则 3a – 4 有其他要求:例如,客户必须能够对其账户施加某些限制,17 C. F. R. § 270.3a – 4 (a) (3),员工必须"合理地向客户提供咨询"。17 C. F. R. § 270.3a – 4 (a) (2) (iv). 智能投顾可以轻松地自行构建,以便客户可以施加他们自己的限制,但它可能没有一个熟悉客户账户的雇员。然而,对于后一点,至少有一家服务商 Betterment 已经使人类员工可以接待其客户。Ryan Neal, *Betterment Pivots Toward a Human – Robo Hybrid*, WEALTHMANAGEMENT. COM (Jan. 31 2017), http: //www. wealthmanagement. com/technology/betterment – pivots – toward – human – robo – hybrid [https: //perma. cc/V4JH – 6B7U].
③ 投资顾问是指任何被定义为自然人或公司的人。15 U. S. C. § § 80b – 2 (a) (11), (16) (2012). 根据定义,实际算法不能注册为"投资顾问"。

经网络那样复杂。但是，在不久的将来，智能投顾可以被设计为与其他数据收集服务协同工作，从而产生算法复杂性并使智能投顾的行为越来越难以解释，这并不是不现实的。

例如，假设允许智能投顾更好地了解客户的财务状况，智能投顾的算法会从该用户的在线银行账户或 Mint 等金融聚合服务中收集数据。根据消费者的消费习惯，该算法将学会提出更直接或更深入的问题，以更全面地了解消费者的财务健康状况。如果智能投顾注意到更高水平的娱乐消费，它可能会询问客户是否赚到了更多的钱。或者，如果用户在家庭装修商店花费更频繁和更大的金额，该算法可能会询问是否即将进行翻修或购买新房，以及用户的债务水平是否发生了变化。

基本上，随着算法为跨平台集成而发展，这些能力背后的架构将变得更加复杂，并且可能更难以解释。如果发生这种情况，开发人员必须确保公司仍然可以轻松地向客户解释为什么算法选择进行交易。市场的剧烈震荡会迅速改变算法的加权方案，这可能会影响顾问解释算法行动的能力。

如果机器人顾问提供的服务不仅仅是提供投资建议，那么分配责任就变得更加困难。想象一下，一个智能投顾已经实现了跨平台的集成，当它监视客户的支出模式并向银行报告那些可疑的交易时，它会标记可疑的支出。然后，想象一下当地电力公司作为最近受到黑客攻击的不知情的受害者，这些黑客利用收集到的账户信息向电力公司客户的账户收费。从其他平台收集的数据让算法发现，与电力公司的欺诈交易不断被用户和银行取消。据此，该算法被允许提交报告并取消客户账户上的所有的电力公司费用，其中包括一个合法的未付款。客户因此被收取了滞纳金。

实际上，电费延迟费用可能不足以激励客户对智能投顾提起诉讼。但想象一下，若客户坚持要起诉时所作的论证。这种信用监测服务不属于财务顾问的受托人责任框架，尽管它使用客户的支出模式来更好地为其投资提供建议。因此，受托人标准不提供责任框架。本文的其余部分设想了这种复杂的智能投顾，它被整合到一个人财务投资的多个方面，以评估其他的责任理论。

（二）替代责任计划

在更广泛地考虑人工智能的快速发展时，有必要考虑可以跟上步伐的替代责任理论。当然，随着智能投顾变得更加复杂，这些替代方案也可能适用于智能投顾，以弥补信托框架留下的任何空白。可能的法律计划包括通过立法，创建一个法律制度赋予复杂的人工智能准人格，作为一种划分责任的手段，制定严格的责任方法，为人工智能所有者强制保险，并要求人工智能所有者支付补偿资金。

1. 人工智能和准人格。如果智能投顾的算法有效地取代了一个人类雇员的位置，那么为什么法律要以不同的方式对待这两种人呢？采用法律拟制，即人工智能实施本身就是一个准人类，起初可能看起来很牵强，但法律以前曾将其他人工实体（如公司）视为"类人"一样的主体。① 特别是与只能通过人类代理行事的公司不同，人工智能可以通过技术作出决策并独立行动。

人工智能开发中的明显缺陷可能会使其承担严格责任或产品责任，② 但是本文认为，即使开发人员做了一切正确的事情，围绕人工智能仍会出现更复杂的问题，因为复杂的人工神经网络会作出自主决策并改变先前设定的推理。例如，一种复杂的智能投顾可能因为市场冲击而重新编程，导致先前设定的计划据此调整其分配、选择标准，或更严格地调整其声明的投资策略。③如果这个程序需要采取大的步骤来重新设计自己，那么智能投顾公司是否仍然要承担责任，即便这个项目拥有真正的自治？欧洲议会在其他情况下考虑了这个问题，并建议"从长远来看"，欧盟委员会应该"为机器人和人工智能创造一个特定的法律地位"，在"机器人作出自主决定或与第三方独立互动"的情况下应用。④ 美国也应该效仿。与欧盟一样，美国应调查电子人格如何与其现行的责任方案合作，目标是制订一个准人格的立法方案。⑤

一般代理法律规定，如果雇员的行为属于"雇佣范围"，雇主可能对雇员的行为负责。⑥ 该

---

① See David Millon, *Theories of the Corporation*, 1990 DUKE L. J. 201, 206（"公司作为一个实体的想法在法院的例行法定建构中也通过'人'这一术语进行了明显的表达，包括公司和自然人。"）；see also Lawrence B. Solum, *Legal Personhood for Artificial Intelligences*, 70 N. C. L. REV. 1231, 1238 – 40（1992）（提供不同社会赋予无生命事物合法权利的历史例证）；Nina Totenberg, *When Did Companies Become People? Excavating The Legal Evolution*, NPR（July 28, 2014, 4：57 AM），http：//www. npr. org/2014/07/28/335288388/when – did – companies – become – people – excavating – the – legal – evolution［https：//perma. cc/JU5L – 3A3P］提供了一个关于拥有先前为自然人保留的权利的公司的法律演变的简要总结）。就公司而言，"专业术语法"被修正以澄清——"人"——应包括公司。Dictionary Act, 1 U.S.C. § 1（2012）.

② 一些自动机器，如自动驾驶汽车，可能更适合根据人类设计的失败来分配过错——一种产品责任或企业责任分析。对于将产品责任理论应用于自动驾驶汽车，参见 see generally David C. Vladeck, Machines Without Principals：Liability Rules and Artificial Intelligence, 89 WASH. L. REV. 117（2014）。另一个在产品责任视角下考虑半自主工具的例子是达芬奇手术机器人。O'Brien v. Intuitive Surgical, Inc., 2011 WL 3040479, at ＊1 – 3（N. D. Ill. July 25, 2011）.

③ 目前的智能投顾可能缺乏从根本上改变其编码投资策略的能力。然而，他们不断调整分配和选择标准。该技术如何应对市场冲击尚不得而知，并且在发生之前可能无法完全理解。这个假设给智能投顾提出了一个有趣的问题。随着人工神经网络变得越来越复杂，人们解释为什么一个网络会作出某种决定的能力下降，下降度取决于网络的结构。因此，如果选择标准的改变是机器人顾问的人类主管无法向客户解释的，那么这可能违反了公司的受托人责任，因为它无法确定选择是否符合投资者的"最佳利益"。因此，智能投顾应确保不断变化的市场条件不会使公司无法解释算法的行为。

④ Resolution on Civil Law Rules on Robotics, PARL. EUR. DOC. P8 _ TA（2017）0051, para. 59（f）（2017）［hereinafter European Parliament Report］.

⑤ 这可能就像修改"专业术语法"以在其"人"的定义中包括自动机器学习算法类别一样简单。然后，美国法院将决定相关的具体法律是否应该与这一定义相结合。See Burwell v. Hobby Lobby Stores, Inc., 134 S. Ct. 2751, 2768（2014）（"除非法律的上下文另有指示，否则字典法提供了一个快速、清晰和肯定的答案……"）.

⑥ Restatement（Second）of Agency § 228（Am Law Inst 1958）.

标准意味着该行为通常必须与雇员被雇用执行的行为相同，必须"基本上在授权的时间和空间限制内发生"，并且必须"至少部分地"为雇主服务。① 在法律拟制的情况下，人工智能是一个准人类，在许多情况下可以适用替代责任。测试的结果将是，这个自主的决策者是否至少在一定程度上为利用它的公司服务。很难想象出现人工智能没能至少在一定程度上为雇主服务的情况，因为机器学习算法将不间断地工作以达到对雇主有利的特定目标。

该理论认为机器学习算法在赋予责任（imparting liability）之前是一个独立的实体。如果一个算法在努力实现其创建者的目标时伤害一个人，那么责任就会指向最有效地承担损失的一方，在这种情况下是该公司，它从该算法中受益并将其释放到公众身上。这会激励公司监督算法，并确保它符合适用的法律。与此同时，与严格责任不同的是，该提议不会自动将责任施加给公司，因为责任取决于算法的操作。很可能责任几乎总是放在公司，但如果算法被黑客攻击，这种方法可以让公司逃避责任——从而超出其"雇佣"的范围——或者如果算法自主重新设计的程度如此明显，令社会不再相信雇主真的有过错。

2. 严格责任。对于采用严格的责任框架，存在令人信服的理由。尽管采用纯粹的严格责任规则似乎是一种目光短浅的做法，考虑到上面提到的机器人顾问的独立性，神经网络很快就达到了一个点，在这个点上，我们无法正确理解模型是如何产生某种结果的。一方面，智能投顾可以采取与其公司原始指示相去甚远的方式行事，以致让公司对此负责似乎是不公平的。另一方面，如果公司没有实施该算法，该算法就不具备伤害他人的能力。此外，一家较大的公司能够更好地承担任何损失，因为该公司将从算法的使用中获利。

雇主可以从使用人工智能中受益，因为他们避免为算法支付工资和适用的税费。这些节省下来的成本，使雇主能够承担因人工智能的实施而造成的伤害。当然，围绕使用人工智能建立起来的公司并不一定拥有比其同行更高的利润率，因为它们往往提供比竞争对手成本更低的替代产品。智能投顾就是一个很好的例子，这些成本节约解释了为什么他们的服务要比他们的同行便宜得多。

欧盟的严格责任框架涵盖了"由于机器人的制造缺陷造成的损害，条件是受伤人员能够证明实际损害、产品缺陷以及损坏与缺陷之间的因果关系。"② 欧洲议会也承认，随着机器人技术和人工智能发展到他们"自主地从他们自己的变量经验中学习并以独特和不可预见的方式与他们的环境互动"的程度，"严格责任可能不再合适。"③ 在分配责任后，欧洲议会提出了一些替代方案，例如要求雇主和所有者购买保险计划或支付赔偿基金，从而为所有者提供有限责任，并为

---

① *Id.*

② European Parliament Report, para. AH.

③ *Id.* para. AI.

受害者提供恢复手段。①

虽然严格责任在产品责任情景中可能很有效，但在美国，目前的严格责任制度通常禁止对纯粹经济损害的索赔，因此可能不适合可以只造成经济损失的智能投顾。② 因此，在针对智能投顾的指控中，原告必须说服法庭承认投资组合价值的损失是财产损失。在其他情况下，比如离婚，股票投资组合通常被视为财产，③ 但目前尚不清楚法院对这一论点有多开放，特别是因为承认投资组合是民事侵权诉讼的财产，似乎会让州法院在更大范围内对证券诉讼打开大门。

即使法院接受这样的理论，严格责任也可能削弱创新。因此，美国立法者应该寻求可以补救受损金融消费者的替代责任方案，并鼓励对算法严格监督，同时又让那些承担巨大责任的公司受到负面激励或破产。

3. 强制保险和赔偿基金。其他确保付款的机制，例如为雇主和人工智能的所有者强制保险或要求支付赔偿基金，可以减轻严格责任规则可能削弱创新的担忧，特别是如果这些付款要求与开发人员的有限责任相结合——正如欧洲议会的提议。这些机制运作方式与工人赔偿基金类似，因此使用人工智能的雇主可以将使用这些程序的成本节省的一部分来使这一基金运作起来，使之成为面对侵权责任的盾牌。④

这种方法似乎是最可行的。人工智能的使用可以节省成本，虽然这些节省的成本通常会转嫁给消费者，但这些节省的一部分将用于支付保险费或赔偿基金。作为回报，如果人工智能开发并参与一项行动，若公司无法合理预见，且不存在任何设计缺陷，那么公司只承担有限责任。受害方可以获赔所有或一定比例的实际和可证明的损失。公司不对任何偶然或间接损害负责。此外，每项索赔的总数可以限制在一定额度内。这适当地把监督人工智能的责任施加给了公司，但也鼓励在人工智能以真正自主和不可预见的方式行事的情况下通过限制总责任来试验复杂的神经网络。

严格责任似乎在保护创新和受害者赔偿之间取得了不恰当的平衡，除了严格的责任之外，这一赔偿方案还应在以上讨论的备选方案的基础上进行分层。如果这种赔偿方案适用，在发生

---

① *Id.* para. 59.

② 这被称为经济损失学说。*See, e. g.*, Grund v. Del. Charter Guarantee & Tr. Co., 788 F. Supp. 2d 226, 246 (S. D. N. Y. 2011)｛"在侵权索赔中，原告主要以经济损失为损害主张的，'通常的补救方法是对违约行为展开诉讼；经济损失的侵权行为不会构成欺诈'"。［quoting *In re* Adelphia Commc'ns Corp., No. 02 – 41729（REG），2007 WL 2403553, at ＊9（Bankr. S. D. N. Y. Aug. 17, 2007）］｝.

③ *See, e. g.*, Kapler v. Kapler, 755 A. 2d 502, 504（Me. 2000）（描述如何"分配夫妻的婚姻财产"，包括股票投资组合）.

④ 由于员工的补偿是根据州法律制定的，不同的州可能会以不同的方式对待这些方案。有关五十个州工人赔偿制度的概述，see *Workers' Compensation Law Compendium*, ALFA INT'L, http：//www. alfainternational. com/workers - compensation – law – compendium［https：//perma. cc/HN2M – H6Y5］。

损害的情况下，根据联邦信托标准以及任何适用的州法律受托标准，公司将对任何违反受托人义务的行为负责。并且，对于超出受托人义务范围的行为，公司将对根据现有的代理理论归因于公司的行为负责，因为法律把自动算法和机器作为准自然人（quasi‑persons）。此外，当算法的行为超出代理法的范围时，受害方将有权获得赔偿基金。因此，该公司被激励重组该算法，但它不会被迫破产。创新可以继续，受害方也可以获得一些救济。

五、 结论

随着机器学习算法变得越来越先进，消费者应该期望看到更多的算法以创新的方式被使用。智能投顾只是这些算法取代传统"人类"角色的又一个例子。当劳工部为处理《雇员退休收入保障法》（*Employee Retirement Income Security Act*）账户的财务顾问和经纪人提出适当的受托人标准时，智能投顾对这一改变表示欢迎，认为他们已经达到了上述标准。[①] 这导致许多金融专业人士和法律评论人质疑机器算法如何才能达到这个标准。

然而，正如本文所述，智能投顾达到这一受托人标准的可能性并不比人类顾问低。在美国证券交易委员会和美国金融业监管局（FINRA）最近发布的指导意见的帮助下，机器人咨询公司可以设计自己的程序，以减轻引发受托人标准的担忧。因此，受托人标准为现有的智能投顾提供了一个完善的责任方案，确保不符合标准的算法的受害者能够从最能承担成本的注册投资顾问那里得到补偿；也就是这家公司。

随着机器算法变得越来越复杂，法律将始终面临这样一个问题：对于越来越独立、真正自主的决策制定者来说，谁应该承担责任？因此，美国应该追随欧洲的脚步，为自动机器设计一个法律制度。随着这一方案的制订，替代责任制度，如实施赔偿基金，可以确保自动机器的受害者得到救济。这些方案还可以通过提供有限责任以换取对基金的付款来为制造商和开发商提供一些保护。

无论采用何种方案，立法者都不应采纳快速解决方案，并且也不应该在未能调查源自真正的自主算法的更微妙的法律问题基础上采取长期解决方案。因此，美国法院和国会应该采取措施，建立一个适当的法律框架，如上文所述的强制保险或赔偿计划，并采取能够应对这种日益复杂情况的变革，从而为建立一个能够处理真正自主技术的法律制度铺平道路。

---

① Jamie Hopkins, *New Fiduciary Rule for Financial Advisors Moves the Needle*, *but in Which Direction*?, FORBES（June 14, 2017, 3：26 PM），https：//www.forbes.com/sites/jamiehopkins/2017/06/14/new‑fiduciary‑rule‑for‑financial‑advisors‑moves‑the‑needle‑but‑in‑which‑direction/#7f92368e4caa［https：//perma.cc/Z6XE‑GUYS］.

《金融法苑》 征稿启事

《金融法苑》由北京大学金融法研究中心主编,以金融法研究为对象,采用以书代刊的形式出版。自1998年创刊至今,《金融法苑》已公开出版近百辑,每辑15~18篇论文,约20万字,由中国金融出版社出版。《金融法苑》已被北京大学法学院列为学院核心刊物,并自2014年起入选 CSSCI 来源集刊。《金融法苑》目前授予"北京大学期刊网""中国知网""元照数据库""北大法宝""超星数字期刊"等数据库电子版权。凡向《金融法苑》投稿的作者,视为同意上述授权,本刊所支付的作者稿酬已包含上述著作权使用费;如不同意,请在投稿时注明,编辑部将作适当处理。

《金融法苑》设有"热点观察""专论""金融实务与法律""金融法前沿""公司与证券""银行与法律""财会与法律""保险与法律""WTO 与金融""金融刑法""金融创新""金融监管""金融法庭""海外传真"等栏目,及时反映金融法理论、热点事件、立法与实务等最新研究成果和动态,文风活泼,文字清新,深入浅出,侧重阐明事理,解决问题。作为专业特色明显的刊物,《金融法苑》在学界和实务界有着良好的影响,适合立法者、金融法务工作者、相关专业的师生阅读和参考。

为规范《金融法苑》用稿,提高编辑质量和效率,编辑部拟订《〈金融法苑〉写作要求和体例》,请投稿者务必自觉遵守。自2014年1月起,本刊只接受电子版投稿,投稿邮箱为:jinrongfayuan@126.com。投稿文档请按如下格式标明,并同时标注于邮件主题上:"投稿日期_作者_文章名",例如:"20031022_吴志攀_银监会的职责与挑战"。

凡投寄本刊的稿件,请勿一稿多投。投寄本刊的稿件三个月内未收到编辑部用稿反馈的,可自行处理。在编辑部编辑稿件过程中,如遇到他刊拟采用的,请作者及时告知相应的决定,以免造成重复刊发。

有意投稿者还可关注北京大学金融法研究中心网站(www.finlaw.pku.edu.cn)和微信公众号("Pkufinlaw"和"北京大学金融法研究中心"),获取金融法研究中心和《金融法苑》的出版资讯、学术活动、征稿主题等相关信息。网站地址和微信公众号二维码请见本辑封底。

《金融法苑》 写作要求和注释体例

一、 字数要求

一般不超过 8000 字（包含注释，以 Word 的字数统计为准），特别优秀的论文可适当增加 1000～2000 字。

二、 编排体例

1. 文章标题：居中，三号加粗宋体字，标题一般不超过 25 个字，尽量不使用无实质意义的副标题。

2. 作者：居中，小四号宋体字，用 * 标记脚注，注明学习/工作单位、电子信箱、联系电话、通信地址（邮编）等。

3. 中文摘要：小四号宋体字，不超过 300 字，写明文章的主要观点、研究方法等。

4. 关键词：小四号宋体字，2～5 个关键词，需体现文章核心内容。

5. 正文：目次采用"一、（一）1.（1）1）"顺序，尽量避免过多层次，标题加粗，全文小四号宋体字，1.5 倍行距，段前段后不空行。

6. 注释：采用当页脚注，每页重新编号，①②③格式，五号宋体字，单倍行距，注释间不空行。

三、 内容规范

文章需符合基本学术规范和著作权规则。对违反法律法规、学术规范的文章，由作者本人承担一切后果。

四、 格式规范

（一）数字

1. 文章中涉及的确切数据一般用阿拉伯数字表示。例如：20 世纪 80 年代，不采用"1980 年代"的写法。

2．约数用汉字表示。例如：大约十年，近二十年来。

3．法律条文，应该以中文大写数字表示，包括所引用的法条中涉及的条款。例如：《中华人民共和国刑法》第十一条。引用法律或案例应准确无误，作者应核对与文章内容时点对应的有效法律条文内容，注意条文序号是否已被调整。

4．农历的年、月、日一般用中文汉字；古代皇帝的年号也用汉字。例如："光绪二十九年"等。

（二）图表

1．图表应简洁大方，同一图表尽量避免跨页排版。

2．图表标题应标明序号，置于图表上方，图表下方注明资料来源。

（三）法律规范或其他规范性文件

1．无论中西文法律或规范性文件，首次出现，写明全称（注明中华人民共和国），以后可以用简称，但需在首次出现的全称之后用括号界定。

2．必要时，在法规之后注明其生效或实施时间。

（四）注释

1．总体要求

（1）注释以必要为限，对相关文献、资料等来源进行说明，以便读者查找。直接引征不使用引导词，间接引证应使用引导词。支持性或背景性的引用可使用"参见""例如""例见""又见""参照""一般参见""一般参照"等；对立性引征的引导词为"相反""不同的见解，参见""但见"等。

（2）注释的标识位置

一般紧跟着要说明的词语或句子。一般地，注释标识放在逗号和句号后面，也可在句号前，根据所需注释的内容而定。涉及引号时，如果引号里有句号，注释标在引号后。如果引号里无句号，注释标在引号和句号之后。

（3）超过100字引文的处理

正文中出现100字以上的引文，不必加注引号，直接将引文部分左右缩排两格，并使用楷体字予以区分。100字以下引文，加注引号，不予缩排。

（4）重复引用文献、资料的处理

重复引用的，需标注全部注释信息，不采用同前注、同上注等简略方式。

（5）作者（包括编者、译者、机构作者等）为三人以上，第一次出现时，最好都列明，如果有主编，撰写者可以省略。第二次出现可仅列出第一人，使用"等"予以省略。

（6）引征二手文献、资料，需注明该原始文献资料的作者、标题，在其后注明"转引自"该援用的文献、资料等。

（7）引征信札、访谈、演讲、电影、电视、广播、录音等文献、资料等，在其后注明资料形成时间、地点或出品时间、出品机构等能显示其独立存在的特征。

2. 具体注释范例

中文作品

（1）专著

作者．书名（卷或册或版次）［M］．地点：出版社，出版年：页码．

例如：

李琛．论知识产权法的体系化［M］．北京：北京大学出版社，2005：110.

储怀植．美国刑法（第3版）［M］．北京：北京大学出版社，2005：90 - 97.

葛克昌，陈清秀．税务代理与纳税人权利保护［M］．北京：北京大学出版社，2005：30，35.

（2）编辑作品或编辑作品中的文章

作者及署名方式．书名（卷或册或版次）［M］．地点：出版社，出版年：页码．

作者．文章名，载编辑作品主编人．编辑作品名称［M］．地点：出版社，出版年：页码．

例如：

刘剑文主编．出口退税法律问题研究［M］．北京：北京大学出版社，2004：21.

张建伟．法与经济学：寻求金融法变革的理论基础，载吴志攀，白建军主编．金融法路径［M］．北京：北京大学出版社，2004：31.

（3）译著

［国别］作者著，译者译．书名或文章名［M］．地点：出版社，出版年：页码．

例如：

［美］兰德斯，波斯纳著，金海军译．知识产权法的经济结构［M］．北京：北京大学出版社，2005：460.

（4）学位论文

作者．论文名称［D］．地点：学校系所，年份．

例如：

李英．一般反避税条款之法律分析［D］．北京：北京大学法学院硕士论文，2004：19.

（5）期刊、报纸类作品

作者．文章名［J］．书名或杂志名，年份（期数）．

例如：

刘剑文．论避税的概念［J］．涉外税务，1999（2）.

刘军宁．克林顿政府经济政策［J］．人民日报，1993 - 03 - 23（6）.

（6）研讨会论文

作者．篇名．主办单位，"研讨会名称"，时间．

例如：

王文宇．台湾公司法之现况与前瞻．韩忠谟教授法学基金会，"两岸公司法制学术研讨会"，2003 年 7 月．

（7）法院判决、公告等

《名称》，（年份）编号名称（说明：具体名称是否添加根据文中情况判断。）

例如：

（2001）海知初字第 104 号民事判决书。

《国家税务总局关于出口货物退（免）税若干问题的通知》，国税发〔2003〕139 号。

（8）网络资讯

原则上，如果同样内容有纸质文献，请选用纸质参考，以方便保存查阅。

文献内容（格式同上），资料来源：网址，访问时间。例如：

王波：《台湾中正大学黄俊杰教授访谈》，资料来源：http：//www. cftl. cn/show. asp？c _id = 478&a _id = 1381，2005 年 4 月 17 日访问。

外文作品

（1）基本说明

1）重复引用文献的，在再次引用时需标注出全部注释信息，不采用 Id. 等简略形式。

2）文章标题大小写

除冠词与介系词之外，书名和文章名称的第一个字母都要大写。例如：A Theory of Justice.

3）缩写加上句点

例如：

e. g. ；等等：et al. ；主编：ed. ；第×页：p. *；第× - ×页：pp. * - *。

4）顺序和中文著作基本相同。多个作者之间不用顿号，而用 "&" 或者逗号。作者与书名之间用逗号；书名和杂志名用斜体，作者名、文章名用正体；文章名、书名无需书名号。

5）字体用 Times News Roman。

6）组织机构、法案名称等，第一次使用全称，后用括号注明英文全称和简称，之后可使用简称。

例如：国际货币基金组织（International Monetary Fund，IMF）。

（2）著作

例如：

William E Scheurman（ed. ），The Rule of Law under Siege，Berkeley：University of California

Press, 1996, p. 144. Bellow & Kettleson, The Politics of Society in Legal Society Work, 36 NLADA Brief-case 5 (1979), pp. 11 – 16.

（3）期刊文章

例如：

Robert J. Steinfeld, Property and Suffrage in the Early American Republic, 41 Stanford Law Review 335 (1989), p. 339.

关于 《金融法苑》 的订阅

感谢广大读者对《金融法苑》的喜爱和支持。北京大学金融法研究中心限于人手，无法一一为读者们办理纸质版杂志的订阅服务。为此，中心特委托《金融法苑》的出版商中国金融出版社代为办理，由其读者服务部具体承办《金融法苑》的订阅服务。

中国金融出版社读者服务部电话：（010）66070833　62568380

（在每本《金融法苑》的封二都可以查看到读者服务部的信息）

如您不想采用订阅的方式，也可通过当当网、亚马逊、京东或新华书店等网站购买到纸质版的《金融法苑》。

北京大学金融法研究中心

2015 年 1 月 30 日